U0466327

关河五十州 著

中国文联出版社

图书在版编目（CIP）数据

魏王曹操 / 关河五十州著 . -- 北京 : 中国文联出版社 , 2021.8（2023.8 重印）
ISBN 978-7-5190-4612-5

Ⅰ . ①魏… Ⅱ . ①关… Ⅲ . ①曹操（155-220）—生平事迹—通俗读物 Ⅳ . ① K827=342

中国版本图书馆 CIP 数据核字 (2021) 第 116509 号

魏王曹操

著　　者：关河五十州
责任编辑：张超琪　黄雪彬
责任校对：胡世勋
封面设计：潇　然
封面绘图：周健美

出版发行：中国文联出版社有限公司
社　　址：北京市朝阳区农展馆南里 10 号　　邮编：100125
网　　址：http://www.clapnet.cn
电　　话：010-85923091（总编室）　010-85923058（编辑部）
　　　　　010-85923025（发行部）
经　　销：全国新华书店等
印　　刷：三河市龙大印装有限公司

开　　本：880 毫米 ×1230 毫米　1/32
印　　张：14.5
字　　数：296 千字
印　　量：3001-6000
版　　次：2021 年 8 月第 1 版
　　　　　2023 年 8 月第 2 次印刷
书　　号：ISBN 978-7-5190-4612-5
定　　价：58.00 元

目 录

第一章 我是一个怎样的人

第二章 大时代

第三章　胜负乃兵家常事

第四章　挟天子以令诸侯

第五章 仇敌满天下

第六章 官渡大战

第七章 不走寻常路

第八章 黄金时代

第九章 生死大决战

第十章 一幕大戏

第十一章 不是天子的“天子”

第一章 我是一个怎样的人

南朝笔记《世说新语》记载了不少魏晋人物的故事，其中有两篇都讲到了曹操和袁绍。

少年时代，有一天，曹操同袁绍一道去观看人家结婚。光看热闹不过瘾，曹操还撺掇袁绍“抢新娘”，两人偷偷地溜进主人家的花园中藏起来。傍晚时分，等到客人走得差不多时，他们突然大叫：“有小偷！”

新郎及亲友闻讯都从洞房涌出，赶往花园察看，室内只剩下新娘一人。曹操乘机钻进洞房，拔出刀子，威胁新娘不要喊叫，将她劫持出来，与袁绍会合后拔腿就跑。黑夜中，他们迷了路，袁绍陷入了带刺的灌木丛中，他怕刺，不敢动弹。眼看主人家很快就会追来，再不跑就可能被逮住，曹操大喊一声：“小偷在这里，快来抓呀！”

袁绍吓坏了，一着急，顾不得刺痛，“嗖”地就从灌木丛中蹦出来，然后和曹操一起，丢下新娘，逃之夭夭。

还有一件事，发生在两兄弟某次闹翻之后。袁绍派人乘着夜黑刺杀曹操，刺客来到曹操住处，隔着窗户用短剑向曹操掷去，掷得稍微低了点，没刺中。曹操受惊之余，估计刺客还会再次掷剑，但这次一定会掷得高一些，于是就贴着床席躺下。果然，当短剑再次飞来时，偏高了，又没刺中。

时光流转，岁月不居，曹操和袁绍那时候大概不会想到，他们年少时的故事在长大后还会重复上演，而且一轮比一轮更跌宕起伏、惊心动魄。

古灵精怪的对策

曹操少年时期“飞鹰走狗，游荡无度”的生活，与其家庭背景密切相关。曹操的祖父曹腾年轻时就入宫充当太监，开始是以小太监的身份伺候皇太子读书，等到太子登位当了皇帝，他也鸡犬升天，被委任为中常侍。

中常侍是皇后的近侍官，也是最大的宦官，秩俸只比丞相和太尉稍低一点，曹腾在宫中的地位可见一斑。在其后的三十多年间，曹腾一共服侍了四个皇帝，因迎立汉桓帝有功，又被封为费亭侯。太监在生理上是不能生儿子的，但朝廷允许宦官养子袭爵，曹腾援引此例，领了一个儿子来继承自己的爵位，这就是曹操的父亲曹嵩。

有养父的权势和财富作为资源，进入仕途的曹嵩青云直上，很快就做到了司隶校尉，灵帝时转为大司农、大鸿胪。大司农、大鸿胪都是卿官，古代三公九卿，卿已属大吏之列。

曹操是曹嵩的长子。曹操的母亲在他孩提时便已去世，父亲曹嵩大约因忙于公务，也很少对他进行训导，加上家里势大而富有，很容易就让曹操养成了游手好闲、放荡不羁的习性。

曹操终日沉溺于打猎赛狗，游荡乡里，无心从事操行的修养和学业的研习。学堂里的老师要求背书，这让他不胜其烦，于是就想出了一个古灵精怪的对策。

某日，老师突然发现教案上摆了一块“大便”，气得他胡须翘老高，问究竟是谁干的，曹操镇静自若地站起来，应声道：“我！”

慑于曹家权势，老师自然也不能拿曹操怎样，但曹操接着说出来的话更让他吃惊不已。

“我可以把这东西吃了，但是我吃了这东西后，您不能再强迫我背书。”

言罢，曹操居然真的吃掉了“大便”。

后来大家才知道，原来“大便”是曹操用竹筒把糯米和红糖搅一块儿做成的食物。经过这件事，老师再也不敢强迫曹操背书了，还说：“阿瞒（曹操的小名）是一个大智大勇的人，他日必成气候。”

老师的赞语或许只是出于一种无可奈何的心情，如果曹嵩看到了，肯定不会认为儿子所为是什么大智大勇。曹操当然也明白这一点，所以他那些荒唐放纵的行为都是偷偷地瞒着亲人特别是父亲干的，但事情终究还是被曹操的叔父知道了。叔父经常向曹嵩告状，让曹嵩对儿子进行规范，曹操因此被曹嵩狠狠地教训了一番。

曹操认为叔父多管闲事，搬弄口舌，对之极为不满，叔侄间一时成了对头。一天，曹操在路上碰到叔父，突然倒在地上，而且歪着脖子，张着大嘴，连脸上的肌肉都在抽搐。叔父问他怎么了，曹操说：“我中了恶风！”

叔父忙让曹操躺在地上不要乱动，他自己一溜烟跑去通知曹嵩。可是等到曹嵩带着几个随从慌慌张张地赶来时，却见曹操好端端地站在那里，神态和平时一样，未有任何异常。

“你叔父说你刚才中了恶风，难道这么快就好了？”曹嵩很奇怪地问道。

“我从来没有中过风呀！这是怎么说的？大概是叔父不喜欢我，所以在背后说我坏话吧！”

曹操一脸委屈，但其实这件事从头到尾，都是他故意设计的恶作剧，为的是栽赃打击“对头”，使之失去信誉。这时候的曹操尚年幼，可是在长辈面前表演时却已能做到从容不迫，面无愧色，叔父和父亲都想不到他会做假。

曹操的目的达到了。曹嵩对弟弟产生了怀疑，不但觉得之前的那些小报告未必属实，此后再听到他反映曹操的情况，也不再相信了。

扫除了叔父这个障碍，曹操更加放荡不羁。那个时候，和曹操差不多的纨绔子弟还有不少，曹操整天和他们混在一起，大家玩起来没完没了，很晚才回家。

在曹操结交的所有少年朋友中，应以袁绍和他最为要好，只是从种种迹象来看，两人之间的关系一开始就不平等。

袁绍的高祖父袁安是汉朝司徒，司徒位列“三公”。“三公”是指太尉、司徒、司空，其中太尉掌全国军事，司徒掌全国政务，司空掌全国监察执法，乃朝廷中最尊显的三个官职。自袁安以下，袁氏家族四代人中每一代都至少有一人进入三公之列，所谓“四世三公”，乃名闻天下的士族门阀。

在曹操祖父曹腾的庇护下，曹家子弟布满朝列，除曹嵩外，宗属中就是做中央州郡大官的也有好多，时称“父子兄弟，并据州郡”。一个家族中出了这么多高官，权势不可谓不大，社会地位不可谓不显赫。而曹家充其量也就是带有土豪气息的世家而已，按当时的标准，与士族是不相称的，只能归入寒族。

寒族素为士族所不屑。为了保持自身血统的优越地位，一般情况下，士族既不愿与寒族通婚，也不肯轻易与之交际应酬，这与寒族的官职高低、财产多少毫无关系。

卑微者

曹家最要命的恐怕还不是没有书香余韵，或缺乏世代簪缨的荣耀，而是其宦官家族的身份。

自曹腾发迹起，东汉王朝进入了宦官最得势的时候，但人们内心深处仍然看不起这些阉人及其亲属，出身名门的官僚士大夫更是羞于与之为伍。当朝大宦官张让平时谒者盈门，每天停留在他家门前的车辆不下数百，然而在他父亲的葬礼上，却没有一个名士现身，令张让觉得十分丢脸。

与其他专横跋扈、胡作非为的宦官不同，曹腾气度不凡，在任时懂得用人之道，很注意向朝廷推荐一些贤能之士为官。纵然如此，老爷子仍未能洗脱宦官的恶名，有人甚至把他称为“宦官中最奸狡误国者”。

曹腾以下，曹嵩等人虽非太监，但没有大宦官曹腾的荫庇，就没有他们如今的地位。即便曹腾去世，曹家与宦官集团之间仍然有着扯不断、剪还乱的各种渊源和联系。有人考证，曹腾和张让之间存在师徒关系，这种关系不会因为曹腾过世而简单结束，曹嵩等在仕途上也必然都对宦官有着不同程度的依赖，所以曹家实际仍被看成是宦官集团的一分子。

作为宦官家族，曹氏遭到士大夫的鄙薄是件毫无疑问的事，这显然给整个家族都造成了极大的心理阴影。曹操有两个小名，一个叫“阿瞒”，另一个叫“吉利”，父祖们这样为他起名，据说就是不想让人知道其宦官出身，以免长大后受到鄙视和冲击。

在曹操生活的时代，男人的形貌和风姿颇受重视。那些奔走于上流社会的年轻男人，出门在外除了要尽量做到衣着华丽外，还要随时对着镜子涂脂抹粉，以保证以最好的仪态示人。

《三国志》中记载袁绍容貌俊秀，但对曹操长得怎么样则只字不提。根据其他的一些史料，可知曹操个子不高，眼睛细长、炯炯有神，大概皮肤也很白皙。公平地说，这副相貌已属端正，只是谈不上出众，属于放在人堆里挑不出来的那种，与美男子袁绍一比，更是差得很远。

曹操对他自己的长相也很不满意。同时代的很多诗人都会在诗歌中对自己或者自己朋友的长相进行描述，曹操也是一个出色的大诗人，但是他的诗作却无一及此，似乎有意要加以回避。《世说新语》

里写道，后来曹操成就霸业，准备接见匈奴使者时，还自认为相貌丑陋，不足以雄震远国，以致要让一名眉清目秀、仪表堂堂的侍卫冒充自己。

因为缺乏严格的家教，从小随意惯了，曹操对装束和举止都不太讲究。当时人以扎头巾为雅，袁绍等人都是如此，只有曹操戴一顶丝织便帽，平时又爱穿轻纱衣服，身上常带着一只革制囊袋，用来盛装手巾等细小物品，总之是毫无时尚意识。

袁绍仪表威武，与其名门士族的身份完全相称。曹操则不够稳重，与人吃饭聊天，说到高兴处便哈哈大笑，以致一头扎进桌案的杯盘当中，连帽子都被菜肴弄脏了。

可以想见，即便是年少时候，袁绍也是不大瞧得上曹操的，曹操并不符合他的交友标准。他能搭理曹操，和曹操一块玩，很大程度上只是因为曹操比他更有胆量，更有心计，也更能想出各种荒唐不羁、令人啼笑皆非的奇招。

两个朋友，一个卑微，一个高贵，卑微者多数情况下都只能看高贵者的脸色，纵然如此，稍有不慎，仍会令对方大动肝火。曹操和袁绍翻脸，袁绍居然立马就动杀机，足见他在骨子里对曹操的鄙视。虽然后来两人又和好了，但曹操在其中的低姿态和可怜相并未得到根本改变。

根据史实，曹操、袁绍年少交游的地点在京都洛阳。洛阳不是曹操的故乡，只是父祖仕宦之地，他的出生地是沛国谯县，即今天的安徽亳州市。

二十世纪七十年代，亳州市（时称亳县）城南一带发现了一个古墓群，共有十多座古墓，因为都已损坏严重，一开始很难确定被葬者的身份。后来从古墓中出土了银缕玉衣、铜缕玉衣等陪葬品，这些陪葬品惟诸侯高官能够享用，由此才确认了是曹操祖父曹腾、父亲曹嵩的墓，古墓群也被证实是曹氏家族墓群，埋葬着曹氏的众多宗族成员。

亳州市地处平原，缺乏石料，但曹腾墓全部用青石砌成，所用青石达上千块之多，仅从这上千块青石的长途运输，就可以看出曹氏家族在当时当地的势力之大。

曹操少年时期在洛阳和谯县都留下了踪迹。文献记载，在今亳州市境内有曹操旧宅，如今旧宅的地面建筑虽然早就不存在了，但保存了据传是曹操亲自种下的两棵千年白果树，关于曹操小时如何顽劣与桀骜不驯的故事也在当地盛传。

即便是在家乡，这个曹家势力盘根错节、树大根深的基地，依然有人会让曹家认识到他们原本卑贱的身份。此处的父母官、沛国相袁忠曾欲以曹操行事乖张、游荡无度为由，将他绳之以法。沛国名士桓邵也公然看不起曹操。

袁忠、桓邵所为让曹操极为痛恨。后来曹操权倾朝野，袁、桓吓得避难逃至交州，曹操不依不饶，派使者令交州地方官灭了袁忠一族。桓邵见躲不过去，只得出来自首，跪在曹操面前磕头如捣蒜。曹操心如铁石："你下跪，难道就可以免死？"仍旧还是杀了他。

如果能够快意人生，以曹操的性格，大概连那个心高气傲，派人刺杀他的袁绍都绝不会予以饶恕。只是彼时的曹操并无此能力，他所能做的是逐渐与飞鹰走狗的生活脱钩，同时跳出家族固有的圈子和氛围，去外面主动结交名士。

反叛之路

当时的宦官与士人宛如死敌，宦官残酷迫害士人，士人亦视宦官为危害国家的最大祸害，如治史者所称的"宦官亡汉"。曹操知道自己宦官家庭的出身，正是士人所蔑视的对象，对于如何摆脱这种不利影响，使得一般士人直至名士阶层能够接纳自己，他必有过一番认真考量。

考量的结果就是走反叛之路，在政治上与自己的家族分道扬镳。此举很快就初见成效，一些年轻士人，如王儁、李瓒、何颙等相继成了曹操的好友，这些人自身虽尚不属于可以领袖群伦的大名士，但都很有才华，在社会上已经小有名气，其中王儁曾得到名士的赏识，李瓒系名士李膺之子，何颙则与太学生首领交好。

某年，袁绍的母亲去世，归葬于袁绍的家乡汝南，恰好王儁也是汝南人，便与曹操一起参加了葬礼。袁家这次葬礼办得非常隆重，参加葬礼者达三万人之多，耗费了大量钱财。曹操见此情景感慨万分，他虽然也生于豪富之家，但并不喜欢如此铺张，于是借题发挥，当着好朋友的面，将心中本就存有的不满和厌恶都一股脑儿地倾泻了出来："天下将要大乱，倡乱的罪魁祸首肯定是这两个人（指袁绍和其堂弟袁术）。要想安济天下，为百姓解除痛苦，不除掉这两个人是不行的。"

王儁也很有感触，他一向认为曹操有治世的才能，遂对曹操说："我赞同你的说法，能够安济天下的人，除了你还有谁呢？"言讫，两人相对而笑。

在曹操十五岁时，朝中发生了一件大事。宦官集团指控一部分反宦官的士大夫及太学生为"党人"，以李瓒父亲李膺等人为首的一百余人被杀，六七百人遭到终身禁锢，史称"第二次党锢之祸"（在此之前，已经发生了一次类似事件）。

当时敢于和宦官针锋相对的朝廷官员被称为"清流"，反之，与宦官持合作态度或至少对宦官不予触犯的，则被称为"浊流"。两次党锢之祸几乎将"清流"全部摒诸政权之外，朝廷完全成了宦官的天下。

第二次党锢之祸后，李瓒受牵连被流放边疆，何颙也在拘捕名单之中，被迫更名改姓逃往汝南。袁绍慕名与何颙私下结交，何颙成为袁绍的密友，何颙经常找机会潜入洛阳，与袁绍计议如何解救“党人”。

那是一个游侠笑傲江湖的时代。何颙、袁绍哪怕冒着生命危险，也要为“党人”奔走，体现的就是游侠精神。有着游侠精神的人可不是一个两个，袁绍当时拥有包括何颙在内的“奔走五友”，六个人全都能豁出性命反宦官、救党人。

袁绍是游侠，曹操也是游侠。两人早年所谓的“放荡”，其实同样是游侠的一种外在表现，只不过是浅层次表现而已。在到达一定的年龄后，随着阅历的增长，让少年们为之心潮澎湃的，便是进入游侠精神的高级阶段：下者，行侠仗义，打抱不平；上者，见危授命，匡救时局。

既然目标一致，曹操便暂时放下心中的芥蒂，和袁绍重又成为拥有共同话语的好友。他们常常在一起纵论现实政治，研讨针对宦官集团的种种策略，尽管其中充满着少年人的幼稚和意气用事。

惊人之举

曹操十岁时，一个人在河中游泳，突然看到有一只大鳄鱼翘着脑袋向他浮游过来。曹操不仅没有被惊跑，反而奋力迎击，鳄鱼无隙可乘，最后悄悄地游走了。

曹操事后没有对任何人提起这件事，直到有人看到一条大蛇吓得狂奔而逃，他才不由笑道：“我碰上大鼍（古人把鳄鱼称为鼍）都没有害怕，你看到一条蛇怎么就怕成这样？”

周围的人连忙追问究竟，曹操这才说出事情原委，众人听了无不惊诧。

不仅如此，曹操还准备独自和岸上的“大鼍”殊死一搏。一日，他暗藏手戟，潜入宦官集团首领张让的私宅，径直进入卧室，打算刺杀张让。张让发现后连忙大叫“捉贼”，卫士们一拥而上，对其展开围攻。

曹操自幼耍枪弄棒，有一身好武艺。他所使用的手戟是一种今天早已失传的短兵器，既可近身格斗也可远距离投掷。曹操挥舞着手戟，从卧室打到厅堂，又从厅堂杀到院墙下，其间居然没有一个人能近得其身，最终只能眼睁睁地看着他翻墙而逃。

张让修建私宅时仿照了宫廷规格，竣工后，因为担心被灵帝登高望远时注意到，他特地骗皇帝说，天子不宜登高，若登高的话，百姓就要逃散。灵帝视张让如父，最信他的话，自此便真的不再登高。由此，可以推测出，张宅的墙垣一定非常高大。曹操不但能够冲破重围，还能越过如此高墙逃生，足见其身手极为了得，不负侠客之名。

这件事发生后，曹操并未遭到通缉。他入宅行刺自然要化妆，很可能张让并没有看清他的真容，也未能识破其身份，否则张让绝不会如此轻易就放过他。

即便行刺行为没有暴露，但曹操反宦官的言行，也不可能不引起父亲曹嵩的注意。政治立场的不同，使得父子间产生了隔阂乃至冲突，曹嵩死后，曹操写了一首吊祭父亲的诗词《善哉行》，从其表述来看，父子的感情并不深。

曹操对此倒并不放在心上，他更在乎的是通过自己的言行，特别是行刺张让这样的惊人之举，证明自己虽出身于宦官家庭，但绝不会与权宦为伍，从而赢得士林的尊重和信任。

如其所愿，自此以后，曹操在士人中的名气更大了。袁绍视他为少年游侠中的反宦骨干，何颙则私下对别人说：“汉家将要灭亡，能够安天下的，必定是这个人（指曹操）。”

无论袁绍还是何颙，当时都不具备这样的条件，即可以为曹操大造舆论，让他被世人普遍认可。除了了解其政治态度和事迹的部分青年士人外，周围的名士都还不是特别看重曹操。南阳人宗世林名满大江南北，曹操屡次登门拜访，宗家高朋满座、宾客聚集，曹操连插句话的机会都没有。好不容易逮到机会想跟主人握个手，结果宗世林连搭理都没搭理他，愣是把曹操晾在那里，场面极为尴尬。

曹操很不甘心，在他十八九岁的时候，又去拜访了名士桥玄。此时桥玄任尚书令，是身为卿官的曹嵩的上司，交谈中，曹操向老前辈坦陈了自己的情况和政治见解，并表态说："我是宦官的后代，但我明辨是非。对的，我拥护；不对的，我反对；对别人或集团都是如此。"

针对皇宫中争斗异常激烈的现状，曹操认为这种争权夺利和互相残杀，于国于民都没有好处，他也谈到党锢之祸："一些正直有才华的人受牵连、被打击，这实在是国家的不幸。"

"我希望改变这种局面，使政治能够清明，天下能够太平。"

年轻人说得慷慨激昂，毫无矫揉造作之态。桥玄本是基于对方系下级的长子，才予以接见，但曹操的谈吐却令他大为惊异，他没料到曹操岁数不大，居然拥有如此宽大的胸怀和远大的志向。

当时在一些名士中间流行看相，也就是通过看相来推测人的性格、能力以及未来的成就。桥玄以精于相人而知名，仔细观察曹操后，他很认真地对曹操说："我见到的天下名士够多的了，还没见过像你这样的！你一定要好好把握自己。"

此后，曹操和桥玄有过多次交往，两人成了忘年交。一日，桥玄对曹操说："天下将要大乱，非命世之才不能拯救。能够安定天下的人，大概就是你吧！"

虽然好友王儁、何颙都说过类似的话，但桥玄毕竟是德高望重的大名士，此言一出，曹操大有诚惶诚恐之感："大人的夸奖过誉了，实不敢当。"

然而桥玄的期许并没有到此为止。

"遗憾的是我已经六十多岁，时日无多，看不到你的富贵了。那就把我的儿孙们托付给你吧，请你日后多加关照。"

桥玄是同时代第一个称曹操为命世之才、能安天下的名士和大吏，他对曹操的评价很快流传开来，引起了各界对曹操的关注和重视。

“我死之后，你若是从我墓前经过，如果不拿一斗酒一只鸡来祭奠，那么，车马过去三步之后，你就会肚子疼，到时千万不要怨我。”

桥玄曾与曹操如此戏言。桥玄七十五岁去世，曹操于征战途中从其陵墓附近经过，专门遣使以“太牢”致祭。太牢是古代祭祀的最高规格，一般来说只有天子才能使用，不仅如此，曹操还亲自写了一篇饱含深情的祭文，文中曰:“士死知己，怀此无忘!”

乱世之英雄

在品评人物这个圈子里，与桥玄相比，汝南人许劭更具权威。

许劭自然也是名士，他为维护自己的名节，不肯应召出来做官。每月初一，许劭都会和堂兄许靖主持一项活动，就是与其他几个名士一起，根据乡里人物平时的表现给予评议，称为“月旦评”。

“月旦评”虽纯属民间的私人评议，但社会影响力非同小可。人们都知道，谁要是能够得到许劭的好评，他在社会上的身价必然会提高不少。

“现在你的名气还不大，可以到汝南去见许子将（许劭字子将），或许他能对你有所帮助。”桥玄向曹操建议。

按照桥玄的指点，曹操带着厚礼前往汝南。因为有桥玄的介绍，许劭接见了曹操。察言观色之后，许劭的感觉和桥玄差不多，都认为眼前这个年轻人与众不同，日后前程恐不可限量。

尽管如此，曹操宦官家庭的身份以及某些个人品质却不为许劭所喜，当曹操问他“我是一个怎样的人”时，他起初只是沉默不语。

曹操风尘仆仆，远道而来，不能空手而归。在他的一再坚持下，许劭才勉勉强强吐出了一句："清平之奸贼，乱世之英雄！"

你在和平安定时期会成为奸贼，但到了战争动乱时期则可成为英雄。许劭的这个回答见之于《后汉书》，更早的一部晋人史书中也有类似记载，只不过颠倒了过来。《三国志》在标注中对后者加以引用，并且使之成为家喻户晓、流传至今的一句著名评语，这就是"治世之能臣，乱世之奸雄"。

不管是哪一种版本，许劭的点评都没有离开一个"奸"字，可见他确实对曹操的人品抱有疑问。史书记载，曹操听后颇为喜悦，大笑着离开了许宅，不过正如后世演义中所经常描述的那样，曹操的所谓"大笑"其实涵义很复杂，有时候他明明不满，也不会把情绪写在脸上，而是会故意用大笑来进行掩饰。

事实上，对于许劭这句褒贬皆具的评语，曹操很不满意。其依据是，对于许劭及其主持的"月旦评"，曹操和儿子曹丕后来都持深恶痛绝、嫉之如仇的态度，或者恨不得取许劭的首级，或者刻意夸大许劭、许靖的不和，用以丑化"月旦评"。

当然，曹操满意不满意是一回事，客观的传播效应又是另外一回事。在外界看来，许劭评语的重点并不在于奸与不奸，而在"乱世"两个字上，因为大乱即将到来，已成为普遍认知，不可能再有"清平""治世"，曹操也根本没有在太平盛世下做"奸贼"的条件。

在乱世中有何作为，才是真正重要并为人们所关心的。假如许劭说的是乱世英雄，那是再好不过，即便是乱世奸雄，其实也同样显示出点评者对曹操能力的看重——"奸"者，善于权谋，戏人于股掌之上；"雄"者，胸怀大志，称霸于天下，二者均非等闲之辈可以做到。

尔后社会舆论的反馈，说明曹操的这次汝南之行确实是没有白跑一趟。士族阶层自此不仅普遍注意曹操，而且渐渐和他接近，久而久之，便对他另眼相看，把他当成自己阶层的一分子而不再加以歧视。

在曹操生活的年代里，选拔官吏主要不是通过考试，而是采用地方举荐的方式，全国一百余个郡（包括郡一级的王国，如谯县所属的沛国），都有向朝廷察举也就是举荐后备官员的指标。

曹操在京城洛阳有家，他少年时期生活在洛阳的时间，可能还超过家乡谯县，但他们父子的户籍地都还在谯县，所以曹操入仕仍要用谯县的名额。

各郡举荐的后备官员称为孝廉，从字面理解，孝是指孝顺父母的孝子，廉是指行为廉洁之士，但其实多数还是郡太守拟提拔的低级吏员，再加上一部分在社会上享有盛誉的人物。

要想白手起家成为孝廉，有的需要背景，有的需要名气，有的既需要背景也需要名声，在某些时候，名声比背景更重要。因为一个人只有舆论评定得好，拥有好名声，在被举荐时才不致引起众多非议，从这个意义上来说，品评人物在当时绝非可有可无，许劭、许靖所主持的“月旦评”就与官吏的选拔提升紧密关联。

曹操的背景和名气一个不缺。凭背景，父亲曹嵩要给儿子谋这么一个出身很容易；凭名气，尽管此时的曹操还不能被归入名士之列，但起码可以算个“准名士”了，他的宦官家族背景、曾经飞鹰走狗的放荡劣迹，也早已被热血沸腾的游侠形象以及即将创造未来的英雄造型所替代。

这一年，曹操被沛国举荐为孝廉。在当年全国的两百多位孝廉中，曹操差不多是最年轻的，虚岁只有二十四岁。同一年被举荐的孝廉互称“同年”，曹操的很多同年甚至已经鬓发花白，可以算作他的父辈了。

其实曹操还算不上是真正的春风得意。他的游侠朋友袁绍，就因为家族过于显赫，直接到皇宫担任了郎官，而不用像曹操这样，和同乡们去争抢本郡那有限的孝廉名额。

五色棒

曹操就算脱胎换骨，也不能跟袁绍相比。孝廉是他进入仕途的必经途径，有了孝廉的资格，才能做官。

孝廉的第一步也是先为郎官。郎官是帝王侍从官，一种属于过渡性的官职，以前郎官都要先经过试用，任满后才能派至各地做县令、丞、尉，到了曹操那时候早已实质性免去了试用期。

按照曹操的本意，他是想当洛阳令，可是推举官员和主管此事的选部尚书都没有考虑他的个人意愿，仍旧通过皇帝“诏除”的形式，让他做了北部尉。

与后世明清的北京城相比，洛阳城的面积尚不到它的四分之一，但彼时人口少，没有什么大城，洛阳就算是很大了。尉是维持地方治安的官吏，通常小城设尉一人，大城设两人或两人以上。洛阳城被分成东、西、南、北四部，每部一名县尉，传统上都由孝廉担任，曹操的北部尉负责城北。

尉的品级不高，比令还低一级，是个小官。曹操也从没想过要在这一职位上一直做下去，他的打算是先一鸣惊人，干出一番事业，将自己的抱负展示于众，然后再凭政绩步步迁升。

洛阳乃天子脚下之地，豪强权贵较多，不易管理。在曹操赴任前，城内常有惊变的事情发生，政府为此制定了包括宵禁在内的一系列严令，但落实的情况并不是很理想。

曹操刚到尉公署，就将由他管辖的四座城门修缮完好，同时制作了十多根五色大棒，悬挂于城门左右，申明凡违犯禁令者，不管是平民百姓，还是豪绅权贵，一律用五色棒打死。

这些五色棒极有威慑力，在一段时间内城北治安情况良好，无人敢于违禁。可是几个月之后，仍然有人公然违禁夜行，而且被抓获后还抱着无所谓的态度，根本不把官差放在眼里。

曹操亲自审问，喝问违禁者："你是何人？为什么违反禁令夜间出行？"

"我姓蹇，宫中的蹇硕是我侄儿。"

蹇硕乃受到皇帝宠信的一名宦官，此人倚仗着侄儿的权势，也可能以为曹操同出于宦官家族，不会拿他怎样，因而显得有恃无恐。

不说跟宦官有关系还好，一说犹如火上浇油，曹操怒喝道："夜间出行，违反禁令，当受重罚，你知道吗？"

蹇硕的叔叔焉能不知城门所悬的五色棒，见曹操声色俱厉，他才自觉有些不妙，急忙辩解说："我有急事才出来。禁令是为了防止变乱，像我这样的人，哪有变乱之理？你不应当处罚我。"

"我不管是什么人，只要违反了禁令就要制裁，徇私枉法的事我是不能干的。"

曹操不容分说，下令把蹇硕的叔叔押到城上，宣布罪状后当众用五色棒击杀。这件事轰动京师，甚至传到了皇帝耳中，自此人人都知道了北部尉曹操的厉害，不单是城北，整个洛阳城的治安情况都因而大为好转。史载："京师敛迹，莫敢犯者。"

如果把北部尉换成是别的孝廉，恐怕根本不敢这么干，或者是干了以后也将吃不了兜着走。曹操则不然，朝野士人和清流派官僚不消说了，自然视他这一行为是打击宦官，与宦官集团彻底划清界限的壮举；尤为奇特的是，就连仍将他视为本门子弟的宦官集团，对他也是一片称誉之声。

当时的宦官基本都没有治理国家的能力，与士大夫争斗时色厉内荏，完全不被对方正眼相看。虽然他们可以假借皇帝名义陷害对方，但其实内心也有着很强的失落感和危机感，看到集团子弟中突然出了这么一个敢作敢为的青年，便都视之为未来的本门精英，大家都称赞和保荐他。

蹇硕受皇帝宠信不假，但他当时还只是个小黄门，在太监中的级别不算高（曹操的祖父曹腾最早在宫中的职位也是小黄门），远在同样深受皇帝宠信的张让等人之下。尽管蹇硕内心对于叔叔被曹操诛杀肯定一百个不满，但胳膊拧不过大腿，实在也不能拿曹操怎样。无奈之下，他只得以退为进，也像别人一样举荐曹操，以期用另一种方式把这个“瘟神”赶出洛阳。

曹操新官上任就初战告捷，终于如愿以偿地离开京城，升为顿丘县令。这是曹操人生和事业上的一个里程碑，他对此一直不能忘怀，功成名就之后，曾特地把当年推荐他做北部尉的老先生请去，设宴款待。

在畅饮述怀时，曹操开玩笑地说：“老先生，您看我还可以去做尉吗？”

对方回答得很巧妙，说：“我当初推举你时，你正适合做尉呢！”

曹操听了哈哈大笑，当然这是真正开怀的笑、得意的笑。

国家再也没有希望了

宦官集团还把曹操当自己人，然而曹操本人可不这么想。数年后，当他被征召入朝任议郎时，第一炮打的就是宦官集团。

议郎是顾问性质的官，可发表议论，上书言事。曹操借职务之便，不顾忌讳和个人安危，公开为当年党锢之祸的受害者窦武等人鸣冤叫屈，说：“窦武等人正直为公，却被无故陷害。奸邪之人充满朝廷，善良之人的进身之路却被堵塞。”

结果，谏议书送上去后石沉大海，曹操等了很久也不见回音，这让他大失所望，不禁感叹：“这样下去，国家再也没有希望了。”

议郎没有什么具体的活儿要干，是个闲职，上书又没人理，这种英雄无用武之地的窘境，直到黄巾大起义爆发，才得以改变。

为了镇压黄巾起义，朝廷动员了全国最精良的部队，曹操被授以骑都尉，随皇甫嵩征讨颍川黄巾。这是曹操第一次有机会带兵打仗，当年他三十岁，虽然有的是热血和勇气，但早已不是过去那个只会逞匹夫之勇的莽撞少年了。

曹操不是头脑简单的武夫，他在青年时代就喜欢研究军事理论，曾仔细研读过能收集到的各种兵书战策，而此次上阵又赋予了他实践和继续学习的机会。他的上司皇甫嵩乃当朝名将，号称“兵动若神，谋不再计”，虽然史书上没有明确记载，但曹操既有机会随其征战，也一定从皇甫嵩身上领悟到了很多用兵布阵和取胜于敌的窍门。

皇甫嵩起初作战不利，一度被颍川黄巾军击败并遭到包围，然而他很快就扭转局面，用火攻打乱了黄巾军的阵脚。发动火攻时，曹操正好率兵赶到，与皇甫嵩等合兵共战，从而大破颍川黄巾，斩首数万级。

此后，皇甫嵩又陆续扑灭了其余黄巾军，不过这跟曹操已没有关系了，他因功被提升为济南相，暂时告别了军队和战场。

济南国与郡平级，由中央任命的国相相当于郡的太守。当时吏治败坏乃普遍现象，济南国的情形尤显严重。济南国辖十余县，多数县令、县长（大县称县令，小县称县长）上附外戚宦官，下结地方豪强，平时贪赃枉法，巧取豪夺，无所不为。因为他们的后台太硬，历任济南相都不敢管，有的甚至加以包庇、纵容。

曹操跟以前做北部尉一样，甫一上任就重拳出击，通过上奏朝廷，一举罢免了十个县令、县长。这样一来，大小官吏无不震恐，一些犯法有恶行的人为了逃避制裁，只得逃入外郡躲藏。

济南国民间建祠的风气很盛，曹操上任时，境内祠庙竟达六百多处。古代建祠是件很严肃的事，必须按照国家典章建立，祭祀要依据礼制，但这些祠庙多数都是滥设的，祭的也是奸邪鬼神，属于所谓“淫祠”。

“淫祠”不仅与法度不合，而且还成了地方官吏们敛财的工具，他们借祭祀活动大搞摊派，随着祭祀之风越刮越烈，百姓也越来越穷困。

“淫祠”早已成为地方一害。可若加以处置，必然要触动地方官吏的奶酪，同时这种风气已历数百年之久，移风易俗也不是一件简单的事，故而历任国相都听之任之。

曹操不管这一套，到任后雷厉风行，下令将“淫祠”全部拆毁，并严禁官民再搞祭祀活动。谁都知道曹操言出必行，五色棒随时会挥下，之后便再没人敢提奸邪鬼神的事了。

继济南相任期后，曹操在社会上的影响力再次大增，就在这时，他接到了任命他为东郡太守的调令。

东郡与济南国属同一级别，重要性不分彼此，东郡太守与济南相也处于相同地位，说明这是同级调动，而非迁升。曹操早已不是当年的仕途新手，他从中嗅出了异样的味道，并很自然地推测出，是自己在济南的所作所为让朝中的权贵按捺不住，只是碍于其家族背景，才用平调的方式将他弄走。

曾几何时，曹操的政治理想仅仅是像忘年交桥玄那样，当一个称职的郡守，但在浊世之中，这种理想恐怕很难有实现的机会了。在已经一而再、再而三地得罪权贵并引起对方反弹的情况下，他纵然不为自己的安全考虑，也得顾及父亲及其他家人是否会受到牵连。

经过反复考虑，曹操以生病为由提出了辞职。朝廷接着又任命他为议郎，曹操这回可没那么傻了，同样坚辞不就，随后他便回到谯县老家，过起了春夏读书、秋冬打猎的隐士生活。

冤大头

宠信宦官的灵帝是一个财迷皇帝，他在洛阳的西园建造了一个“万金堂”，用以积攒钱财。财源来自于买卖官职的收入。

其时，曹操的祖父曹腾已经去世，曹操的父亲曹嵩继承了巨额家财。曹嵩是一个比较平庸的人，政治能力比不上身为宦官的曹腾，任上也没有什么建树，只因家里的钱实在多得花不完，他一时官迷心窍，便也参与到了买官行列当中。

在西园公开叫卖的官职主要是地方官，即郡太守、县令、县长这些。公卿是朝官，灵帝不好意思公开拿出来卖，就通过宦官私下和人家单独洽谈。公的定价是千万，卿五百万，曹嵩看中了三公之一的太尉。谈价的宦官知道他手里有钱，就故意往高了喊，结果曹嵩以一万万钱，一个比原定价整整高出十倍的价格，才买得太尉。

曹嵩做了一回冤大头，他在太尉职位上也只过了一年瘾，很快就遭罢免。纵然如此，因为他是靠买官当的太尉，本身又是宦官之后，所以理所当然地遭到名门士族的轻视和唾弃。袁绍与曹操当时是密友，自然一时不便说出难听的话，但日后翻脸后，还是不忘借文人之笔大骂曹嵩："你用赃款买官位，用金银珠宝贿赂权门，这是什么行为？是在窃取国家重器，企图颠覆国家！"

其实卖官鬻爵乃灵帝所倡，并不完全是曹嵩的过错。灵帝贵为皇帝，居然财迷到这种地步，实堪发指。以冀州刺史王芬为首的几个地方官吏便密谋发动政变，废掉灵帝。

曹操虽赋闲在家，但名声在外，王芬也派人向他送来密信，欲拉他入伙。此时的曹操历经宦海沉浮，分析能力和洞察力早已今非昔比，他对灵帝固然也失望透顶，认为废立并不是绝对不可行，然而也同时认为行事必须以权衡成败、掂量轻重作为前提。

在曹操看来，王芬等人既乏深谋，又无胆识，更不了解大势走向，却试图侥幸成就大事，这种形同儿戏的做法必败无疑。他复信拒绝参加行动，并且劝王芬等也不要贸然行事。

事态的发展正如曹操所料，王芬政变没有取得成功，王芬也落了个举家自杀的结局。

曹操隐居，距离他以孝廉身份入仕，已经相隔了十多年。回想当初孝廉们在京聚会，恍然还是正发生在眼前的事，曹操的很多同年在入京时就已是老者。曹操一直记得其中有一个来自凉州的韩某，甚至把儿子都一同带到了京城。

凉州在今甘肃、青海一带，这是一个特殊地区，生活在凉州的男女都惯于骑马，长于骑射，内地男耕女织的景象在这里很难见到。后来凉州屡次爆发大规模的羌人叛乱，成为王朝境内最为动荡危险之地，战争频仍的结果使得凉州人更加能征善战，故有谚云“关东出相，关西出将”（此处以函谷关或崤山划界，以东为关东，也称山东，以西为关西，也称山西）。

因为对凉州感兴趣，曹操特别注意到了韩某父子，但令他略感失望的是，这对父子似乎并不是想象中的赳赳武夫。两人不仅说话很慢，而且思维和表情都显得有些迟钝，就好像内地常见的那些老实巴交的农民一样。

尽管发生了党锢之祸，但在内地士子当中，议论朝政乃至抨击其黑暗面，却并不是需要特别忌讳的话题。韩某父子不同，在平时的谈话和聚会中，别的孝廉只要稍微揭露一下朝廷黑幕，不被他们听见倒也罢了，听见了必然要站在官方立场，对此进行辩驳和解释。

来自西部边陲的汉人太不一样了！曹操当时留下了这样的印象。他的理解是，韩某父子应该是时时生活在羌人的威胁之下，才会如此忠心和仰赖于朝廷，以至于把它看成是某种精神寄托了吧。

一晃好多年过去了，凉州再次发生羌人叛乱，只不过与以往不同，这次的叛乱颇富戏剧性。先是反叛的羌人劫持了凉州官员韩遂等人，韩遂等被逼加入了叛军行列，接着韩遂又反客为主，在杀掉羌人首领之后自己举起了反旗。

这个韩遂竟然就是当年那个老韩孝廉的儿子！

当曹操在家中得知消息时，整个人都呆住了，他不知道这是不是可以算作乱世已经降临人间的一大征兆：曾几何时，把朝廷视为正义化身，任何时刻都不忘维护其权威的老实的凉州人，居然也造反了。

弃文从武

韩遂起兵反叛后，拥兵十余万，进围凉州陇西郡。陇西太守投靠韩遂，杀死了前来讨伐叛军的凉州刺史，凉州刺史手下的将领马腾也随之加入叛军行列，与韩遂联合进攻凉州汉阳郡。叛军声势浩大，一度攻入关中，威逼潼关要塞，一时间，天下骚动，京师震恐。

灵帝是个很糟糕的皇帝，但他并不是一个笨皇帝，相反，人还很聪明。面对周边的复杂局势，他在洛阳的西园招募壮丁，组建了一支禁卫军性质的精锐部队，用以应付随时可能出现的天下动乱。

新军的指挥部设于西园，由八校尉进行统领。曹操任北部尉时曾棒杀权贵，此权贵的侄儿、当年的小黄门、如今的大宦官蹇硕因壮健而有武略，被任命为上军都尉，居于八校尉之首。灵帝特别强调，就连大将军何进也必须受其指挥，这样蹇硕实际就成了全国的最高军事统帅。

作为得到舆论认可的新一代中坚力量，袁绍、曹操都接到了征召。袁绍被任命为中军校尉，仅次于蹇硕。袁绍虽有显赫背景，但当时士族中的突出人物也很多，他之所以能够担任这一角色，乃是因为袁家曾和宦官攀过本家，与宦官集团关系较近。

灵帝宠信宦官，八校尉的任命不可避免地要受此影响。曹操受召也是一样，一大半是靠他父祖的余荫。当然，曹操能打入皇室并担任要职，连蹇硕也不得不和他共事，这也与曹操本人才能出众，在政治舞台上已经拥有了自己的声誉密切相关。

朝廷拟给予曹操的职位是典军校尉。隐居本就是曹操以退为进的一个策略，他可不愿意一辈子真的只做个垂钓鱼池之上、有空名而无实际功业的人。在郡守理想已经破灭，深感浊世无法实现其抱负的情况下，曹操新的人生志愿是弃文从武，通过挂帅西征，降服凉州叛军，得以列侯当将军。

曹操一度遐想着，在他死后，只要墓道的石碑上能够镌刻“汉故征西将军曹侯之墓”，则此生足矣。朝廷的召命正合其意，曹操立即奉召进京，自此以军职身份踏入了权力核心。

然而仅仅半年之后，随着灵帝病故，政局又发生了重大变化。

经过党锢之祸，几乎人人都知道了宦官是王朝的乱源，但其实王朝的乱源并不止一个，还有一个是外戚，也就是皇帝的亲戚。这伙人同样不是善茬，尤其是国舅、大将军何进，就连灵帝生前都惧其三分。

灵帝规定何进要受蹇硕指挥，这一指示在他活着时还有点用，人一死也就失去了价值。在当时的社会，人人都有尊重贵族之心，何进是国舅，容易得人拥护；而蹇硕是宦官，大家都瞧不起他，一旦没有皇帝撑腰，便无人肯听他的命令了。

起初蹇硕想谋杀何进，结果反被何进所杀，西园军的指挥也落入何进手中。何进控制朝政后，以袁绍、袁术为心腹，袁绍建议何进完全消灭宦官集团，将昔日专权得宠的宦官一概除尽。

袁绍当初与“奔走五友”等才智之士结交，暗中为党人奔走时，曾引起宦官的注意。一名宦官居心叵测地说：“袁本初（袁绍字本初）抬高身价，不应朝廷辟召，暗中却豢养大批亡命之徒，他究竟意欲何为？”

袁绍的叔叔袁隗时任太傅，听到宦官的话后被吓得不轻。他责骂袁绍，说你为什么要惹宦官啊，这不是以卵击石吗？弄不好不仅你自己会招来杀身之祸，还将毁掉我们整个家族！

至八校尉组成时，依赖显赫门第和自身魅力，袁绍已实际成为京都反宦士大夫的领袖人物。虽说蹇硕已死，但曾经诋毁他的那个宦官还在，这么多年来迫害士大夫、党人、太学生的宦官犹存，此时不予清除，更待何时？

袁绍的建议表明，人们对宦官集团的仇恨积累得太深太久，一个蹇硕的死无法抵消所有，朝中要诛戮宦官的氛围依然极其浓厚。

还在宦官集团飞黄腾达的时候，曹操就预计到了这一政治势力的恶化没落，他不愿意与之同归于尽，故而以取得士族阶层的认可和接纳为目标。如今他不但如愿以偿，而且在反宦士大夫团体中的影响力仅次于袁绍，也因此，曹操虽然不是何进的心腹，却仍有资格参与何进所主持的密谋。

曹操赞成诛杀蹇硕，但不赞成杀光宦官。曹操知道，作为整体的宦官集团必须逼它立刻退出政治舞台，但作为个体来讲，并不是所有宦官都是坏的，比如他爷爷曹腾，就绝非罪大恶极之徒。况且，杀了原来的一批宦官，不等于宫中以后就可以不设宦官。

“宦官是历来都有的，古今都会设置。问题出在君主不应给予他们权力和过分的优宠，正因以往君主处置不当，才使他们发展到如此地步，也才会闹成这个样子。”

曹操主张对宦官区别对待，在治罪时只要除掉几个首恶分子，杀几个头头就行，若是继续不依不饶，兔子急了也会咬人，一旦密谋泄露，宦官们必然抵死相拼，此事必败。

可是曹操的意见并没有被何进、袁绍等人接受，何进还是决定按袁绍的建议行事。

螳螂捕蝉，黄雀在后

灵帝死后，继位的小皇帝刘辩年仅十四岁，由何进的妹妹何太后临朝称制。何进要诛杀宦官，不能绕过何太后，何太后出身低微，原先是因宦官的推荐，才得到了灵帝的宠爱，她对宦官抱有感激之情，因此不同意哥哥这么做。

何进在太后面前碰了壁，只得又继续与众人商议对策。袁绍又思一计，说为什么不把拥有强兵劲旅的四方猛将都召至京城呢，太后一个女人家，一看这阵势，必定只能服软，到时杀不杀宦官，可就由不得她了。

就像非要将宦官斩尽杀绝一样，袁绍想问题做事情，向来都带有一种名门士族与生俱来的理想主义色彩。他一心想着如何除宦，却根本没考虑到在时局动荡的情况下，召外兵来京有多么危险。

可何进恰恰又是个识见短浅的人，袁绍的馊主意正合他的胃口，当下就决定召并州牧董卓、并州刺史丁原等进京。

对于何进此举，很多人不以为然，提出告诫。曹操也对何进、袁绍表示了不同看法，认为宦官本不该全杀，要是坚持只除首恶，何太后必然难以阻挠，这样只需几个狱吏就够了，没必要把外将都召来，从而造成不必要的危险。

何进不听良言，仍执意召兵入京。他所召的大军随即向洛阳进发，并州的丁原火烧孟津，火光隔着河照进洛阳城中，让这座王朝的中枢人心惶惶。袁绍则在城中起劲地搜集着宦官罪证，只等何太后屈服，好对宦官们明正典刑。

国家大事不是被无能者，就是被一厢情愿者所掌握和操控，这让曹操在无可奈何之余，感到很是失望和忧心。后来，他用出殡时挽柩人唱的挽歌体，创作了一首《薤露行》，用以追述这段经历。此诗被后人称为“汉末实录，真诗史也”，在诗中，曹操把何进、袁绍等人比喻成穿衣戴帽的猴子，明明缺乏政治头脑，却偏要谋事逞能：“沐猴而冠带，知小而谋强！”

正如曹操所预言的，被逼到绝路的宦官们不会一声不吭地坐以待毙。眼看形势危急，张让等人孤注一掷，先下手为强，假传太后诏旨，将何进骗进宫后杀了他。

袁绍、袁术闻讯火烧宫门，对宦官发起攻击。宦官里面真能打的就只有一个蹇硕，蹇硕已死，其他人哪里能够抵敌，只得挟少帝逃出洛阳。后因追兵迫近，张让等被迫投黄河自尽，小皇帝这才得以返回宫中。

袁绍从没有忘记要杀光宦官的执念，何进既被诱杀，就更有理由这样做了。他当时的职务是司隶校尉，主管京城的缉捕督察，于是便利用手上的职权，指挥士兵在城内四处搜捕宦官，抓到后，不管年幼年长，好的坏的，守本分的不守本分的，一律处决。更有甚者，不少没有胡须的普通百姓都被当作宦官杀了，有人明明已脱下衣服，露出身体，证明自己不是宦官，竟也难逃一死。

理想主义者发展至极端，往往会变成不可理喻的破坏者。袁绍前后一共杀了两千余人，曾经喧嚣一时的宦官集团固然被完全消灭，但如此滥杀无辜，也足以令人目瞪口呆。更让大家始料不及的是，螳螂捕蝉，黄雀在后，宦官集团虽除，新的大魔头又出现了，董卓来到了京城。

董卓是凉州陇西郡人，出身于世家大族。他年轻时也是一个游侠，以膂力过人、骑射精湛著称，能够两边带着箭袋，于纵马奔驰之际，左右开弓。从那时起，董卓在凉州就具有相当高的知名度，连勇悍敢斗的羌人、胡人都很惧怕他。

董卓粗猛有谋，具有大将的风度和才能。在与羌族骑兵的一次战争中，他大获全胜，朝廷赐缣九千匹，他毫无保留地全部分给了手下官兵。

韩遂在凉州起兵后，朝廷调动多路大军前去平叛，董卓也被任命为中郎将，向西对韩遂进行抵御。

凉州是汉族和羌胡杂居的地方，凉州军也都是由汉人和羌人、胡人（汉朝人当时对包括匈奴在内的北方异族的统称）等混编而成的部队，韩部、董部皆为如此。董卓在讨伐韩遂时出师不利，被数万羌胡兵阻住。当时的情况很危急，粮食断绝，归途之上还有河流相阻，仓促后撤的话，只要对方追杀过来，必然全军崩溃，官兵不被杀死也会被淹死。

董卓情急生智，假装因乏粮需要钓鱼，筑坝拦住河流作为水池，将几十里的河道蓄满了水。乘敌军暂时未加留意，董卓领兵悄悄地从水坝下通过，通过后即掘开水坝。等羌胡兵听到消息后前来追赶，河水已经很深，人马无法徒涉，他们只得望河兴叹。

当时朝廷派了六支军队赴陇西作战，五支都溃败了，只有董卓全师而归，部队未受损失。

捡了个现成的便宜

自汉初以来，骑兵在战场上的地位和作用越来越重要。匈奴骑兵曾对汉帝国疆域形成极大威胁，为了对抗他们的骑射优势，卫青、霍去病将中原步兵惯用的正面冲锋战术移植至骑兵，依靠近距离肉搏战，最终打得匈奴骑兵人仰马翻。

要组织大规模的骑兵冲锋，必须有像步兵那样严整的军令纪律，匈奴部落松散，想学也学不像。羌胡人亦如此，虽然每个壮年男子都是天生的骑射战士，但打仗时都习惯于远距离骑射，碰到汉军精兵很难抵御得住。

董卓长期在西北与羌胡作战，招纳或俘虏了很多羌胡骑兵。这些羌胡骑兵融入汉军后，接受了汉军的组织化训练，战斗力成倍提高。至于凉州的汉族士兵，他们就像董卓年轻时那样，世代生长在边地，熟悉游牧生活，在骑射方面足能与羌胡比较。

作为来自西北的骑兵集团，董卓军具备很强的战斗力，但在与韩遂的羌胡兵对阵时，却给人力不从心之感。之前董卓在奉命镇压黄巾军时也是屡战不胜，以致与他的凉州老乡、战功显赫的皇甫嵩相形见绌。

事后来看，很可能董卓并不是真的就打不过韩遂或黄巾军，这个老油条实际是在保存实力，就是时时刻刻都留着一手，不到万不得已，绝不与对手硬碰硬。

对于董卓所处的地位及其能力，有识之士洞若观火。皇甫嵩的侄子皇甫郦便对皇甫嵩说，现在王朝面临着失败，能解天下于倒悬，平定战乱者，只有叔叔您和董卓可以做到了。

灵帝在快要死的时候，也意识到了这一点。他的聪明之处，在于看到了董卓故意保存实力背后所藏着的野心及其危险，于是他决定调董卓为并州牧，同时要求董卓把军队交给皇甫嵩。

眼看汉帝国已日薄西山，董卓根本不予理会，他接受了并州牧的官职，但拒绝赴并州就任，也不肯交出兵权，只是将军队驻屯在离洛阳较近的河东郡，以坐观洛阳政局变化，兼监视皇甫嵩的动态。

皇甫郦见状，劝皇甫嵩倚仗国威对董卓进行征讨。皇甫嵩与董卓有隙，然而终究还是没敢动手。这表明，他对董卓军的作战能力有清醒的认识和估计，对于征讨董卓也缺乏胜算。

在何进预谋诛杀宦官时，董卓率其凉州兵屯驻河东，丁原率并州兵屯驻河内，何进对两人分别发出了召集令。

汉帝国虽然早就呈摇摇欲坠状，但毕竟也已经太平了几百年。大家都听中央政府的命令惯了，若没有机会可乘，决没人敢无端发难，就连董卓也不例外。何进引狼入室，主动把居心叵测的地方实力派召入京城，可见以他为首的外戚亦是一伙鼠目寸光，严重缺乏政治智慧的庸人。

却说董卓获得了企盼已久的机会，不由大喜过望。他过去对朝廷的召唤总是敷衍搪塞，能躲就躲、能逃就逃，这次却非常爽快地就答应下来，而且一天都不耽搁，即日进兵。

没等董卓赶到洛阳，何进早已人头落地，宦官也被杀得一个不剩，长期以来交替执政的外戚、宦官两大势力同归于尽。董卓到京后捡了个现成的便宜，在将少帝、太后控制在自己手里后，迅速掌握了朝中实权。

袁绍等一班人花了力气，当然不愿意让董卓摘桃子，但除了曹操等少数人外，经历过战场上真刀真枪实战的寥寥无几。董卓可不一样，截至领兵入京，他担任武职已历三十多年，几乎跟袁绍、曹操等人的年龄一般大。

在过去的三十多年里，董卓身经百战，尤其在别人（如皇甫嵩）被朝廷驱使着、拼死拼活的时候，他都有意无意地避开了，从未伤筋动骨。如今若真要干仗的话，俯视朝廷之上，武将中包括皇甫嵩在内，已无一人堪为其对手。

皇甫嵩等几个打过黄巾军的所谓名将，根本就不敢和董卓作对，董卓倒也不为难他们，只是按照原先灵帝对待他的方式，以朝廷名义授之以高官，顺势解除了他们的兵权。看到鼎鼎大名的皇甫嵩都如此，其他人更拿董卓没有办法了。

事到如今，给何进出了馊主意的袁绍也是徒呼奈何，只剩下了咬牙懊悔的分。何进在引兵入京时，曾派籍贯泰山郡的鲍信到其家乡招募军队，这时鲍信刚好返京，他劝袁绍抢先动手，说：“董卓拥有强兵，心怀不轨，如不早点想办法对付，今后会被他控制。应当乘他新到京城，人马疲惫之机，发兵袭击，可一举将其擒获。”

袁绍犹豫再三，还是不敢发兵，鲍信只好仍旧返回泰山。

“卓众来东下，金甲耀日光。平土人脆弱，来兵皆胡羌。”同时代的女诗人蔡文姬通过诗作，把董卓军进城情景形象地描绘了下来。其实这也是董卓故意摆出来的造型，刚进京城时，他的所有步骑兵，汉兵和胡羌兵加一块，只有三千人马，兵力并不算多。

为了使远近慑服，董卓就像当初筑坝拦河一样，大约每隔三五天，就在夜里偷偷地向城外派出近一营兵士，等第二天早晨再大模大样地开回来。给人感觉，凉州兵正川流不息，不断向京城涌来。

大将军何进已亡，他的弟弟车骑将军何苗平时与哥哥有不同意见，何进的部下怀疑何苗与宦官同谋，将他也杀了。二何之兵无所从属，见董卓势大，就都顺势投降了董卓。

谁敢不从

丁原获得何进的召令后，也想干预朝廷中枢，只是晚了一步，让董卓抢了先。从当时的形势来看，他并不愿意与董卓合作，更不愿意向其臣服，要想让他像皇甫嵩那样乖乖地交出兵权，或自行退回并州，是绝对不可能的。

董卓若欲独揽大权，就势必首先解决丁原，但二何之兵初附，无论忠诚度还是战斗力，都还不能被完全信任，随其来京的凉州军则数量有限，对阵同为劲旅的并州军难有胜算。

当时的并州在自然条件、民风财力上与凉州完全相同，其境内原本有许多内徙的匈奴人，后来又大量涌入羌胡人，是所谓"羌患"蔓延的另一区域。并州军系由汉兵和羌胡兵混编而成，多年来不仅要对付"羌患"，还要抵御北疆的匈奴、鲜卑，所部与凉州军一样骁勇善战，故而两军向被合称为"并凉劲兵"。

两只老虎若是缠斗在一起，就算是打平，也是双输的局面，只会便宜了待机而动的其他地方武装，这不是董卓愿意看到的。为了稳住丁原，他决定先用朝廷的名义授其以执金吾之职。

执金吾是督巡京师地区治安的长官，此职属于荣誉性质，低于三公，但位同九卿。丁原果然被董卓的表面功夫给迷惑住了，暂时失去了防范之心，董卓则乘机在并州军内部动起了手脚。

丁原在作战勇武和骑射技能方面和董卓相似，不同之处在于，他出身贫寒之家，也不是并州本地人，远不像董卓那样在凉州拥有深厚的根基。他能够统辖和扩张并州军，主要依赖于吕布等并州本地将领。

吕布是并州军中首屈一指的猛将，最受丁原信赖。董卓的策略就是诱使吕布倒戈，让他背叛并杀死丁原，但董卓究竟是如何做到这一点的，史籍上却没有明确记载。

董卓曾在并州作战，还担任过并州刺史，极有可能，两人之前不但认识，而且关系密切。其证据是，如若不然，以吕布这样来自敌方营垒，又曾是丁原最得力亲信的敏感身份，转投董卓后，董卓缘何会立刻与之立誓结为父子？他又怎么敢让吕布担任贴身护卫，将自己的生命安全完全交付给对方？

吕布早年的生活经历和董卓相似，两人气味相投，有共同语言并非偶然。吕布最早也是游侠，游侠本有层次之分，吕布属于游侠中层次最低的一类，即所谓“轻侠”，其特点是好以武力劫夺财物。这种“轻侠”风格贯穿了吕布一生，一直到死，他都缺乏明确的政治追求，其判断标准，无非是看到哪一堆好，便往哪一堆去。

自打跟着丁原从边地千里迢迢赶往洛阳起，吕布和并州将士便一心渴求得到更多富贵，但结果是好处都让捷足先登的董卓和凉州军独享了。除了丁原自己弄到一个虚衔外，吕布以下人等皆两手空空，只能干瞪着眼看凉州兵吃香喝辣，这让他们如何能够甘心？

在后世演义中，董卓靠赠送赤兔马外加金珠宝贝打动了吕布，但这并不是史实。赤兔马是吕布的原有坐骑，吕布虽然贪财，但区区金珠宝贝想来也不至于令他铤而走险。

何进在召丁原进京时，曾答应授他以骑都尉的实职，在吕布杀掉丁原后，董卓就把这一官职给了吕布，由此大致可以推测出，董卓应当是许诺事成后让吕布取代丁原，并使他在凉并集团内拥有超人一等的地位。对于彼时的吕布而言，董卓开出的这一条件才是他根本无法抵御的。

凉并两军合并，使得董卓的军事实力变得空前强大，董卓认为自己从此便可以为所欲为了。他不喜欢少帝，于是打算废掉少帝，另立少帝的异母弟陈留王为皇帝。

袁绍被召去商议此事，他极力表示反对，认为少帝年纪轻，也并没有什么不良行为，贸然废嫡立幼，很难得到大家的支持和认同。董卓见状立即按剑威胁道："你小子竟敢这样跟我说话！天下的事情难道不是由我来定夺吗？我要做什么，谁敢不从？你是不是想试试我董某的刀锋利不锋利？"

"天下英雄，难道仅仅只有你董公吗？"袁绍闻言大怒。

这时候，袁绍抽出了佩刀，朝董卓横向作了个揖，之后便扬长而去。这段插曲见于《资治通鉴》，但在其他史书中，一样的场景，却有不同的演绎。

狗肉上不了正席

在《三国志》中，还是董、袁对谈，不过袁绍并没有说出任何义正辞严的话，他当场就答应了，自然，董卓按剑、袁绍动怒的桥段亦不存在。

其实袁绍是假装应允，为的是方便找借口脱身，他说："这是大事，我应回去和太傅（即袁绍的叔叔袁隗，时任太傅）商量一下。"

"刘氏一族不值得再留下来。"董卓说。

袁绍没有再接董卓递过去的话，横握佩刀，拱手行礼后便匆匆告辞而去。

《三国志》是迄今为止在三国历史考证方面最为权威的一部史书，它所记述的袁绍反应，似乎要更接近于当时的实际情境。因为以当时董卓拥有的地位和实力，若袁绍敢于当场发飙，恐怕是连门都走不出去了。

袁绍脱身后，把司隶校尉的符节悬挂于城门，只身逃奔冀州。董卓对此大为恼火，下令悬赏捉拿，而且很是急迫，恨不得立刻将对方抓来狠狠地戳上几刀。

那段时间，董卓正在擢用名门和名门之后，新提拔上来的官吏，如尚书周毖、城门校尉伍琼等，暗中都对袁绍抱着同情和支持的态度，伍琼更是袁绍的“奔走五友”之一。他们劝董卓说，废立皇帝是件大事，不是平常人能做到和接受的，袁绍不识大体，出于害怕才出奔逃命，并没有其他企图和野心，若急于悬赏捉拿，反而可能将他逼反。

“袁氏四代显贵，门生故吏遍布天下。如果袁绍登高一呼，收揽豪杰，聚集军队，关东英雄们因此而起事，那么关东就不归您所有了。不如赦免他，任命他为一郡太守，袁绍因祸得福，一定会甘于俯首称臣，那样就不会有后患了。”

董卓认为周毖等人说得很对，于是授任袁绍为渤海太守。袁绍的堂弟袁术同样逃亡在外，董卓亦任命他为后将军。

袁绍同意不同意废立，以及逃与不逃，对董卓的既定计划本无任何影响。董卓照旧还是废除少帝，将陈留王立为皇帝，这就是汉帝国的最后一位皇帝：献帝。

董卓是土生土长的凉州人。凉州的汉人长期与羌胡杂居，自己也过着相似的游牧生活，文明程度较低。到汉末时，凉州连续爆发大规模的羌人叛乱，地方行政官吏争先恐后地迁徙至内地，只有武官率军队在那里负责平叛，长此以往，使得凉州更是形同化外之地。当时人们把凉州看作是“边鄙”，董卓及其部将则是“边鄙之人”，这种看法颇有轻蔑之意，原因就是认为董卓等人“习与夷风”，与内地的主流文化格格不入，均属于不入流的低层次人物。

董卓未尝不想融入主流社会，初入洛阳时也做过好事，最值得称道之处，就是替党锢之祸中被宦官冤杀的党人昭雪平反。对于宦官专权时期受到迫害的清流派名士，他也都一一加以重用。知名大儒、女诗人蔡文姬的父亲蔡邕，过去在宦官打击下一直逃亡在外，董卓召他进京，三日之内升三次官，迁为侍中。后来董卓被杀，蔡邕不顾危险也要为之悲哀痛哭（因此被处以死刑），表明董卓在知识界还是赢得了一定的人望，不可全然否定。

董卓飞黄腾达后，只给自己的部将安排低级职位，而且只让他们做军官，即便喜爱的人亦不例外，显然也是知道部属们狗肉上不了正席，所以才不允许他们参与政治。问题在于，董卓的这种自知之明仅仅被用在了别人身上，却唯独不包括他自己。

按照中国古代的政治伦理，废立皇帝是最容易造成口实、受人攻击的。历代当然也多有大臣废立成功的，但那都是当事者权势已成，将内外反对自己的人都已经诛锄干净的情况下。对董卓而言，尽管京城中暂时已无人能够和他抗衡，但是京城外隐性、显性的敌人还有很多。

站在董卓的角度，别说少帝尚年幼，缺乏予以废黜的正当理由，就是等少帝成年，若果真不够好，也不能轻于废立，否则只会丧失人心，招致失败。再者，如果他想要专权，甚而为以后篡位做准备，皇帝年幼或昏庸，岂不正可利用？又为什么一定要冒天下之大不韪，改立君主呢？

可见董卓虽有勃勃的政治野心，但其实是一个没有政治头脑的人，他的种种做法，等于是在亲手为自己挖坑。

宁可我负天下人

洛阳是京师重地，富贵之家甚多，家家都有金帛。并凉军中的羌胡兵普遍比较野蛮，杀人越货乃是家常便饭，汉兵和羌胡打仗或打交道久了，也不同程度地沾染着这种习气。刚开始入京时，董卓还有所约束，后来便放纵士兵随意到人家家里抄没财物，名为“搜牢”，意思是就算老百姓把财物封藏好，也得全部搜出来。

有一次，董卓将军队派到洛阳东南的阳城。当地正在祭祀社神，士兵们竟然将聚集在一起参加活动的男子全部杀死，又掠走妇女、财物和牛车，然后驾着牛车一辆接一辆地回到洛阳。尤堪发指的是，他们还将遇害者的头颅全部割下，挂在车辕和车轴上，说攻打“贼寇”取得了大胜，是凯旋。蔡文姬在诗中用悲愤的笔调，记录了当年的惨状，写尽了并凉兵的野蛮：“斩截无孑遗，尸骸相撑拒。马边悬男头，马后载妇女。”

明知军纪荡然，董卓却对此置若罔闻。事实上，他自己就极为残暴，经常用残酷的刑罚来威胁众人，树立自己的权威。不仅如此，他甚至还置皇室尊严和个人廉耻于不顾，闯入宫中奸淫宫女和公主，完全没有一个朝廷重臣该有的样子。

自汉朝开国以来，虽然重臣专权的例子并不少见，但恐怕还没有一个人像董卓这样出格。董卓早年做游侠时，曾与很多随便惯了的羌人首领结交，有人认为，从那时起，董卓就可以算作是半个羌人了，他的种种恶行也都可能与此有关。

董卓及其军队胡作非为，使得洛阳一带陷入一片恐怖之中，社会秩序根本无法维持，人人惊惧不安，朝不保夕。到了这个时候，稍有远见的士大夫都已对董卓完全失望，原先就反对召外将进京的曹操，则更加料定董卓只是逞一时之势，最后终不免众叛亲离，归于失败。

董卓对曹操倒很是欣赏，表请朝廷授曹操为骁骑校尉，打算将他拉进自己的政治圈子，与之共议朝事。可曹操却不愿意和他同坐在一条将沉的大船之上，不但如此，他还想着要如何更快地把这条船弄沉。

继袁绍之后，曹操也改名更姓，溜出洛阳，只带了几个亲随骑兵，便抄小路向东边家乡谯县方向急奔。当然他出逃的待遇就没有袁绍那么好了，董卓闻报非常生气，严令通缉，并迅速向各地发出逮捕文告，这时候也没人敢替曹操求情，弄得他一路上都极为狼狈。

当曹操一行逃出虎牢关，路过成皋时，都已经人困马乏，于是就到故友吕伯奢家借宿。恰好吕伯奢外出，他的五个儿子热情接待了曹操，但曹操被追得急迫，主人礼节越周到，他反而越不安心，老是怀疑对方可能会报官或直接加害于他。

到了晚上，曹操忽然听到了兵器相击发出的声响，便断定是吕伯奢的儿子要杀自己，于是他当即拔剑，来了个先发制人。这一过程中，双方应该是发生了激烈打斗，曹操十几岁就入宅行刺张让，犹能全身而退，自然身手不凡，更不用说还有亲随助力，最终包括家人在内的吕家八口被全部杀死。

直到杀完人之后，曹操才发现，所谓的兵器相击，不过是食器相碰罢了，他杀错了人！

怎么会这样？刚刚到底发生了什么？曹操悲伤自叹："宁我负人，毋人负我！"然后出门，继续间行东逃。

关于吕伯奢一案，更早的一本史籍有不同记载。据上面说，是吕伯奢的儿子们想乘曹操等人熟睡时杀死他们，抢劫财物和马匹，结果却被曹操发觉，遭到反杀。

问题在于曹操一行从洛阳匆匆逃出时，不可能携带很多财物，吕家兄弟也应该知道曹操先前是带兵打仗的将军，并非普通人。他们区区村民，就算是再贪财，也不至于为所获不多的一点东西，冒险直接对几个军武之人下手吧？

显然，不能仅从出书的时间先后，来推定何种史载更为靠谱。曹操在逃亡路上神情高度紧张，一旦认为有人可能要谋害他，自然会做出应急反应。而就当时客观的情境来看，在以为自己瞬间就会丢掉性命的情况下，当事人通常也都来不及做冷静的思考和调查，因而发生不幸，并不是一件难以理解的事。

对于错杀故人之子，曹操肯定是既后悔又难过，悲伤的表情不会是装出来的，而且当着自己随从的面也用不着装。值得玩味的恰恰是那一声叹息，日后正是它被演绎成了一句众所周知的曹操名言：“宁可我负天下人，休教天下人负我！”

这是在错误业已无法挽回的情况下，一种强词夺理般的自我安慰。曹操因为出身于宦官家族，隐隐约约的自卑感和不安全感在其内心始终挥之不去，由此构成了他复杂性格中的另一面，即多诈、多疑。在后世的演义和小说中，人们往往把曹操渲染得格外狡诈狠毒，这固然与他的真实形象不完全相符，但以自我为中心，只是疑人图己，就不念故旧，不惜杀人，这种事他是完全做得出的。

只有用武力才能解决

东逃路上真正的危险并不是发生在成皋，而是在尔后的中牟。当曹操经过中牟时，一个亭长发现他形迹可疑，就把他扣留了起来。曹操本可反抗，但他发现对方并不认识自己，怕一动手更容易打草惊蛇，便任由亭长把他送到了中牟县府。

汉代驿传速度较快，邮差骑良马一日一夜可行两百里，虽然曹操一行也是骑马，但还及不上驿传速度。在曹操被扣留之前，中牟县府就已收到了通缉令，只是多数人都不认识曹操，也不知道亭长送来的人就是通缉令中的要犯。

当然也不是所有人都没有认出曹操，有一位功曹（郡县的总务长）是例外，但他不仅没有当场揭穿，相反还向县令说情，释放了曹操。

“世道正乱，不应当拘捕英雄！”功曹对县令如是言。

一个县的功曹小官竟然能认出曹操，而且知道他是英雄豪杰一类的人物，从这件事上，既可以看出这位功曹的慧眼独具，同时也显示出，曹操当时的影响力和号召力已及于僻壤。

曹操原计划回乡举兵讨伐董卓，但此时他在家乡谯县已经没法待了。谯县是豫州刺史的治所，在汉帝国，州原本只是监察区域，州刺史或州牧也只是监察官，而非地方行政官。后来因为韩遂在西北反叛，朝廷根据大臣提出的建议，出于平叛和御敌的需要，把当地的领兵治民之权也交给了州刺史、州牧。

沛国相袁忠早年就想惩治曹操，然而碍于曹家势大，终究只能不了了之。豫州刺史则不一样，有权对豫州所属郡县用兵，豫州刺史黄琬惟董卓之命是从，接到通缉令后，立即调动驻扎谯县的州郡兵马，对曹家展开了搜捕。

早在曹操跻身八校尉时，其父曹嵩就已被罢官，曹操如今又成为身负重罪的要犯，曹氏宗族自然没法再与官府相抗，于是包括曹嵩在内，宗族成员都被迫逃往邻近的陈留。

陈留是曹操通过中牟后的下一站。陈留郡属兖州，在士大夫中，兖州刺史刘岱反对董卓比较坚决，换言之，对曹操及其家族而言，陈留比较安全。曹操于是也在陈留停了下来，而没有回谯县。

襄邑县孝廉卫兹是当地著名游侠，他对曹操很是钦佩，对别人说："能够平定天下的，必定是这个人。"曹操多次向卫兹请教，也感到他是一个非凡的人物，两人惺惺相惜。

"天下动乱延续的时间很长了，只有用武力才能解决，要举兵就得马上开始！"卫兹以此鼓动曹操。曹操深表赞同，遂开始在陈留、襄邑一带组建新军，积极准备起事。

汉帝国承平日久，已渐渐失去尚武精神，一般老百姓都不肯当兵，国家不到万不得已也不再征发，愈不征发，则兵愈不可用。在这种情况下，朝廷只能另辟蹊径，采用驾驭外族、以夷制夷的办法来防卫边疆。例如在所谓光武中兴时，凉州曾由西羌代守，并州曾由匈奴代守，此外还役使囚徒屯田各地，与少数民族共同守边。

这种专靠外族的做法当然是极其危险的。中兴以后，随着政治日益崩坏，羌人、胡人不但不再愿意为朝廷守边，还连续发动大规模叛乱，中央军前去征剿，总败多胜少，以至于“士卒不得其死者，白骨相望于野”。

凉州、并州的汉人不同于内地，是很能打的，只要由同样惯于征战的首领统带，便能组成强军，董卓的凉州军、丁原的并州军皆可以归入此类。内地汉人不比边塞汉人，若非生逢乱世，大多数人都不愿远离乡土去当兵打仗，但他们也并不是完全不会用兵器，特别是在家乡遭到侵扰时亦肯出力。后来黄巾大起义爆发，为了抵抗黄巾军，各地州郡纷纷组建私军，地方豪强也都拥有看家护院的家兵，皇甫嵩征讨黄巾的部队中就杂有他们的身影。

家兵当时的正式名称是部曲，部曲战时从征，但郡县不负责提供给养，得自己想办法解决。曹家财力雄厚，要不然曹嵩也拿不出一万万钱买太尉，他买官的花费也只是其全部家产的一部分，自然养得起兵。

包括曹操自家的家兵在内，所有来到陈留的部曲，组成了曹军的骨干力量，因他们多系谯县、沛国籍人士，所以后世学者称之为谯沛集团。谯沛集团的核心为曹氏、夏侯氏（曹父曹嵩本系夏侯氏之子）宗族，即所谓的“诸夏侯曹”，尤其曹洪、夏侯惇等，个个骁勇善战，是曹军中最早的一批得力武将。

第二章 大时代

训练和维持一支军队，所需开支不小，曹氏宗族从谯县匆匆逃出，巨额资产尚未来得及护送至陈留，再想要回去拿，又很危险。宗亲曹邵就因为想为曹操募兵，潜回家乡后被黄琬杀掉了。

所幸曹嵩在己吾县也有一份家产，他自己想在清点之后，远走他乡，前往僻远的琅邪避难。经过曹操动员，老爷子从这部分家产中拿出一部分，作为训练新军的费用，其他部分则由卫兹负责解决。卫兹家资丰厚，不但为曹操筹谋，还拿出大量财产资助军队，使得曹操起码在初期阶段不用为无米之炊发愁了。

曹操有治兵经验，深知武器装备的重要性。曹操自己也用剑，但在现实战场，剑已逐渐被刀所替代。这是因为一方面，相较于以刺击为主的剑，刀更适合大力劈砍，普通士兵也更容易掌握其使用技巧；另一方面，刀的锻造要求相对简单，易于在生产作坊中大批量制造。

练兵期间，曹操甚至亲自同工匠师傅一块制刀。一天，他正在锻造一种名为卑手刀的短刀，恰好被一位前来看望他的朋友见到了，朋友觉得不太能够理解，笑着说："你应当考虑大事，怎么竟跟工匠一起做刀呢？"

"既能做小事，又能做大事，有什么不好？"曹操很爽快地答道，毫不掩饰自己乐在其中的劲头。

敢为天下先

董卓挟天子以令州郡，动辄以朝廷的名义发号施令。尽管很多官员以及世家早已对他强烈不满，但一想到起兵反对董卓就等于是造反，即便是手握重权的封疆大吏，也没有谁敢率先举义。曹操只有本家族的几个兄弟和侄子做骨干，兵马也不过区区五千，势单力孤，自然也不敢轻举妄动，而只能埋头准备，静待时机。

董卓并没有意识到脚底下即将燃起熊熊大火，仍在肆无忌惮地继续他的专权和暴政。他毒死了何太后，自任相国，居于皇帝之下，百官之首，平时直接佩剑穿鞋上殿，入朝既不趋步快行，朝见皇帝时也不报称自己的名字。

就在大家都敢怒不敢言的时候，根据尚书周毖、城门校尉伍琼的建议，董卓安排了一批有影响力的京官到关东地区去做太守或刺史，指望能够对关东起到控制作用。实际上，这些京官没有一个不仇视董卓，只是他自己不知道而已。

当年袁绍有“奔走五友”，其中有伍琼，还有此次经伍琼推荐，外放出任陈留太守的张邈。张邈不仅是袁绍的朋友，也是曹操的朋友，而且又都是游侠，当时人把张邈列为“八厨”之一，所谓厨者，乃以财救人之义，足见其在游侠群中的声誉。

张邈与曹操私交甚好，两人在反对董卓的政见上也完全一致，他对曹操建军举义的行动予以了积极支持。身为陈留太守，张邈掌握着一郡的兵马钱粮，可以很方便地为曹操新军提供人员和物资方面的补充。

从逃出洛阳算起，经过三个多月的努力，曹操终于组建出了一支五千人的部队。这是他起家的本钱，今后开创事业就全靠它了。

就在这时，桥玄的宗族子弟、东郡太守桥瑁假冒京师三公的名义，下文给各州郡，文中历数董卓的罪状，声称：“被董卓逼迫，难以自救，盼望义兵前来解救国家危难！”

反董卓的信号终于来了，谁只要想起兵，就可以以此假冒檄文作为名义。问题在于，各州郡都心知肚明那是伪文，退一步说，就算檄文是真的，三公也代表不了朝廷，董卓则挟献帝以自重，可以用朝廷的名义发号施令。许多地方官吏都不敢动，即使是那些外放到关东，对董卓咬牙切齿的太守和刺史们，心里也都犯着各种各样的嘀咕。

冀州牧韩馥是外放京官之一，接文后召集各位从事（州郡长官僚属）商议。一位从事进言认为，兴兵打仗可不是闹着玩的，不可以当带头人，他建议韩馥先派人去别的州探听情况，如有人发动，再起而响应，“冀州不比其他州弱小，其他州的功劳不会有超过冀州的。”

从事所言正合韩馥之意，于是他写信给时任渤海太守的袁绍，数说一通董卓的罪恶，但意思却是等着袁绍先兴兵。

袁绍也不傻，反过来劝说韩馥等人率先声讨董卓，总之是大家你望我，我望你，都不肯做那个传说中会先烂掉的出头椽子。

必须有人敢为天下先，这个人就是曹操。中平六年（189）年十二月，他和张邈在己吾县联合起兵。曹操不是朝廷命官，没有任何正式官职和辖地，在给养等诸方面都依赖于张邈的接济，从情理上推测，这次起兵系以张邈为主，曹操为副，对外用的也应该是张邈的名义。

张邈起兵后，即派人前去联络各路诸侯，请他们到陈留郡的酸枣县聚会立盟。见有人带了头，各州郡大员这才纷纷行动起来，韩馥、袁绍等全都应邀与盟。

曹操立即随部前往酸枣，途中要经过曾经让他遭遇危险的中牟县境。中牟县令刚调任他职，其他属员也不知道究竟应该把宝押在哪一方，唯有主簿任峻看好曹操，不仅率全县归附，还另外召集部曲数百人直接加入了曹军。

曹操的势力弱到都无资格参加会盟，他到酸枣只是与联军会合。

任峻此举可谓是慧眼识英雄，曹操大为高兴，除委以重任外，还将自己的堂妹嫁给了任峻。

悲剧的亲历者

押宝的难题也影响到了酸枣会盟的现场。在反董的成效形势尚未可知的情况下，众人不同程度地都心存顾忌，当需要人领头歃血盟誓时，大员们全都推来推去，表面上看似乎是谦逊，其实说穿了，都是怕兵败后成为罪魁祸首。

张邈的弟弟张超任广陵太守，其属下功曹臧洪是张邈派往各方的联络人，一番击鼓传花，主盟的活居然落到了臧洪身上。

宣誓完了，要推选盟主。联军各部名义上都要接受盟主的统一指挥，官吏也要由他来任命，这把交椅就不是一个小小的郡吏功曹能够领受的了。

张邈参加了首义，又是会盟的东道主、反卓行动的召集人，所辖的陈留乃兖州第一大郡，其弟张超的广陵也不小，兄弟俩直接掌控的民户、兵员、财赋数量众多。照理，张邈完全有资格当盟主，但张邈兄弟都没有急于争夺首席之意，韩馥等人亦是如此。

既然顶级大员们推辞不当，便只能在其他州牧中选。袁绍虽然官位不大，相对于其他诸侯，军事实力也不强，然而家世显贵，拥有一定的社会影响力和号召力，他本人在消灭宦官集团的过程也出尽了风头，故而多数人都拥护他做盟主。

袁绍当然也不是一点顾虑没有，但名门出身的虚荣心和使命感，让他别无选择。就任盟主后，袁绍自号车骑将军，兼领司隶校尉（即袁绍在京城时的原职），给将领们也都临时授予了官号。曹操得到的职位是“行奋武将军”，行是暂代的意思，而且仅仅是一个虚衔，当时情况下，曹操不可能凭借这一官职得到任何实质性的补给。

关东诸侯联合伐董的消息很快就传到了京城。从袁氏兄弟开始，再到张邈、韩馥等，当初都是在尚书周毖、城门校尉伍琼的推荐下，才出任了地方要职，拥有了立身之地，若非如此，他们难以掌握足够的武装力量。董卓发现失策，恼羞成怒之下，认定是周毖、伍琼与关东群雄串通一气，把自己给出卖了，遂下令予以诛杀。

周毖、伍琼被杀的另一个原因，是谏阻董卓迁都长安。关东军此次声势浩大，仅仅集结于兖州的义兵就达十多万人，与此同时，黄巾军余部又在白波谷发动起义，人数也迅速扩展至十余万，有南渡黄河截断董卓后路的动向和可能。

凉并军固然相当之强，但在腹背受敌的情况下，要想前阻关东军，后敌黄巾军，并非一件易事。董卓是西凉人，子弟兵也是西凉人，早在董卓刚刚进据洛阳时，他就已把掳掠得来的财物全部运往关中，隐然已有西归之意。待到大兵压境，迁都至离自己老家近些的长安，几乎是董卓本能的选择。

从用兵形势来看，从洛阳到长安，路途遥远，能够拉长战线，有效地消耗关东军的补给。凉并军迁至长安后，还可以据函谷关以守，函谷关处于关东、关西的分界线上，素以“一夫当关，万夫莫开”闻名。春秋战国时期，秦国胜则出函谷关，败则缩入函谷关，关东诸国的合纵伐秦，几乎每次都只能止步于函谷关下。

董卓要与关东军对抗，势必得迁都，可是迁都也有怎么一个迁法，董卓是红了眼睛，不管不顾。为了防止关东军拥戴被他废黜的少帝，他先派人毒死了少帝，继而令手下的兵，逼着朝廷和百姓迁徙。当时洛阳居民共有数百万人，一路上被军人驱赶、践踏，死伤者不计其数。还有许多人或因缺粮而饿毙，或遭遇抢劫而被杀死。尸体铺满西行之路，其状惨不忍睹，却无人过问。

董卓是战场上冲杀过来的，倒也不怕打仗，他徙天子于长安，自己留驻洛阳附近，统兵对关东军进行堵击。

董卓心狠手辣，为了不让关东军占领洛阳，以致依托该地与长安对峙，他指使吕布对洛阳的皇宫、官署、民居进行洗劫，然后一把火烧了个精光，使得洛阳周围两百里内更无人迹。甚至于，他们还在光天化日之下充当了一回盗墓贼，掘开汉朝皇帝和公卿的陵墓，以便从中盗取珍宝。

留在曹操以及很多人共同记忆中的这座辉煌都城，终于在熊熊大火中沦为了一片焦土。曹操对此痛心疾首，悲愤不已，他在《薤露行》一诗中写道："瞻彼洛城郭，微子为哀伤！"

箕子是殷纣王的哥哥，商朝灭亡后，他看到昔日宫室已成废墟，上面长满了庄稼，极为悲痛哀伤，遂作《麦秀歌》。曹操读过《麦秀歌》，但他绝难想到有一天自己也会像微子一样，成为悲剧的亲历者和见证者。

洛阳城曾陪伴着曹操走过童年、少年，它的毁灭，对曹操而言，意味着一种精神上的强行割断。他既悲且愤，以"沐猴"比喻何进，认为何进小人一个，志大而才疏，间接毁了洛阳；又以"贼臣"称董卓，恨不得立刻举刀上前，斩了这个荡覆汉室基业和洛阳城的老匹夫。

诸君还犹豫什么

曹操一腔热血，在联军将领中却难觅知音。

关东军固然人多势众，但作战并不只靠人多。各诸侯所部全都是新编成的队伍，基本没有作战经验；张邈、韩馥等人文官出身，都不擅长军事；袁氏兄弟先前因清洗宦官而闻名，不过那也不能叫打仗。以并凉兵组成的西北军在战场上有多能打，大家心里都是清楚的，所以谁都不敢贸然与西北军对阵交锋，都希望别人先上，自己至多跟在后面呐喊两声。

关东军的徘徊观望、畏缩不前，令董卓的气焰变得更为嚣张。得知袁绍乃联军盟主，他下令杀尽在洛阳和长安的袁氏亲属，袁绍的叔叔、太傅袁隗，袁术的哥哥、太仆袁基，两家人自婴孩以上，五十余口全部被害。

在此期间，袁绍已将关东诸军部署于离洛阳不远的三个区域，袁绍、韩馥等居东北方，袁术等居东南方，其余张邈、桥瑁、曹操等则居于东方的酸枣。然而部署归部署，诸军在具体行动上却毫无作为，就连家族被屠，与董卓结下血海深仇的袁氏兄弟也继续按兵不动，从前将京城宦官灭得一个不剩的那股劲头荡然无存，这让曹操很是着急和不满。

虽然在关东军起兵之初，董卓就露出了暴虐无道的嘴脸，但他还知道任用名士，适当收买人心，加上借助王室权威，凭据险要，东向控制天下，确实不太容易对付。在曹操看来，那时候相对审慎一些，确实是情有可原和必要的。如今不同，董卓已公然焚烧宫室，强逼天子迁都，使得举国震动，天怒人怨，联军已经迎来了合力同心、消灭董卓的最好时机。

“发动义兵就是为了讨灭暴乱，现在大兵已经会合，诸君还犹豫什么！”曹操大声疾呼，“一战就可以使天下归于安定，这个时机可千万不能失去啊！”

无人予以理睬，更无人响应。见联军迟迟没有任何行动，曹操不愿再空等下去，于是决定单独采取行动，希望以此影响和带动关东诸将。

曹操破釜沉舟的勇气，并没有能够换来应有的喝彩和响应，多数将领还是无动于衷。当然此举也不是全无收获，张邈虽不肯率其主力出击，但同意派卫兹随曹操出征（卫兹自己也拉了一支队伍，直属张邈），算是给予了一点小小的支持，最令人动容的，还是济北相鲍信，他直接就站到了曹操旗下。

鲍信是个颇有见识的人，当初董卓刚刚进京，他就劝袁绍乘对方立足未稳，先发制人予以突袭，结果袁绍畏惧董卓，不敢发兵，以致最后自己也被董卓所逼，只身逃出了京城。

曹操刚在己吾起兵，鲍信便起兵响应，而后又参加了酸枣会盟。鲍信早已认定袁绍不足成大事，徒有虚荣之心，而无统军之才，对于会盟时多数人拥戴袁绍做盟主，他感到很是失望和不快。

这时候的曹操名义上归附于张邈，连一个方面军的统帅都不是，但鲍信独独看重曹操，他认为曹操很有才能和前途，曹操所拥的那支私军看似其貌不扬，战场上却是很难被打垮的。鲍信主动与曹操交好，两人关系日益密切后，他有一次私下对曹操说："就才略而论，能统率大家拨乱反正的人，我看就只有曹将军了，曹将军恐怕是上天派来拯救这个乱世的吧！"

一番肺腑之辞，道出了鲍信对曹操的钦佩和期许。在曹操英勇行为的感召下，他不顾曹操的现有地位和实力都不如自己，决定率本部人马，和弟弟鲍韬一起随曹操出征。

历来关东、关西对峙，都以成皋一带为争夺的关键。此处居于东西对抗的中轴线之上，哪一方控制住了成皋，也就等于控制住了东西之间通行的捷径，"绝成皋之道，天下不通"也因而成为了那个时代很流行的看法。曹操深通军事地理，自然明白成皋的价值，他打算先拿下成皋，然后凭险据之，从而鼓动各诸侯大胆进击。

董卓早已派兵扼守各处要隘，当曹军推进至荥阳汴水时，与董卓属下大将徐荣狭路相逢，双方发生了激烈的遭遇战。徐荣军队是久经沙场的凉州骑兵，在战场上铁马狂飙，其强悍的战斗力和杀伤力，令人闻风丧胆。此前曹操仅闻其名，从未与之交过手，现在一见，亦不由得心惊。

曹军由新兵和部曲组成，虽由曹操亲自进行过训练，但终究缺乏实战锻炼，更不用说和西北军的硬仗了。经过一天的厮杀，曹军被杀得大败，官兵死伤枕藉，卫兹、鲍韬当场阵亡，鲍信受伤。

曹操只得下令残部撤出战场，他的战马受了重伤，动弹不得，自己也被乱箭射中，难以行走。眼看凉州骑兵就要追赶过来，情况万分危急，曹洪毫不犹豫地将自己的坐骑让给了曹操。

血肉战场最见真情，曹操还在十几岁的时候，就经常和曹洪等族兄弟外出打猎，彼此感情真挚。曹洪这个时候让马，就等于是把生的机会让给了曹操，而处在清醒状态下的曹操，也并没有人们所想象的那么自私，世人所谓的“宁可我负天下人，休教天下人负我”不是在任何时候都适用，他选择了推辞不受。

曹洪不由分说：“天下可以没有我曹洪，但却不能没有你曹操！”在他的极力催促下，曹操这才骑马而行。

汉末第一英雄

曹洪的马名叫白鹄，又名白鹤，是曹氏宗族所拥有的名马。彼时有谚云“凭空虚跃，曹家白鹤”，此马跑起来飞快，马蹄好像不着地一样，骑在马上只听见耳边呼呼风响，人称“乘风而行”。

靠着这匹救命的良骏，曹操很快到达汴水岸边。曹洪步行紧跟，他没有受伤，尚保存着体力，加上有夜色掩护，亦得以与曹操在岸边会合。

汴水很深，无法徒涉，曹洪又沿着河岸上下寻找，最后找到了一只小船，两人乘船渡河，终于到达对岸，脱离了险境。

徐荣虽然取胜，但曹军在兵员数量和战斗力均远不及己方的情况下，居然能力战一天，也让他感到很是吃惊。集结于酸枣及其周边一带的联军有十多万，徐荣估计如果他们都像曹军这样拼死作战，自己要想在短时间内轻易攻下酸枣是根本不可能的，加之经过一天激战，部属也很疲惫，于是便撤回了荥阳防地，没有再挥师穷追。

从己吾起兵开始，曹操便显示出和当时大多数联军将领不一样的胸怀和格局，即不计个人得失，真心实意地为国除暴。荥阳之役更是虽败犹荣，在此役中，他以杀身成仁的精神，亲冒矢石孤军作战，差一点命丧疆场，可说是为其他联军将领做了一个最好的表率，无怪乎有人认为仅凭荥阳一役，曹操就足以被称为“汉末第一英雄”。

让曹操感到十分不解，也十分失望的是，当他和手下将士浴血奋战，几乎全军拼光的时候，老营的其余联军居然全都无动于衷，只是一味坐而望之，既没有人想到上来搭把手，或乘机抄袭西北军后路，等到曹军兵败，也无人予以援救。

曹操意识到，要想达到讨伐董卓的目的，继续指望眼前这些人，包括曾经志同道合，如今却已形同陌路的张邈，是根本不现实的。再待在酸枣显然已无任何意义，正好曹军在荥阳之役中受损严重，亟需补充兵员，所以曹操等人便没有返回酸枣老营，而是决定分头南下募兵。

曹洪回到了谯县。在整个宗族中，曹嵩并不是最有钱的，曹洪家资更丰，所养家兵有一千多人，原先他们都留守家中，此番回乡，曹洪便把他们全部带了出来。

曹操与夏侯惇等人来到了扬州。当时的所谓扬州是一个大州，与今天的扬州不是一个概念，扬州刺史以及丹阳太守对曹操伸张大义之举都深表钦佩，给予很大支持，曹操从他们那里得到了四千多兵卒。

当曹操一行往回走到龙亢时，因粮食不足，兵卒突然发动叛乱，于某个晚上包围了曹操的大帐，准备放火烧死曹操。危急时刻，曹操再现当年的游侠本色，他拔出佩剑，率诸将砍刀切菜一般地冲杀出去，一连格杀了数十人。叛兵被吓得心惊胆战，当场一哄而散，经此一劫，军营仅剩下五百余人。

曹洪率领从家乡带出的一千余人来到龙亢，与曹操会合，此后他们在北归路上又收得一千余兵卒，加上荥阳之役突围的零星残部，这样曹军就又拥有了三千左右的人马。

曹操南下募兵的数量并不多。这再一次说明，曹操与张邈的私人关系也已出现巨大裂痕，否则他完全可以在张邈所辖的陈留郡里解决整补问题，没有必要远下扬州，经历苦旅和兵变之险。

北归之后，曹操即率部进屯袁绍驻地河内郡，接受盟主袁绍的直接指挥，相当于已脱离张邈，附于袁绍。

酸枣诸军拥十余万之众，倘若能够奋起，对反董行动而言，意义非凡。曹操虽然已下决心与之脱钩，但终究放心不下，一俟将自己的兵马驻扎好，他就又专程到酸枣去了一趟。

不去还好，去了一看，可把曹操给气坏了。将领们都在做什么？不是厉兵秣马，准备与西北军一战，而是在宴饮作乐。不是一天两天，而是天天如此！

"我们都是以讨伐董卓的名义起兵的。如果还是心怀疑虑，始终不敢进兵，只会使天下人失望。我实在为大家的态度感到羞耻！"

对于酸枣诸将这种庸庸碌碌、不思进取的混日子心态，曹操感到实在难以容忍，忍不住当众加以指责。

无论如何都叫不醒

关东诸将，只有曹操对形势看得最为清楚。

董卓坐镇洛阳，大抵是把太行山诸关隘、黄河孟津渡口、嵩山一带诸关隘作为阻击关东军西进的前沿阵地，其中成皋是关键。这一带的地势，总体上西高东低，如果诸关隘始终为西北军所控，西北军居高临下，将极有利于发动后续进攻。曹操宁愿孤军深入，也要竭力夺取成皋，原因正是在此。其实就算曹操在荥阳之役中取胜，如愿据有成皋一线，至多也只是取得一个比较好的守势而已，并不意味着军事上完全占有主动，更何况还失利了。

失成皋一线则全无地利之险，西北军可以随时以成皋一线为基地，对关东军发动全面进攻，届时情况将不堪设想。曹操从大局出发，呼吁分布于三个区域的诸军都迅速行动起来，即使不愿与西北军决战，也应分路进兵，赶快抢占要隘：东北方的袁绍进夺孟津；酸枣诸将进夺成皋；东南方的袁术直入武关，对三辅地区予以震慑。

曹操认为，三路大军只有抢占了上述要隘，才可以好好地利用守势，先深沟高垒，而不必与西北军直接交战。

对于讨贼心切的曹操而言，提出这一策略并非其本意，他的本意是像最初所建议的那样，乘董卓内外交困、形势不利之机，通过决战一战定乾坤。

如果说合兵决战是上策，据险以守就是中策，正常来说，自然应该取上策。只是看到诸将如此惧战，自己又新败于荥阳，曹操才不得已而求其次。中策其实也不是没有取胜的机会，曹操建议联军在占据险要后，多虚设疑兵，以便对董卓势力形成压迫紧逼、群起而攻之的态势，时间一长，董卓必然会因内部生变而垮台。

可就是这样在曹操看来已相当保守的策略，依然遭到了酸枣诸将的拒绝。因为即便按中策而行，也必须进夺成皋，张邈等人要是愿意，又怎么会让曹操一军在荥阳孤军苦斗呢？

一群人如果真想装睡，是无论如何都叫不醒的。诸将上策不行，中策不纳，就知道抱住一个守着老营不动的下策，曹操的一番忠言良谋不过是白费唇舌而已。

相对于以张邈为首的酸枣诸将，袁绍更具战略远见和大志。他与曹操英雄所见略同，按照曹操的建议，他自驻河内，令河内太守王匡率新募的泰山兵进驻河阳津（即孟津），又向韩馥借兵万余、船百艘、强弩万张，屯于孟津河中，以防敌军北渡。

问题在于袁绍虽被共推为盟主，但其实只是个空架子，难于号令诸侯，在关键要务上，不但酸枣诸将，就连袁术也并不听命于他。

袁绍、袁术本是同父异母的亲兄弟，因为袁绍被过继给了袁术的伯父，他们才成了堂兄弟的关系。又因为袁术是嫡子，而袁绍母亲系婢女出身，袁绍就是庶子，所以袁术很看不起袁绍。

酸枣会盟时，袁术是后将军，官衔比袁绍的渤海太守高，加上他自恃家庭身份比袁绍高，便以为要在他们兄弟俩中间挑一个做盟主的话，必然只有他够格。谁知诸侯们并没计较官衔大小，对袁术很在意的血统也没当一回事，愣是把袁绍推上了盟主之位。

袁术丢了面子，因此对袁绍更加看不顺眼，兄弟间的关系很紧张。换成是别人做盟主，让袁术照曹操的方略行事，他或许还会考虑一下，如果是袁绍对他发号施令，他听都不愿意听。

联军指挥权的分散和将领们的无能，使关东军丧失了本应能够掌握在手的主动权。兖州各诸侯集重兵于酸枣，却又拖延不战，日久乏粮，必然难以维持。各部军纪因而日益败坏，连纵兵抄掠这些西北军干过的坏事，他们也都干了个遍，驻地周围的百姓深受其害，死者过半。初平元年（190）五月之后，酸枣诸军连形式上的联合也维持不下去了，不得不解散了事，各归原来的辖区。

兖州诸将，原本都有一个共同的理想和目标，即讨伐董卓。一旦丧失初心，诸将便都走向了团结的反面。还在酸枣大营时，他们便拥兵自重，各施号令，及至回到辖区，又为争夺地盘和势力范围，相互之间大打出手。

兖州刺史刘岱莅任时间不长，只能控制州治昌邑附近的一些州县，在他州内做太守的张邈、桥瑁实际都处于独立状态，并不听从他的命令。刘岱与桥瑁反目，关系越来越恶化，张邈和桥瑁之间也相互敌视，桥瑁成为众矢之的。为此刘岱对桥瑁发起火并行动，张邈等人都出兵助战，最终导致桥瑁被杀。

刘岱、桥瑁、张邈三人都是当初讨伐董卓的勇士兼健将，或率先发起反董倡议，或主动拟制反董檄文，或最早组织酸枣联盟，结果却自相残杀，搞窝里斗，徒令董卓看他们的笑话。

同样的情形也发生在袁术战区。长沙太守孙坚北上参加讨卓，与袁术进行联合，袁术便表举他为破虏将军，代理豫州刺史。

豫州也就是曹操家乡谯县所归辖的州，原任豫州刺史孔伷参加过酸枣会盟。孔伷善于清谈高论，人们笑称，若是让孔伷滔滔不绝地说起来，恐怕连枯死的树木都能被他说得活过来。不过此人也就是能说，打仗是个外行，根本没法跟孙坚那样的厉害角色斗，孙坚一出手，就把他给赶跑了。

对于这些破坏联盟的行为，作为盟主的袁绍置之不理，该管的一点也不管。当然实际他也管不了，伐董联盟由此变得更加松散和缺乏凝聚力。

我想依靠天下智力

董卓固然缺乏政治智慧，但却绝不缺少军事才能。他看出兖州诸将虽在讨卓行动中最早发挥作用，然而各怀异志，犹如一盘散沙，暂时已经可以弃之不顾。真正需要引起重视的还是袁绍、袁术，二人也已实际成为讨卓联军的核心。

董卓派使者前往关东，晓谕二袁，劝他们归降。董卓屠杀袁氏家族五十余口，双方不共戴天，袁绍、袁术岂肯就范，他们以牙还牙，也把前来劝降的使者都给杀掉了。于是董卓先礼后兵，凭借成皋一线的关隘要地多在己手，分别对二袁发起突袭，曹操曾经预料和担心的情形出现了。

西北军的几万步骑兵突然冲进袁术战区，所幸孙坚处变不惊，立即引导部队进城防御。西北军骑射凶猛，攻城则并非其强项，见立于城头的孙坚军队列严整，知道无隙可乘，没敢发动进攻就退走了。

在袁绍战区，袁绍依曹操所言，调王匡的泰山兵进驻于河阳津，以作为本战区伐董的桥头堡，被董卓视之为眼中钉、肉中刺。董卓采用“明修栈道，暗度陈仓”之计，派出疑兵，装作要从正面渡河，暗地里却派精锐部队绕至王匡的后方，对其发动大举攻袭。王匡猝不及防，所部被轻易击溃，泰山兵几乎损失殆尽。

董卓发动的这两次大规模突袭，特别是大败王匡，虽然还不至于使联军的核心战区即刻陷入崩溃，但也足以削弱其力量，动摇其军心。

王匡兵败后，回到原籍泰山郡，继续招募乡丁，打算脱离袁绍，投靠张邈。这时各诸侯阵营间的关系更趋紧张，王匡脱离袁绍，与曹操脱离张邈大不相同，后者尚属于好聚好散，前者则已成为叛离原阵营的敌对力量。曹操既附于袁绍，自然要为袁绍出力，于是中途予以截击，并联合王匡仇敌，消灭王匡，为袁绍清除了隐患。

袁绍远胜于张邈的地方，在于他其实并不是一个无能的领导者，也知道需要吸引和留住有才能的人。见曹操这么能打，袁绍便希望以后继续借重他为自己征战，在对曹操以诚相待的同时，经常推心置腹地和他探讨一些问题。

一日，袁绍向曹操征求意见，问曹操：“如果我们讨伐董卓不能成功，那么可以向什么地方发展势力呢？”

曹操力量弱小，尚寄寓于袁绍之下，当务之急是如何设法保存自己的现有力量。况且，他一心想的仍然是如何尽全力讨伐董卓，做一个汉家天下的忠臣义士，并无其他非分之想，所以听后没有直接回答，而是反问：“您的打算如何？”

“我想，南面据守黄河，北面凭借燕、代的险阻，兼有戎、狄之众，向南争夺天下，这样或许就可以成功了吧？”袁绍答道。

袁绍的这番话，表明他已有发展和积蓄个人势力，进而争夺天下的野心。有些学者甚至认为，袁绍在起兵之初，就已经萌生割据自守、拥兵观望之意，故而才会在面对国仇家恨的情况下，都不肯像曹操那样与西北军拼死力战。

当然，若抛开是否对汉室忠心的层面，仅就割据而言，袁绍这种超人一等的战略眼光和长远规划，就不能不让人佩服了。这也正是他后来能够甩开张邈、韩馥等貌似更为强大的诸侯，后来居上的原因所在。

既然袁绍坦诚相告，曹操也不能够再王顾左右而言他，于是回答道："我想依靠天下智力，用正道统御他们，这就无往而不胜了。"

曹操在发展个人势力方面尚无长远打算，自然便只能含糊过去，但他深通兵法，看出了袁绍方略中墨守成规、不通权变的弊病。他强调取势固然重要，然而军无常势，水无常形，比取势更重要的还是运用智力，也就是广纳人才，如此才能不断地顺应时变，从而使自己立于不败之地。

这次袁曹对话并不是很投机。曹操所言的成功之道，并不是要袁绍用在割据州郡、以图霸业上，而是寄望于让他使用天下人的才智与力量，全力进攻董卓集团，以匡扶汉室。

袁绍没有重视曹操的意见，他心中另有计划。

我不相信你这一套

到了年底，袁绍提出了一个另立皇帝的方案，同曹操等人商量。

原来袁绍害怕与董卓集团硬拼，影响自身方略的实现，便以献帝年幼，受董卓所制，又关塞阻隔，如今连是死是活都不知道为由，同韩馥一起谋立皇室宗亲、幽州牧刘虞为帝。

曹操对此难以苟同。他分析说，董卓的罪行天下皆知，正是因为联军的行动是正义的，所以起兵后才会起到远近无不响应的效果。现在的献帝诚然年幼柔弱，但他并没有犯下过破坏汉家制度，导致亡国的过错，凭什么要废掉他呢，这样做，如何使天下人心服？

袁绍可以废掉献帝，当然别人也可以效仿，另立他人。曹操指出，贸然废立，只是重蹈董卓废少帝、立献帝的覆辙，将进一步扰乱天下，使时局变得更加混乱不堪和难以收拾。

“诸君北面，我自西向！”

曹操明确表态，说你们可以拥立刘虞（刘虞为幽州牧，幽州在河北），但就算是我一个人，也仍然要向西讨伐董卓，拥护献帝（献帝时在长安，长安在西方）。

袁曹分歧的实质，仍在于图霸业还是扶汉室。据说袁绍曾得到一块玉印，当时只有皇帝的印才能用玉制作。袁绍认为奇货可居，便把玉印挂于手臂之上，当曹操在场时，特意举起手臂，向曹操进行炫耀。

别人都以为曹操与袁绍自小就是密友，却不知道两人从那时候起就互相都看不惯。袁绍此举只是让曹操更加确信，这些所谓的名门子弟，不过都是绣花枕头，外面看着漂亮，揭开来一看，格局和气量不过尔尔。

对于曹操而言，能够越过名门望族那看似高大的门槛，发现袁绍的本质，或许还是一件值得欣喜的事。看着袁绍那副酸不拉几的丑态，他再也憋不住了，突然大笑道：“我不相信你这一套！”

袁绍自觉大煞风景，见曹操不肯听从他的摆布，便私下派人对曹操说：“如今袁公兵强势盛，两个儿子也已长大成才，乃天下英豪，有谁能超过他呢？”

曹操听了没有吭声。据说两人为此闹得很不愉快，有些史书记载，当事人激动之余，甚至都有互相诛杀对方的打算。只是因为他们毕竟都已是拥有阅历的成年人，不是当年可任性而为的游侠少年，所以平时又不得不相逢一笑，互作云淡风轻状。

在曹操这里碰了壁后，袁绍又写信给袁术，想要让这位异母兄弟对改立提案予以支持。袁术也存着个自立称帝的小心思，他一盘算，刘虞年长，献帝年幼，年长的人当皇帝对自己日后篡位不利，但他不好明说，于是便装模作样地以君臣大义的一套来加以拒绝。

一封信不行，袁绍再写一封。献帝非皇后所生，袁绍在第二封信中说他没有嫡传血统，且被董卓所制，因而不值得信任。袁术不听这个还好，一听就气不打一处来，回信说献帝聪明睿智，虽受奸臣所困，但那只是汉家的一个小厄运，你怎么可以冒出天子"没有嫡传血统"这样的话，这不是在搞欺骗吗？

说别人血统不正，你袁绍的血统又有多正？庶子而已！袁术当时心里大概是这样想的吧。

袁绍在信中还企图用激将法来劝动袁术，说我们在洛阳和长安的家室都被屠戮，你难道不想学伍子胥为父兄报仇吗，怎能再向这样的皇帝北面称臣？

袁术根本就不吃他那一套，义正辞言地驳斥说，我们袁家惨遭屠戮乃董卓所为，哪里是天子的本意，这账得找董卓算，怎么可以让献帝负责！

尽管遭到曹操、袁术的反对，袁绍仍执念不改。东汉时迷信盛行，一些人常常利用谶纬大造符瑞，妄测吉凶，甚至以此证明某某能得到天命，应当即位登基。袁绍、韩馥也加以模仿，他们根据星象，称神人将在幽州产生，暗指刘虞应当称帝，同时私刻皇帝玉印，上镌"虞为天子"四个字。

做足功夫之后，袁绍、韩馥便派使者捧着奏章去见刘虞，劝他称帝，称这是上天的意旨。刘虞是个颇有自知之明的人，被吓出一身冷汗，坚决予以拒绝，认为这是在把他往叛逆的道路上拉。

袁绍等人犹不死心，又请求刘虞兼管尚书事务，代表天子封爵拜官。刘虞仍不肯听从，表示如果联军方面再逼他，他将不得不逃往匈奴，彻底远离是非。袁绍等人见状，这才只好作罢。

意外的胜利

令人哭笑不得的是，恰恰由于袁绍、袁术争锋，才终于推动了联军在前线的进展。

初平二年（191）二月，袁术为提高自己的威望，资以压过在伐董上碌碌无为的袁绍，命孙坚进攻洛阳。在关东诸将中，孙坚是个异军突起、出类拔萃的人物，当时起兵愿与董卓作殊死一搏的一共就两人，除了曹操，就是孙坚。

一开始，孙坚也没打过董卓大将徐荣。孙军被包围，全军溃散，孙坚仅率数十骑突围而出，接着又被西北军追击，几不得脱。幸亏他的部将戴上他平时常戴的赤色头巾，才掩护他从小道逃脱。

孙坚是个不达目的决不罢休的狠人，很快便聚集散兵卷土重来。在董卓阵营中，徐荣是唯一一个非凉州籍的大将，实际一直被其他凉州籍将领排斥，其先后击败曹操、孙坚，自然也会遭人嫉妒。不知道是不是这个原因，董卓没有再派本来屡战屡胜的徐荣出阵，而是改派了胡轸和吕布应战。

胡轸是“凉州大人”，所谓“大人”，乃豪族之意，比如韩遂的身份也是“凉州大人”。在凉州系将领中，胡轸的地位和威望是最高的，吕布更不必说了，那是并州系将领当仁不让的领袖。董卓以为把他们两个王牌加一块，一定能把孙坚打个灰飞烟灭，但其实事情并没有这么简单。

并州军因是被董卓兼并的部队，与凉州军在一起，必然处于被压抑的地位。而凉州军则习惯性地以胜利者自居，不将并州军放在眼里，甚至对吕布也不例外。董卓任命胡轸为大督，吕布为骑督，大督在骑督之上，为全军统帅。胡轸素来敌视吕布和并州军，出战前就公开宣扬，说要阵前斩一个“青绶”，以整肃军纪。吕布这时的正式职位是中郎将，按照其级别，可授青色绶带，因此，胡轸所说的“青绶”即指吕布。

吕布愤恨不已，不但不肯出力，还巴不得胡轸落败。正好胡轸骄横大意，晚上野营时没有挖掘用以掩护的堑沟，就全都卸甲休息了。吕布等人知道这一情况，就散布谣言，说孙坚前来偷袭，结果弄得全军不战自溃。孙坚发现后，乘势率部猛攻，击杀了凉州将领华雄。

意外的胜利令孙坚军士气大振，孙坚连战皆捷，占据了洛阳，赶走了董卓。不过这也到达了关东军能够往前推进的极限，不久董卓即前往长安，他认为关东诸将除了一个孙坚需要格外提防外，其余皆不用担心，因而在动身之前就对下属说：“关东的军队屡遭失败，都很畏惧我，不会有什么作为！”

因为知道关东军已无法对他构成实质性威胁，董卓愈加骄狂跋扈。还在返回途中，他就让朝廷派人持节拜自己为太师，到达长安后，又大发淫威，通过羞辱大臣、滥杀无辜来加强自己所谓的权威。朝廷内外，含冤屈死的人数以千计，士民全都生活在恐惧之中，以致路上相遇，都不敢说话交谈，只能用眼睛相互示意。

董卓本色不改，在政治水平上依旧是个侏儒。他的这些恶行劣迹，又一次为关东军讨伐董卓创造了机会，但以袁绍为盟主的诸侯们却都无动于衷。不久，连袁绍、曹操也都或主动、或被动地参与到了保自己、夺地盘的内斗当中。

孙坚能建奇功，令董卓都对他刮目相看，离不开袁术对孙坚的物质支援。相比之下，曹操虽同样摩拳擦掌，极思一搏，但却得不到应有的支援，从而使得他连出击的机会都没有。这倒也不是袁绍故意给他使绊子，而是在当时的情况下，就连袁绍自己都还整天吃不饱。

袁绍的渤海国属冀州，是个小郡，没有多少物资产出和储备，冀州牧韩馥所辖的大部分冀州地区则较富裕，尤其粮草充足，号称可为百万甲兵提供多达十年的谷米。伐董期间，袁绍战区的各部队，不仅曹军，就连袁绍本军的粮饷，也全都得依赖韩馥漕运接济。

袁绍头上本有“四世三公”和消灭宦官集团的光环，加上家族遭难，更易激起世人的同情，归附者纷至沓来。韩馥对此忐忑不安，害怕袁绍在扩充过程中增强实力，从而对自己构成威胁，于是便减少了对袁绍的给养供给，想借此搞垮袁军。

袁绍谋立刘虞的计划失败，袁术一方却在孙坚占领洛阳后，拔得了头筹，如今又被韩馥卡脖子，这使得他不得不抓紧实施北方战略，也就是他在袁曹对话中提出的设想。

谁是第二个董卓

袁绍并非不重视“天下智力”，他对于名士的吸引力甚至还远胜于曹操，在曹操身边只有曹洪、夏侯惇等偏重武力的将领时，袁绍帐下就已拥有了逄纪等谋略型人才。

逄纪建议干脆反客为主，谋夺冀州以为根据，他对袁绍说：“将军举大事而靠别人资给军需，终究不是长久之计，必须占据一州之地，才能得以保全。”

逄纪所言正符合袁绍的心意，但是他也考虑到自己的士兵又饥又乏，冀州则兵强粮足，若一旦谋夺事败，今后将无立足之地。

逄纪对此早已经有了筹划，他告诉袁绍，韩馥是个庸才，只需如此如此，他就一定会让出冀州。

幽州牧刘虞所辖的幽州与北方匈奴、鲜卑、乌桓等游牧区域相邻，历来战争不断，当地汉人也像凉州、并州那里一样，生活方式有些接近于游牧民族，故而盛产骑兵。公孙瓒就是从这种环境中脱颖而出的骑兵将领，他在幽州乃至北境都赫赫有名、举足轻重，连鲜卑人都怕他，轻易不敢侵入边塞。刘虞虽为一州父母官，但也无法对他进行制约。

公孙瓒与韩馥有隙，袁绍依逄纪之计，写信给公孙瓒，要他攻打韩馥。公孙瓒果然以讨伐董卓为名，引兵南下，实际要对韩馥发起偷袭，韩馥生性怯懦，还没打就害怕起来。

袁绍是“孤客穷军”，兵力不足，但恰逢董卓向西进入潼关，使他得以将部队北调，进据黄河北岸津要，向冀州的心脏邺城摆出进攻姿态。作为附从于袁绍的部队，曹军也实际参与了这次军事行动。曹操投奔袁绍后，其主力便由夏侯惇率领，驻扎于白马等地。白马乃黄河南岸的重要津渡，在袁军北上后，夏侯惇保护着袁军后方，可以说为袁绍夺取冀州助了一臂之力。

与此同时，袁绍组织了一个能言善辩的说客团前去冀州，向韩馥软硬兼施，陈说利害，劝他将冀州让给袁绍。面对来自公孙瓒、袁绍两方面的军事威胁，韩馥自思难以抵抗，在这种情况下，袁绍的劝诱就很难不让他动心了。

韩馥是袁氏门生，他认为只要自己主动放弃，袁绍念及旧情，应该就不会亏待他，于是便不顾众人反对，将冀州让出，迎请袁绍为冀州牧。袁绍接掌冀州后，以献帝的名义任命韩馥为奋威将军，但韩馥的这个官职就跟曹操的“行奋武将军”一样，不过是个虚衔，既无兵卒，也无官属。

后来，韩馥跑去投靠了张邈。袁绍派使者到张邈处商议事务，使者和张邈凑着耳朵低语，在座的韩馥为之惶恐不安，认为他们要谋害自己，没过一会儿就借口去上厕所，拿刀自杀了。

继桥瑁、孔伷之后，韩馥的下场再次表明，过去那个谈笑有鸿儒的时代已经远去，如今是强者笑傲江湖的时代。在这个新的大时代里，所有居于要位的弱者，不管他们愿不愿意，都将被无情地扫荡出局。

袁绍占据冀州，完成了其北方战略的第一步，也是极为关键的一步。见袁绍未来霸主之势已现，为曹操所格外重视的“天下智力”如同百川入海一样，纷纷加入袁绍的智囊团，其中既有原属韩馥阵营的沮授、荀谌、审配、田丰，也有少年游侠时位列袁绍“奔走五友”的许攸等人，他们为袁绍进一步扩大势力提供了雄厚的人才资本。

袁绍翅膀硬了，便想教训一下喜欢跟他对着干的弟弟袁术，袁术也不甘示弱，挑动公孙瓒攻打袁绍。连作为联军核心的袁氏兄弟都相互敌对，更何况别人，如刘岱、张邈等诸侯，早就都走上了各自发展、割据一方的道路。至此，再也听不到一边倒的讨伐董卓之声了。

曹操弃张邈而投袁绍，并非为了个人发展，其初衷乃是想对袁绍施以影响，使其能带动联军有所作为。然而事与愿违，眼看着关东联军完全瓦解，以联盟方式讨伐董卓终于化成了泡影。

就个人力量来说，自荥阳之役后，曹操在关东诸军中并非强者，能独自向西与董卓抗衡。更有甚者，鲍信还向他揭示出一个隐忧，即在董卓未除的情况下，又一个董卓也即将出现。

谁是第二个董卓？袁绍！

鲍信自在洛阳起就看穿了袁绍的为人，早在酸枣会盟时就反对推袁绍为盟主。袁绍虽曾采纳曹操的建议，派兵抢占要隘，但也只是怕西北军袭击自己，根本就无意伐董。不惟如此，他还借助盟主的身份，乘机专权夺利。照鲍信看来，现在是时候未到，时候一到，袁绍必然会成为董卓第二，并造成新的祸乱。

鲍信的上述看法与曹操完全契合，他既然知道了袁绍的图谋，也早就把袁绍列为他的假想敌了。不过正如鲍信所指出的，要想抑制、除掉袁绍，曹军目前还不具备足够的力量，甚至搞不好还可能陷于危难境地。

怎么办？鲍信建议：应先向黄河以南发展势力，等待形势的变化，然后再决定行止。

曹操完全赞同。既然袁绍的战略是经营黄河以北，南争天下，那他就反其道而行之，规划黄河以南，以待时机。

新战略

曹操终于也走上了个人发展的道路。

当然他是被迫的，事到如今，只能如此。眼下他连一块地盘都没有，别说跟已占据冀州、气势正盛的袁绍掰手腕了，就连自身的生存都成了问题，在诸侯们弱肉强食、相互兼并的新环境下，他随时都有步桥瑁、孔伷、韩馥等人后尘的危险。

通过与鲍信的深谈，一度处于踌躇不知所措中的曹操得到了很大启发。注重"天下智力"无疑是对的，但在此之前，还是得像袁绍那样获得地盘和安身之地，否则就是再思贤若渴，姿态放得再低，名士们也不会来。也只有先站稳脚跟，积蓄足够的力量，今后才谈得上消灭董卓，以及可能成为第二个董卓的其余割据者。

即便在黄河以南，也早已是群雄割据，寸土必争，要找一块地方并不是一件容易的事。而向曹操提供机会的，恰恰是被他和鲍信视为"未来董卓"的袁绍。

自黄巾大起义爆发后，虽然起义军主力已被皇甫嵩等人消灭，但余部以及其他起义军依旧活跃。其中，青州黄巾军和河北黑山军更呈燎原之势，由于不断吸纳零星义军，各自达到了百万之众。

黑山军主要活动于今河北、山西诸山谷间，故号曰"黑山"。黑山军曾经横扫河北诸郡，连朝廷都没法予以镇压，后来他们主动乞降，投靠了朝廷，首领张燕还因此被灵帝封为了中郎将。随着董卓乱起，张燕便与关东群雄相交结，在二袁之争中，他站在了袁术一方，曾帮助公孙瓒与袁绍争夺冀州，但被袁绍击败，也就是说黑山军与袁绍是敌对的。

初平二年（191）七月，十余万黑山军向袁绍及其盟友席卷而来，分别对魏郡（郡治在邺城）、东郡发起进攻。由于黑山军以河北为主要活动区域，所以大部分人马都用于攻打魏郡，仅白绕一部南渡黄河，进攻东郡，东郡太守、刘岱的亲信王肱无力抵抗，唯有弃城逃命。

东郡属于刘岱的兖州，王肱的前任就是被刘岱杀死的桥瑁。东郡处于冀、兖两州的交界地带，冀州的东、南两面以黄河为天堑，东郡的位置恰好就在这条防线之上。黑山军向为袁绍的宿敌，若任由黑山军控制东郡，无疑将对冀州构成严重威胁。

此时，身在河北的袁绍已几乎是四面受困，西方、西南是攻打魏郡的黑山军主力，东方是西进的青州黄巾，北方是正在与其交战的劲敌公孙瓒，就连南面的黄河黎阳渡口，也被曾依附于袁绍，后又反叛的匈奴首领于夫罗和张杨所控制。拥有冀州固然让袁绍一夜翻身，兵众粮足，然而毕竟分身乏术，在这种情况下，实在腾不出多余的时间和兵力到河南去对付黑山军。

曹操虽常在袁绍身侧，但除他自己亲领一部在河北外，主力均驻扎于河南的白马渡口等地，而白马就属于东郡。原先曹操消灭王匡，在为袁绍出力的同时，也赢得了袁绍对其军事能力的认可，于是袁绍便以联军盟主的名义，派曹操引兵进入东郡，围剿黑山军。

独自在河南用兵，借以脱离袁绍，正符合曹操的新战略，他求之不得。当下，曹操即率大将夏侯惇、夏侯渊、曹洪、曹仁等进入东郡，并在东郡郡治濮阳和黑山军白绕部展开激战。白绕部兵力虽超过曹军，但战斗力不算很强，只是原东郡太守王肱过于庸碌，才令其得逞。因此曹操打白绕也不是很费劲，利用地势即以少胜多，将其击溃，收复了濮阳。

曹操派人向袁绍报功，袁绍非常高兴。从当时形势来看，除黑山军以白绕部为先导，渡黄河而南外，三十万青州黄巾也正分两路渡黄河而北，欲与黑山军会合。这两支义军的规模均达到百万，一旦会师，别说冀州难安，整个黄河中下游的力量对比都将发生改变。袁绍一方面需要曹操继续在河南打击黑山军，在破坏和阻止黑山军、青州黄巾会师计划的同时，牵制和缓解黑山军主力对魏郡的进攻；另一方面也有借曹操之手，把自己势力扩展到兖州的意图。为此，他再次以盟主的身份，不经过刘岱的同意，就上表任命曹操为东郡太守。

诸侯争雄，也采用合纵连横的策略，袁绍以河北为根据地，但也插手河南，联络刘岱。袁绍派曹操反击黑山军并夺回濮阳，本为刘岱所乐见，可袁绍又让曹操接手东郡，等于生生地从刘岱碗里夹走了一块肉，这就不是一件让刘岱愉快的事了。

我把你当盟友，你居然抢我地盘？刘岱愤愤不平，一度打算与前来拉拢他的公孙瓒结盟，便向一位智谋之士请教。人家告诉他，袁绍是近援，公孙瓒只是远助，远水难解近渴，而且袁绍势力强大，公孙瓒不是他的对手，终究会被击败。

刘岱觉得有理，只好自认倒霉，继续与袁绍联合，但对曹操的态度很不友好。

防人之心不可无

在得到东郡太守一职后，曹操所做的第一件事，便是推荐并获得袁绍准许，由鲍信出任济北相。其实鲍信原先就是济北相，此次只是复任，济北国与东郡同属兖州，且二者相邻，必要时可与曹操相互支援。

东郡太守这一职位，对于曹操来说也并不陌生，年轻时，朝廷就曾授之以此职，只是曹操辞而未就。一晃多年过去，转了一圈，又成了他事业的新起点，这也应该算是一种机缘吧。

自建军起，曹军的粮饷主要来自于曹氏家族的自有财产以及牧守资助，到实在揭不开锅时，也偶尔向民间抄掠，总之来源很不稳定。曹操在首战击溃白绕部黑山军后，也仅控制了包括濮阳在内的东郡部分地区，但毕竟已拥有了正式的官职和地盘，这使他得以在所控制区域内进行合法征发。曹军的兵员和给养补充情况都因此有所好转，曹操本人也得以跃入了与群雄并举的行列。

毋庸讳言，曹军力量仍很薄弱，只能集中驻扎于郡治所在地。东郡郡治濮阳距离青州黄巾的活动区域较远，如果曹军主力被安置于濮阳，一旦青州黄巾大举犯境，就难以向被犯区域及时驰援，而且濮阳位于黄河南岸，据守此处还会面临背水作战的不利局面。

曹操用兵素重地理，他决定将东郡治所迁至黄河北岸的东武阳。东武阳位置偏东，靠近青州黄巾的活动区域，由于位于北岸，又可以利用黄河作为天然地理屏障。另外，东武阳与袁军主力所在地魏郡毗邻，曹军驻扎东武阳，就与袁军形成了背靠背的相互保护态势，危急时既容易获得友军的支援，也便于向后方撤退。

据推测，曹操迁移治所还与张邈有关。

张邈是曹操的故交，又是曹操建军的支持者以及己吾兴兵的联合发起人，但后来因政治主张不同而彼此心存芥蒂，以致曹操在南下募兵后转投了袁绍。

从表面上看，曹操转投袁绍，与王匡打算转投张邈不同，并没有让曹操、张邈之间产生严重的敌对情绪。有一段时间，袁绍自恃盟主身份，在张邈面前时露骄矜之色。张邈既为袁绍早年的“奔走五友”之一，又是当世名士，大约是很看不惯袁绍这副小人得志的嘴脸，因此毫不客气地对袁绍加以了指责。

袁绍从来都不是一个心胸足够宽广和忍得下怒气的人，少年时和曹操闹翻，都二话不说要派人刺杀曹操，更遑论如今，他指示曹操伺机将张邈除掉。曹操不同意，并连劝带责备地对袁绍说：“我们和孟卓（张邈字孟卓）一直都是很亲密的朋友，就算他说错了什么话，做错了什么事，也应该予以宽容。何况现在天下未定，我们应该一致对外，实在不应该为了几句话就自相戕害和闹内讧。”

张邈不是王匡，本来就不是袁绍或曹操能轻易干掉的，袁绍心里明白这一点，在听了曹操的话后，便就坡下驴，不再提及此事了。张邈知道后，对曹操很是感激。

纵然如此，处于分分钟可能灭掉别人，也分分钟可能被别人所灭的割据时代，要想让张邈、曹操再回到从前，也已经很不现实了。袁绍、张邈之间更是势如水火，叛离袁绍的人往往会去投奔张邈，袁绍也必要下令对此进行截杀。曹操身在袁绍阵营，袁绍让他杀张邈，于情于理他都可以予以拒绝，但让他杀别人就是另外一码事了，所以才有王匡被杀事件。对于这一事件，张邈虽会把账主要算在袁绍头上，但对于曹操亦不可能没有一点看法。

历来是防人之心不可无，濮阳与张邈的陈留郡邻接，有史家认为，曹操改换治所，极可能也是要提防张邈突然翻脸后，从背后对他进行袭击。

东郡境内多有黄河津要，这些黄河渡口极其重要，历来为兵家所重。位于黄河北岸，与濮阳相对的顿丘即为其中之一，原在河北的黑山军就是通过顿丘才南渡黄河，攻入了东郡。黑山军南渡的一个重要目的，就是要与对开的青州黄巾会合，但在黑山军白绕部被曹操击溃后，这一会合计划又再度受到重创。

青州黄巾在西进过程中，与公孙瓒打了起来。公孙瓒虽与黑山军有过联合，跟青州黄巾之间却不是你好我好的关系。在关东诸军中，公孙瓒的骑兵实力是最强的，无人能出其右，要不然韩馥也不会吓得将冀州拱手相让给袁绍了。这一战公孙瓒仅以步骑兵两万，就杀得三十万青州黄巾丢盔卸甲，连河水都被鲜血给染红了，公孙瓒借此威名大震，青州黄巾也被迫中止西进。

青州黄巾不能往西面去，不等于黑山军不会往东面来。公元 192 年春，在向东防御青州黄巾的压力显著减轻的前提下，为阻击黑山军，曹操以部分军队留守郡治东武阳，亲率主力进驻顿丘。

围魏救赵

顿丘不仅是黑山军南下的重要渡口，而且处于黑山军巢穴黑山与东武阳的来往途中。曹操驻军于此，既遮蔽了濮阳，使得黑山军不能就近渡河攻入东郡，同时也截断了他们沿河而下，攻击曹军后方的捷径，其思维可谓缜密。

可是当曹操率部到达顿丘时，后方却传来报告，说黑山军于毒、眭固等部已经围困了东武阳。原来于毒等人利用黑山军善于大范围穿插流动作战的特点，避实击虚，绕过顿丘，从北边对东武阳发起了长途奔袭。

众将闻讯叫苦不迭，都认为应赶紧回兵，救援东武阳。令人意外的是，曹操下达的命令恰恰相反：全军西向，进攻黑山！

见部将们有些疑虑，曹操解释他这么做是在围魏救赵。

春秋战国时，孙膑想援救被魏国攻打的赵国，他没有直接出兵赵国，而是乘魏国国内空虚，先引兵攻打魏国。魏军回救，孙膑于中途将其打得大败，赵国之围遂解，这就是围魏救赵最早的典故。

围魏救赵之术颇受后世兵家的青睐，不但用于解围，而且还被化用到进攻战术之中。东汉名将耿弇欲攻打西安，这座西安城在今山东淄博的东北，不是现在的陕西省会，此城很小，但兵精城坚，相比之下，与西安互为掎角的临淄城池虽大，其实易攻。于是耿弇便先打临淄，结果临淄仅半天就被拿了下来，西安守将一看傻了眼，当即便弃城而逃。

“今天我们攻打敌军老巢，于毒害怕老巢有失，必定撤兵回救，东武阳之围就会自然解除。”曹操引用孙膑、耿弇的战例，信心十足地说道，“纵使敌人不回救，东武阳防御坚实，我估计直到我们攻下敌人的大本营，他们也打不破东武阳。大家放心好了！”

不出曹操所料，于毒、眭固因为率部绕路长途奔袭，与其后方已经脱节，一旦巢穴受到攻击，就相当被动，其本能的反应只能是急忙撤围回救。曹操一如前辈孙膑所做过的那样，继续采用邀击战术，在路上设兵对黑山军眭固部进行截击，眭固兵往来跋涉，疲于奔命，曹军则养精蓄锐，以逸待劳，结果自不待言，眭固被杀得大败。

在黑山军东进时，于夫罗也正率领匈奴兵向东郡、魏郡杀来。于夫罗是南匈奴单于的儿子，灵帝在位时，向匈奴征发兵员，于夫罗率兵应召，后来南匈奴发生了叛乱，单于被杀，于夫罗只好继续留在汉朝混饭吃。他原先归附于袁绍，后又叛袁与黑山军进行联合，乘天下混乱之机，经常抄掠各郡。

在击败黑山军后，曹操乘己方士气高涨，匈奴兵立足未稳之机，一鼓作气，在内黄（属魏郡）大破于夫罗，从而继迫退于毒，截击眭固后，创造了顿丘之役的三连胜。

通过顿丘之役，河南的黑山军被曹操基本肃清，曾经纵横于南北的黑山军自此一蹶不振，再也不敢轻易染指东郡。东郡这才为曹操所完全掌控，他成了名符其实的东郡太守。

家有梧桐，引凤招凰，随着曹操在东郡取得的成功，他念念不忘的“天下智力”眼看着说来就来了。

曹操家乡谯县所属的豫州，有两个郡都是文化水平较高、名士辈出之地，其中一个是汝南，另一个是颍川。韩馥本人是颍川人，他在冀州牧任上时，曾邀请一批颍川名士前往冀州，但等这批人到达，袁绍已夺韩馥之位，他们中的大多数也就转而为袁绍所用。

在这批名士中，荀彧年少时就被位列袁绍“奔走五友”的何颙所看重，称他有“王佐之才”，今后是块辅佐帝王的料。袁绍任用荀彧后，以上宾之礼相待，但很少向他询问政事。荀彧经过一段时间观察，发现袁绍实在难成大事，恰好曹操在东郡站住了脚，听闻曹操有雄才大略，又极其重视人才，荀彧便离开袁绍，投奔曹操。

荀彧是愿意跟随曹操的第一个大族名士，曹操早闻荀彧之名，一番恳谈下来，更是喜形于色，情难自禁，说："您就是我的张子房（张良字子房）啊！"

曹操自己有一个被袁绍任命的奋武将军头衔，他当即任命荀彧为奋武司马，跟随军中，直接参与军机大事，而当年荀彧才只有二十九岁。

这时的关东联军早已徒有虚名，讨伐董卓的事连提都没人提了，董卓照旧滥施淫威，似乎天底下已没人可以奈何他了。曹操积累力量的目的之一，就是要讨伐董卓，他就此事征询荀彧，荀彧劝他不用着急，说："董卓暴虐太过分了，必定会以乱亡告终，成不了什么大事。"

英雄的使命

荀彧是个很有远见的人。他认为颍川乃四战之地（即四方必争的战略要地），和平时期还好，只要战乱一起，便会成为各方争夺厮杀的区域。在自己应韩馥之请，率宗族迁至冀州前，他曾劝父老乡亲跟他一起去冀州躲避战乱，但乡亲们大多舍不得离开家园，最后也没有一个人跟荀彧走。

灵帝时代的名将朱儁，曾与皇甫嵩一同讨伐黄巾军，继关东联军之后，他也起兵讨伐董卓。董卓派李傕、郭汜等率部出关东迎战，因各州郡都不肯呼应和加入，朱儁势单力薄，终被凉州军击败。李傕、郭汜乘机对颍川、陈留所属各县进行抢掠，所过之地烧杀掳掠，无所遗留，荀彧那些留在故土的乡亲大多惨遭杀害。

荀彧怀抱着国仇家恨，他认定董卓恶贯满盈，就算暂时得意，也不过是长不了的兔子尾巴。不久，他的这一预见果然得以应验。

在董卓集团内部，并凉两军相互敌视的情绪始终未能得到根本性缓解。董卓担心遭人暗算，出入常让吕布保护自己，但他性情偏狭，忿怒时往往不顾后果，曾向吕布投掷手戟，若不是吕布躲得快，差点被其所伤。吕布在为董卓守卫内室期间，又与董卓的侍婢私通，他时时害怕东窗事发，与董卓、凉州军的关系也因此变得更为紧张。

当时朝中有一批身居高位但对董卓暗中不满的大吏，为首者是司徒王允。王允是太原郡人，太原郡隶属并州，王允先通过攀同乡交情，拉拢住了吕布，继而利用董卓集团的内部矛盾，乘凉州军大部出关东之际，假吕布之手，刺杀了董卓。

就这样，曹操追寻多年而不得的讨卓目标，突然意外地由其他人替他实现了。然而董卓虽死，朝廷却并没有恢复平静，原因是凉州军主力尚在，对付他们，必须要采用一定的政治手腕，比如可以先下一道赦令，暂安其心，然后再慢慢地设法安置。王允为人刚愎自用，缺乏这一能力，最终李傕、郭汜以为董卓复仇为名，举兵攻破长安，赶走吕布，杀掉了王允。

李傕、郭汜代替董卓专断朝政，这两个人比董卓还要不成气候。在董卓迁都长安前，洛阳居民有数百万之多，董卓驱之入关中，导致这数百万人在路上饥饿困顿，积尸沿途，至董卓退至长安时，加上从洛阳迁入人口，关中民户一共才不过几十万户。李傕、郭汜更恶劣，他们攻破长安后，如同在关东那样，放纵士兵掳掠。遭此浩劫，百姓死亡逃散，关中全境很难再看到人迹，长安则彻底沦为了一座空城。

真正可怕的乱世已经到来。从前富庶之区，如今都成了战争最激烈、死亡最多的地方。荀彧的家乡颍川、曹操用以建军并起兵的陈留，皆被杀掠一空。曾经人口集中、经济繁荣的黄河流域，触目所及，一片凋敝。这恐怕是曹操当初起兵时万万想不到的，他用挽歌体写过两首诗，一首是实录洛阳劫难的《薤露行》，另一首是实录关东惨状的《蒿里行》，《蒿里行》的调子比《薤露行》更为苍凉悲苦："白骨露于野，千里无鸡鸣。生民百遗一，念之断人肠！"

讨伐董卓已经成为了过去时，在乱世中崛起，扫平一个个新的董卓以及其他所有割据者，尽快结束举国分离崩溃的局面，才是英雄的使命！

公元192年夏，因向河北进击受阻，号称百万的青州黄巾转而涌向兖州。黄巾军进入兖州后，以雷霆之势连下两郡，并杀死了一个郡相，消息传开，兖州百姓为之震惊恐慌，士兵也被吓得失去了斗志。

身为兖州刺史的刘岱决定亲自领兵迎击，但济北相鲍信以部下身份，劝他绝不能在这个时候与敌人硬拼。

鲍信仔细观察过黄巾军，发现他们虽号称百万之众，但随军家属居然和军队混杂在一起，可见缺乏严明军纪，而且黄巾军也没有稳定的补给来源，全靠掠夺来维持。根据黄巾军的特点，鲍信认为，击败他们的最好办法不是主动出击，而是避其锋芒，固守城池，黄巾军想战战不成，欲攻攻不下，时间一长，粮食必然难以接济，到时己方再集中精锐，乘敌人军心涣散之机出击，则不难取胜。

对于鲍信的建议，刘岱只同意了一半，即黄巾军装备简陋、军纪糟糕的部分，对于另一半固守待机部分却拒不接受。他觉得既然黄巾军是那种要啥啥没有的杂牌军队，自己率正规部队迎战，哪有打不赢的道理？

刘岱虽为一州之长，但州内几个大郡的守相都是各拥重兵，实际上已经与刘岱平起平坐、不相统属。刘岱并不惯战，因在兖州实际控制的地域有限，兵力也较弱，然而唯因如此，他反而更需效仿曹操，通过取得顿丘之役那样的胜利来树立自身威望，压倒守相们一头，以避免后者喧宾夺主，将他完全架空。据分析，这也很可能是刘岱拒绝鲍信的建议，硬着头皮也要强行出战的一个重要原因。

燃眉之急

世上什么事都能凑合，只有打仗的事万万勉强不得，能打就是能打，不能打就是不能打。

刘岱亲率主力出击，本指望不出手便罢，一出手就能杀敌人一个片甲不留，谁知和被他视为鱼腩的黄巾军刚一交锋，立马就被对方给冲垮并遭到包围。刘岱这才后悔起来，然而后悔已经迟了，他在阵中左冲右突，终究无法突围，最后命丧疆场。

黄巾军虽取得大捷，但他们不懂如何管理城邑，所能做的，就是持续不断地进行流动作战，以及通过抢掠补充自身，于是他们尔后又继续向寿张挺进。

寿张隶属于曹操的东郡，整个东郡区域狭窄，人口和物产都很匮乏，一旦迎战黄巾军，也缺乏足够的回旋余地。曹操见黄巾军气势如此之盛，心里不由也有些打鼓。

正在曹操忧心忡忡之际，身为其部属的东郡人陈宫毛遂自荐，表示愿意前往兖州府，说服主事官员，共同拥戴曹操主持兖州事务。他还直言不讳地指出，如果这次能够争取兖州这块地盘，不但将为平定黄巾军赢得胜算，而且以后再图取天下、建立霸业就有希望了。

既然都已经在为个人发展打拼，霸业这两个字也就不难摆上桌面了，况且要解燃眉之急，眼下除争取兖州外，也别无他途。曹操当即点头同意，并向陈宫称谢。

在陈宫到达兖州府时，众人因刘岱阵亡，州中无主，正在惶恐不安之中。陈宫对主事官员们说，曹操有治世之才，倘若推他出任兖州牧，他必然愿意，也一定能够担负起堵击黄巾军的重任。

济北相鲍信在兖州地方上具有特殊势力，他原本就是曹操这边的人，也马上推波助澜，出面帮着陈宫进行说服。最终，大家取得一致意见，派陈宫、鲍信等人赶到东武阳的太守府，迎请曹操代理兖州牧。当时全国分十三州，州牧是地方上最高一级军政长官，曹操虽然还只是代理性质的州牧，但已在事实上成为了封疆大吏，一方之主。

曹操入主兖州府，除接收原由刘岱控制的地盘和军队外，还为自己的智囊库中增加了一名大谋士：兖州人程昱。

程昱身材高大，是个仪表不俗的美髯公。黄巾大起义爆发时，他所在县的县丞随之反叛，县令翻越城墙逃跑，官民则全都扶老携幼地逃向东山。叛军虽夺得空城，却没足够的能力和人手守住，只得出城到城西驻扎。

程昱派人侦察得知后，对众人说，县城的城墙高厚，城中粮食也多，如果我们一同返回城中坚守，一定能够打败叛军。可是官民也都如同荀彧的那些颍川乡亲一样，听不进程昱的话，仍是一窝蜂地往东山逃。

情急之下，程昱秘密派出几个骑兵，在东山上举起旗帜，追随他的人远远望见后，一边大声呼喊说“贼寇已经来了”，一边下山，急急跑向县城。官民明知西山也有叛军驻扎，仍随大流全都重新涌进了城。叛军发现后前来攻城，但打不下来，想要撤离，程昱带领官民打开城门，一顿猛击，果然打得叛军战败逃走。

刘岱在任时，因袁绍任命曹操为东郡太守，曾有过与袁绍翻脸、转而交好公孙瓒的意图，后又通过请教本地名士，放弃了这一不切实际的想法。刘岱当时请教的名士，就是程昱。刘岱很器重程昱，推荐他为骑都尉，程昱以患病为由，辞而未就。

曹操出任兖州牧后，马上征召程昱，程昱应召前往。同乡中有人觉得很奇怪，说刘岱在时，怎么请你都不去，曹操一叫你就去，“为何前后的态度如此相反啊？”

程昱笑而不答，其实他是因为已经对曹操的才能进行过了解，钦佩之余，才愿意为其效力。

曹操新官上任，急务要务一大堆，尤其还要为迎战黄巾军作准备，但他依旧抽出时间与程昱进行了长谈。经过交谈，曹操发现程昱名不虚传，两人很是投合，大喜过望，于是当即任命程昱为代理寿张令。

西周时的政治家姬旦，后世尊之为周公。周公摄政，求贤若渴，因为怕怠慢士人，曾经一顿饭停下来三次去会客。周公就是曹操在求贤方面的榜样，后来他在《短歌行》中写道：“山不厌高，海不厌深。周公吐哺，天下归心！”

鲍信之死

曹操只是代理兖州牧，他要转正以及在兖州真正站住脚，均取决于能否击退乃至消灭青州黄巾。

黄巾军虽然号称百万，看上去人多势众，但其中老弱妇孺占有相当大的数量，据估计，真正能打仗的不到十万。当然，曹军数量更少，曹操从东郡带来的部队，加上兖州府能够直接调遣的部队，再加上听命于曹操可联合作战的鲍信所部，不过万人。

曹军的优势在于，他们都是经过军事训练的正规军，尤以骑兵作战能力较强，反观黄巾军则缺乏马匹。彼时骑兵的冲击战术已经逐渐成熟，当集群骑兵高速冲向敌方步兵时，站于军阵前列的步兵必然将蒙受极大的心理压力，若是纪律松弛，军阵瞬间崩溃是分分钟的事。

黄巾军以步兵为主，正如鲍信所指出的，军中缺乏像样的首领，组织较为松懈，此类部队对于训练有素的骑兵而言，可称乌合之众，骑兵要摧毁他们犹如摧枯拉朽，砍瓜切菜。此前，公孙瓒能以区区两万人打得三十万青州黄巾连家都不认识，盖缘于此。

有公孙瓒的战例居先，曹操和鲍信都一致认为，己方就算是直接在野外与黄巾军展开战斗，也完全有能力打败对方。在刘岱生前，鲍信之所以极力主张固守城池，很大一部分原因是他知道刘岱并非擅战之人，现在由曹操统领和指挥，自然大不一样。而且州府官员们都是寄望于曹操能抗击黄巾军，才公推他为州牧，若是曹操一上任就缩在城里死守，恐怕也难孚众望。

计议已定，曹操即与鲍信率部东下，前往寿张对黄巾军进行堵击。在寿张以东，双方大打出手，让曹操想不到的是，曹军在黄巾军面前并无多少战斗力方面的优势，被他视为杀手锏的骑兵，也没有能够在战场上大放异彩。

骑兵采用冲击战术，在冲入敌军密集步兵行列后，分割其队列，造成敌步兵溃散，称为“陷阵”。曹军骑兵对黄巾军步兵的“陷阵”冲击并不成功，黄巾军固然军纪不好，但青州黄巾起事已久，部队久经战阵，有很多强悍能战的老兵。特别是在与公孙瓒军等精锐骑兵部队打过照面后，在如何与骑兵作战方面，他们也积累了一定的经验。

相对于步兵，要训练一个合格的骑兵，其物质和时间成本都要大得多，要在颠覆奔驰的马背上射箭和刺杀，没个几年时间根本就练不出来。曹军中能够达到一定标准的骑兵较少，故而非但冲不垮敌人，自己还蒙受了很大伤亡。

见若继续硬拼下去，损失将更大，曹操连忙下令收兵，避敌锋芒，于城中固守，这实际上就是重新采用了鲍信过去所主张的策略。

有所不同的是，曹操并不打算单纯固守。曹军骑兵多，机动性强，这是以步兵为主的黄巾军难以企及的，经过仔细考虑，曹操决定通过奇袭战术来取胜。

寿张城位于济水和汶水附近，城外有一个很开阔的平原，黄巾军就集结在平原之上。曹操打算亲自前去侦察，然后再确定作战的具体方案，当下便与鲍信带着一部分亲随骑兵出城，潜入敌军前沿阵地附近。

身为三军主帅，竟亲自到敌人眼皮子底下侦察，这不能不说是一个大胆而冒险的行动。当他们来到汶水边上时，终于还是被发现了，黄巾军大批人马围了上来。曹操和鲍信匆忙迎战，但敌人数量实在太多，他们很快就陷入不利处境之中。

危急时刻，鲍信安排一部分勇猛骑兵，护卫曹操先行突围逃走，他自己则率其余骑兵拖后掩护。经过一场激烈而残酷的厮杀，曹操总算逃出，但鲍信却战死沙场，而且连尸首都不见了。曹操高价悬赏，多方寻找，仍然遍觅不着，无奈之下，他只好命工匠用木头刻了鲍信的模样，又给木头人穿上鲍信在世时穿过的衣服，然后为之举行了隆重的祭吊安葬仪式。

在参加酸枣会盟的诸将中，唯一力挺曹操到底的只有鲍信。曹操又痛又悔，深感正是自己的大意和鲁莽，才令这位知心好友送了性命。在祭吊安葬仪式上，他涕泗横流，哭得非常伤心，将士们也跟着落泪，悲愤之下，大家都发誓要为鲍信报仇雪恨。

曹军因鲍信之死群情激昂，众志成城，而黄巾军则因为连续取胜，防备开始松懈。曹操针对敌人暴露出来的这一弱点，在掌握敌军阵地和附近地形特点的前提下，发挥骑兵机动性大和冲击力强的优势，主动发起进攻，再度同黄巾军进行会战。

这是黄巾军自进入兖州以来，遇到的最激烈的一场战斗，由于缺乏心理准备，他们渐渐开始支撑不住，曹操又乘势用骑兵进行突袭，最终击败了敌人。

第三章 胜负乃兵家常事

尽管黄巾军在寿张会战中的落败，只能说是兵锋稍挫，尚不至于伤筋动骨，但也已令其士气大为低落。这个时候，曹操采用双管齐下的策略，在加强攻势的同时，向黄巾军发出了劝降书，黄巾军不但不予接受，而且反过来也给曹操送来了一份劝降书。

黄巾军信奉所谓太平道，对其他鬼神祠庙，一概予以禁毁。曹操年轻时做过济南相，在任上时，也曾拆毁鬼神祠庙，并严禁官民举行祭祀。济南国隶属青州，青州是青州黄巾的主要活动区域之一，太平道也早就在青州等地有过私下传播。大概太平道在当初传播的过程中，与当地其他鬼神信仰有过争夺信众的冲突，曹操移风易俗，拆毁祠庙，客观上有利于黄巾势力在济南乃至整个青州境内的扩大和蔓延。

黄巾军中有一些人是济南人，对曹操在济南时的所作所为有一定了解，他们觉得曹操当初的做法和他们是相通的。在劝降书中，他们对曹操说，汉朝气数已尽，黄巾当取而代之，既然先生你是个明事理的人，又何必要逆势而动呢？

曹操读信后，气得连连跺脚，呵斥痛骂，但他同时也感到既然连黄巾军都认为与他有相通之处，自己争取黄巾军是大有希望的，故而决定对政治招抚的这一做法不予放弃。

奉天子以令不臣

寿张会战的结果表明，曹军骑兵不仅成功地找到了黄巾军步阵的薄弱之处，而且已经善于运用集群骑兵的合力，对单个骑兵能力的不足进行弥补。

在各自都发出劝降书，又都为对方拒绝后，曹操继续发挥骑兵机动力强的优势，出其不意，攻其不备，连续出击，昼夜不停地组织会战。黄巾军则像瞬间破功一样，找不到抵御的办法，几次会战之后，所部损失很大，不得不节节撤退。

黄巾军靠攻城略地维持给养，男女老少都纠集在一起，走一路吃一路，一旦连续败北，处境便极为困难。在他们败退至济北国时，已是寒冬季节，更是衣食无着，饥寒交迫。曹操乘机加强政治攻势，对黄巾军“开示降路”，敦促其赶快投降。

黄巾军走投无路，经过谈判，终于同意归降，接受曹操的指挥。曹操共得降兵三十余万，家属男女百余万口，曹操大为高兴，宣布既往不咎，一个也不加以伤害。他从三十余万降兵中挑出特别精壮，用官方说法可称之为“百战悍贼”的老兵五六万人，编成了一支独立建制的部队，号称“青州兵”，剩余降兵则和所有降众家属一起，被组织起来，安排到乡间进行耕作，以便生产自给。

青州兵作为精锐步兵，与曹军中经历过战争磨炼的骑兵相得益彰，曹军的作战能力由此得到极大提高，已足以与任何一个诸侯及敌对势力相抗衡。

击败和降伏青州黄巾，使曹操在兖州站稳了脚跟。这时他在名义上虽已是一州之主的州牧，但事实上还不可能立刻摆脱对袁绍的依附从属地位，外界都把他在兖州的成功，视为袁绍势力在河南的延伸。袁绍自己也如此认为，遂向朝廷举荐曹操为正式的兖州牧。

袁绍以为曹操一直都是需要靠他罩着的小弟，但曹操的幕僚们却早已把袁绍当成了潜在的竞争对手。新附谋士毛玠年轻时做过县吏，以刚正不阿、清廉公道著称，他本来想投靠荆州牧刘表，途中听说刘表政令不明，才取消原定计划，投奔了曹操。

毛玠判断，袁绍、刘表虽然兵多民众，暂时势力强盛，但终究成不了大事。他建议曹操“奉天子以令不臣”，也就是迎献帝东归，直接使用皇帝的旗号，对不守臣节的诸侯进行调度，谁敢执迷不悟，就抡起皇帝的大棒敲碎他们的天灵盖。

毛玠自然把袁绍、刘表等人都划在了“不臣”之中。曹操对毛玠的这一颇具战略眼光的建议很是欣赏，连连击节称赏，当即采纳，并提升毛玠为幕府功曹。

就曹操来说，随着环境变得越来越复杂，他的思想也在不断发生变化。当初在参加讨卓时，为了除去皇帝身边的奸佞，拥护献帝，他固然可以万死不辞，但一旦走上发展个人事业的道路，想法就再不可能像过去那样单纯了。尤其在董卓死后，随着诸侯争霸的剧烈程度不断升级，曹操必须全身心埋首其中，对皇帝的态度也逐渐由忠心耿耿更多地转变为实用主义的利用。

事实上，也并非只有曹操君臣想到要迎献帝东归。关东的州牧郡守，不少人出于各自目的，都有过类似考虑，甚至在袁绍幕府中，也已经有人和毛玠不谋而合，站到了同样的战略高度之上。

袁绍初占冀州，谋士沮授就提出，尽管现在皇权衰微，皇帝已成傀儡，但在诸侯纷争之中，若能够把皇帝控制在手，打出兴复汉室的旗号，依旧能在道义上获得极大的舆论优势。

沮授劝袁绍到长安迎回献帝，然后“挟天子以令诸侯”，以朝廷的名义征伐各地。袁绍本来想改立刘虞，结果没成功，自然就会对沮授的建议加以斟酌。

不久，朝廷派大员抚慰关东，曹操和袁绍听说后，都亲自带兵到数百里之外迎接，临别时，两人还相约在洛阳会合，共同将献帝接回来。这表明，和曹操一样，袁绍也已在盘算是否要西迎献帝了。

冤家对头

从当时的形势来看，无论袁绍还是曹操，都尚不具备将献帝接到身边来的条件，不过两人之间又存在着很大差别。

袁绍西迎献帝的主观愿望其实并不强烈，归根到底，他怕弄来献帝后，反而碍手碍脚，影响自己行事乃至自立称帝。曹操则完全接受了毛玠的主张，但囿于形势，不得不暂时搁置，尽管如此，他也没有放过任何一个可以与朝廷和献帝接近的机会。

初平三年，曹操派从事王必出使长安。前往长安必须借道河内，河内郡太守张杨原为丁原的部将，当时受何进委派回并州募兵，结果等他回来时，丁原已经被杀，并州军也被董卓给兼并了。

在无枝可栖的情况下，张杨先归降袁绍，后被匈奴首领于夫罗裹挟叛逃。丁原曾屯驻河内，此处本属并州军的地盘，于是张杨便在河内站定脚跟，并从凉州集团所控制的朝廷那里取得了河内太守的名义。

此时张杨与势力正盛的袁绍已经恢复了依附关系。曹操在名义上也仍是袁绍的附庸，一直以来，与朝廷的联络都须由袁绍代为启奏，而不是自己直接沟通，他所获取的官职，无论是东郡太守还是兖州牧，均由袁绍向朝廷上表。同为袁绍的小弟，张杨认为曹操遣使长安之举破坏了大家约定俗成的规矩，若他放行，让袁绍知道的话，恐怕会怪罪于他，因而拦着王必，不让其过境。

张杨的部属、骑都尉董昭是个聪明人，他认为曹操虽然暂时势力弱小，但未来却不可限量，和袁绍结盟也只是权宜之计，两家不可能一直好下去。他劝张杨不必事事维护袁绍，还是要多给自己留后路，并指出眼下正是一个成全和方便曹操，借以与之结交的好机会。

张杨恍然大悟，不仅同意让王必从自己境内通过，而且还上表推荐曹操。董昭想得更为周到，他以曹操的名义给长安的李傕、郭汜等人写信，依照其地位高低，分别致以问候和打点礼物。

王必越过重重阻碍后，终于到达了长安，但这并不等于就可以顺利地向献帝致意。因为此时的献帝不过是个傀儡，实权掌握在李傕、郭汜手中。两人对关东群雄怀有戒心，缺乏信任感，他们已经本能地察觉到，关东方面有自己拥立皇帝，从他们手中抢去权力的意图。

尽管王必声明来长安是为皇帝致意，而且还带来了董昭写的问候信、礼物，但李傕、郭汜仍旧认定曹操并非实心诚意，打算干脆将王必扣留下来作为人质。关键时刻，黄门侍郎（皇帝的侍从副官）钟繇帮了一个大忙，他对李、郭二人说："现在群雄并起，各自假托天子之命，割据一方，难得曹操还心向王室，想着皇帝，若不接受他的忠心诚意，恐怕会有失众望。"

李、郭虽然是文化层次很低的凉州武将，但他们也知道自己打的是皇帝的旗号，不能把事情做得太绝，于是只好改变态度，向曹操回赠礼物，算是接受了曹操的好意。

曹操派遣王必出使长安，初衷之一是向献帝表示效忠，当然也希望朝廷能按照袁绍等人的荐表，对其兖州牧的地位给予正式承认。前者在董昭、钟繇的贵人相助下，得以如愿，献帝和周围一班公卿大臣都对曹操产生了好感，但是后者却碰了壁。

自讨伐董卓的战争开始以来，凡参加讨卓的关东州牧郡守，多数都不承认在凉州集团控制下的东汉政府（也包括被董卓所立的献帝），以前董卓专权如此，现在李傕、郭汜当道亦如此。反过来，凉州集团也不承认这些郡守职位的合法性，在他们看来，曹操及其前任刘岱的兖州牧头衔都是不合法的。因而，在他们的操纵下，朝廷对曹操的州牧职务不予承认，另外任命京兆人金尚为兖州牧，令其赶往兖州就任。

正如钟繇所说，曹操遣使长安，主动亲近朝廷，在关东诸侯中并不多见。在明知朝廷受凉州集团所操控的情况下，曹操也并没奢望马上被承认，他所气愤的，是对方不承认自己也就算了，居然还想跑来轻轻松松地摘桃子。

辛辛苦苦打下来的地盘，要让自己拱手让人，这种事想都不用想，绝无可能！曹操当即派兵到兖州边界迎击，反正金尚不入境便罢，一入境，兜头就打，管你什么朝廷命官不朝廷命官。

看到情况不妙，金尚害怕被追杀，急忙逃往南阳。南阳是袁术的势力范围，金尚别的地方都不去，而非要前往南阳，其实是有缘故的。

袁术年轻时也是一名游侠，以豪爽重义气而闻名，大将军何进生前曾把他和袁绍同等看待，让他们共同参与了诛灭宦官的策划。尽管袁绍、袁术都是游侠出身，又是同出于汝南袁氏这一显赫家族的亲兄弟，但袁绍的声望和地位要大大超出袁术，袁家门生故吏遍天下，这些人也大多投向袁绍，而不归于袁术。

袁术气得要命，大骂投奔袁绍的人都是一群小人，说你们为什么都不跟我，而偏偏要跟袁绍那个“家奴”？不仅如此，他还写信给公孙瓒，说其实你们都不知道，袁绍根本就不是我父亲的儿子！

素来打人不打脸，骂人不揭短，母亲的婢女出身以及自己庶子的身份，本是袁绍最敏感的地方，现在都被袁术一一拿出来加以羞辱。这口气袁绍如何忍得，于是两人彻底撕破脸，成了不共戴天的冤家对头。

袁术据有的南阳郡是一个大郡，有数百万户人口，手工业、商业都比较发达，所以袁术的实力并不弱。在曹操取得兖州牧地位之前，袁术就已远交幽州的公孙瓒，希图颠覆袁绍在河北的势力，袁绍则以牙还牙，也联合荆州的刘表，用以牵制袁术的后方。

这样一来，就形成了敌对的两个集团、两条战线。一个集团以袁术为首，站在这条战线上的有公孙瓒、孙坚等；另一个集团以袁绍为首，站在这条战线上的有刘表、曹操等。双方蓄势以待，一触即发。

步兵与骑兵对决

初平三年，在金尚逃到南阳不久，公孙瓒便在袁术的配合下攻向冀州，曹操亦北上冀州，协助袁绍迎敌，此时距离曹操击降青州黄巾尚不满二十天。

公孙瓒如今变得格外骄傲自大，别人稍犯过错或被他看不顺眼，就会立刻成为他的刀下之鬼，连居官有贤名，袁绍曾欲立为皇帝的幽州牧刘虞，也死在了他的手上。

骄狂的背后，是公孙瓒屡战屡胜的佳绩，以及他在关东无人能及的骑兵优势。公孙瓒本人擅长骑兵战术，麾下更拥有万余精锐骑兵，骑兵的成分类似于西北军，其中既有汉人，也有乌桓等少数民族，总之都是骑射能手。公孙瓒又从骑兵中精中选优，组成了一支三千人的近卫部队，公孙瓒本人酷爱白马，这支部队也都乘骑清一色的白马，因经常高呼："义之所至，生死相随，苍天可鉴，白马为证！"故而得名"白马义从"。

在当时，"白马义从"有中原第一轻骑的美誉，其机动力和射程均很惊人，连以骑射见长的匈奴、乌桓都为之闻风丧胆，只要听说"白马义从"出现于塞外，无不相嘱予以回避。

袁绍占据冀州的时间不长，缺乏骑兵，所部多为弓箭步兵。袁军中最强悍的步兵号为"先登兵"（先登是先头部队的意思），基础来自于麹义的私兵。麹义原为韩馥部将，后叛韩投袁，此人常年生活在西凉，与羌人打过仗，积累了应对骑兵冲击的经验和战术。

公孙军进至界桥附近。战幕拉开后，麹义率八百先登兵居前，公孙瓒欲消灭这支先锋小部队，遂下令本部骑兵以"白马义从"为先导，对袁军步列实施“陷阵”式冲击和踩踏。

“白马义从”一边冲锋一边在马上引弓射箭，但不管怎样箭如雨下，先登兵始终镇静地俯伏于盾牌下，一动不动，待到敌骑冲至相距仅几十步远的地方时，他们才突然一跃而起，在步骑踩踏所扬起的尘埃中大喊冲杀。

骑兵主要依靠马匹奔驰的冲击力来对敌人进行杀伤，一旦没有了助跑速度和相应空间，在对阵步兵时便很难谈得上优势，甚至不得不下马步战。在先登兵出敌不意、挫败其锋的时候，事先埋伏于他们背后的一千强弩兵，又给予了“白马义从”以致命一击。

所谓弩，就是安有臂的弓，发射时，一扣扳机，箭即射出。弩比弓的杀伤力更强，命中率也更高，但使用要求则相对较低。军中要培养一个优秀射手，往往需要花费很长时间，但要想在短时间内训练出一个出色的强弩兵，却没有那么困难。

强弩兵的缺点是必须有短兵对其进行保护，而且要分批开弩，以保证连续性齐射，只要解决这两个问题，强弩兵便能对骑兵进行有效抑制。在先登兵的掩护和助攻下，强弩兵千弩齐发，所中必倒，不一会儿，看似锐不可当的“白马义从”便迅速垮了下去。

“白马义从”一垮，公孙瓒全军即溃，被迫逃回幽州。经此一败，公孙瓒这位曾经的骑兵之王便开始走向衰弱，不复往日神气。

界桥大战和之前曹操的寿张大战类似，都是步兵与骑兵对决的经典战例。先登兵不但像黄巾兵那样强悍善战，而且队列更密集，纪律更严格，这是袁军能够打败公孙军的关键所在。这也再次说明，战场之上步、骑兵对阵，并不是必然都能压倒对方，一切仍取决于到底谁更技高一筹。

在界桥大战进行的过程中，曹操作为助战一方，并没有直接参与，但想来曹操的心情是很复杂的。他固然会庆幸于本集团取胜，可为自己减轻压力，但也一定会对袁军战斗力的突飞猛进和强大感到暗暗心惊。

是的，自击降青州黄巾以来，曹军实力的确已有了很大扩充，然而一对比就知道，还远没有能够达到与袁军直接抗衡的程度。而且在今后很长一段时间内，面对其他共同的敌对势力，曹操也必须继续和袁绍结成牢不可破的联盟，一南一北，背靠背地抵御外敌，如此才能使自己不致倾覆，这应该是曹操从观战中得到的一个重要启示。

公元193年春，曹操将军队主力屯驻于鄄城，州治也同时由昌邑改为鄄城。昌邑位于兖州中心地带，鄄城则处于兖州北境，濒临黄河南岸，地理位置虽然相对偏远，但临近河北，更容易与袁绍相互支援。

不打不知道

当时的州郡大小极不相等，曹操的兖州包括今豫东和鲁西南平原，方圆千里，地域已可称辽阔。但相比之下还只是小州，袁绍的冀州要包括现在的好几省，那才能算是大州。

位于南方的荆州包括今湖南、湖北两省和河南的西南部，也是大州，其属地南阳郡领三十七县，为天下第一大郡。南阳被袁术所控，后来荆州刺史刘表将治所从今湖南境内迁至湖北的襄阳，和袁术形成了相逼之势。

孙坚原为荆州长沙国太守，后北上参加讨卓，屯扎于河南境内，成了一个没有地盘的人。袁术见他很能打仗，便表荐他为豫州刺史，和孙坚相互联合，要夺刘表的地盘。

孙坚一马当先，对刘表发起进攻，连连取胜，将襄阳也围困起来。可惜孙坚过于大意，单马独出，结果被刘表的军士用暗箭射死了。

孙坚军群龙无首，已无战意，刘表乘势从襄阳出发，进逼南阳。如此一来，袁术向南面发展的计划就被堵住了，他若是坐着不动便罢，若是要继续扩大地盘，就只能向北发展。

兖州处于南阳和冀州之间，从两大集团整体的攻防态势出发，可以看成是曹操在为袁绍把守着南大门，袁术欲北上乃至进入河北，势必要首先占领兖州。

此时的曹操虽已露出头角，成为关东群雄中新的独角兽，然而打的主要都是黑山军、黄巾军这些起义军，与其他诸侯之间尚未有过大的交手，袁术自认为是与袁绍不相上下的大鳄，便决定在曹操身上试试运气。

袁术引军北入陈留郡，在他进至陈留后，曾被曹操打败的一部分黑山军余部以及于夫罗的南匈奴残兵，见其势盛，便都前来依附。尽管依附者都已是残兵败将，但对于袁军而言，也已算是一个不小的整补。

袁术来了精神，他自己屯驻于陈留属县封丘，派部将刘详领兵出击，在封丘东北的匡亭扎营安寨。

陈留及封丘在兖州境内，而且从封丘到兖州的新州治及曹军大本营鄄城已不太远。曹操自然无法容忍，他立即带兵从鄄城南下，长驱百里，直扑匡亭。

匡亭一旦有失，封丘必然难保，袁术赶紧率主力前往援救。两军接战，大家才发现，真是不打不知道，原来曹军的实力还在袁军之上，袁术大败，只得放弃匡亭，退保封丘。

曹操马不停蹄，继续对封丘发起围攻。袁术已经被打怕了，还未等到曹军合围，便逃出了封丘。正所谓屋漏偏逢连夜雨，这个时候刘表又切断了袁军的粮道，于是袁术连老巢南阳都没法要了，只能一味埋着头没命奔逃。

曹操仍然穷追不舍，袁术刚想停下来，在城池里歇歇脚，曹操马上就挖开河渠灌城，逼得他根本无法驻足。直到袁术退至九江郡，曹操确定其已远离兖州，无法再对自己形成威胁，这才班师收兵。此役对袁术打击甚大，后来他给吕布写信，在回忆起这次战争时，还心有余悸，称“流离迸走，几至灭亡”。

公元193年夏，曹操率部回到定陶。定陶为兖州济阴郡治，定陶是关东地区的交通枢纽，曹操准备向外进攻时，就会提前把军队集结在这里，以便稍事休整后向周边出击。

这次曹操对准的目标，是徐州的陶谦。陶谦早年因镇压徐州黄巾军有功，被任命为徐州刺史，后关东州牧郡守联合讨伐董卓，陶谦没有参与，遂被董卓任命为徐州牧。

徐州在今长江以北和山东东南部，此处物产丰富，户口殷实。董卓和李傕、郭汜之乱时，徐州较少受到破坏，于是关中三辅以及洛阳附近的百姓纷纷逃难涌入徐州，使得徐州俨然成为战乱时代难得的一块乐土。可是陶谦缺乏政治才能，一贯信用奸佞小人，疏远忠直之士，以致刑法政令失当，地方治理逐渐陷入了混乱。

陶谦对内治理无成效，对外却也想学别人扩张地盘。当时全国有十三州，其中一个州属于司隶校尉管辖，称司隶州，也称司州。陶谦打上了司州的主意，正好有人聚众数千人造反，自称天子，陶谦便与之联合，以他的名义出兵司隶。

曹操的兖州位于徐州和司州之间，陶谦欲取司州，必须先经过兖州。陶谦牛气哄哄，也不跟曹操打招呼，就直接攻入了兖州南端的任城。

联合造反，是在助人谋逆；攻占任城，是在抢人地盘。于公于私，曹操都有正当理由讨伐陶谦，但对曹操而言，讨伐陶谦，却也决不是一个被动的偶然决定。

有意制造的假象

环顾兖州周边，北方是曹操尚须依赖的袁绍，他当然不能向袁绍进攻；西方的张杨依附于袁绍，其所辖的河内也可以算成是袁绍的势力范围，曹操若从兖州向西扩张，必然会导致与袁绍关系破裂。再者，曹操在遣使长安时，因为借道，还欠了张杨人情，更不能说翻脸就翻脸；南方的豫州由多股势力所盘踞，曹操如果要向豫州进军，势必得经过陈留，但陈留形势比较复杂，此处实际为张邈所控制，即便曹操身为州牧，亦不能在陈留随心所欲。

曹操兴兵伐董时曾依附于张邈，实为张邈的部将，后来转投袁绍，才脱离了张邈。以资历和身份而论，张邈的陈留太守为过去中央政府所任命；曹操的东郡太守、兖州牧，前者乃袁绍做盟主时的临时任命，后者也是由袁绍任命的，且有越权之嫌，因为任命者袁绍自己还只是同级的冀州牧。虽然袁绍对这两项任命都上了表，但那不过是一厢情愿的形式而已，朝廷从未予以承认。

曹操的东郡太守毕竟还没有超过张邈，然而自担任兖州牧起，就反居于张邈之上了，在这一点上，张邈的心理很难平衡，也不会服气。

表面上，曹、张一直维持着友好睦邻的关系，曹操对张邈在陈留的独立状态不仅不以为意，有时还故作姿态地进行拉拢，实际两人却早已貌合神离，彼此都心存戒备。

袁术进攻陈留，曹操替张邈出头，率部击退并对袁术发起追击，张邈也的确没有做出任何对曹操不利的举动。然而这不能一概而论，倘若曹操经陈留大举南征，就很难保证张邈不会产生别的念头了，一旦他将曹军的给养和归途予以截断，局面将变得非常危险。

与北、西、南方相比，曹操向东用兵的阻力和危险系数最小，但可能获取的实际利益却最大。

早在黄巾大起义爆发时，北方州郡就受到了一定影响，董卓和李傕、郭汜之乱则使西方州郡日益残破凋零，南方当时还未经大力开发，人口既少，经济也不怎么发达。唯有东方的徐州，基本没有受到波及，老百姓尚能安居乐业，而且此处与大海相邻，水沃土丰而宜于农耕。曹操进据后，不仅可有效减少接敌数目，还能建立粮食基地。

这个时候诸侯之间的角斗，都需要得到盟友的支持和配合，或至少不被其掣肘，一味单打独斗是行不通的。袁绍打公孙瓒，得到了曹操的配合，曹操反击袁术，亦获袁绍相助。

陶谦与公孙瓒是盟友，在公孙瓒进攻袁绍的时候，陶谦曾出兵为公孙瓒助阵。等到袁绍击退公孙瓒，袁绍也必然想把兵锋转向徐州，但当时河北地区的黑山军又活跃起来，首领于毒率兵数万人攻占冀州的心脏邺城，杀死了魏郡太守。黑山军的其余分支以及其他义军也活动频繁，匈奴、乌桓乘隙进犯，袁绍忙于应付，已无暇南顾。

曹操既然和袁绍结盟，而且率军刚刚打败了共同的敌人袁术，解除了兖州南面的一大威胁，之后再替袁绍出手，把矛头对准他们另一个共同的敌人陶谦，也就是顺理成章的事了。

总之，不管是从哪个角度出发，曹操都一定要跟陶谦干一架，尤其陶谦还主动上门挑衅，那就更是打他没商量了。不过由于曹军已经马不停蹄地追杀了袁术四个多月，而且包括张邈在内，兖州各郡的太守、豪族中还有许多人对曹操也并非倾心拥戴。因此在部队得到充分休整和进一步稳定后方之前，曹操决定暂时先忍而不发。

面对陶谦部队的入境攻击，曹操视若无睹，只严守住兖州的几个重要地方，甚至故意让出兖州南区，任陶谦自由出入，摆出一副不愿与之对抗的姿态。

曹操有意制造的假象显然迷惑住了陶谦，使他全然不加设防。转眼，秋天到了，兖州地区的庄稼收割完毕，军队粮秣充实，也得到了彻底休整，曹操认为是采取行动的时候了。他没有与陶谦远征司州的军队正面敌对，而是采取围魏救赵的战术，直接东征徐州。

徐州境内兵力空虚，曹军入境后势如破竹，连下十余座城池，直抵陶谦的大本营彭城。陶谦情知中计，赶紧回师，在彭城城北的原野上布阵。

陶谦咋咋呼呼的，其实并不是一个擅长用兵之人。陶军以步兵为主，且在作战纪律和能力上，与先登兵、青州兵根本就不是一个级别，青州兵的步阵算是很强了，曹军骑兵照样能在寿张的平原上冲垮他们，更遑论陶军。陶谦既不知己，亦不知彼，他本应登城固守，却选择在平坦空旷的原野上和曹军决战，这无异于自暴其短，就好像在主动伸出脑袋，等着让人削一样。

陶军刚布好阵，曹军就饿虎扑羊一般猛冲过来。陶军列阵不严，士兵拿的都是短兵器，哪里抵挡得住这种疾风骤雨般的冲击，战斗还没正式开始，胜负便已提早决定。陶军缺乏机动性，一旦在平原上落败，逃都没法逃，于是战斗便又变成了单方面的杀戮和被杀戮。陶军被当场杀死者，败走时被水淹死者，以及自相践踏而死者，达一万余人，尸体倒伏在流经彭城的泗水之中，竟把河水都堵塞住了。

彭城会战惨败后，陶谦被迫退守一百五十里外的徐州治所郯城，彭城及下邳郡尽为曹操所有。

曹操此次东征，得到了袁绍的支持，袁绍虽无法派主力南下，但仍拨出兵力予以支援，其中朱灵所率三营力战有功，表现尤佳。战斗结束后，诸将北返，只有朱灵选择留下来，别人问他为什么不回冀州，他说："我见过的人多了，但没有一个能够比得上曹公。曹公是真正的贤明之主，现在我好不容易遇上了，哪能轻易离他而去？"

朱灵的将士也都跟着留下来，加入了曹军。从这里或许可以看出，袁绍当时确实视曹军为俯伏自己的杂牌军，不然的话，他不会任由所部加入曹军，曹操恐怕也不敢轻易收下朱灵及其人马。

灭门案

大家都有盟友。曹操有袁绍相助，陶谦也忙向青州刺史、站在公孙瓒一线的田楷求救。田楷乃派平原相（平原属青州）刘备前往支援，刘备只带了几千人，但陶谦看到他仍跟看到救命菩萨一样，当即表荐刘备为豫州刺史，并加拨四千丹阳郡兵供其指挥。

按照陶谦的命令，刘备驻兵于徐州西部，与兖州邻近的小沛，以控制和抵抗曹军。此时陶谦的徐州领地已丧失了一大半，陶军退无可退，抵抗顽强，同时，依城固守也使曹军在平原上的骑兵优势失去了用武之地。

见短时间内难以攻下郯城，军粮也已告罄，补给出现困难，曹操只得率兵离去。在打得顺风顺水的时候，却被迫戛然而止，这显然让曹操极为恼火，其性格中残忍嗜杀的一面也随之被激发了出来。

古代作战，因缺乏现代重炮，攻城难度很大，这个时候进攻者往往会在攻下城池后进行屠城，为的是对下一个城池的军民予以心理威慑，使之屈从。曹操也决定这么做，在他的纵容下，曹军对已占领的徐州郡县普遍进行了抢掠和烧杀。

彭城等五县曾进行抵抗，屠城尤其残酷，当初洛阳、长安一带不少人为躲避战乱，跑来徐州安居，结果也都惨遭杀害。这些城邑一度曾是安乐之区，被人们当作是战乱时期的避风港，自此沦为一片废墟，平时就连一个行人都看不到了，宛若鬼城。

公元 194 年春，曹操由徐州返回鄄城。也就在这个时候，他接到凶耗，得知父亲曹嵩竟已被陶谦部将张闿劫财害命。

当初曹操在已吾建军，同在已吾的父亲曹嵩清点了一下财产，在拿出一部分交给儿子练兵后，带上其余财产逃往了琅邪（这里的琅邪是指琅邪山，而非同名的琅邪郡，因其僻处海隅，为耳目所不及，故可避开董卓的搜捕）。

董卓死后，曹嵩已不用再担心因反叛者亲属的身份而受到牵连，但琅邪在徐州的管辖之下，身为徐州牧的陶谦不仅攻掠兖州，而且还是公孙瓒的同盟者。曹操怕父亲在那里不安全，且自己已在兖州站住了脚，便写信请曹嵩来兖州居住。兖州泰山郡与徐州接壤，曹操同时命泰山太守应劭率众到界上迎接。

曹嵩接信后，经过一番准备，把金银财物分装成一百多辆车，率领家人，浩浩荡荡地赶往儿子的任所。

曹嵩那年逃往琅邪时，正逢难民潮，无数难民往徐州境内涌，曹嵩一行不会显得特别惹眼，其间也没有遇到什么麻烦。如今前往兖州，目标就有些大了，不过在徐州境内赶路时，他们应该也很警惕，好在一路无事，终于走出徐州，进入了泰山郡内。

大家的精神放松下来，都觉得不用再急着赶路，可以先就地住宿休息一下了。也就在这个时候，张闿突然率骑兵对他们发动了袭击。

张闿乃为劫财害命而来。看来他是早就盯上曹家财富了，从曹嵩出发就尾随在后，但直到曹嵩进入兖州才实施突袭。

曹嵩一家果然毫无心理准备，他们把张闿当成了前来迎接他们的应劭，等到发现不妙时，再想逃已经来不及了。曹操的弟弟曹德首先被砍倒在门内，曹嵩带着爱妾逃跑，想从后墙墙缝的洞口钻出去。但他的爱妾身材丰腴，珠圆玉润，怎么钻都钻不出去，于是曹嵩只好又带着她逃到厕所里藏了起来，但是两人很快就被张闿的兵搜出并杀害了。

这是一次灭门式屠戮，曹家除少数侥幸逃走者外，数十口人被杀，一百多车的财物也被抢劫一空。

张闿作案后即逃往淮南。事后有人说灭门案是张闿一人所为，陶谦并不知情，他只是未能约束好部下而已，但也有人说幕后主使其实就是陶谦。

不管主谋者是张闿自己也好，陶谦也罢，总之他们都没有把灭门案的性质和后果想得有多么严重。要不然，张闿就是再贪财，也没有必要冒着抛弃原有职位，今后还将持续遭到江湖追杀的风险，干出江洋大盗的勾当。陶谦知晓内情后，则更像没事人一样，既未第一时间向曹操赔罪道歉，也没有采取类似于追缉凶手之类的行动。

当应劭赶到时，现场已只剩下一片惨状，应劭害怕被曹操怪罪，不敢再回原任，只得弃官转投袁绍去了。或许因为这个原因，事情早就发生了，但直到曹操返回鄄城，才有人向他禀报。

实在是太过分了

直接行凶者已逃之夭夭，然而跑得了和尚跑不了庙。以曹操的性格，他一定会对此进行更凶狠、更剧烈的报复。在他看来，既然家人是在徐州被杀掉的，这个地方的所有人包括陶谦，就必须为此付出代价！

经过几个月的休整和扩充军备，夏天一到，曹操就编组军队，二度攻击徐州。曹军进入徐州后，连拔五城，一直扫荡到琅邪、东海两郡，继而又回过头来直迫郯城。

这次曹操在战略上对郯城采取了彻底的包围战，他计划先逐步消灭郯城外围的陶军，用以孤立城内的主力。几次战役下来，陶谦也变得聪明了，基于对曹军野战能力的了解，他放弃纯野战的决胜方式，转而采取了攻守互为犄角的战术。

应该说，陶谦的战术基本没错，可大概是曹军在彭城会战时所表现出的那种凶猛气势和威力，以及第一次东征撤退前所进行的血腥屠杀，把徐州军民从上到下都给吓坏了，使得他们在具体组织战斗层面破绽百出。作为主帅，陶谦就只知道率主力躲在城墙坚固的郯城里面，与前卫城襄贲以及犄角部队缺乏有效配合。

陶谦的犄角部队由其部将曹豹与刘备组成，屯于郯城东郊，但曹刘联军和襄贲守军的力量都太弱，仅能用来消极防守郯城。曹操很快发现了陶谦布局上的企图以及实战中的弱点，他派曹仁在襄贲城外布阵，对陶谦和襄贲守军进行封锁，自己则亲率主力攻击曹刘联军。

曹刘联军缺乏战斗力，被打得节节败退，不出曹操所料，陶谦根本不敢率部出城应援。在将曹刘联军击溃后，曹操立即调头，配合曹仁攻打襄贲。

看到曹刘联军溃散，襄贲守军士气低落，不到三天便被曹军攻破。“围而不降者，不赦”，曹操以为家人报仇为借口，又一次下令以不留一个活口的方式进行大屠杀，一座襄贲城被曹军杀得血流成河，几至鸡犬不留。

据估计，曹操两次东征，共杀男女数万人（一说数十万）。此类惨绝人寰的大屠杀，在曹操一生中堪称空前绝后，也是他一生中最大的污点之一。徐州本是安定之所，所以就连曹嵩也会到此避难，经过这次浩劫，变得面目全非，不少老百姓又不得不逃往他乡。诸葛亮是琅琊郡人，世居琅琊，为当地望族，但也主要因为这个原因，当时尚年幼的诸葛亮才随叔父离开了家乡。

曹操在获悉灭门案前，就已经挥起了屠刀，父亲和弟弟之死，固然会令他感到愤怒和伤心，然而并不能作为他持续进行屠杀的理由。后来的史家也指出，自古讨伐有罪之人，都有一定准则，即便陶谦真的有罪，是灭门案的主谋，曹操也应该找他本人和直接行凶者算账，这种大面积滥杀无辜的行为，实在是太过分了。

分析曹操当时的真实动机，与其说是泄愤报复，毋宁说还是想进行恐吓。曹操两征徐州，对徐州民情有了更多了解，此处原来很少经历战争，民风不够强韧，较之其他地方，恐怖屠杀更易对军民士气形成摧毁性打击。

曹军在襄贲大肆屠城，就是给郯城守军看的，陶谦果然看得心惊胆战，恐慌万状，他当即下令弃守郯城，打算逃往老家丹阳（扬州所属的丹阳郡）。

陶谦弃城出逃，也就意味着他准备放弃徐州全境。就在曹操即将实现以一人而坐拥两州的目标的时候，他却意外得知，兖州后院起火，正在酝酿一场巨大的政变。

自卑感

曹操对徐州军民的大规模屠戮，虽然在短期内有利于曹军攻城拔寨，但从长期来看，负面效应其实相当之大，日后曹操的敌人也总是不忘在这方面进行大肆宣传，以贬低他的形象。

曹操不仅是军事家，同时也是个政治家。他不会对此毫无认识，如果他能够冷静下来，对个中利弊进行仔细考量，或许就会做出不同的选择。

其次，从本质上来说，曹操也并不是一个视百姓如草芥的嗜血屠夫。相反，他内心始终有一种以天下为己任的悲悯情怀，每当看到和想到在战乱期间惨遭荼毒、流离失所的百姓，都会让他感觉非常痛苦和难受。

正因如此，有些为曹操辩护的人，才会认为徐州惨案不像是曹操所能做出来的事，他们推断，可能是曹军中的青州兵所为。这种说法当然是很牵强的，曹操军法很严，在他亲自领兵的情况下，青州兵也不存在难以约束的问题，若不是他予以放纵甚至直接下令，没有谁敢胡作非为。

专家分析，曹操的嗜杀和其多疑的性格一样，虽有着利益上的考虑，但很多时候也并非是深思熟虑的结果。

曹操以反宦官的立场出道，然而宦官家庭出身的阴影仍时常笼罩在心头，可以说，因出身而导致的自卑感，从没有真正离他远去，一旦受到某种刺激，还会发酵扩大。这使得他常常处事不慎，虑事不周，乃至达到疯狂凶暴而不能自控的程度。

曹操制造徐州惨案就是如此，明明知道会因此大失民心，对其个人形象和成就霸业造成不利影响，仍照干不误。有人指出，他这么做，明显地带着宦官家族不正常的心理状态及特点，宦官因为从小被阉割，多少都怀有对常人的仇恨和报复心理。

对曹操而言，残暴和猜忌都只是其自卑感的外现。在他身上，自卑感时常作祟，他也不允许任何人触碰内心的这一敏感地带，即便是在亟需对外公关，塑造形象的创业初期，亦不例外。

陈留人边让素有才名，过去当过九江太守，在京师洛阳时很受何进敬重，与当时的大名士如蔡邕、孔融等也都有深交，后避乱回到陈留居住。边让看不起曹操这个宦官出身的兖州牧，常用轻蔑侮辱的态度评论曹操，曹操平时对名士都是一百个敬重，但边让的言行彻底激怒了他。

曹操内心深处隐藏着一股狠劲，不发作便罢，发作起来极其可怕。他不但下令将边让处死，而且连带边让的妻子儿女也都一个不留，全都杀了。

曹操此举在兖州世家豪族中引起极大震动，许多人对他心怀恐惧和不满，这其中就包括深受曹操信任的陈宫。

陈宫曾竭力拥护曹操入主兖州，后来又给曹操出了很多好主意，曹操对他非常感激和信任，视其为心腹。曹操带兵外出，都会派亲信镇守沿河津要，原东郡治所东武阳南扼仓亭津，向来为不容忽视的河防重地，曹操便派陈宫镇守该地。

陈宫性情刚直，在为边让鸣不平的同时，自己也产生了危机意识，认为曹操性情反复无常，如果哪一天他陈宫说错话、办错事了，没准也会人头落地。

乘曹操再次出征徐州、后方空虚之机，陈宫联络了几个兖州主事官员以及张邈的弟弟张超，密谋要与张邈联合起来，背叛曹操。

出自凡人的预言

曹操第一次东征徐州，临出发前特地嘱咐家人说：“我这次如果回不来，战死于沙场，你们就去投靠孟卓（张邈字孟卓）。”等到曹操平安归来与张邈重逢，两人都激动得热泪盈眶。

这些生动画面，无疑会让世人留有曹操、张邈关系亲密，交情深厚的印象。可是有人却偏偏不这么看，陈留人高柔认为曹操、张邈只是看似友好，实际各有芥蒂，两人早晚要翻脸。

“曹将军（曹操）虽已占据兖州，却有吞并四方的雄心，是不会安于坐守的。张府君（张邈）先得志于陈留，倚仗陈留这个资本，恐怕也会乘机另做打算。”高柔说。

曹操的谋士荀彧当初决计离开家乡，乃是因为颍川乃四战之地，在各方争夺下必受蹂躏。陈留在地形上和颍川有相似之处，高柔推断，张邈不听曹操的指挥，只要他和曹操一翻脸，陈留必成战场，因此建议大家赶快离乡避祸。

这种出自凡人的预言，通常很难立刻取得周围人的认可，荀彧当年如此，高柔现在也一样。大家都不相信他的话，觉得他不过是年纪轻，好出大言而已。还好高柔的堂兄在河北，可以收留他，于是高柔便独自带着自己的族人去了河北。

高柔说得没错。事实上，曹操出境作战，最放心不下的就是张邈，那些托妻寄子般的知心话，生死相逢后动情的泪水，只不过是想稳住对方，以防他不在兖州时，张邈在后方发生异动。

按照高柔的分析，陈留是张邈的起家资本，也是他最后的一点本钱，无论如何是不容许别人触碰的。可是随着群雄争战的形势越来越白热化，曹操与袁绍的联系更加紧密，经常相互助战。张邈与袁绍交恶，与曹操也是面和心不和，他当然担心有一天曹操和袁绍会合起伙来，从他手中抢走陈留，甚至谋害他的性命。

连稍有见识的高柔都能察觉和预见得到的问题，陈宫岂能不晓，除了让张超劝说其兄外，他又亲自前往陈留，劝张邈加入叛曹阵营。

“如今天下分崩离析，英雄豪杰并起，您所辖有的区域地广人众，又是四战之地，您就是在家中坐守，按剑顾盼，也足以成为人中豪杰！为何反而还要受别人控制，这不是太鄙陋平庸了吗？”

陈宫的话，句句敲打在张邈的心坎上。他其实一直都在等待着反曹的机会，陈宫是曹操的心腹，现在连他都嚷嚷要反曹，可见这正是起而行动的最好时机。

张邈同意与陈宫等人一道起事。张邈虽然有地盘、有军队，但军事非其所长，陈宫只是谋士，其他参与反曹的人也都不是用兵行家。所以他们还得找一个能打的，以便在战场上与曹操抗衡，这个人选陈宫也早就想好了，此人就是吕布。

在当时的人物群中，吕布是一个绝对无法忽略的角色，此人武功出类拔萃，但是缺乏政治头脑，眼光短浅，因此常常被人当作工具加以利用。董卓让他杀丁原，王允让他杀董卓，都是利用了他的这一弱点。

吕布刺杀董卓成功后，并州军终于从凉州军的束缚中解脱出来，两军的矛盾更加势如水火。李傕、郭汜一怒之下，将尚未离开凉州军的数百名并州军人全部予以诛杀，吕布也同样憎恨和害怕凉州人，极力排斥李傕、郭汜等凉州将领。李傕、郭汜狗急跳墙，率部兵临长安城下。吕布出城应战，他单人独骑，拍马上前，对郭汜说：“让身边的士兵都退下吧，我们两人单挑，如何？”

郭汜依言，从本军骑兵队列中只身走出，两人打在了一处。

在后世的历史演义中，所谓战争就是两员骑马的大将在阵前交锋，战争的结局也由他们交锋的结果决定。谁赢，他那一方就赢；谁输，他那一方就输。两方士兵不过是打打酱油，于胜败与否毫无关系。

现实中，将对将厮杀的模式相当少见，大约只是在古代战争规模较小的情况下，曾盛行过一段时期。吕布、郭汜能够达成协议，一对一地进行马上决斗，可能还是因为西部偏僻闭塞，仍然遗留着这种骑士单打独斗的风气。但即便如此，将对将的决斗也早已不是决定胜负的要件了。

吕布、郭汜们所处的时代，是一个马背上的英雄时代。在此之前，步兵是战场上的主力，将帅只须用旗鼓指挥步兵接敌即可，就算是骑兵，因主要采用骑射战术，骑兵军官也无须冲至第一线。自从骑兵冲击战术推广开来，将领们如果不参与冲锋，就无法对高速运动的部属进行指挥。于是擅长骑马搏战，经常身先士卒、驰骋疆场的名将便开始不断涌现。

吕布就是这样一个出色的骑兵将领，早在并州时便有“飞将”之称，武艺方面比郭汜更为高强。在民间的龙门阵里，单挑的将领往往大战数百回合而不分胜负，甚至还要等到第二天继续较量，这其实也是虚构的。吕布、郭汜很快就分出了高下，当时骑兵普遍使用长矛，吕布一矛就刺中了郭汜，不过并不是要害部位，在郭汜后面护卫的骑兵见状，赶紧冲上来把郭汜救了回去。

单挑虽以吕胜郭败告终，但对战局实无太大影响。不久，因参与守城的少数民族士兵叛变，长安终被攻破，吕布被迫逃往关东。

人中有吕布

吕布出奔时，特地带上了董卓的首级，想好的投靠对象是袁术或是袁绍。他认为，在袁氏兄弟逃离洛阳后，留在洛阳、长安的袁氏一族被董卓杀戮殆尽，他既替袁家报了仇，就一定能取得两兄弟的信赖。

吕布先主动投靠了袁术，但袁术并没有想象中那么热情，对待吕布很敷衍。当然这也怪不得袁术，当初丁原那么信任吕布，吕布却被董卓招揽，杀了丁原；后来董卓也视吕布为心腹，走哪儿都带着他，结果吕布刺杀了董卓。如此反复无常，你说哪个被他依附的人敢放心？吕布的并州骑兵纪律还差，专事抄掠。袁术拒绝了吕布的投靠，吕布无奈，只得离开袁术，北上寄身于袁绍篱下。

袁绍对吕布也疑神疑鬼，但当时河北的黑山军张燕部气势汹汹，袁绍知道吕布擅战，便想收留吕布，用他来对付张燕。

吕布从长安逃出时，只带了几百骑兵，不过兵在精而不在多，其马队之精强是毋庸置疑的，吕布本人更是勇冠三军，并能够纯熟运用各种骑兵战术。张燕麾下有步兵一万多，骑兵几千，其骑兵是无法与吕军相抗衡的，只能依赖于步兵的数量优势。

吕布有一匹良马，唤作赤兔，当时人有一句口头禅“人中有吕布，马中有赤兔”，人马合一，可谓相得益彰。吕布的战术也很特别，双方列阵后，在黑山军步阵尚未松动，也没有露出明显薄弱之处的情况下，他就率亲信将校数十人，对其步阵发起了猛烈冲击。

同为骑兵名将，公孙瓒在地位升高后，就较少亲自到一线作战了，但吕布即便已成为全军统帅，也仍旧保持着亲自冲锋陷阵的习惯。这种奋不顾身的作战风格和勇气，固然早已不是战争时决定胜负的唯一条件，然而对将士的激励作用却也不可小视。

以数十骑进行冲击，看似规模太小，但这种冲击的主要价值并不在于杀伤多少敌人，而是要冲断敌步阵的队列和指挥序列，从精神上打击和威慑对手，使敌军陷入混乱。

骑兵对步兵发起冲击，最常见的是先从正面穿过敌步阵，然后再掉头从后方再次实施冲击。吕布和他的骑兵分队有时一天要发动三四次冲锋，每次都斩首而出，这样连战十余天，黑山军方面已经是风声鹤唳，混乱不堪。吕布乘势发动总攻，集合本部所有骑兵进行掩杀，将黑山军一举击溃。

打败黑山军后，吕布自恃有功，又狂妄自大起来，不但要求袁绍给他扩充军队，增加兵力，还放纵手下的并州骑兵抢劫掠夺。袁绍感到吕布难以驾驭，对他忌恨起来，吕布感觉到了袁绍态度的变化，只好请求返回洛阳。

袁绍是个外宽内忌的人，由于担心吕布再回来成为自己的祸害，便不顾吕布立有战功，决定动手除掉他。考虑到吕布勇猛无敌，袁绍一边假意答应其请求，表荐吕布为代理司隶校尉，一边派三十名铠甲兵护送吕布，实际是打算乘其不备，来个乱刃分尸。

发现袁绍可能要暗算他，吕布让铠甲兵住在他的营帐旁边，同时派人在营帐中弹筝，以麻痹对方。筝声悠扬中，吕布悄悄逃了出去，铠甲兵都被蒙在鼓里，以为吕布还在帐中。半夜时分，他们摸进帐内，在黑暗中朝着吕布的床乱砍一气，接着便回去复命，说吕布已被他们结果。

第二天天亮，袁绍派人复查，才知道吕布还没死，遂命部属赶快追击。然而大家都深知吕布的厉害，没一个人敢于接近，于是只能眼睁睁地看着吕布逃入河内，与张杨会合。

张杨与吕布同属并州军旧部，两人的出身和早年经历都极其相似，他们的私人关系也很好，一直都保持着密切联系。对吕布而言，既然走到哪儿都被人怀疑，不受欢迎，依靠张杨也就成了他能够在江湖上栖身的最后一招。

吕布与凉州军是死敌，听说吕布和张杨集合到了一起，李傕、郭汜深感威胁，计议一番后，他们决定采用分化之策，诱使张杨杀死吕布。

一着颇为高明的棋

张杨的部队是他自己拉起来的，没被凉州军兼并过，与凉州军之间也从未发生直接冲突。如果张杨接受李傕、郭汜的条件，不仅可与凉州军暂时和解，而且还可以兼并吕布的部队，扩大自己的实力，这个诱惑可以说相当之大。

消息很快就传到了吕布的耳朵里。摆在他面前的选择很少，其一，干脆与张杨血拼。但张杨并不是好惹的，吕布在张杨的地盘里要是敢这么干，没准还没出手，就会被打个灰飞烟灭。况且并州军这种内部火并，也正是李傕、郭汜所乐于见到的；其二，离开张杨，可是之后又能去哪里呢？吕布帮袁绍报了家族被屠的血海深仇，还立过大功，袁绍尚且容不下他，遑论他人；其三，以并州同事以及私谊打动张杨，可这却是最靠不住的。想想看，丁原曾是并州军总头领，待吕布不薄，还不是被吕布给杀了，张杨和吕布之间的那一点情谊能超越其上？

吕布把这些选择都弃于一旁。他找到张杨，开门见山地说，我吕布和你张杨可都属于并州集团，是唇齿相依、一荣俱荣、一损俱损的关系，倘若你要杀掉我，必然势孤，到时凉州军要攻灭你就容易多了。

吕布固然被认为勇而无谋，但其实并不缺乏生存智慧，继巧妙逃脱袁绍的谋害之后，他终于又下出了一着颇为高明的棋。张杨听了他的话后，权衡轻重，觉得确实是这个道理，于是此后便只是在表面上敷衍李傕、郭汜，实际却对吕布予以大力保护。

李傕、郭汜见状傻了眼，为免吕布与张杨合兵一处，公开与西凉集团对抗，他们只得又反过来笼络吕布，以朝廷的名义任命他为颍川太守。

吕布意外地得到了一块立足之地，从此改变了在关东“无地自容”的窘境，再也不用像流浪汉一样四处流窜了。

吕布在离开袁绍投奔张杨时，曾路过陈留。所谓敌人的敌人就是朋友，张邈既与袁绍不对付，吕布又刚刚跟袁绍翻了脸，张邈与吕布之间也就有了共鸣。张邈当即对吕布予以殷勤款待，两人还约定以后有事，要相互协助。

这段插曲引起了陈宫的兴趣，他认为吕布能征善战，正好可以填补叛曹阵营中无良将统领的空白，因此建议可将吕布接来，共图究州。这正合张邈心意，随即便派人带着自己的信件去河内邀请吕布。

吕布出身“轻侠”，其实与杀人越货的盗贼也就隔着一层窗户纸，在社会地位方面，曹操都能把他抛出好远。大姓豪族没有多少人从内心里真正看得起吕布，都只是利用他而已，王允如此，陈宫、张邈等亦然。他们实际上就是打算采用王允模式，即让吕布替他们火中取栗，等到把曹操彻底搞定，再由张邈掌握兖州实权。

兖州自非颍川可比，吕布一听喜出望外，马上出发，陈宫则派兵将其迎至陈留，并推他为兖州牧。

曹操自出任兖州牧后，就把东郡太守的职位让给了自己最为亲信的将领夏侯渊，及至他出征徐州，又把后方留守任务交给了首席谋士、州司马荀彧。张邈先派人去鄄城见荀彧，谎称吕布来到兖州是为了帮助曹操打陶谦，要荀彧给吕布供应军粮。

荀彧有着很强的观察力和思考能力，岂是三言两语就能被哄住的。他闻言后疑窦顿生，派人一探听，原来竟是张邈等人叛变了，于是赶紧约束军队，布置防备，同时派人火速向正在徐州的曹操进行报告。

曹操虽为兖州牧，但这个位置是因为兖州地方上临时需要他抵御黄巾军，再加上一部分人的拥戴才轻易取得的。在根基尚未稳固的情况下，他又一时头脑发热，杀了边让，以致让自己在兖州政治中陷入了孤立状态，相当一部分豪族都对他怀有不满或不服的情绪。

张邈、陈宫皆为兖州豪族，在本地官场也都已经浮沉了十多年，二人在兖州尤其是陈留、东郡等地区，拥有深厚的潜在势力。他们带头出来背曹迎布，多数郡县都予以了响应，只有鄄城、濮阳和东郡的两个属县范县、东阿尚在曹操势力手中。

曹操抽调了绝大部分军队随其东征，留守兵力不多，后方处于极为空虚的状态。周边觊觎者也因此乘虚而入，豫州刺史郭贡引兵数万进入兖州，向鄄城进逼。而且荀彧还发现，鄄城内的带兵将领与主要官吏大多暗通张邈、陈宫，形势危如累卵。

鄄城是兖州的政治中心，鄄城若失，距离全州沦陷也就不远了，荀彧急调夏侯惇来援。夏侯惇从濮阳赶赴鄄城，中途遭到吕布的截击，夏侯惇怕鄄城有失，奋力冲击，才得以突围而出。吕布乘机占据濮阳，并获得了夏侯惇留在那里的所有辎重。

夏侯惇在领兵进入鄄城的当晚，杀掉了数十名涉嫌谋反的将吏，城内终于得以安定下来，但这时郭贡也已经兵临城下。

独闯虎穴

郭军数万人在鄄城附近扎下营寨，由于传闻郭贡与吕布同谋，大家都很恐惧不安。不过郭贡没有立即举兵攻城，而是点名要荀彧单独出城相见。

夏侯惇等人怀疑郭贡可能想借机诱杀荀彧，都劝他不要去，说："您现在是一州的主事人，前去必有危险，还是不要去的好。"

荀彧原先没有听说过郭贡与张邈、吕布等有何交情，他判断郭贡并非张邈等人的同党，之所以来得这么快，只是见兖州出现乱象，怕失去相机行事、从中捞取好处的机会而已。

郭贡既然已经来了，却又没有立即攻城，从中可以看出他尚处在犹豫当中，究竟何去何从，并未最终确定下来，要求与荀彧见面，恐怕就是想摸摸曹军的底。荀彧认为，只有独闯虎穴，才可以乘郭贡主意未定时，当面陈说利害得失，以劝服对方，即便郭贡不能为己所用，至少也能使他保持中立。反之，若拒绝出见，则会引起郭贡的猜疑，恼羞成怒之下，他可能迅速倒向张邈、吕布一边，彻底与曹操为敌，那样情况将更加危险。

在说服夏侯惇等人后，荀彧不顾个人安危，出城进入郭贡大营。他力劝郭贡不要帮助吕布与曹操为敌，强调曹操是一个出类拔萃的军事统帅，很快就会率大军回归，而吕布不过是个反复无常的小人，虽然一时势盛，终究还是要失败的。

郭贡当然不是真的要帮吕布，他是来捡便宜的，把荀彧唤出城外，确是为了探明底细：若是荀彧根本不敢出来，或是见了面也表现得张皇失措，则不仅可以断定鄄城易取，而且尚在徐州的曹操也已大失方寸，那他郭贡就可以在兖州随心所欲了。

结果，荀彧堂堂正正地出城，见了面后大义凛然，毫无惧意，分析形势入情入理，切中肯綮，话语中始终渗透着强烈的自信。郭贡见状，犹如遭到当头棒喝，头脑清醒了许多，考虑到鄄城很难拿下，曹操更不易对付，他也就顺水推舟，领兵退出了兖州。

郭贡退兵后，吕布又引兵进攻鄄城，但是攻不下来，只得依旧向西驻守濮阳。

曹操深谋远虑，他虽然不可能预测到张邈、陈宫联合吕布发动叛乱，但对于兖州有不少政治上的反对势力这一点，却了然于心。兖州原州治为昌邑，他将州治改为鄄城，就是因为考虑到昌邑位于兖州的腹心地带，发生变乱容易遭到敌兵围困。

当时曹军在兖州的留守兵力不多，即便荀彧已经将鄄城守兵和夏侯惇部集中于一城，数量也很有限。但由于鄄城背依黄河，在不必担心来自后方攻击的情况下，减少了防御的用兵方向。所以除非郭贡、吕布合力攻城，否则城内的防御力量还是足够的。

劝退郭贡，击退吕布，使得荀彧肩负的压力减轻了不少，但是接下来他还得考虑如何稳定范县、东阿。

在濮阳被吕布占领后，兖州只有鄄城、范县、东阿三城未失。三城均在兖州北境，濒临黄河南岸，彼此邻近又相互依托，这也是他们没有被叛军立即予以攻占的一个重要原因。然而有从吕布军中投降过来的人却带来消息，说陈宫打算亲自带兵攻打东阿，另派吕布部将氾嶷直取范县，两城官吏百姓听闻后人心惶惶，都很害怕。

古代乡党观念根深蒂固，荀彧是颍川人，颍川属于豫州，荀彧在与身为豫州刺史的郭贡交涉时，就要顺畅许多，但如果对象都是兖州本地人，则最好还是让本地人与他们打交道。另一位大谋士程昱是东阿人，且还是豪族出身，于是荀彧对他说："您在军民心中素有威望，如果您能够亲自去一趟东阿、范县，安抚鼓励他们，一定可以帮助他们稳定军心，坚守城池。"

程昱欣然接受了这一使命，他先去范县。吕布抓了范城县令靳允的母亲、弟弟、妻子、儿女，以之作为人质，对靳允进行胁迫。汜嶷人也已在范城，等着靳允表态，把靳允急得团团乱转，不知如何是好。程昱对他说："我理解你现在的处境，但到了现在这种时候，必须直面现实，做出正确的选择。"

陈宫叛应吕布，各城响应，这是最足以动摇人心之处，但程昱认为，不管吕布还是陈宫，都不是能够最终成事的人。先说吕布，程昱给他的评价是，内心粗暴而少有亲近之人，强悍固执而待人无礼，不过是一个勇猛的无脑武夫罢了。至于陈宫等人，只是形势所迫，暂时凑合在一起，看上去人多势众，其实不足为虑。

古往今来，得主者昌，失主者亡，站队问题至为关键。程昱力赞曹操富有智谋，乃治世之才，天之所授，他站在曹操一方，让靳允千万考虑清楚：你固守范县，必能成功，对你本人来说，乃大功一件，比之于依附叛军，终至灭亡，而且家人同样要跟着送命，哪一个更好？

话说到这个分上，靳允已无退路，他流着泪表示自己不敢存有二心，随后便传见汜嶷，埋伏士兵刺杀了他。

一决雌雄

程昱在动身前往老家东阿之前，就已派出一支骑兵，截断了东武阳与东阿之间的仓亭津，使得陈宫暂时无法渡河。当他到达东阿时，看到县令枣祗态度坚决，正率领军民凭据城墙坚守，既如此，程昱也就只需要继续给他们加油鼓劲了。

爆发于兖州的这场风暴为曹操所始料不及，接到荀彧的报告，他连忙从前线匆匆赶回东阿。

回过头来看，三城保卫战其实决定了曹操的生死存亡。倘若三城被破，在徐州未得、兖州已失的情况下，曹操将无立足之地，很可能在吕布、陶谦的夹击下全军覆灭。正是多亏荀彧、程昱的全力谋划和斡旋，才保住三城，为归来的曹操提供了一块珍贵的根据地和反攻基地。曹操铭感于心，此时程昱尚在东阿协助防守，他拉着程昱的手，颇为动情地说："如果不是你尽了全力，我就没有归宿了！"当即上表任命程昱为东平相，驻扎于范县。

曹操回兖州后，一面派人到各县慰问，安抚百姓，争取人心；一面决定亲率主力，到濮阳与吕布一决雌雄。

在曹操急急从徐州返回途中，部队要经过泰山，听说吕布进攻鄄城不下，已退屯濮阳，他大为高兴。兴奋之余，他还眉飞色舞地给部下们分析，说吕布既已进据兖州，却不能及时据守险要，阻断我的归路，反而驻守于濮阳，从这里就可以看出他将无所作为了。

兴平元年（194）六七月间，曹操进军濮阳，这时吕布在濮阳城内外已经做好了迎敌准备。

若是讲政治，十个吕布也未必是曹操的对手，但如果是较量军事，吕布可没有曹操想象的那么菜。事实上，他之所以放弃扼守险要，正是想诱敌深入，同时集中兵力，争取在濮阳城下一举击破曹军主力。

曹操命于禁攻打吕布在城外南面的大营，命青州兵攻打城外西面的大营。于禁是泰山人，系鲍信在泰山募兵时所招募的徒众，曹操担任兖州牧后，他带着亲信投归曹操。有人向曹操推荐于禁，说他的才能足可以当大将军，曹操召见于禁，交谈后发现他果然是个将才，遂以于禁为军司马，领兵在前线作战。

于禁不负所望，连破吕布两座大营，但与此同时，青州兵却未能经受得住并州骑兵的冲击，部队溃败，损失严重。

白天吃了亏，曹操便在晚上找补回来。他亲自领兵夜袭吕布的城西大营并将其击破，正当他高高兴兴准备撤走的时候，吕布也亲自来援，从三面交替向曹军发动进攻。

依托于颍川，吕布现在不仅拥有最好的骑兵，而且还组建了一支精锐步兵，这就是大将高顺统领的“陷阵营”。陷阵营辖七百余名士兵，这些士兵一律配备精练齐整的铠甲武器，且个个身强体壮，富有作战经验。

陷阵营的使命不是全歼或最终击败敌人，而是像吕布率数十骑冲击敌阵那样，旨在从敌阵队列中打开缺口，以便造成敌指挥体系的瘫痪以及士兵的混乱。陷阵营号称每次发起攻击，没有敌阵不被其攻破，不过那说的都是普通步兵，曹操的青州兵可不是盖的，其战时的军事素质和组织纪律性，与陷阵营可谓旗鼓相当。与此同时，因为汲取了落败的教训，吕布亲率的并州骑兵也同样无法再像前一天那样，轻而易举地对之达到“陷阵”的目的，青州兵的队列即便某些部分出现动摇、断裂，也立刻会由后排士兵或预备队迅速补上。

曹吕两军从黑夜杀到黎明，又从黎明杀到中午，接着再从中午杀到日头偏西，双方连续作战了一整天，打得难分难解，光相互冲击就达数十回合之多。战场之上，既有步兵军阵的列队肉搏，又有骑兵部队的纵横冲杀。士兵也好，军官也罢，每个参与者的战斗素质及其精神上的抗压能力，均倍受考验。实际上，真正善于打仗的强兵，都是在这种严酷的实战环境下锤炼出来的。

经历如此长时间的激烈厮杀，即便双方都未发生溃败，但总有一方或伤亡更多一些，或疲惫程度和心理压力更大一些，急须补充兵员和进行休整。首先在这方面感到吃力，有些支持不住的是曹军，曹操于是决定撤出战场。

此时要撤并非易事，若被敌军乘机掩杀，将可能演变成不可收拾的溃败，为此曹操决定临时选拔和组织敢死队，用以掩护大部队安全撤退。

五步时再告诉我

虎将典韦首先报名参加敢死队。典韦是陈留己吾人，张邈己吾起兵时，他在张邈的部队里当兵，后来又归属于夏侯惇。

典韦身材魁梧，膂力过人。他年轻时好打抱不平，曾帮助别人复仇，杀人后步行离去，几百人在后面追赶，但都是远远地跟着，没有一个人敢靠近他，更不用说上前较量了。当时将帅出征，都会树一杆作为仪仗或标识的大旗，称为牙门旗，牙门旗又高又大，很少有人能举得动，典韦从军后，用一只手就能把它竖起来。

典韦能拼敢杀，每次作战，常常都是冲入敌阵的第一人，因多次杀敌有功，被授任司马。看到典韦首先报名，士兵们争相加入，使敢死队很快就达到了数千人之多。

曹操下令由典韦统领敢死队，敢死队的所有人都身穿两层衣服和双层铠甲，不拿盾牌，仅手持长矛短戟应战。

大部队开始撤退，见曹军向后退去，吕军立即逼近，骑步兵弓弩齐发，箭如雨下。在此期间，典韦率敢死队利用地形躲避箭雨，他对敌人射过来的箭弩并不为意，只是对身边的士兵说："敌人离我十步时，告诉我！"

吕军越来越近，"已经十步了！"士兵急促地说道。

"五步时再告诉我！"

士兵大惊失色，但也只好强压住恐惧往后倒数。

“敌人到了！”

典韦平时喜用双戟、长刀等武器，尤其双戟，更是操持得出神入化。说时迟，那时快，典韦大喝一声，使出双戟绝技，将十余只短戟（即手戟）一一甩出，近前的敌人应声而倒。

敢死队的官兵们见状，精神大振，也都学着典韦的样子，齐心协力，奋力杀敌。吕军猝不及防，连忙后撤，适逢黄昏到来，借助于夜幕，曹军这才得以安然退回营寨。

典韦在此役中立下大功，曹操回营后即授以都尉，命他带亲兵数百，负责在自己的大帐周围巡逻警戒。

出奇制胜的夜袭战却打成了拼消耗的相持战，曹操从中体会到了吕布有多么难对付。正在他苦思良策而不得的时候，濮阳城中的大姓豪族田氏派人送信，表示愿做内应。曹操喜出望外，当即同田氏约定了里应外合的时间、地点和具体办法。

按照约定，曹操亲自领兵，在一天晚上悄悄地来到濮阳城东门。通过暗号，事先潜入东门的田氏家丁将门打开，曹军一拥而入。入城后，曹操下令火烧东门，以示有进无退，志在必守。

谁知城中街巷狭窄，入城的青州兵难以列阵，吕布集中骑兵进行冲击，一下子就把曹军给冲乱了。曹操一看大势不好，连忙回师向东门撤退，混乱中，他与诸将都失去了联系，眼看吕布的骑兵已经追了上来，他急中生智，忙将一个士兵的头盔拿来戴上，混在士兵当中奔逃。

一名骑兵赶到曹操身边，但他不认识曹操，还向曹操本人厉声喝问：“曹操在哪里？快说！”

“那边，骑黄马的就是曹操。”曹操随手一指，答道。

骑兵急于擒杀曹操，好立功邀赏，听后便撇下曹操，去追赶骑黄马的人了。

曹操忙沿原路继续朝东门冲去。东门的火烧得正旺，这个原本慷慨激昂、显示勇气的举动此时可坑苦了他，但他也顾不了许多，只能冒着烟火，不顾一切地往外冲。

虽然马很快就穿过了大火，然而曹操的左手掌还是被烧伤了，一番烟熏火燎，令他头昏眼花，出城不远，就一头从马上栽了下去。幸亏部将楼异看到了，急忙扶他上马，又和其他逃出来的人一起，将他护送回大营。

营中诸将一直没看到曹操返回，都很惊慌害怕，得知曹操已经回营，还受了伤，连忙一起入帐向曹操请罪。曹操并没有因此责怪任何人，反而笑着对众人说:“胜负乃兵家常事，大家不用担心，我知道该怎样攻破吕布，报这个仇。”众人一听，这才心安。

接着，曹操又强忍着伤痛，亲自到各营去慰问将士，振奋士气，同时下令抓紧时间制造攻城器具，准备与吕布再战。

第四章 挟天子以令诸侯

吕布光是骑兵就足以傲视关东，再加上高顺的陷阵营，曹操真的很难拿他怎样，所谓找到攻破吕布的法子云云，不过是怕军民不稳，给部将们吃颗定心丸而已。

自被从濮阳城内逐出后，曹吕两军又相持了一百多天，互有胜负，但这种胜负都只属于局部的战斗层面，影响不了全局，曹操既拿不下濮阳，吕布也无法攻占兖州除濮阳外的更多城池。

在曹操和吕布相持期间，兖州地区闹起蝗灾，不少地方颗粒无收，前线的曹军很快就揭不开锅了，曹操不得不带着将士回到鄄城，暂时罢兵自守。眼看曹操陷入困境，袁绍派人来见，提出希望曹操将其家属送至邺城居住，用以进行“连和”，即加强双方的同盟关系。

曹操东征徐州时，袁绍在主力尚被牵制的情况下，仍力所能及地派兵予以援助，这是因为陶谦属于公孙瓒那边的人，对袁绍也有威胁。及至曹操回师平叛，吕布、张邈同样与袁绍为敌，而且袁绍也已能腾出主力，但他在曹吕大战时，却反而作壁上观。

事实证明，袁绍对曹操的看法已经悄然发生改变。虽然在内心里，袁绍还是不会将曹操这个宦官家族出来的子弟与自己等同，但他显然已经明白，如果有可能，在日后的竞争对手名单上，曹操一定不会落榜。还有兖州，曹操理所当然地认为归他所有，然而在袁绍看来，若不是自己给机会，曹操怕是连兖州的边都未必摸得到吧！

既要限制曹操的羽翼，又要将兖州划入自己的势力范围，袁绍能够想到的最直接办法，就是通过抵押人质的方式，将曹操重新降为他的部将，从而对其实行完全控制。

您再认真考虑考虑

曹袁本就是盟友，并不存在“连和”的必要，曹操完全有理由予以坚拒，但此时正是他极度困难的时候，若依靠袁绍，便能解一时之困，以后再徐图发展，因此准备予以同意。

程昱恰好出使刚刚回来，被带去见曹操，他乘机问道：“我私下听说，将军您想把家小送到邺城，与袁绍连和，果真有这事吗？”

“是的。”

“想来将军您大概是事到临头，感到害怕了，不然为什么考虑得这么不周全呢！袁绍虽占据燕赵之地，有吞并天下的野心，可是他的智谋却不足以使他成事。将军您自己思量思量，能称臣纳质，屈居其下吗？”

秦末汉初，韩信、彭越都是非常厉害的名将，他们依附于刘邦，立下汗马功劳，但刘邦取得天下后，却将二人诛杀，并夷灭三族。程昱对曹操说：“将军您智勇兼备，有虎狼一样的威势，您愿意去干韩信、彭越那样的事，然后落得同样的下场吗？”

兖州虽已大部残破，然而鄄城、范县、东阿三城都尚保存完好，能征惯战之士不下万人。“凭着将军的神武，加上荀文若（荀彧字文若）、我，一起将士兵收集整顿后加以运用，霸王之业不难成就。希望将军您再认真考虑考虑！”程昱恳切地说道。

曹操甚为动容，经过一番权衡利弊，终于打消了依附袁绍的念头，同时决定遣散一批新招募的士兵，以减少军粮的消耗。

粮荒问题变得越来越严峻，市面上粮价暴涨，米谷一斛已经卖到五十多万钱。要知道，粮价廉贱时，一斛谷只卖三十个铜钱，现在居然卖到五十多万钱，涨了近两万倍，可见粮食已经匮乏到了何种程度。

吕布以骑兵部队为主，马的食料、人的军粮，都不是一个小数字。但自他进入兖州后，原来的颍川已经丢掉了，新占领的地方又根本不足以支撑部队的消耗。眼看在濮阳已维持不下去，吕布不得不亲自领兵到乘氏去抢劫粮食，不料却被当地豪强李进给击退了，于是只好放弃濮阳，向东转向山阳郡就食。

打仗离不开粮食，部队只有在足食足兵的情况下才有战斗力，若是有兵无食，不自然瓦解就算是幸运了，此乃常识。曾经大败黑山军的吕布军，如今居然沦落到连看家护院的地方武装都打不过了，这在以前是根本不可想象的。

曹军也饱受粮荒之苦。一次，程昱在自己的辖县东阿为曹军筹措军粮，想尽办法也只筹得可供三天食用的粮食，其中还赫然杂有人肉干，后来程昱为此颇遭非议。实际上，当时已经饿死了很多百姓，人吃人早就不是什么稀罕事了。

不过，同样是面对粮荒，吕布与曹操的差距显而易见。吕布到了这种时候，满脑子都是如何找个地方，能够让自己吃饱肚子，别的就都不管不顾了。濮阳乃重要的战略区，又辛辛苦苦守了那么久，说放弃也就放弃了，其实他完全可以一边四处觅食，一边继续保住濮阳。

曹操与之相反，哪怕是遣散新军，也从未想到过舍弃手中的任何一个战略区。正是依靠这种坚持，到了第二年，也即公元195年春，困扰曹操的粮食问题终于有所缓解，他也得以重整旗鼓，再次展开收复兖州失地的行动。

曹军出兵之后，首先收复了巨野。接着，曹操将军队集中在吕布曾攻之而不可得的乘氏，进行短时间的休整。这时，席卷兖州各地的灾情仍未从根本上得到遏制，曹军的粮食供应因此又发生了困难，部队有即将断炊的危险，而徐州方面则传来了陶谦病死，把徐州让给刘备的消息。

乘氏离徐州管界不远，曹操打算乘机进兵徐州，借以解决军粮并相机图取徐州，之后再回头解决吕布，收复失地。

对于曹操新的东征计划，荀彧表示异议。他认为，曹军在过去东征时烧杀抢掠，大肆屠城，当时看来是走了捷径，吓得连陶谦都弃城而逃，实际却贻害无穷。如今，接替陶谦的刘备在徐州深得人心，徐州各地的麦子又已收割完毕，倘若曹操再次东征，徐州军民必定会采用坚壁清野的办法对付曹军，且至死也不肯投降。

一旦曹军攻城攻不下，掳掠无所得，荀彧预计，不超过十天，曹军就会陷入困境。退一步说，就算是能够攻破徐州，由于与徐州人结仇太深，曹军在当地也很难待得住。

兖州策

在荀彧看来，东征徐州的最大弊端，莫过于会影响到兖州的平定和巩固。西汉、东汉的两位开国皇帝，汉高祖刘邦凭借关中、光武帝刘秀依托河内，分别取得了天下。荀彧说，兖州就是曹操的“关中”和“河内”，此处乃天下之要冲，曹操要想制服天下，势必不能没有兖州。

曹操此前对徐州两次全力出征，都没有收到满意的效果，劳师损众却未能得到任何地盘不说，还因为后方叛乱而几乎丧失了兖州。如果他第三次发起东征，问题其实依旧存在，即要是多留兵在兖州，徐州前线就不够用；如果少留兵，后方又将陷入空虚，吕布必会乘虚而入，导致民心动摇，兖州危急。

“一旦丢掉兖州，而徐州又拿不下来，将军到哪里去立足呢？”荀彧问道。

荀彧主张放弃东征计划，全力进攻吕布，具体可分三步走：第一步，抢收成熟的小麦，通过省吃节食，积蓄谷物，首先确保军粮无忧；第二步，进攻吕布，彻底平定兖州叛乱；第三步，南征豫州，把势力扩展至淮河、泗水地区。

荀彧高瞻远瞩，雄论滔滔，引得曹操击节叹赏，当即接受他的意见，决定不再以徐州为对外的主攻方向。

按照荀彧的“兖州策”，曹操优先组织抢收小麦，准备就地解决军粮。考虑到吕布因缺乏军粮，短时间内应该无力组织攻击，所以他把绝大部分士兵都派出去收割麦子，平时留守乘氏的曹军不足千人。

吕布缺乏远虑，就像年轻时做“轻侠”一样，每当缺衣少食时，他重点考虑的不是如何建设基地，而是到别人碗里抢食吃。公元 195 年春，在略加整顿后，吕布与陈宫率兵万余，从山阳郡出发，向乘氏发起进攻。

曹操没想到吕布在部队已经饿得轻飘飘的情况下，还能不惜气力地组织进攻。召回外出士兵已经来不及了，曹操忙让妇女也拿起武器，登上城头参加防守，同时集中兵力防守城外大营。

大营西面有一座大堤，大堤南面有一片树林，树林茂密深幽，是藏兵的好地方。吕布只是急于抢夺粮食，并不知道曹军虚实，当看到树林幽深莫测时，他怀疑那里有伏兵，便告诫部下们说：“曹操诡计多端，我们不能上当，千万不要闯进他的埋伏圈。”

吕布在与陈宫商议后，为稳妥起见，决定先在树林以南十多里的地方安营扎寨，他们打算等翌日一大早探明情况后再进行处置。

吕布经常骑马冲杀在第一线，指挥作战的风格并不偏于谨慎保守，现在变得如此小心翼翼，恐怕也都与军粮不足，部队战斗力已受到严重削弱有关。

曹军大营的留守兵力少，营垒也不坚固，如果吕布军在第一时间发起攻势，曹军是顶不住的，但吕布的过于小心改变了双方的命运。当晚，外出割麦的部队将士赶回，曹吕两军的力量对比发生变化，曹操决定反守为攻，与吕布在野外对决。

吕布怀疑林中有伏兵，曹操反其道而行之，弃树林不用，转而做起了大堤的文章。他把一半精兵隐蔽在大堤里面，把另一半兵力暴露在大堤外面，用以迷惑和引诱敌人。

第二天，吕布派人探知林中没有伏兵，果然又来进攻。见堤外曹军不多，他朝着这部分曹军直奔过来，双方刚一交手，埋伏在堤内的曹军一拥而出，步骑兵齐头并进，打了吕军一个措手不及。

濮阳大战时，曹吕军尚势均力敌，吕军甚至还略占上风，但是现在情况已大不相同。吕军粮饷无着，远途奔袭又耗尽了他们的大半气力，等到次日再战时，已明显不在状态。相比之下，曹军却具备着出敌不意、以逸待劳、紧靠后勤基地、熟悉地形等优势。吕军大败，连用于传令和激励士气的鼓车都成了对方的战利品，曹军一直追至吕军大营才停止追击。

乘氏一战在予吕军重创的同时，把这支军队虚弱不堪的现状也充分暴露出来。吕布向来能胜不能败，他认为大势已去，若继续留在兖州，恐怕自己的性命也会断送在曹操手里，在和陈宫商议后，便带着残兵败将，连夜逃往徐州，投靠刘备去了。

吕布是兖州反曹派的军事支柱，他一走，犹如树倒猢狲散，其他人全都傻了眼，张邈随后也追随吕布，逃往徐州。

曹操顺势展开收复兖州失地的行动，之前曹军攻打定陶，久攻不下，这回乘着定陶守军士气低迷，没费什么力气就把它拿了下来。张邈的弟弟张超被曹军围困于雍丘，雍丘城里有两兄弟的家属，张邈怕家属有失，请吕布予以救援。吕布此时却表现出他怯懦和毫无担当的一面，拒绝施救，张邈见状，愤然离开吕布，前往扬州向袁术求援。

至兴平二年（195）十月，曹操已基本控制了兖州的局势，其声势之壮，连朝廷都受到震动，因而正式任命他为兖州牧。

两个月后，张超自杀，雍丘城破。曹操再次展示出他与对手搏杀时赤裸裸的狠劲儿，一拿下雍丘，就将张邈、张超的家属一个不留，全都给杀了。张家至此等于遭到了灭门——张邈还没能够见到袁术，就在去扬州的路上被部下取了性命。

当年年底，曾经响应叛乱的各郡县或被平定，或被降服，曹操不仅收复了兖州的全部失地，而且名正言顺地成为一州之主，他在兖州的地位也从此真正稳固下来。

南征

荀彧在“兖州策”中，为曹操规划了三步方略，第一、第二步都已实现，眼下需要走的是第三步，即南征豫州。

曹操原先没有南向大举用兵，主要顾忌的是张邈，现在张邈、张超兄弟的势力既已被彻底消灭，当然也就不存在后顾之忧了。于是刚刚平定兖州叛乱，他便挥师南下，进入豫州北境的陈国境内。

豫州既无袁绍那样的大鳄，也没有曹操这样新兴的独角兽，盘踞在那里的大多是一些袁术的党羽和黄巾军余众。陈国国相袁嗣乃袁术所委任，袁术自己都不是曹操的对手，更不用说袁嗣，其兵众的战斗力很差，根本就守不住城。袁嗣很清楚自己有几斤几两，所以曹军一到，他就立马投降了。

陈国以西是汝南、颍川两郡，两郡分布着每股数万的黄巾军，加起来总兵力约有十万。黄巾军的弱点之一是缺乏强有力的领袖和明确的政纲，这些黄巾军开始跟袁术联合，后来又附众于孙坚。但不管跟着谁，都依旧被朝廷视为贼寇，各地诸侯、官员、豪族也多与其为敌。

被长期孤立的处境，使得黄巾军较为分散孱弱，原先依附孙坚的几支黄巾军头领还相对勇悍一些。然而他们都已在随孙坚出征刘表的战役中阵亡，剩下来的人无论如何都难以和曹军较量。建安元年（196）二月，曹操消灭汝南、颍川两郡的黄巾余众，一举占领豫中平原，“兖州策”的构想完全变成了现实。

曹操两次打黄巾，全都收获颇丰。第一次打青州黄巾，收编了青州兵，第二次打颍川黄巾，则缴获了大量物资，也包括军粮。此时兖州仍未能完全摆脱粮荒，粮食用来维持当地军民所需已很勉强，更没有余粮支援出征部队。因此南征结束后，曹操并没有率师返回兖州，而是就地屯扎在了颍川郡的许县。

汝南是袁绍、袁术的故乡，袁家门生宾客遍及汝南各县，他们对曹操相当敌视，且都以当地豪姓大族的身份拥兵拒守，不让曹操的势力渗入。曹操当然不能容许这种情况继续存在下去，但若动用大军镇压，又怕影响地方稳定，于是便任命满宠为汝南太守，派他对此进行整治。

满宠是个酷吏，以不徇私情而闻名。有一次，曹洪的宾客因犯法被满宠逮捕，曹洪写信给满宠求情，满宠没理睬，曹洪只好又求之于曹操。曹操早年做官时就执法严明，但曹洪身为曹操的堂弟、亲信大将，在曹操创业初期对他还有救命之恩，曹操不好拒绝，只得答应下来，传召包括满宠在内的主事官员。

发现曹操可能要宽赦犯人，满宠二话不说，先下手将曹洪的宾客给杀了，然后才去应召。有意思的是，曹操知道后，不仅没有动怒，反而高兴地对满宠进行赞许，认为执法官就应如此。

一个不肯屈服于各方压力，连主公的面子都可以置之不顾的人，让他来对付士族门阀，自然不会有什么心理障碍和顾虑。果然，满宠就任汝南太守后，立刻招募了五百名愿意跟随他的勇士，然后率部进攻所有与曹操为敌的地方豪强，前后共攻陷营垒二十余座。

对于那些既攻不下，又不肯降服的头领，满宠采取厚黑学的手段，把他们骗去参加聚会，在聚会上当场杀掉了十余人。很快，随着反曹势力被消灭和瓦解，曹操终于得以完全掌控汝南。

颍川与汝南不同，曹操虽非颍川人，但以荀彧为首的颍川士人却构成了其幕僚的主体，当地大族及属下百姓比较容易接受曹操。对曹操而言，颍川的价值也超过汝南等其余诸郡，此处位于今河南的核心地带，地势平坦开阔，便于车马出入，乃有名的交通要道、四战之地。

可以说，曹操南下豫州，主要就是为了获得颍川，陈国、汝南不过是“陪嫁”。占领豫州后，曹操也很自然地把重心区域从兖州转移出来，以许县为主的颍川郡，从此成为了曹军新的根据地。

无所谓皇帝尊严了

就在曹操南征豫州之前，操控朝政的凉州集团突然爆发内讧。李傕、郭汜争权夺利，互相猜疑，进而又大打出手。李傕为了占得上风，放火烧掉宫殿，把献帝劫持到自己兵营。郭汜也不是吃素的，扣住公卿大臣做人质，横竖就是不肯让步。

李、郭两军在长安城内外混战了好几个月，死者以万计，乱箭竟然还射到了献帝面前。经过这场混战，凉州军的力量被削弱了许多，长安城也被搞得乌烟瘴气，混乱不堪。

此前，黄巾军余部在白波谷发动起义，组建了一支名为白波军的武装。白波谷隶属于并州西河郡，并州、凉州都是出骑兵的地方，白波军也同样具有能骑善射的特点，就连董卓生前都奈何他们不得。后来，白波军大头领战死，部将之一杨奉投降了李傕。

犹如凉、并军势不两立一样，白波军与凉州军虽然风格接近，但其实并不相容，杨奉不久便叛李傕而去，临走时还带走了不少部队。

李傕的实力遭到进一步削弱，态度也没原先那么强硬了，在这种情况下，另一名凉州将领张济居中为李傕、郭汜进行调解，使得双方同意讲和，并释放了被他们挟持的献帝和公卿大臣。

献帝身处傀儡地位，自己又缺乏武装，便只能于夹缝中求生存。他的丈人董承原先为董卓女婿的部曲，再加上杨奉、张济，献帝决定依靠这些军队，帮助自己脱离李傕、郭汜的控制。

李傕、郭汜起初答应了献帝的要求，但是很快就后悔了，他们联合起来追赶献帝。张济因与杨奉、董承不和，也转而加入追击行列。

李傕等人终于追上了献帝，一场大战后，杨奉、董承落败，百官士兵死伤无数，皇室的御用物品、符信书策、典章图籍丢得一干二净。论对朝廷尊严和安全的践踏，李傕等人与董卓相比，可谓有过之而无不及。一名官员在被害前悲愤地怒斥他们："你们这群凶恶的逆臣，逼迫劫持天子，使公卿惨遭杀害，宫女流离失所，即便是乱臣贼子，也不像你们这样过分！"

在白波军的现有将领中，杨奉兵马最强，地位也最高。他和董承假意与李傕等讲和，暗地里则向韩暹、李乐、胡才等白波将领以及南匈奴右贤王去卑求援，后者带来数千骑兵助阵。

李傕等对此没有准备，被打得大败，损失了几千人，然而这并不是双方实力的真实展示。等到李傕等整兵追击，白波军依旧招架不住，被杀死、冻死、淹死的人甚至超过了上一次落败。

最后献帝北渡黄河，到达河东郡，这才得以摆脱追击。此时献帝身边的公卿大臣只剩下了几十个人，朝廷秩序更是荡然无存。献帝居住在以荆棘为篱笆的房子里，门窗都关不上，在献帝召集群臣开会时，士兵们就趴在篱笆上随意观看，并相互拥挤取笑。

到了这个地步，自然也就无所谓皇帝尊严了，连一般将领都可以不把皇帝放在眼里。他们高兴了，就带着酒菜去请献帝吃饭，而根本就不管自己的身份配不配。倘若皇室侍从不予通报，他们便破口大骂，且什么难听的话都说得出口。

白波军和先前的凉州军相似，为了对付外敌，将领们可能暂时联合一体，一旦外部威胁解除，其内部就会开始互不买账，胡才甚至还要与韩暹火并，献帝派人劝解，两人才没有真动起手来。

朝廷自身没有实力，只能以一派制约另一派，于是献帝传诏吕布前去迎驾，实际是召外兵以为援。

吕布诛董卓有功，倘若让他带兵勤王名正言顺，而且吕布在朝廷里曾待过一段时间，与杨奉等人又都出自并州，彼此间相处也容易一些。接到诏令后，吕布很高兴，自从被曹操逐出兖州后，他重又陷入了无地盘可依，漂泊不定的窘境，能够入朝勤王，于他而言实在是个好机会。

但令人尴尬的是，朝廷除了一纸诏令，什么都拿不出来，吕布自己又穷到了底朝天，连开拔费都无法筹备，此事最终只能不了了之。

曹操出马了

献帝一行在河东居住了半年之久。其间，献帝派人与李傕等和解，李傕眼看已无法追回献帝，只好顺水推舟，卖个人情，释放了被他们扣住的公卿百官，又归还了一些掠去的宫女和御用器物。

不幸的是，此后河东也遭受了严重的蝗灾，皇室给养殆尽，宫女只能以野菜野果为食。回头来看，吕布没条件勤王反而是件好事，因为吕布军要是来了河东，不亚于凭空增加了一支“蝗虫部队”，朝廷的粮食将更加紧张，大家弄到连野菜野果都抢不到手，也是很有可能的事。

在这种情况下，献帝不得不决定渡河南下，重返故都洛阳。白波军内部经过博弈，李乐、胡才都被留在了河东，由杨奉、韩暹护送献帝去洛阳，另外再加上一个河内太守张杨。在献帝落难期间，张杨不时遣人进贡，给皇室送来食物，献帝感其接济之力，遂授任他为大司马，并同意他参与护送。

这时的洛阳已是一片焦土，宫室烧尽，街陌荒芜，到处都长满了野草。随献帝回都的百官都没有房屋可以栖身，只能劈开荆棘，依靠着残墙断壁，搭些棚子来居住。各地州郡拥兵自重，很少有肯主动进贡的，导致朝廷有出无进，饥饿的威胁不但没有解除，反而更趋严重。群臣饿得受不了，尚书郎以下官吏被迫自己出城打柴、采集食物，因而饿死者有之，被士兵杀死者亦有之。

皇帝虽然已经是穷途末路，身价暴跌，但毕竟还是一国之主，谁把献帝抢到手，谁在政治上就有发号施令和加官晋爵的主动权。所以围绕着献帝的归属，以李傕等人为首的凉州集团，才会与以杨奉等为首的新兴白波集团争来抢去，大动干戈。

袁绍的谋士沮授对此看得很清楚。沮授是“挟天子以令诸侯”计划的首倡者，把献帝弄到手是他的一贯主张。过去他曾劝袁绍到长安迎回献帝，不过当时一者袁绍力量不够，二者他自己还有些犹豫，导致计划未能实施。

如今，袁绍已击败了以公孙瓒为首的各路敌手，以邺城为中心的冀州根据地日益巩固，在所有军事集团中，他的实力最为雄厚，声望最为显赫，也最有条件迎奉献帝。这正是瓜熟蒂落的时候，沮授建议袁绍赶紧将献帝接来邺城，并迁都冀州，以便对献帝和朝廷加以控制，“这样，我们就可以挟天子以令诸侯，蓄士马以讨叛逆，谁能抵挡得了呢？”

袁绍听了沮授的话后颇为动心，但正当他准备如此办理的时候，谋士郭图插了进来，竭力表示反对。

当年秦始皇去世，二世残暴无道，引得英雄并起，各据郡县，聚集徒众，互争天下，并概括成一句“秦失其鹿，先得者王”。郭图认为，现在的形势就是秦末汉初时的翻版，大家逐鹿中原，都凭真本事吃饭，中间再夹一个早已失势、实际无甚用处的皇帝，有什么必要？

在郭图看来，把献帝迎到身边，岂止用处不大，还等于是在自找麻烦。因为以后不管做什么事，动辄就需要上表向献帝请示。对于献帝的意见，服从，自身权力就会遭到削弱，不服从，又无异于抗命。

郭图的话，看上去似乎也有那么几分道理，却未必是其由衷之言。袁绍谋臣武将众多，但并不像曹操的部下那么团结。沮授是冀州人，属冀州系，郭图是颍川人，属颍川系，两系党同伐异，勾心斗角的情况很严重。若沮授的建议为袁绍完全接受，最后又得以实现，沮授及冀州系在袁绍府中的地位自然水涨船高，这不是郭图所愿意看到的。

为了排斥沮授，郭图就算是看到了迎奉献帝的必要性，嘴上也一定会把这一计划说得一无是处。同为颍川系的武将淳于琼等人，也站在郭图一边，劝袁绍三思而后行。

袁绍是个耳根子很软的人，郭、淳等人所言本身也正是他的心病所在，于是重又陷入踌躇不决之中。

沮授一看急了，连忙敦促袁绍速下决心："现在迎接朝廷，既合道义，又合时宜，如果不采取行动早点定下来，必然有人会抢在我们前面。"

袁绍还是拿不定主意，决定他事业能否成功，以及日后和曹操相争的关键一步，就这样被无限期搁置下来。

沮授说得没错，你没战略眼光，别人有，你不早早下手，别人就会抢先。曹操出马了。

曹操很早就听取谋士毛玠的建议，把"奉天子以令不臣"视为目标，即便先前没有条件和力量将之付诸实施，也尽量遣使长安，用以取得献帝和朝廷的好感。

遣使长安后，曹操在兖州的地位并未被朝廷认可，直至他收复兖州的全部失地，才得到正式任命。此时正值献帝东迁，曹操派曹洪西迎献帝，尽管因被董承和袁术所部阻击，计划未能实现，但这一雪中送炭之举，还是在士人中收到了如潮的好评。

随着献帝回到洛阳，曹操也在豫州站住了脚，他再次提出按照原计划迎奉献帝，不过这次却又遭到了部属中不少人的反对。

讲到了自己心坎儿里

曹操虽平定兖州，再得豫州大部，然而在关东群雄中也只是占得一角。关东地区除了袁绍这个大鳄外，还有一堆需要曹操对付的独角兽、准独角兽。退一步说，就算他暂时不用顾及关东，朝廷那边也很难应付。

还都洛阳后，先是实力较弱的董承被挤到一边，由杨奉、韩暹、张杨组成的三头政治控制朝政。杨奉、韩暹自以为护驾有功，骄横跋扈，气焰熏天，在他们的排斥下，非白波集团的张杨愤然率部回驻河内，京城基本变成了白波集团的天下。

不过张杨和白波军毕竟同出于并州，一旦他们又重新联合起来，很难将其制服。因此反对派提出，应首先集中力量建设大本营，进而平定关东。

与此相对，也有人力排众议，支持曹操的想法，此人就是首席谋士荀彧。

春秋时，狄人进攻周王室，周襄王出逃，向诸侯求救。当时秦国已准备勤王，晋文公重耳抢先一步，把周襄王护送到京师，并解除了周王室所面临的危机，诸侯们由此如影相随，使得晋文公最终跻身于春秋五霸。

到了秦末，楚王后裔、名义上的诸侯元首义帝被项羽杀害。刘邦得知后，亲自为义帝戴孝发丧，天下人心归附，刘邦于是才有能力与项羽争夺天下。

虚弱不堪的周王甚至仅仅是楚王后裔，为什么还能有号召力？这是因为他们其实已成为一种象征，周王代表着宗法和秩序，楚王后裔身上则寄托着民间复兴故国的希望。

如今的献帝同样如此。两汉已延续达数百年之久，也维持了数百年的安定秩序，在当时普通百姓的观念里，有了皇帝，也就有了政府和法制，天下就不会大乱，反之，天下就难以安宁。蔓延各地的连年混战和灾荒，在让黎民百姓受尽磨难的同时，也使他们更加怀念旧都故主。换句话说，人们把献帝作为了统一和安定的象征，至于他究竟是一个什么样的人，长什么模样，有多大能力，其实都已无关紧要。

荀彧认为，迎奉献帝，和当年重耳护送扶持周襄王，刘邦以义帝之名讨伐项羽一样，都是有百利而无一害的重大战略行动。民众心存王室，担心国家命运，看到献帝被迎奉，必然争相归附，各路英才纷至沓来，到时，四方诸侯且不足惧，杨奉、韩暹等又有什么值得顾虑和害怕的？

荀彧劝曹操当机立断，切勿因犹豫不决而错失机遇，说："这一计划若不及时确定，一旦四方外人也生出此心，必生变故，以后我们就是想要这么做，也来不及了。"

曹操在大事上特别注意细加斟酌和多方听取意见，决不盲目专断，但到了决策环节，又非常迅速果敢，从不拖泥带水。听了荀彧的话后，他很高兴，觉得讲到了自己心坎里。于是当即拍板，决定继续执行迎奉献帝的计划。

当初曹操遣使长安时，曾被河内太守张杨所阻，是张杨的部属董昭说动张杨，使者才得以顺利过关。董昭那时并不是曹操的人，只是高看曹操，认定他日后必有成就，才从旁予以相助。

打那起，董昭便与曹操结交。献帝到河东后，董昭脱离张杨，被献帝授命为议郎，做了中央政府的官。利用这一新的身份，董昭不仅向曹操输送朝廷内部的消息，而且还运用机谋，替他开通道路。

曹操第一次西迎行动的失败表明，白波集团和董承等人的整体防范心理很强，作为外来者，要想成功渗入，绝非易事。

张杨被赶到河内后，其在京城的位置由董承填补，杨奉又受到韩暹、董承的孤立，只得也离开洛阳，驻守梁县。在白波军中，号称“白波帅”的杨奉实力最强，而且梁县与许县接近，曹操西迎献帝，必然要经过他的驻防区，倘若杨奉拦着不让通过，事情就比较麻烦了。固然，要真打起来，曹操并不怕他，可是在见到献帝之前，把实力消耗在这方面却无多大必要，同时也会引起董承等人的共同警觉和敌视，所以能不打最好还是不打。

董昭洞悉时局内幕，他替曹操给杨奉写了一封信。说现在的局势不是一个人能独立摆平的，不如我们两人合作，你杨奉在朝内作主，我曹操做你的外援，而且你有兵没粮，正好我有粮，可以供给你。

杨奉正企盼着能够得到外援，他的部队粮食紧张，缺乏给养也是实情。因此得信后喜出望外，乐滋滋地对诸将说：“曹操在许县，离我们很近，有兵有粮，应该依靠他。”

杨奉和诸将一同上表，请献帝拜曹操为建德将军，又迁为镇东将军，袭父爵为费亭侯。曹操连上两表，表示推辞，献帝不准，他才又上一表，予以接受。

需要指出的是，曹操三让而后就的用意，主要不在于“让”，而是要通过“让”，摆出自己的功劳，以示无愧受封，从而达到服从的目的，以后他在朝中处理此类事务时，也都遵循着同样的操作手法。

一步登天

杨奉如此，自然也就不会拦阻曹操进京了。正当曹操进一步谋划该以何种方式进驻洛阳，以迎献帝的时候，时局又发生了戏剧性的变化，曾凭险拒守曹洪，导致曹操第一次西迎计划失败的董承，突然一反常态，暗中派人来见曹操，请他尽快入京勤王。

原来董承与韩暹这两个宿卫洛阳的将领，因为争权也急了眼，可是董承实力又弱，于是就想到要勾引曹操，让他进京帮助自己，一同对付韩暹。

正所谓踏破铁鞋无觅处，得来全不费功夫。董承既主动相招，曹操岂会不乐意，他立即亲自率部前往洛阳。为免动静太大，这次他带的人并不多，只有一千余精兵，当然就战斗力而论，也已经足够了。

曹操对杨奉说他手中有粮不假，但他拥有的粮食其实也很有限，无非还是从黄巾余众那里缴获的战利品。在备足给天子、百官急需的粮饷后，剩下途中自用的粮食已不是很多，当他们到达新郑县时，这点粮食就已经被吃得差不多了。新郑是个小地方，地方官都不叫县令，叫县长。但新郑县长杨沛很有头脑和预见，为了备荒，他平时储存了大量桑果干，这时候便拿出来，帮助曹军渡过了难关。曹操牢牢记住了杨沛的名字，后来将他调到大县做了县令。

曹操到达洛阳后，首先朝见献帝，将所携粮饷奉上，由此更获朝廷的信任和好感。当然，他此行可不是光为进贡而来，其矛头直指韩暹。

韩暹因护驾东归，被献帝拜为大将军，领兵近在献帝身侧，他同时又任司隶校尉，几乎可以逮捕审判中央和地方的任何官员，权势之大，连国丈董承都无法望其项背。曹操当机立断，乘其他兵众大多在外之机，把张杨也拉出来陪绑，上表请治韩暹、张杨之罪。

韩暹斗一个董承没有问题，再加上曹操可就吃不住劲了。因为害怕被杀，他只好单骑逃出洛阳，投奔杨奉去了。

在韩暹逃走后，献帝认为韩暹、张杨有护驾之功，治罪未免过分，于是下诏不予追究。只是韩暹再也回不来了，曹操的目的已经达到，如董承等人所愿，他成了扳倒韩暹的最大功臣。

此时，杨奉、张杨的部队均不在京内，韩暹又跑了，洛阳城中以曹操的兵势为最大，无论是赏其功还是赖其力，朝廷都需做出相应表示。在这种情况下，献帝授曹操以节杖和斧钺，并命他录尚书事，兼司隶校尉。

至此，曹操一步登天，把朝廷的军政大权全都集中到了他一人之手：手握节杖和斧钺，可以代表天子，先斩后奏；录尚书事，也即总领尚书台的所有事务，曹操原来的官职是兖州牧、镇东将军，属于外朝官员，现在不仅能理直气壮地参与内朝事务，而且可总管朝政；兼司隶校尉，等于替换韩暹，拥有了监察百官和维护京师治安之权。

对于曹操的大权独揽，有人服气，有人不服气。服气的，要送“胡萝卜”，曹操按照论功行赏的方式，以朝廷名义将董承等十三人皆封为列侯；不服气的，当然要给以“大棒”，三名中枢要员因此人头落地，这三名大员的官职分别为尚书、议郎、侍中，都属于皇帝近臣。三人均有横行不法的劣迹，曹操有正当理由诛杀他们，但真正的原因还是曹操要杀一儆百，借他们的人头立威。

尽管如此，曹操仍未能够达到在朝中说一不二的程度，距离毛玠所说的“奉天子以令不臣”，也还存在着差距。董承等将领各怀异心，纵使出于种种目的，暂时能够与曹操坐在一条船上，但时间长了，未必能够服从曹操，杨奉、张杨等人也随时可能卷土重来，威胁京城。

因为董昭的策划，曹操才得以越过杨奉顺畅入京，这时他又想到要与自己在朝中的这位“隐形谋士”商量。一天，他拉着董昭一起坐下，问道：“现在这种情况，你看今后应该怎么办呢？”

董昭深知曹操的心思，马上说：“在洛阳这里，人多嘴杂，由不得你一个人做主。不如把皇帝搬到许县，脱离这班带兵人的势力范围。”

“这真是好主意，但杨奉怎肯安然放我们过去呢？”董昭所言，正中曹操下怀，他其实也正在考虑把献帝移出洛阳，迁至许县。但去许县，必然要再度通过杨奉的驻兵区，他最担心的，就是会不会受到杨奉的阻挠。

“杨奉勇而无谋，只需如此如此……”董昭已有良谋。

杀鸡儆猴

先前杨奉上表，使曹操得以被任命为镇东将军，并袭费亭侯。曹操按照董昭之计，以答谢为名，派使者带着厚礼去见杨奉。

杨奉自以为已与曹操形成同盟，厚礼让他眉开眼笑。乘他高兴，使者依计说道：“洛阳残破不堪，没有粮食，为就粮起见，我们想暂时把献帝接到鲁阳去。鲁阳靠近许县，粮食转运比较容易，可以免去京城匮乏之忧。”

杨奉信以为真，鲁阳属于荆州的南阳郡，不是曹操的传统势力范围，他也就没有表示反对。曹操对百官用的是同样一套说辞，但起驾之后即直奔许县，等到杨奉醒悟过来欲在路上进行拦阻，已经来不及了。

曹操一到许县，便立即宣布讨伐杨奉。这回曹操所能凭借的已不只是那一千余精兵了，并且也没有了后顾之忧，杨奉被打得大败，只得与早就寄身于他的韩暹一同去投奔袁术。

曹操回军再攻梁县，留守梁县的徐晃见大势已去，未战即归附了曹操。徐晃并非一般将领，而是曾被杨奉所倚重的大将，在白波军中具有相当威望，他所统率的部队亦为白波军中的精兵，曹军因他的加入而如虎添翼。

献帝及朝廷被转移到许县后，即改年号为建安，以许县为都城（自此亦称许都）。曹操从勤王保驾到“迎天子都许”，历时不到半年，其间尽管有谋士适时进谏，但归根结底，仍须曹操决断和付诸实施，政治上的这一高着，从此让他的事业开始越走越顺。

献帝迁都许县，讲得好听一点是移驾，其实就是被挟持。问题在于，乱世之中的皇帝如果没有实力，处境就相当于一只被狼所包围的羊，没有任何一只狼会真正保护羊，在曹操没勤王之前，献帝不也照样被挟持着么？

当然狼和狼之间还有分别。原先的挟持者，从董卓到李傕、郭汜，再到杨奉、韩暹，多为军事上的强者，政治上的弱者，经常走马灯似的被另一批人所替换，夹在中间的皇室可谓苦不堪言。实际上，自献帝西迁长安起，朝政就已形同虚设，俯视天下，已没有任何一个州郡能供皇帝发号施令了。

相比其他挟持者，曹操具备雄才大略和远见卓识，也正是在他的主持和维护下，宗庙社稷和各种礼仪制度才得以重建，皇帝的诏令也不再是可听可不听了——谁不听，曹操就要动手打他！

献帝对此心知肚明，自然对曹操也更加依赖。来到许县之后，他即亲自前往曹操军营，封曹操为大将军，加封武平侯。

大将军是官职，武平侯是爵位。侯一级的爵位，地位由高到低依次为王子侯、县侯、乡侯、亭侯，武平侯是县侯，但它又曾是汉末宗室刘璜的封爵。献帝将这种特殊的爵号赐予原本仅为亭侯的曹操，无疑大大提高了曹操在诸侯中的政治地位，同时也显示出献帝欲借曹操之力，藩屏刘氏汉室的厚望。

皇室抱着借力的幻想，曹操则有着揽权的图谋。因为迁都许县，曹操终于得以甩开凉州集团。接下来，他便顺理成章地把矛头指向了随献帝从关中而来，同时又对自己专权形成障碍的老臣。

献帝为迁都举办宴席，召集公卿赴宴，曹操上殿后发现太尉杨彪神情不悦，立即意识到杨彪对他可能有所不满。

杨彪自董卓之乱起，始终跟随献帝，其间差点被害，他对权臣专揽国政的行为自然有着一种本能的敏感和戒备。与此同时，杨彪的曾祖父、祖父、父亲都曾官居太尉，到他已是四世太尉，无论官衔还是家族声势，抑或个人功劳，杨彪都具备着联络百官的条件和能量。曹操素来猜疑心重，他生怕杨彪借天子之名，给他摆的是一桌鸿门宴，因此未等宴席摆好，便借口肚子疼上厕所，一溜烟跑回了军营。

献帝和公卿们左等右等，不见曹操出现，一个个都慌张起来。杨彪知道是自己得罪了曹操，不得不主动请辞。除杨彪外，司空张喜也被曹操找了个莫须有的理由予以罢免。古史载云：“太尉杨彪、司空张喜以疾逊位。”实际上两人都是被曹操硬逼着退下来的。

在洛阳时，曹操曾用诛杀异己要员的方式为自己立威，但那些人的地位不及三公。作为大将军以下职衔最高、最具影响力的官员，一般情况下，三公不能随便被罢黜或被杀，况且杨彪、张喜也不像前述官员那样有着明确的罪名，曹操对他们接连发难，其杀鸡儆猴的用意和效果更加明显。

曹操对朝廷旧官的态度很明确，挡路的要罢免或杀戮，投靠的要奖掖乃至重用。董昭、钟繇在曹操遣使长安时就帮助过他，特别是董昭，还是迁帝都许的主要幕后策划人。曹操任命董昭为洛阳令，派他控制旧都，同时又任命执法严明的满宠为许都令，用以控制新都。

尚书官员位于三公之下，但因参与机密，传达诏书，实际权力超过三公，尚书台也因此成为总理国家政务的中枢机构。曹操很清楚尚书台的作用，他以自己最为倚重的荀彧为尚书令，以钟繇为尚书仆射，后者相当于尚书令的副手。通过这些心腹亲信，曹操牢牢地掌控着尚书台，然后再通过尚书台干预和控制朝政。

英雄自有英雄之见

从迁帝都许到全面掌控朝政，曹操这边搞得风生水起，把袁绍等诸侯们看得目瞪口呆。

当初，袁绍没有及时采纳沮授的“挟天子以令诸侯”，其原因之一，是认为把皇帝迎到自己身边会碍手碍脚，是个拖累。现在他才发现，曹操在接过被他放弃的“挟制权”之后，照旧可以以天子的名义发布诏令，让他处处感到被动和掣肘。

另外一个新出现的情况是，本来曹操的政治声望和号召力远不及袁绍，但却通过迁帝都许完成了角色转变，一跃成为众人仰望的天子重臣、朝廷柱石，从而彻底脱离了袁绍的控制。袁绍对此懊悔不已，尽管他明知所谓关东盟军早已名存实亡，却还是摆出盟主的谱，以许县低湿为由，要求曹操将献帝迁至鄄城。

鄄城为兖州州治，离袁绍所占据的冀州较近，袁绍若想抢回献帝或对朝廷施加影响的话，相对可操作性更强一些。考虑到鄄城是曹操而不是他袁绍的势力范围，袁绍以为曹操能够爽快答应下来。不料曹操一眼就看穿了他的小算盘，不但予以拒绝，还以献帝的名义下诏责备袁绍，说："你地大兵多，却专门树立党羽！从没看见你出师勤王，只看见你擅自同别人互相攻伐！"

曹操这一榔头敲下去，把袁绍砸得眼冒金星，可因为是皇帝下的诏，他又不好发作，只得写了一封很长的信，竭力进行辩解和表白，以免再授人以柄。

自少年游侠时代起，袁绍就凭借着高贵而显赫的家世，对曹操形成凌驾之势。虽然曹操如今已经可以不受袁绍的控制，但在很长一段时间内，这种心理阴影仍会或多或少地继续存在下去。袁绍在诏书面前气急败坏却又无可奈何的那副表情，无疑让曹操的内心得到了极大释放和满足。与此同时，这也是一个完美的测试，测试结果表明，袁绍再怎么嚣张，公开场合还是不敢和皇帝对着干。既然如此，那就更应该把他从原先那个盟主的壳子中拉出来，纳进朝官的体系了。于是曹操便以献帝的名义，任命袁绍为太尉，封邺侯。

太尉是三公之首，恰好给袁绍"四世三公"的家族背景续上了香火，但三公位在大将军之下，而献帝御封的大将军正是曹操。袁绍又羞又恼，说："曹操几次失败，差点就要完蛋了，都是我救了他，现在竟然要挟天子对我施令，岂有此理！"

袁绍上表，拒不接受太尉之职。这个时候，袁绍在关东群雄中独占鳌头，是妥妥的超级大鳄。曹操虽也凭借着控有兖州及豫州的大部，再兼“挟天子以令诸侯”的势头，从独角兽上升为大鳄，但双方在实力上的差距还是很明显的，曹操若执意要与袁绍相搏，难操胜算。

想到如果马上与袁绍闹翻，于己不利，曹操果断决定把大将军的头衔让给袁绍，自己改任三公之一的司空，行车骑将军事（车骑将军仅次于大将军）。

袁绍表辞太尉不过是装装样子，并非真心，曹操既然已如其所愿，将大将军拱手相让，在面子和里子皆得的情况下，他也就高高兴兴地接受下来。

英雄自有英雄之见。许都不是袁绍的势力范围，曹操在朝中依然是一言九鼎，所谓的大将军对袁绍而言，并无多少实际用途，倒是以后他再也无法独立于朝廷之外，拿过去的盟主之位说事了。

没有实权的地位再金光闪闪，亦不值得可惜，曹操真正在乎的，还是他对袁绍说过的“天下智力”。

凭借着总揽朝政的优越条件，曹操大力罗致治国安邦之才。在他的要求下，颇有知人之明的荀彧列出了一个多达十余人的推荐名单，这些被推荐者大多得到曹操的重用，其中尤以两人为最：荀攸、郭嘉。

荀攸是荀彧的侄子，但他的年龄其实比荀彧还大。荀攸少年丧父，与出任太守的祖父相依为命。十三岁时，祖父去世，一名属吏主动要求看守坟墓，荀攸察言观色后对叔父说：“这个小吏神色不正常，恐怕有诈！”

被荀攸一说，叔父也起了疑心，一盘查，发现属吏居然是潜逃在外的杀人犯。因为这件事，大家都认为荀攸不同寻常，日后必成大器。

何进执掌国政时，荀攸已是当世名士，他被何进召入朝中，任黄门侍郎。董卓作乱，荀攸和议郎何颙等人谋刺董卓，计划眼看快要成功，不料被董卓发觉，荀攸、何颙都被抓起来关进了监狱。

从来都是慷慨赴死易，从容就义难。何颙位列袁绍的“奔走五友”，与曹操称兄道弟，乃当年的著名游侠。可因为忧虑害怕，还是在狱中自杀而死，惟有荀攸镇定自若，该吃吃，该喝喝，一如平常。

董卓的猝然被杀，将荀攸从黄泉路上拉了回来。荀攸先是辞官回乡，后被朝廷征召，他认为蜀汉险要坚固，百姓富足，于是请求去蜀汉所属的蜀郡担任太守。朝廷已经同意了他的请求，但由于道路不通，荀攸只得暂时留驻于荆州。

大军师

曹操接受荀彧的推荐，派人给荀攸送去一封亲笔信，说：“如今天下大乱，正是智谋之士操心劳神的时候，然而足下还滞留于荆州，只能徒然观望蜀汉变化。要知道，现在时间宝贵，可耽搁不起啊！”

荀攸被召回许都，任尚书，与其叔叔荀彧及钟繇等人同掌尚书台。曹操每次引进人才，都会腾出时间进行一番倾心沟通。与荀攸交谈后，他将荀攸任命为军师，并高兴地对荀彧、钟繇说：“公达（荀攸字公达）果然不是一般的人，有他和我一道商议天下大事，我还有什么可忧虑的呢？”

荀彧过去曾向曹操推荐了一个名叫戏志才的谋略之士，曹操很器重他，可惜戏志才早早就去世了。曹操让荀彧再在颍川、汝南两郡士人中搜寻一下，看有没有能够替代戏志才的人选，于是荀彧又推荐了颍川人郭嘉。

与荀攸一样，郭嘉少年时代就展露出非凡的智慧，他喜欢与长者交谈，而且交谈中往往见解独到，令长者都自愧不如。某次，一个外地来的术士见到郭嘉，惊叹之余，称他是姜子牙姜太公转世，郭嘉遂得名“小太公”。

郭嘉二十一岁时，在朋友的鼓动下，北行投奔至袁绍帐下。袁绍对他很敬重，以礼相待，但仅仅过了数十天，郭嘉就发现袁绍的所谓礼贤下士不过是叶公好龙，其实并不真正懂得用人之道。

预计袁绍难成霸业，郭嘉决定另投明主。袁绍的谋士辛评、郭图也皆为颍川人，郭嘉劝他们与己同行，此时正值袁绍最风光、势力最强的时候，二人哪里愿意，郭嘉见状也就不再多说，毅然独自离去。

此后，郭嘉赋闲六年，直到被荀彧推荐给曹操。曹操按例在营帐中召见郭嘉，与之共论天下大事。郭嘉比曹操小十五岁，但胸有丘壑，腹有乾坤。当曹操问他，作为军师最关键的素质是什么时，郭嘉的话让曹操眼前为之一亮：“临场应变！”

能背棋谱者不一定善弈，这是因为棋局千变万化，对手绝不会完全按照既定的棋谱思考和落子。打仗也一样，没有一场战争是事先部署好的，兵法至多作为参考，若一味生搬硬套，只会重演赵括纸上谈兵的悲剧。郭嘉认为，一个合格的军师，应该擅长在阵前辅助主帅进行应变，而不能流于战前空谈和放放马后炮。

这次谈话，让曹操、郭嘉彼此都有相见恨晚之感，曹操感叹道：“能让我成就大业的，必是此人！”郭嘉走出营帐后，也高兴地对别人说：“这才是我真正的主公！”

继荀攸被任命为军师后，郭嘉也当上了军师祭酒，作为随军参谋，两位大军师从此成为曹操行军作战中不可或缺的智囊团。

曹操招贤如饥似渴，然而其间也并非一帆风顺。曹操年轻时曾造访南阳名士宗世林，但宗世林不愿同他交往。及至曹操当了司空，总揽朝政，以为一定能凭此让宗世林改变态度，于是便把宗世林找来，对他说：“你现在可以和我交往了吗？”

“我的操守如同松柏一般，至今不改。”宗世林傲然作答，让曹操碰了一鼻子灰。

宗世林这样的清高者是一类，还有一类属于狂士。祢衡就是这样的狂士。他自恃才高，目空一切，但实际能力并不如他自己想象的那么高。据说他初游京城时，曾准备了一张名片，但始终不知道应该见谁为好，最后名片上的字迹已经褪色了，都还没能递出去。

祢衡有着一张极其刻薄的嘴。当时许都名士云集，有人劝祢衡和他们结交，祢衡却说："我怎能跟杀猪、卖酒的混在一起呢？"就连曹操的文臣武将们也没能逃过他的毒舌，他说首席谋士荀彧"白长了一副好相貌，如果要吊孝问疾，倒可以借他的面孔一用"；荀攸只可用来"看坟守墓"；曹洪是"要钱太守"；徐晃屠猪杀狗还凑合……

能让祢衡高看一眼的人，屈指可数，他的好友、将作大匠（卿官，管理皇室的土木工程及器物制造）孔融算一个。孔融也非常欣赏祢衡，数次在曹操面前进行推荐。

曹操接受孔融的引荐，欲与祢衡相见，不料祢衡反倒摆起臭架子，自称患了狂疾，不仅不肯前往，还说了很多难听的话。

击鼓骂曹

曹操爱才，自然也识才，过于清高者和眼高手低的狂士，其实都不是他所需要的。问题是，如果得罪了这些人，就可能败坏他爱才惜才的形象，进而让那些真心想投奔他的贤士望而却步。曹操绝对不希望这种情况发生，因此他只能克制自己，尽量表现得宽容大度。

宗世林不识抬举，拒绝相交，曹操自然很不高兴，但还是对之尊重有加，不仅拜其为汉中太守，还让儿子曹丕、曹植对宗世林修子弟礼。按照曹操的吩咐，曹丕兄弟每次登门拜访宗世林，都会跪拜在宗世林的坐榻下，毕恭毕敬地向他行礼。

董卓之乱初期，在关东起兵反董的领导者多为大名士，如张邈、韩馥等。他们谈吐清高而富有教养，那些随口道出的名言警句，挥洒而就的锦绣文章，往往传颂一时。可是与此同时，他们又缺乏应付乱世、征战沙场的能力，于是很快就相继遭到淘汰。与祢衡惺惺相惜的孔融就是个活脱脱的“小张邈”或者“小韩馥”，他先后任北海相、青州刺史，立志要平定祸乱，然而行事脱离实际，用人也只喜欢用一些如祢衡这样喜欢标新立异却不能经纶时务的人。

后来孔融终于混不下去了，被袁绍的长子袁谭打得仅剩下几百人，连妻儿都被袁谭俘获，是曹操将他征召入朝，才使他得到了一席安身之地。

孔融和祢衡有一样的毛病，即便蒙曹操收留也恃其才望，经常戏侮曹操。曹操因为出身问题，内心始终有一种深深的自卑感，最吃不消别人戏侮。而且他也知道孔融难为自己所用，纵然如此，他仍装出毫不在意的样子，除了仿宗世林例，不把孔融放到重要位置上去外，表面上对他始终都较为尊崇。

曹操对祢衡的处理方式并没有脱离类似范畴，一方面他不能冒着堵塞贤路的风险，将祢衡囚禁或杀掉；另一方面又不能对祢衡的狂妄言行视而不见，以致损害自己作为雄主的威权。

听说祢衡善击鼓，曹操便把他召来当了一名击鼓的小吏。曹操的本意，是想用这种方式惩罚和羞辱一下祢衡，以挫其傲气。孰料祢衡以其人之道还治其人之身，反过来倒羞辱了他一把，这就是后世京剧中有名的《击鼓骂曹》。

曹操大会宾客，让鼓史们击鼓为乐，祢衡也在其中。轮到祢衡击鼓，他挥动鼓槌奏《渔阳掺挝》曲，鼓声深沉，有金石之音，满座为之动容。

正在众人沉醉于鼓乐之中时，祢衡却突然做出了一个惊人之举。按照规矩，鼓史击鼓时都要脱去旧衣，换上专门为他们定制的衣服，再从宾客们面前走过。祢衡偏不换衣，带队官员责骂他，他便干脆走到曹操面前，在大庭广众之下先解外衣，次解内衣，最后裸身而立，这才慢腾腾地把新衣穿上。

祢衡的做法，让一直替他说话的孔融都感到了难堪和不安，但曹操却哈哈大笑，对在座的人说：“我本来想羞辱祢衡，没想到反倒被祢衡羞辱了。”

宴会结束后，孔融将祢衡狠狠地数落了一顿，祢衡答应登门给曹操道歉。曹操为人不拘小节，祢衡当众赤身裸体，自然令宾主尴尬，却让曹操觉得有趣，听孔融说祢衡的态度已经转变，他很是高兴，特地嘱咐门吏，只要祢衡一到，就立即向他通报。

本来约好早上见面，祢衡却迟迟都没有现身，直至日暮，他才来到曹操的营门外。来了也不进门，而是坐在营门外，以杖捶地，大骂曹操。

依曹操的性格，真想把这个不识抬举的狂士杀掉了事，但又不愿意因此背上害贤的恶名。祢衡在来许都之前，曾避乱于荆州，曹操于是对孔融说：“祢衡这小子竟如此无礼，我要杀他就像杀麻雀老鼠一样容易，不过考虑他有些虚名，杀了他，人们会以为我不能容人。还是把他送回荆州吧！”

曹操让人将祢衡强按在一匹马上，由两名骑兵押着，将他带到南阳，送给了刘表。刘表最初将祢衡待若上宾，只是祢衡旧习不改，既与刘表左右的人处不好关系，也常常惹恼刘表，刘表没法容他，又将其转送给江夏太守黄祖。黄祖其实待祢衡也不错，奈何祢衡实在狂得有些神经不正常了，在一次宴会上出言不逊，甚至大骂黄祖。黄祖性情急躁，怒不可遏之下，终于下令杀掉了祢衡。

祢衡虽死，终非出自曹操之手。曹操百般忍耐，为的是让外界知道他重用贤能，宽容待士，从实际效果来看，这一目的显然是达到了。

自董卓之乱开始的天下大乱，造成了全国性的人才流动。颍川、汝南同为奇才辈出的大郡，但士人大多已流落在外。曹操控制颍川、汝南两郡，特别是迎献帝都许后，颍川、汝南等地的士人或出于思乡之念，或志在归朝和出仕州郡，都开始陆续回归。与此同时，由于曹操重用贤能，在事实上又是中央政府的代言人，于是客观上又造成了这样一个事实，即士人们无论是想跟着曹操建立霸业，还是欲尽忠皇帝恢复汉室，都不得不站在曹操阵营，为曹操服务。

此时曹操的幕僚群已足可用谋士如云来形容，因其主要代表荀彧、荀攸、郭嘉、贾诩、钟繇等皆为汝颍籍士人，所以被学者称为汝颍集团。

定国之术

进入诸侯割据称雄的时代，枭雄们要想站住脚，手中除了有兵，还要有粮，然而最初谁都没有解决粮食问题的好办法。袁绍占据的冀州，素以粮食富足闻名，但军队有时也不得不以桑葚为食，袁术驻于淮南，所部经常只能靠吃蚌蛤、海螺等水中贝类充饥。

一直以来，曹操也深受乏粮之苦，数次用兵都因粮尽食绝而只能作罢。为了寻找出路，谋士毛玠早在提出“奉天子以令不臣”时，就同时提出了“修耕植，畜军资”的建议。曹操接受了这一建议，当时他正好在收编青州兵，便组织了部分降兵和所有降众家属在乡间耕作，但因条件限制，收效并不明显。

关东诸侯争战，很多军团实际不是被敌人打败的，而是因为缺乏粮食，坚持不下去，自己垮掉的。吕布军就是如此，原本已可以在兖州与曹军争锋，但一旦军中无粮，马上就陷入了“瓦解流离，无敌而自破”的窘境。袁绍大将麴义及其先登兵，在界桥大战中能够击溃公孙瓒，然而在其后的追击战中，却也因为军队粮尽，士卒饥困，重又被公孙瓒击败。

同样受乏粮之累，曹操被迫放弃了东征徐州的计划，转而南征豫州，甚至在控制颍川、汝南后，鉴于兖州已无法保证曹军的粮饷供应，也不再返回兖州。

依赖于从黄巾军手中缴获的物资，曹军虽然暂时未出现严重乏粮的情况，但在西迎天子的途中也曾一度断粮，可见余粮已不充沛，解决粮食问题迫在眉睫。于是曹操召开会议，让众人集思广益，发表意见，与会的武将大多主张用出兵打仗、扩大地盘的方式来取得粮食，只有夏侯惇的部将韩浩说："当急田。"

"当急田"和"修耕植"一脉相承。韩浩认为，当前急务不是打仗，而是要发展农业生产，这样才能充分保证前线军食，同时节省远道运输的劳力。

曹操带兵以来，吃够了没有粮食的苦头。严酷的现实告诉他，若不首先解决军粮问题，对外作战便难以持久，更谈不上打胜仗和吃掉对手了，韩浩的见解与曹操的想法可谓不谋而合。

"当急田"已无异议，接下来需要讨论的，是该如何组织耕植。最终，谋士枣祗提出的屯田法，不仅获得众人的一致认同，而且还被曹操确立为"定国之术"。

屯田自秦汉以来就已经有了，不过原先建置屯田，大多限于边疆内外地区，到了曹操这里，才开始把这种制度广泛推行于中原。此时，兖州和豫州大部被曹操有效控制，二州的内外部环境基本稳定；经过长期战乱和灾荒，二州有着大量的无主荒地可供开垦；从汝南、颍川黄巾军手里，曹军缴获了不少农具、耕牛、种子，足以应付屯田所需；先后击败青州黄巾军和汝南、颍川黄巾军，降兵和降众家属众多，劳动力根本不用发愁，此外还可以再招募一些流民参加耕作。

总而言之，屯田的条件已经完全成熟。屯田分为军屯和民屯，前朝主要实行军屯，屯田者主要是承担戍守任务的士卒，生产的粮食全部上交国家，士卒的口粮和衣物由国家统一发给。曹操的军队规模尚需扩充，还没有足够的力量用于军屯，所以他最初实行的只是民屯（后来才扩展到军屯）。

民屯的屯田者称为屯田民，生产的粮食与国家按比例分成，国家不分给口粮和衣物。曹操尽管实行的是民屯，但为加强管理，他对屯田民采用的却是军事编制。曹氏民屯的基层组织为屯，每屯有屯田民五十人，管理一屯的屯田官称屯田司马。以此往上，管理一县屯田事务的屯田官称屯田都尉，相当于县令；管理一郡屯田事务的屯田官称典农中郎将或典农校尉，相当于郡太守。

曹操在发布屯田令的同时，任命枣祗为屯田都尉，任命自己的心腹之将、从妹婿任峻为典农中郎将，让他们主持屯田事宜。需要指出的是，屯田组织自成系统，不统属于任何一个郡县，屯田官直接对上一级屯田官负责，当地郡守、县令都无权过问屯田区事务。

屯田制首先在许都推行，在许都屯田的第一年，就喜获丰收，收获谷物百万斛。曹操非常高兴，下令在控制区的其他郡县也列置屯田。在此后的几年中，屯田区年年丰收，每年收获的谷物达到数千万斛之多，凡有屯田处，仓库里都装满了粮食。

屯田政策的成功，不仅助力中原经济得以重新复苏，也使曹操长期为之担忧的军粮问题得到了根本性缓解。后来曹操在用兵时虽然也碰到过粮秣不支的情况，但大多出在转输环节，而不再是本身缺乏粮食了。

用兵

在曹操迎献帝都许以及推行屯田制前后，群雄之间的竞争不但没有停顿，反而愈演愈烈。

袁术自从那年被曹操打得大败后，带领残余的军队逃至九江。九江属扬州辖区，袁术鸠占鹊巢，杀掉原扬州刺史，控制了扬州。

扬州与徐州近邻，袁术瞧不起新任徐州牧的刘备，他在写给吕布的信中说："术生年以来，不闻天下有刘备。"袁术派兵进攻徐州，刘备迎战，双方相拒于淮上。

刘备在收留吕布时，只考虑可增强徐州的军事力量，用以抵御曹操，却忽略了吕布朝三暮四、反复无常的性格和历史。袁术则深知吕布是何等样人，他为了拉拢吕布，除通过书信相诱外，又许诺资助军粮二十万斛。吕布果然吃不消引诱，乘徐州后方空虚，偷袭占领了徐州。

吕布是曹操的宿敌，徐州落到吕布手里，对曹操形成了很大威胁。郭嘉初至曹营，曹操向他问计，当时袁绍正忙于攻击公孙瓒，郭嘉建议曹操乘此机会北和袁绍，先消灭吕布。他认为这样既能扩大曹军的实力，又可以避免以后曹袁决战之际，吕布从侧翼威胁曹军。

曹操听取了郭嘉的建议，但到屯田区秋天丰收，有足够条件对外用兵时，形势又发生了新的变化。

董卓在世时有所谓"四大将"，分别是李傕、郭汜、樊稠、张济。董卓被杀后，他们曾共同起兵为董卓报仇，打下长安后，李傕、郭汜、樊稠三人总揽朝政，张济则被挤出朝廷，到弘农郡屯守。

后来凉州集团内讧，樊稠被李傕所杀，李傕、郭汜之间又闹得不可开交，张济从驻地跑来劝架，顺便帮助献帝完成了东迁的心愿，还在初期与董承、杨奉等人一道护送献帝东迁。

本来，张济极可能凭借他的功劳成为朝廷的实力派，可是因为和董承、杨奉闹翻，他临时反水，又联合李傕、郭汜对献帝进行了追击，之后自然也就别想再从朝廷得到什么报偿了。

张济只得重回弘农。弘农荒年不收，士卒饥饿，为了寻找出路，张济率军南向就粮，向荆州推进。荆州的刘表并不是一个好惹的主儿，早期的孙坚那么威猛，结果还是死于他的暗箭，张济也没能躲得过去——在攻城时被流箭给射死了。

张济死后，他的侄儿张绣接替叔叔的位置，成为本部头领。张绣的谋士贾诩亲自到襄阳与刘表商谈，终于促使刘表同意张绣驻军宛城，作为其抵御曹操的北面屏障。

宛城为兵家必争之地，此处与豫州管辖的汝南、颍川等郡紧密相连，距许都也不太远。如果曹操东向对吕布用兵，张绣坐着不动便罢，一旦乘虚袭击曹操后方，后果将不堪设想。

从军队实力上看，张绣是关东诸雄中最弱的一股，且驻宛不久，立足未稳，相比吕布等群雄，曹军要想战而胜之最有把握。此外，因为要仰赖颍川等地的粮饷供应，曹军不能脱离自己的根据地，宛城距离较近这一点也符合要求。

曹操果断调整战略，按照先弱后强、由近及远的原则，将征伐对象由吕布改为了张绣。

曹操挥师南征，军临淯水，进逼宛城。张绣再次问计贾诩，贾诩认为张绣应该放弃刘表，投奔曹操。

贾诩和张绣同郡，也是凉州人。按照“关东出相，关西出将”的规律，贾诩算是个特例，但他的谋略之高，却也非寻常关东谋士可比。年轻时贾诩并不知名，没有谁知道他，只有凉州名士阎忠慧眼识英才，看出他非同寻常，有着张良、陈平那样的才能。

凉州风气与中原不同，早在中原大乱未起之时，此处汉人的危机感和生存意识就很强。在这种环境下，贾诩形成了灵活务实的思维习惯，即只要能把事情办成功或借以脱困，便可以无所不用其极。某次，他们在路上遇到叛乱的氐人，同行数十人都被抓了起来。氐人要活埋他们，贾诩立即说:“我是段公的外孙，你们要是能够留下我，我家一定会出重金来赎我。”

“段公”是指一位姓段的太尉，此人过去长期守卫边防，威震西部边疆。贾诩其实跟这位段公毫无瓜葛，他只是情急生智，借段公之名来恐吓氐人而已。

这番话的确吓住了氐人。当时和贾诩同行的其他人全都遇难了，唯贾诩一人独活，氐人不仅不敢杀他，还和他结盟并把他送了回去。

弃刘投曹

贾诩最早在李傕手下当谋士。董卓被杀后，王允对凉州军处置失当，长安城里到处盛传要杀尽凉州人，李傕等四大将已打算解散队伍，抄小路逃回家乡。贾诩对他们说，如果你们各位现在丢下部属，单独逃命，就算一个亭长也能把你们捆绑起来，不如带领部属攻打长安，还有成功的可能。

李傕等人听了他的话，转而攻下了长安。事成之后，凉州集团内部论功行赏，想给他封侯，贾诩不肯接受，说："这只是救自己性命的计策，哪有什么功劳？"

封侯不受，让他担任尚书仆射，贾诩也坚决推辞，理由是尚书仆射乃百官师长，他贾诩名声不大，担任此官职无法使人信服。

事后来看，贾诩这么做的真实原因，可能还是看出了李傕等人不能长久，如果自己位置太高，难免不受株连。时隔不久，李傕果然势败，贾诩离开李傕，投靠了凉州将领、同郡人段煨。

贾诩在凉州集团向来名气不小，段煨的部属都很崇拜他，段煨生性多疑，他虽然给予贾诩以优厚条件，但其实并不信用，内心非常害怕贾诩夺其兵权。贾诩察觉后，害怕有朝一日被段煨所暗算，于是又投奔了张绣。

张绣与段煨不同，身边正缺乏一个能替他出谋划策的人，贾诩认为此去必能得到张绣的重用。贾诩在投奔张绣时没有带走家眷，他的考虑是，尽管段煨猜忌自己，不可长久依靠，然而只要他一离开，段煨就会释然。同时段煨又希望他在外面能结交强大的力量，作为其外援，所以也一定会厚待他的妻子儿女。

如其所言，张绣对贾诩的智谋极为钦佩，把他当父辈看待，平时言听计从，与此同时，段煨也没有因为贾诩离去而慢待其家室，反而照顾有加。

在张绣走投无路时，贾诩力主依附刘表，但在同刘表接触后，他对于双方联盟的前景其实并不看好。从襄阳一回来，他就对张绣说："天下太平时，刘表或许具有做三公的才能，但现在天下大乱，他就认不清形势了，而且为人多疑不决，缺乏主见，成不了大事。"

简单点说，就是贾诩已经看出，刘表缺乏逐鹿天下的雄心，他不是真心要与张绣联合起来共同对抗曹操，而只不过是把张绣当作一副盾牌，暂且用来抵挡曹操之锋。

在贾诩看来，如果张绣与曹操死拼，刘表见曹军势大，只会坐观成败，想要让他立即出兵相助是不可能的。张绣军又非曹军对手，既然如此，还不如弃刘投曹。

接受贾诩的劝告，张绣率全军投降曹操，曹操兵不血刃，便进入了宛城。对此结果，曹操非常高兴，他设下酒席，邀请张绣及其将帅赴宴，并且亲自给在座的人一一敬酒。席间有一个引人注目的细节，曹操的亲随校尉典韦贴身护卫曹操，他手持一柄大斧立于曹操身后，曹操每到一个人面前敬酒，他就举起大斧看着那个人，那架势，谁要是胆敢对曹操有什么不轨举动，他立马就能将你劈成两半！

直到酒宴结束，张绣及其将帅都没有人敢抬头看典韦。当然，这未必是因为他们全都畏惧典韦，而是新投曹操帐下，不能不小心谨慎一些。但谁都没有想到，仅仅十几天后，双方竟然还真的弄到了刀兵相见的地步。

曹操喜好女色，家中妻妾成群，而且他的伦理观念一向较为淡薄，对遗孀乃至有夫之妇全都来者不拒。张济的后妻，即张绣的叔母邹氏貌美，曹操便不顾后果，将邹氏纳为己妾，并带回营寨同宿同起。

消息传开，张绣的脸上挂不住了，对曹操极为不满。曹操听说张绣不高兴，也对张绣起了防范之心。

世间竟有如此威猛之士

张绣手下有一个心腹将领，名叫胡车儿，此人勇冠三军。曹操爱其骁健，让手下人同胡车儿结交，并赠送给他许多金钱。这件事让张绣怀疑曹操正在收买胡车儿，欲借胡车儿之手行刺自己。

事实上，曹操确有除掉张绣的计划，重金收买胡车儿一事泄漏了他的意图。张绣既紧张又害怕，连忙与贾诩进行商议。

贾诩最擅长的游戏就是绝境求生，按照他所设的计谋，张绣请求曹操批准自己的军队经过曹营迁出城去，又说因为载运辎重的车辆太少，出城的士兵都必须披甲。曹操不知是计，以为张军出城可以更便于他控制宛城，于是全都答应下来。

一天晚上，张绣以迁营为名，对位于淯水的曹军大营发起突然袭击。曹军毫无戒备，仓促之中，哪里敌得过全副武装、有备而来的敌军，见作战失利，曹操急忙带着轻装骑兵撤退，典韦则殿后阻敌。

在长年的征战中，曹操建立了一支由他亲自掌握的近卫部队，名为中军。中军的一个重要组成部分便是典韦所率的亲兵，这些亲兵皆为经过挑选的步卒，典韦率他们牢牢堵住正面营门，张军攻不进来，于是只得分散从其他营门渗入。

随着冲进曹营的敌人越来越多，战况变得异常惨烈，典韦及其部属一共仅剩十余人，但依旧以一当十，拼死搏杀。典韦向以用戟而闻名，军中为他编歌谣曰："帐下壮士有典君，提一双戟八十斤。"激战中，典韦握着长戟左右冲杀，他手中的长戟只要一扫过去，周围就有十几根矛被折断，靠近他的敌人非死即伤，没有人能轻易从他身上占到便宜。

随着时间的延续，典韦左右的人几乎全都死伤了，典韦自己也数十处受创。双方短兵相接，典韦已没有足够的空间使用长戟，便改用短兵器搏杀。因为都知道典韦是曹操的亲随校尉，张军想要活捉他，典韦干脆用双臂挟起两个敌兵的尸体，将后者作为武器，向周围的敌人打去，一时之间吓得张军再无一人敢于上前。

典韦继续向敌人扑去，又杀死数人，此时他伤势加重，终于不支而亡，临死前犹瞪着一双虎眼，对敌人大骂不绝。

确认典韦确实已经气绝，士兵们才敢走上前去，割下他的头颅，之后众人互相传看，皆惊诧于世间竟有如此威猛之士。待到战斗结束，张军官兵几乎都来看过典韦躺倒在地上的躯体，在他们心目中，典韦的形象早已如战神一般屹立不倒。

典韦只是减缓了张军追杀的攻势，曹操及主力部队在撤退过程中仍然险象环生。当年曹操在荥阳与董卓大将徐荣奋战，所骑的白鹄马立了大功。他如今的坐骑名为“绝影”，这是一匹堪比白鹄的良驹，曹操靠它才得以从包围圈中逃出。饶是如此，曹操仍右臂中箭，绝影伤及面颊和脚，失去了行动能力。

荥阳之战是曹洪救了曹操，这次舍命救他的则是曹操长子曹昂。曹昂把自己的战马让给曹操，帮助父亲脱险，自己因而被杀，同时遇害的还有曹操的侄儿曹安民。曹操的次子曹丕年仅十一岁，但少年机警，反倒骑着马得以逃生。

当曹操沿路收集残兵败将，撤逃至舞阴时，典韦英勇战死的消息也接踵而至。曹操闻言当场落泪，他随即招募人员，由小道潜回淯水，偷偷地将典韦尸体取回，在亲自哭祭一番后，送往典韦的家乡陈留安葬。

淯水惨败之际，曹军将士各自抄小路逃跑，很少有人还能保持原有队形。唯有大将于禁指挥麾下的数百名士兵，边打边退，即便所部不断出现死伤也没有溃散。

等到敌人的追赶速度渐渐缓慢下来，于禁才不慌不忙地整顿好队伍，敲着军鼓前往舞阴。还没等他们到达目的地，十多个光着身子还受了伤的人迎面走来，于禁让人上前一询问，才得知对方遭到了青州兵的抢劫。

青州兵自被收编以来，一直作为单独建制存在，其前身青州黄巾原本以劫掠为生，收编后也较难约束，此时兵败，便乘乱进行抢劫。于禁大怒，说："青州兵同样归属曹公，难道还要继续做贼寇吗？"当即命部下向青州兵追讨赃物，并历数其罪状。

青州兵是曹军中最具战斗力的主力步兵，曹操平时对他们就要相对宽纵一些，他们在于禁面前吃了亏，便赶紧跑到曹操那里告状。于禁在到达位于舞阴的部队驻地后，明知青州兵要告他的状，也没有立即去见曹操，而是先集中精力修筑营垒。有人对他说："青州兵已经向曹公控告您了，您应该赶快拜见曹公进行申辩。"

"现在敌人就在后面，不知道什么时候就会追到，如不先做好防备，用什么来对付敌人？况且曹公明断，谗言诬告也起不了作用！"于禁答道。

于禁指挥士兵挖壕沟、安营寨，将一切安排就绪后才去拜见曹操，详细说明自己为什么要和青州兵"作对"。

青州兵告状在先，于禁申辩在后，但曹操并没有先入为主地责备于禁，反而对于禁说："淯水之难，我很被动。将军在混乱中能使队伍保持整齐，撤至舞阴后，又迅速修筑坚固的堡垒以迎敌，说明将军有着不为外界所动摇的意志力，即使是古代名将也不过如此啊！"

正说话间，张绣已率军追至舞阴，曹操立即命令于禁等予以迎击。张军的实力本在曹军之下，因此很快就被击退，曹军乘势占领了南阳、章陵。

张绣被迫退守穰城，并重新派人去荆州与刘表进行联合。曹军因伤了元气，暂时也失去了横扫张军的力量和气势，不得不返回许都进行休整。

第五章 仇敌满天下

张绣降而复叛，令曹军损失惨重，曹操除一子一侄一虎将一良驹外，所部官兵也死伤累累。他颇为懊悔地对诸将说，要是在张绣投降时，让他交出人质，事态就不会发展至此了。

曹操的这番话，有意无意地回避了一个事实，即他本人正是此役的最大责任者。不过，从他对于禁和青州兵之间纠葛的处理上，也可以明显看出，在自我解嘲的同时，他内心里其实早就做了自我检讨：战场之上，任何行为失检都可能招来无妄之灾，无论是他自己，还是号称能战的青州兵，概莫能外。

曹操表封于禁为益寿亭侯，任命典韦的儿子为郎中。为了鼓舞士气，他还激励诸将说，他已经汲取了失败的教训，“大家看吧，从今以后，我再也不会遭到这样的失败了！”

愚者

回到许都后，曹操一边养精蓄锐、恢复力量，一边为下次出兵征战排除可能遇到的种种障碍。在此期间，关东地区最为引人注目的大事，莫过于袁术称帝。

袁术相信谶语，他小时候在预言书上看见过一句谶语，“代汉者当涂高”。从字义上看，“涂”通“途”，也就是道路，当时称邑中路为术，而袁术名术，字公路，这不就是说以后替代汉王朝，该当皇帝的是他袁术吗？

按照早期阴阳家的说法，历代王朝都会按土、木、金、火、水五行的顺序循环更替。当年秦始皇就信这一套，秦属水，周属火，水克火，秦始皇因此宣称，秦朝替代周王朝乃天经地义之事。袁术把他的家谱搬出来，按照秦始皇的逻辑，牵强附会地进行了一番演绎：袁氏祖先据传是舜的后裔，舜属土，土克水，水又克火，汉属火，所以袁家替代汉王朝的刘家，也完全符合五行运转的规律。

在当年关东军讨伐董卓的战争中，与袁术结盟的孙坚一马当先，进占洛阳。进入洛阳后，孙坚着手维修被凉州军破坏的诸帝陵墓，结果却在城南的一口井中，意外获得了汉朝的传国玉玺。

这颗玉玺据传出自秦始皇之手，汉朝皇帝代代相传，上刻“受命于天，既寿永昌”八个大字。宦官张让等人挟持少帝出奔时，情急之下将它扔到了井里。袁术获悉后，竟不顾与孙坚的盟友关系，将孙坚的妻子扣留起来，逼着孙坚把玉玺送给了他。

手中拥有了玉玺，袁术愈加鬼迷心窍，等到献帝东迁，被李傕、郭汜等人追杀得狼狈不堪，他认为时机已然成熟，便召集部下商议称帝事宜。大家都知道袁术并不具备做皇帝的条件，有人听了不说话，有人婉转地泼点冷水，还有人如孙策则直接致书袁术表示强烈反对。

孙策是孙坚的长子，孙坚身亡后，孙策率领其旧部在江东建立了根据地。孙策在写信前已脱离了袁术，但双方仍是盟友，孙策认为袁术称帝于他们的联盟有害无益，便让人替他写了一封很长的信给袁术，信中讲了九条不可称帝的理由，对袁术大加斥责。

袁术据有淮南，比过去在南阳的声势还要更大一些。他以为孙策一定会拥戴自己，没想到这么不给面子，当下就因郁闷沮丧而生了病，但他仍不肯放弃自己的皇帝梦，只是迫于时势，不敢立即付诸实施。

皇室衰微，很难不让人生出觊觎之心，其中的分别是，智者如曹操，站得高、看得远，知道及时谋迎天子，以便举起天子的大旗讨伐不服。次者如袁绍，虽也想到过这一步，却因揣着自做皇帝的小心思，以致徘徊犹豫，错过了大好时机。袁术则连谋迎天子这一步都看不到，始终沉迷于皇帝梦中出不来，只能称之为愚者。

曹操南征失利，对他在关东的声望产生了很大的负面影响。不但袁绍，就连袁术都产生出迷之自信，以为曹操受此重挫之后必然无力再轻易打着天子的旗号讨伐群雄，于是重又萌生了称帝的念头，而且再不肯听取孙策等人的劝谏。

公元197年春，袁术在寿春称帝，建号“仲家”，关东为之大哗。曹操起初很是恼火，因为如果袁术得逞，他的“携天子以令诸侯”就成了鸡肋。原太尉杨彪与袁术有姻亲关系，和曹操本人则素有私怨，曹操便指控他串通袁术，企图废掉献帝，下令将杨彪逮捕，准备处死。孔融得到消息，连朝服都来不及穿，就跑到曹操面前为杨彪作保，加上尚书令荀彧、许都令满宠也都有意回护杨彪，曹操这才将杨彪予以释放。

袁术虽僭越名号，自称皇帝，但也只限于设置公卿百官，在郊外祭祀天地之类，由始至终都没敢大张旗鼓，可以说相当低调。有人劝他应通告天下，正式即位，袁术的回答是：“曹公（曹操）尚在，还不能这样做。”

袁术仍然惧怕曹操出手攻击，但其实就算没有曹操，他的“新王朝”也难以得到外界承认。孙策见袁术不采纳他的意见，气愤之下，与袁术断绝往来，结束了孙袁两家一直以来的同盟结好关系。

袁术成了众矢之的，他竭力想寻找外援，在拉不住孙策的情况下，便想拉住吕布。吕布倒没孙策那么讲政治，不过他这个人对现实利益向来看得比谁都重。袁术引诱他共同对付刘备时，曾许诺援助他军粮，等到吕布夺取徐州，袁术认为刘备已经倒台，就停止了运送军粮。吕布不高兴了，正好刘备日子过不下去，反过来向吕布低头，吕布就应其所请，将徐州所属的小沛（沛县的俗称）留给刘备军驻屯，以便借刘备之力防范和抗衡袁术。

袁术为了消除吕布的戒心使出了大招，主动提出与吕布结成亲家，迎娶吕布的女儿做自己的儿媳妇。袁家是中原的名门望族，吕布出自北地边鄙，对这门亲事，吕布自然满口答应，于是袁术便派使者来到徐州，将吕布的女儿接往扬州。

以敌制敌

刘备当初能继任陶谦之位，乃是受到了徐州的大姓豪族如陈珪等人的拥护。陈珪时任沛相，从职务上说是吕布的下属，但他对于硬插进来的上司吕布不但不欢迎，还抱有敌意。

陈珪年轻时与袁术是好友。袁术称帝前后，曾写信给陈珪，召他去为自己办事，又劫持他的次子作为人质，以迫使陈珪就范。陈珪知道跟着袁术没有前途，回信坚决予以拒绝，说："你图谋不轨，引祸上身，还要我贪图私利依附你，我宁死也不能这样！"

陈珪讨厌吕布，痛恨袁术，他决定阻止吕、袁形成巩固联盟，为此对吕布进言：曹操奉迎天子，辅佐国政，将来还要征服天下，他才是你应该要投靠的对象！如今你要和袁术联姻，必然会招致不义的名声，今后将危如累卵。

吕布短视重利，一听果然就动了心。吕布屡次叛主背盟，他能这么做，自然是早就拥有了一套能够说服自己的逻辑。譬如你们说我出尔反尔，明明已答应婚约却又中途反悔，可袁术也不是个守约的人哪，当初他明明已接纳了我，但最后为何还是容我不下？

吕布逃来关东时，第一个投奔的人就是袁术，结果因袁术不肯收留，从此便过上了颠沛流离的生活。一想到这里，吕布便不再觉得悔约一事亏欠于人了，相反，是袁术亏欠了他，现在就到了要连本带利全部讨回来的时候。

吕布的女儿已经在前往扬州的路上，吕布立刻派人将其追回，并将使者抓起来移交曹操。曹操正担心吕布和袁术结盟，使者送来后，即下令在许都街市上将其枭首示众。

献帝东迁滞留河东期间，曾下诏封吕布为平东将军，让他带兵勤王。勤王一事后来不了了之，送给吕布的封诏和印绶也都丢了，此番为了彻底摧毁吕、袁结盟的可能，达到以敌制敌的目的，曹操以朝廷的名义，再封吕布为左将军。与此同时，他还亲自给吕布写了封信，说现在皇室经济困难，没有好金子，我就用我自己家的好金子给你铸了一颗金印，找不到紫绶，我就把我所佩带的紫绶送给你，聊表心意。

抚慰和笼络的话，怎么好听就该怎么说。在和袁术断绝儿女婚事之前，吕布对袁术称帝的反对态度谈不上有多积极，曹操有意给他找台阶下："将军，你所派的使者不好，袁术在淮南称帝，将军原本是阻止他的，可是使者却没有把你的相关奏章上报！不过不要紧，朝廷信任你，命你再上个奏章，以表明你的忠诚。"

曹操派使者将诏书、印绶和书信送给吕布，吕布大喜，认为陈珪给他出了个好主意。陈珪及其长子陈登暗中早就归心于曹操，之前陈珪一直想找机会派陈登去拜见曹操，吕布都不同意，如今终于松口，他立即派陈登带着起草好的奏章去许都向献帝谢恩，并送给曹操一条好的绶带作为酬谢。

这时吕布虽掌控徐州，但还不是朝廷正式任命的徐州牧，所以此行他交给陈登最主要的使命，其实是想让朝廷授其徐州牧的实职。与吕布的愿望相反，陈珪父子怕的是曹操真要与吕布结盟。陈登一见曹操，就使劲拆吕布的台，指出吕布有勇无谋，贪利忘义，与别人联合或者决裂简直同吃饭一样随便，此人只应早点除掉，而不能与之产生瓜葛。

陈登之言甚合曹操心意，他也就说出了自己的心里话：“吕布狼子野心，确实难以久养，没有谁比您更了解他的本质了。”

陈珪父子让曹操看到了里应外合，谋夺徐州的机会和希望。陈家乃徐州的名门豪族，陈登本人在广陵郡也很有名气，曹操遂授任陈登为广陵太守，并将陈珪的俸禄增至“中二千石”。临别时，他握着陈登的手嘱咐道：“东方的事情，就托付给你们了。”意思是让陈登父子暗中集合部众作为内应，待机除掉吕布。

陈登回到徐州后，向吕布报告了在许都的情况，却没有提到吕布所企盼的徐州牧。吕布一听，陈珪父子披红挂彩、捞足好处，他却两手空空，顿时把鼻子都气歪了。当即拔出铁戟，砍在案几上，指着陈登说：“你父亲劝我和曹公同心协力，同袁公路（袁术）断绝亲事，我都照他说的做了。可是现在我一无所获，你们父子却全都显赫起来，我被你们出卖了！”

陈登不动声色，就好像吕布在说着一件与他无关的事。吕布的一腔怒火找不到靶子，气势很快就弱了下来，“你给我说说，曹公都说了些什么？”

陈登早已编好了段子。在这个段子里，为了替吕布索要他想要的徐州牧，陈登曾用一个漂亮的比喻，卖力地向曹操争取：“对待吕将军犹如养虎，应该用肉将他喂饱，不然的话，饿虎就要吃人。”可是曹操说陈登你这个比方打得不对，对待吕布，不是养虎，而是养鹰，饿了他才能为我所用，饱了就要远走高飞。

“曹公就是这样说的。”陈登不慌不忙地讲完了段子，意思很明白，他不是没争取，关键是人家曹操不给，你老兄要是不开心，去咬曹操啊！

吕布就像袁术一样，内心对曹操都怀着几分怯意，就算是曹操没有满足他的全部要求，给的肉不够多，他哪里又敢去“咬”曹操？于是，也就不好再追责陈登了。

离间计

吕布未能得到徐州牧，但他先前的做法却成功地激怒了袁术。袁术派出大将张勋、桥蕤，与投奔他的杨奉、韩暹联兵，以步骑数万，兵分七路，浩浩荡荡地向吕布杀来。

吕布在被逐出兖州之前，其军队实力就已大不如前，能够掀翻刘备，靠的还是从背后下黑手。此时他仅拥有士兵三千，战马四百匹，怕自己敌不过来犯之敌，他对着陈珪一个劲地埋怨："都是因为你，才招来了袁术的军队，现在怎么办呢？"

吕布的智商和情商，似乎都永远地停留在了过去的轻侠时代，虽然偶尔他也会灵光乍现，以令人叫绝的奇思妙想为自己解围，但多数时候的思维和言行都显得特别天真可笑——你无缘无故地毁坏婚约，还将对方的使者引渡给其仇敌，导致使者被杀。这对袁术而言，是多大的羞辱，他怎么可能不倾巢出动，进行报复？早知道自己兵力不如袁术，你又怎么敢那样做，或者不预做防范？

相比于事到临头只会哭爹喊娘埋怨人的吕布，陈珪父子则要有头脑得多。杨奉、韩暹无论是投奔袁术，还是和袁术联兵，都只是临时拼凑在一块，双方在合作方面没有什么长远规划和目标。陈登喜欢用比喻，他把杨奉、韩暹、袁术等人比作缚在一起的公鸡，势必不能栖息在一起，要拆散他们其实并不困难。

陈珪建议吕布施以离间计，已经六神无主的吕布急忙按计而行，派人给杨奉、韩暹送去一封信。信上按照陈珪的授意，这样写道："二位将军亲自护送天子大驾回东都，我也曾亲手杀死权臣董卓，我们都一起为朝廷建立过功勋。如今你们怎么能和袁术一道做贼呢？不如我们合力击败袁术，为国除害！"

杨奉、韩暹属于白波军，白波军与并州军同出一源，而吕布及其军队就属于并州集团，如果要套近乎，吕布显然比袁术更有优势。当然这些还不足以打动白波军的头领，吕布的许诺是，只要杨、韩同意倒戈，将把从袁军那里缴获的军用物资全部送给他们。

听说可以打仗一起上，油水独自得，杨、韩欣然允诺，立刻改变计划，决定和吕布联兵。

眼见离间计已经奏效，吕布当即率部进发。当他们距离张勋部大营仅百步时，杨奉、韩暹所部的士兵突然一起呐喊，也同时向张勋大营冲杀。袁军猝不及防，被杀得四散逃亡。此役，袁军将领仅被斩首者即达十八人，其余死伤和掉进河里溺死的官兵更是不计其数。

随后，吕布乘势和杨奉、韩暹合军，水陆并进，继续向袁术称帝的寿春挺进。联军沿途抢掠掳夺，直到袁术亲率五千步骑兵在淮河南岸设防，才回渡淮河北岸，收兵返程。临走时，吕布还特地留下了一封辱骂袁术的信，他的骑兵更是隔岸大声调笑，总之，他们把袁术从里到外、从上到下都奚落了个遍。

吕袁会战结束，杨奉、韩暹为得到战利品而兴奋雀跃，吕布为离间计得逞而感到庆幸得意。但他们都不知道，他们只是棋子，下棋的棋手则分别是袁术和曹操。

袁术开始的局面不错，若不失误的话，完全可以联合吕布、孙策，对曹操形成包围之势，可惜由于称帝的执念，还是让他露出了大破绽。曹操紧紧抓住对方的这一破绽，巧借外力，重挫袁术，不仅成功地实现突围，而且还对袁术实现了反包围。

拉吕布、打袁术，是曹操连环妙棋中的第一步，他的第二步则是笼络孙策，把他也拉进自己的反包围阵营。

公元 197 年夏，曹操上表封孙策为骑都尉，承袭父爵，兼任会稽太守，派他和吕布等人共同讨伐袁术。

曹操可以连续封吕布为将军，但在徐州牧的实职上却始终都不肯松口，那是因为吕布是他的假想敌，而孙策暂时不是，所以他可以大大方方地用会稽太守来和孙策做交易。不过人都是越缺乏什么，就越想得到什么，孙策在江东有了实职，又嫌骑都尉太低，想得到将军的名号。曹操也投其所好，不久即表封孙策为讨逆将军，封吴侯。

孙策获其所需，即协同北面的吕布，从南面威胁袁术，袁术由此陷入了南北无援的孤立处境。

虎士

袁术为人奢侈荒淫，贪婪无度，称帝后大摆皇帝谱。在他的“后宫”里，数百名侍者全都穿着精美的绸缎，宫中美食佳肴吃都吃不完。可宫外却是另一个世界——江淮一带钱粮耗尽，士兵受冻挨饿，老百姓连贝类、草根都没得吃，只能人吃人……

袁术不顾百姓死活，但他既然得靠士兵替他打仗，就不能听任他们都冻死饿死，于是就打起了邻居的主意。

隶属豫州的陈国与扬州辖境相近，是诸侯王刘宠的封地。大乱之后，宗室诸侯王们都不再享有租赋俸禄，反而常常遭到掳掠抢劫。最不堪者甚至一天只能吃两顿，不得不辗转流浪，最后死于荒野沟壑之中，境遇并不比普通百姓好上多少。陈国的情况比较特殊，陈王刘宠勇猛善战，黄巾军也好，其他叛军也好，都不敢侵入其封地，国相骆俊励精图治，深受民众爱戴。因此，陈国经济较为富庶，粮食充足。

袁术盯上了陈国，派人到陈国向骆俊借粮。骆俊对前来投附的灾民很慷慨，全都予以施舍救济，但袁术不一样。骆俊认为他自己是汉朝皇家官员，吃的是皇家俸禄，而袁术称帝是要取代汉朝的，他怎么可以用汉朝的粮食去资助汉朝的敌人呢？遂一口回绝。

袁术恼羞成怒，派刺客伪装成灾民，刺杀了骆俊和刘宠，之后乘机率兵攻破陈国，在陈国大肆搜刮粮食，抢掠财物，一个好好的陈国被他弄得破败不堪。

在曹操迁帝都许后，以曹军实力作为支撑，朝廷终于有了处理内外事务的底气。袁术未经允许，擅自杀死陈王和国相，吞并陈国，对此等灭国大事，朝廷自然不能置之不理，曹操也就有了充分的理由对袁术大加讨伐。

公元 197 年秋，曹操率部东征袁术。袁术听说曹操亲自来战，连与曹操当面较量一下的勇气都没有，便匆匆弃军而走，仓惶向南逃去。袁术的部将桥蕤、张勋等在蕲县抵抗曹操，结果被曹操全部斩杀殆尽。

袁术退至淮水以南后，其力量从此一蹶不振。在当年的关东联军中，袁术虽非盟主，却也是核心之一，此后又成为与袁绍对立的集团首脑，公孙瓒、孙坚等都曾活跃于其大旗之下。没想到，这场群雄争霸赛才刚刚进入下半场，他就已经实质性地遭到了淘汰。

击溃袁术，并不是曹操东征的唯一收获，在此期间，他得到了一名不亚于典韦的虎将，名叫许褚。

许褚是沛国谯县人，和曹操是地地道道的老乡。史书记载许褚身高八尺有余，腰阔十围，相貌雄壮刚毅，无论天生的力气还是勇武的气质，都超出常人。

某年，汝南一支一万多人的黄巾军前来谯县劫掠。为了保卫家乡，许褚把当地的年轻人和数千家宗族乡民都召集起来，带领他们修筑堡垒，抵挡黄巾军。

黄巾军攻势很猛，眼看着大家快支持不住了，而且箭也已经用光了，许褚孤注一掷，命令堡垒中的男男女女都去收集大石头，并把它们放置在堡垒的四角。

没有箭，这些石头就是武器！许褚就像典韦掷短戟一样，拿着石头猛力向对面的敌人掷去，谁倒霉撞上了，不是脑袋开花就是骨断筋折。黄巾军的士兵被吓得目瞪口呆，都不敢再朝前冲了。

有许褚在，黄巾军就进不了堡垒。这样相持了几天后，黄巾军精疲力竭，无心再硬攻堡垒。但堡垒里的粮食也已所剩无几，许褚便和黄巾军讲和，提出用牛和他们交换食物，而黄巾军在得到牛后就必须撤走。

黄巾军方面同意了这一要求，他们来取牛的那天，一头牛本来已被赶到黄巾军阵营，不料又突然掉头往回跑。许褚于是来到阵前，仅用一只手倒拖牛尾，竟然把性子上来、平常没人能拽得住的牛拖了一百多步！

黄巾军中有的是力士好汉，但许褚表现出的勇力，还是让他们直伸舌头，自叹弗如，当下连牛都不敢取就撤出了谯县。此事传出后，在淮河、汝水、陈郡、梁国一带流窜的黄巾军，都对许褚畏惧三分，不敢再轻易骚扰谯县。

曹操东征袁术，许褚闻讯来投，曹操喜不自胜，把许褚比作是昔日刘邦帐下最勇猛的将领樊哙，说："这就是我的樊哙啊！"

许褚投奔曹操的当天就被任命为都尉，接替典韦的位置，进入曹操营帐值宿侍卫。

许褚不是自己一个人来的，他还带来了一批剑客侠士，以此为基础，继典韦所率亲兵之后，曹操的中军拥有了新的骨干力量，称为虎士。虎士不仅担负护卫曹操的任务，也常常被作为先锋征战，日后以功封将军为侯者，即达数十人之多，升为都尉、校尉者更有百余人。

鸿门宴

曹操东征获捷，重新将视线转向了南方。在他回到许都不久，张绣攻下了舞阴等县，曾被曹军攻占的南阳、章陵等，也都重新叛附张绣。

张绣成为曹操不能不除的一块心病，曹洪奉命南下讨伐。这时刘表看到，如果他不援助张绣，曹军南下的压力就会全部加在他身上，于是一改过去隔岸观火的态度，与张绣组成了联军。曹洪打不过张刘联军，被迫退守叶县。张刘联军得势，反守为攻，多次对叶县进行侵扰。

曹操决定亲自上阵。公元197年冬，曹操率军南征张绣，在到达淯水边时，他触景生情，特地举行仪式，祭奠淯水之战中阵亡的将士。想起典韦等人都是因自己的失误才殒命疆场，曹操悔恨交加，在仪式上痛哭流涕。官兵们目睹这一场景，无不为之动容。

曹军进军宛城，张绣再次退屯穰城。宛、穰属南阳郡，都是刘表的势力范围，刘表不得不再次发兵和张绣配合，抵抗曹军。曹军随后攻拔刘表部将邓济据守的舞阳，在攻城战中，许褚犹如典韦附体，率领虎士冲锋在前，一战杀死敌人数以万计，生擒邓济，可谓是一战成名，许褚本人也被曹操立即提升为校尉。

曹操南征，最放心不下的还是袁绍。在曹操和袁绍联盟时，他们可以背靠背地抵御敌对集团的对手，那时，曹操出征不必担心遭到河北方面的袭击。如今，随着曹操与袁绍的结盟关系日趋破裂，形势已大不相同，曹操出征，不得不时刻留意来自袁绍的反应。

曹军接连出征，动静很大。由于担心袁绍乘其和刘表作战之际，出兵南下袭击许都，曹操在一气收复舞阴后，即率部迅速撤退。

公元197年冬，曹操返回许都。此时周边的局势是，袁绍仍在北方对付公孙瓒，一时分身乏术，无暇南顾，而东方吕布阵营则出现了新的分化。

在吕袁会战中，吕布联手杨奉、韩暹，击败了袁术。之后，杨、韩暂时依附于吕布，杨、韩及其所部出自于黄巾，劫掠乃他们的老本行，除了这个，他们也就不会干什么别的了。一俟坐吃山空，二人便开始骚扰徐、扬二州，甚至抢掠刘备的军资。即便这样，还是吃不饱，于是就向吕布辞行，打算去荆州碰碰运气，但没有得到同意。

杨奉、韩暹都是自由惯了的流浪汉，想走就走，想叛就叛，吕布居然还想加以束缚，这可把两人给惹恼了。杨奉私下和刘备联络，说吕布这小子抢夺了你的徐州，现在又跟我过不去，不如我们携起手来，把他给除掉。

刘备丢失徐州的最大教训，莫过于忽视了吕布唯利是图、反复无常的品性。刘备对吕布固然旧恨难忘，但也知道杨奉、韩暹和吕布其实是一类人，加上杨、韩还抢了他的军资，如何敢与之联合？可要是直接拒绝的话，刘备又怕杨、韩恼羞成怒之下，把枪口对准自己，思来想去，他还是答应与杨奉进行合作。

按照双方的约定，杨奉率军来到刘备所驻的小沛。刘备请杨奉入城欢宴，酒喝了还不到一半，刘备脸色一变，刀斧手上前将杨奉掀翻捆住，然后当场予以处决，原来这是刘备设下的一桌鸿门宴！

杨奉、韩暹长期以抄掠为生，毫无军纪，跟缺乏凝聚力的强盗没多大区别，杨奉被杀，他的部队也就垮了。韩暹是跟着杨奉混的，杨奉一死，他发了急，带着十几个骑兵想逃回老家，但在路上就被人干掉了。

其余的白波将领，李乐病死，胡才亦为仇家所杀。此后，曹操通过朝廷下诏书，命段煨等关中诸将征讨李傕，李傕战败被杀，郭汜亦死于部将之手，至此，白波集团、凉州集团都被无情消灭，只剩下了以吕布为代表的并州集团尚在台前来回蹦跶。

缺少的正是时间

杨奉之所以把刘备列为他计划中的合作对象，很大一部分原因，是因为当时刘备依靠自身的声望和人气，已经重新集结了万余人马，有东山再起之势。

刘备的势头，吕布看在眼里，自然是别有一番滋味在心头。刘备虽然靠杀掉杨奉表明了自己的心迹，但仍无法避免被其猜忌。

很快，吕布就按捺不住，和刘备翻了脸，并且亲自率兵攻打刘备。刘备招架不住，在迫不得已的情况下，只好投靠曹操。

刘备能够让陶谦自觉自愿地把偌大一个徐州交给他，本身就说明此人非同凡响。曹操的很多幕僚都对他存有戒心，程昱劝曹操说："我看刘备有雄心而且很得人心，最终不会甘居他人之下，不如乘早除掉他。"

以曹操的眼光，当然也能看出刘备巨大的能量和潜力，但他另有一番考量："现今正是收揽英雄之时，杀一人而失去天下人心，不可！"

众谋士中，只有郭嘉与曹操意见一致。当曹操就此向他询问时，郭嘉虽然也觉得刘备可能会造成后患，但不同意把他杀掉，认为如果那样做，将会给曹操带来不好的影响，断绝人才之路。曹操听了很高兴，笑着称赞说："你分析得对。"

除了顾及当时，虑及长远，必须善待来归外，曹操还希望继续沿用对付袁术的那套手法，即拉一方、打一方，拉打结合，而他现在要拉的是刘备，要打的是吕布。

曹操对刘备加以厚待，不仅表荐他为豫州牧，还给他补充兵员，调拨军粮，让他仍然驻屯小沛，用以对付吕布。

吕布缺乏器量和远谋，他的大将高顺曾规劝道："将军你从来都不肯仔细地思考问题，一旦有了过失，承认错误倒挺快，可是光认错有什么用呢？重要的是，错误不能一犯再犯啊！"

吕布知道高顺是个忠诚之将，但就是听不进别人的逆耳之言，身上的毛病也始终都改不掉。本来他雄踞徐淮，扼南北之冲，南可连袁术，北可通袁绍，又与刘备相掎角，令曹操也极为忌惮，但由于和袁术、刘备都翻了脸，结果自己把自己给孤立起来了。

吕布由刘备进行监视和牵制，袁绍也尚未有南下的迹象和动静，曹操决定抓紧时间三征张绣。出征前，他征询了一些谋士的意见，军师荀攸劝曹操待机而动，理由是张绣寄身刘表，终究只是个外来户，本身无立足之基，军粮还要靠刘表供给，时间长了，刘表很难保障，两人势必发生摩擦。

按照荀攸的说法，张刘这种关系犹如两只刺猬在一起，如果被外敌逼得太急，他们不仅会瞬间把身上的刺全部张开，还会本能地相互依恃和救援；然而要是放松对他们的压制，两只刺猬都会嫌对方的刺太扎人，乃至主动地拉开距离。荀攸建议曹操采取后一种办法，即暂缓出击，以待其变，一旦条件具备，还可相机诱使张绣投降。

古兵法云："敌党急之则合，缓之则离。"荀攸所言完全符合这一原则，但问题在于，曹操缺少的正是时间：等啊等，万一张刘之间还处得好好的，而袁绍已经解决公孙瓒，转头南下，到那时可怎么办？

曹操没有采纳荀攸之计，仍按原计划南征张绣并进围穰城。在铁制冷兵器时代，由于缺乏火器和有效的攻坚手段，军队对城池、堡垒的破坏力受到很大限制，防御的一方如果粮草充足，士气旺盛，通常能坚持很长时间。曹军围攻穰城达两个月之久都攻不下来，接下来唯有期望久攻之下，守军吃光粮食，加上又无外援，能够师老兵疲了。

可是尔后传来的消息，却结结实实地扇了曹操一个大耳光：张绣向刘表告急，刘表已发兵来援。

坏消息不止一个，从后方传来的情报，更是让曹操如同被冰水浇顶，整个人从头至脚都凉了半截。

过去，袁绍曾提出将都城迁移至鄄城，以便就近控制献帝，结果遭到了曹操的抵制。袁绍的谋士田丰新近提出一个新的设想，他建议袁绍应及早图谋许都，奉迎天子，将曹操"挟天子以令诸侯"的权力抢到手，并指出这是平定天下的唯一上策，否则终将被人所擒，到时就算后悔都来不及了。

袁绍军的一个逃兵进入曹军控制地域，透露了这一情报，留守许都的荀彧紧急派人向曹操进行报告。曹操接报，既怕袁绍袭陷许都，劫走献帝，又恐刘表的援军截断己方后路，只得下令解围撤军。

在这种形势下撤军，对曹军而言是相当不利的。张绣见曹军忽然退却，知道是援军起了作用，立刻率部追击。这时刘表的援军已到达安众，并据险切断曹军退路，对曹军形成前后夹击之势。张军闻讯，士气大振，曹军与之接战失利，场面很是被动。曹操后悔不迭，对从征的荀攸说："我不听您的劝阻，才到了这步田地。"

曹操这个人打仗不是不出错，他的可贵之处在于有担当，肯认账。由于被张绣紧紧缠住，曹军无法快速撤退，只能连接各营，逐步向前缓慢推进。在给荀彧的信中，曹操透露，"贼兵追我，我每天只能前进几里路"。但与此同时，他又胸有成竹地告诉荀彧："我估计到安众后，必定能够打败张绣！"

荀彧在后方正急得团团转，接到曹操的信后，颇为疑惑曹操的自信从何而来。后来等曹操率军回到许都，他郑重地提出了这个问题，曹操答道："敌人阻挡我归心似箭的部队，已经把我军逼到了死地，所以我料定我军一定能够取得胜利。"

较量

置之死地而后生，与破釜沉舟、背水一战属于一个范畴，都是兵法中的常用语。曹军到达安众后，张绣和刘表的军队合兵一处，一起据守险要，曹军腹背受敌，处境岌岌可危，这时确实能激发出官兵求生的斗志。然而，曹操的答案其实也只是真实情况的一部分，因为被逼到死地的部队并不一定就意味着胜利，倘若没有别的诀窍，他们多数情况下还是死路一条。

与张刘联军会战的前一天晚上，曹操命人乘夜间凿穿险阻，通过地下通道，将军需辎重和一部分兵员连夜运了出去，装出一副要不惜代价突围逃走的模样。与此同时，他又在后面留下了一支精锐的伏兵，并且亲自断后。

天亮后，张绣发现曹军在“逃跑”，准备率军追击。贾诩则看出事有蹊跷，曹军虽是新败撤退，但并非溃逃，其间必然要做准备，而且以曹操的指挥和用兵风格，他判断曹操一定会亲自在后面掩护大部队撤退。

贾诩追随张绣日久，知道张绣虽善于用兵，然而并非曹操的对手，张绣要带去追击曹军的部队当然是精兵，可曹操也必然要留精锐部队断后。两个因素加起来，贾诩断定己方不追便罢，一追必败，因此劝阻张绣:“不要去追，追击的话一定会吃败仗。”

曹操南征，张绣一直都是被他压着打，好不容易有这么一次机会，可以乘胜追击了，哪肯轻易放弃。再说了，你贾诩终是谋士，从不自己上阵厮杀，就靠一张嘴巴，一双眼睛，两只耳朵，你怎么知道我一定会吃败仗呢？

张绣意气风发，依旧会同刘表的军队对曹军实施追击。因为急于猛追，联军阵形混乱，破绽百出，曹操立率预设伏兵杀出，配合回头再战的步骑兵夹击敌人，打了对方一个措手不及。

“置之死地而后生”就要这个时候产生效果，曹军不但主力部队充分发挥出其应有战力，就连临时赶来增援的曹仁、李通等步骑将领都表现不俗。

南征启动时，曹仁为配合主力攻势，单独攻取了周围各县，共俘虏敌方男女三千余人。等到张绣追击曹军，部队作战失利，士气低落，曹仁及时加入反击行列，他激励将士，使官兵们在作战时精神振奋，曹操对此十分赞赏。

李通原本驻守汝南西界，得知刘表派兵援救张绣，曹军形势危急，他率部连夜赶到，正是有了李通部及时增援，曹操才有能力对张刘联军实施反击。反击战中，李通带头冲锋陷阵，把联军打得大败，后来回到许都，曹操以功授任他为裨将军，封建功侯。

击败张刘联军后，曹操见好就收，连忙下令三军轻装快速前进。

得知张绣大败而回，贾诩登上城楼，站在高处对张绣说："赶紧去追曹操，再战必胜。"

"我没有采用您的意见，以致于此。现在已经打了败仗，为何还要去追？"张绣红着脸道歉道。

贾诩倒不是故意在说反话，他是看出，曹操南征，并无明显失策之处，力量也没有耗尽，在这种情况下仓促撤退，一定是后方发生了变故，迫使他不得不这样做。现在既已击败张刘联军，曹操必然会让所部轻装急进，他自己也不会再断后，其他断后的曹军将领固然勇猛，但都不是张绣的对手。

贾诩来不及向张绣多作解释，只是对他说："战争的形势有了变化，赶紧去追一定有利。"

张绣原本就信服贾诩，因为求胜心切，难得一次没听，就吃了大亏，如今是贾诩说什么他都信了，于是不再多问，集合刚刚打了败仗的部队，又去追击曹军。

果不其然，这次被打了个冷不防的是曹军，虽然张绣已不可能截住他们，但仍使其后部遭受了很大损失。

开始以精兵追击败逃之敌，结果打了败仗，后来带着残兵败将继续去追击得胜之敌，却又打了胜仗，而这一切都没能逃出贾诩的计算。张绣一肚子问号，回去后就赶紧向贾诩请教："您说一定失败，就真的失败了，您说一定获胜，就真的获胜了，事实和您预言的毫无出入，这是为什么？"

"这不难理解。"待贾诩一一揭晓谜底后，张绣恍然大悟，对贾诩更加佩服得五体投地。

确实，在这一轮大战中，看似是张绣在打仗，其实却是贾诩与曹操之间的较量。郭嘉曾经说过，作为军师，最关键的素质就是要善于临场应变，贾诩根据情况变化所作出的分析和决策，可谓算无遗策。贾诩已经完全吃透了用兵的精髓，即便在那个盛产谋士的时代，也足以令人为之眼前一亮。

对战名单

因为田丰的一句话，曹操被迫撤还许都，回来之后才发现又是虚惊一场。

袁绍听了田丰的话，开始也觉得有道理，于是致书公孙瓒，想达成和解，然后腾出手来进攻许都。可是公孙瓒不识相，不但没有予以答复，反而还增强了守备。袁绍被惹火了，下令继续兴兵，对公孙瓒发动进攻，田丰之计也就被抛到了一边。

倒是刘备出了状况，他的小沛基地被吕布给端了。

吕布及其所部以骑战见长，战马是吕军必不可少的战略物资。马匹主要产自于北方草原和西部高原，吕布进入中原，特别是到了最东面的徐州之后，必须去与战马产地相邻的地区买马。出于削弱吕布军战斗力的目的，刘备势必会派人进行拦截。公元 198 年春，吕布派人到河内买马，买回的马匹中途就被刘备的部下给抢走了。

鉴于刘备已依附于曹操，吕布投鼠忌器，一直不怎么敢动刘备，但这一回，他可再也忍耐不住了。乘着曹操正在南征张绣，他重新和袁术拉上了关系，共同对抗曹操，同时派大将高顺、张辽进攻刘备。

曹操闻讯，派夏侯惇领兵前去增援刘备。夏侯惇打仗具有“诸夏侯曹”几乎共有的缺陷，即刚猛有余，谋略不足。因急躁轻进，他被高顺等打得大败，战斗中伤了一只左眼，仓惶逃回许都。

自吕布和曹操争夺兖州起，曹操就把他视为和袁绍一样的大敌。此次吕布击败夏侯惇，在展示其威风和实力的同时，也验证了曹操的先见之明。

既然要争夺天下，就免不了要接受仇敌满天下的现实。沿着许都周边，各个方向上几乎都有曹操的敌人，但这些敌人中，有的曹操暂时可以不予考虑，有的则让他时有如芒刺背之感。

前者主要是袁术、刘表、张绣。袁术退守淮南后，黔驴技穷，已再无足够力量攻扰曹操。刘表据有八郡，实力很强，也正因为他发兵配合张绣，与其组成联军，才导致曹操的南征屡屡失利。不过刘表缺乏雄心壮志，只想自守一方，他既向代表中央政府的许都进贡，又对袁绍表示“不背盟主”，寄望于通过这种脚踏两只船的方式来维持平衡和寻找生存空间。至于张绣，仅能依附刘表以自保，可以想见，在曹操挟天子以令诸侯的情况下，只要曹操不主动去进攻他们，刘表和张绣都不会举兵进攻许都。

可袁绍和吕布却不是如此。曹操南征期间，袁绍并没有闲着，一直在竭力经营河北。仅以一个冀州来说，此处经济发达，资源丰富，在各州中首屈一指，足以为袁军提供所需要的给养。同时冀州的人口密度和人力储备也相对较高，民户有百万户之多，袁绍只要愿意，即可征得适龄壮丁三十万。在当时长期交战、民众大量死亡流徙的情况下，像冀州这样的条件，别的州是根本做不到的。

虽然袁绍还没能够彻底解决幽州的公孙瓒，但已跨据冀、幽、并、青四州。未来，他还可能进控关中，联合羌胡，甚至向南联合占据巴蜀的刘璋，到时天下六分之五的地区，都将操于袁绍之手。一想到自己被迫要以兖、豫二州，对抗袁绍的“六分之五”，连曹操自己都觉得毫无胜算。

袁绍无疑是曹操最强也是最主要的对手，其次便是吕布。吕布过去和曹操争夺兖州，两人自此成为死敌。吕布的不少属下如陈宫等，都是在背叛曹操后投到吕布那里去的，由于害怕报复，他们决不肯走回头路。而且他们既是兖州人，也必然还想再打回兖州，所以吕布及其所部虽实力不及袁绍，但对曹操而言，也是相当危险的敌人。

在曹操的对战名单上，袁绍、吕布可谓遥遥领先，分别居于第一、第二的位置。曹操打其他对手，其实都是在为能够尽快与他们掰手腕扫清障碍：南征张绣是为了消除后顾之忧，东征袁术是为了防止袁术与曹操、吕布呈掎角之势。

曹操的原计划是在征服张绣后再征吕布，但基于三征张绣仍未得手，而吕布已经咄咄逼人，他不得不改变计划，决定先征吕布，然而袁绍写来的一封信却开始让他不淡定起来。

烦心的事

曹操和袁绍犹如同一赛道上的骑手，在自己拼命驱马往前奔驰的同时，都不希望对方充分发挥出竞技状态。看到曹操又一次被张绣击退，东边还多了吕布之忧，袁绍幸灾乐祸，便用写信来对曹操进行打击。

从小到大，袁绍内心深处对曹操始终是鄙视的，在信中，他对曹操的态度十分傲慢，言辞颇为无礼。对于袁绍，曹操也始终有一种时时想要摆脱，却怎么都摆脱不掉的自卑感。袁绍的这封信放大了双方的这种情绪，曹操读完信后，勃然大怒，行为举止都一反常态。

因为不知道袁绍来信以及信的内容，众人只能将曹操的反常情绪归咎于南征张绣失利。钟繇去找荀彧商量，荀彧观察仔细，没有人云亦云，他说：“曹公是个聪明人，决不会为已经过去的事情烦扰，恐怕还是有其他让他烦心的事吧。”

荀彧是首席谋士，相对其他人，顾虑要少一些。他径直去见曹操，问到底发生了什么事，曹操这才将袁绍的信拿出来，给荀彧和同时在场的郭嘉看，说：“袁绍不仁不义，我们本来应该起兵讨伐他，但现在力量还不够，怎么办？”

袁绍的信激怒了曹操，他在考虑是否要把吕布搁到一边，先征袁绍，可是限于条件尚不成熟，又徘徊犹豫，举棋不定。

原来是在考虑先战袁绍，还是先讨吕布啊！弄明白曹操其实是在为这件事纠结后，荀彧认为当前还是应先取吕布而不是袁绍，否则黄河以北的地方也不容易拿下来。

一旁的郭嘉对荀彧的想法表示赞同。荀彧重点强调打吕布是伐袁绍的先决条件，而郭嘉则从另一角度出发，认为吕布与袁绍可南北呼应，如果不先打败吕布，以后袁绍来攻时，吕布必然支援，曹军将陷入腹背受敌、两线作战的被动局面。

郭嘉坚持他一贯的看法，主张乘袁绍仍在远征公孙瓒，暂时无北向之忧，先把较袁绍为弱的吕布消灭掉，之后等到适当时机，再和袁绍进行生死决战。

曹操同意荀彧、郭嘉的意见。实际上，他既不是不知道应该先打吕布，也不是单纯的感情用事，归根结底，是因为还有一个复杂的问题没能完全想清楚。

在荀彧、郭嘉帮他澄清认识后，曹操终于提出了这个问题：如果这边在打吕布，那边袁绍却加快进程，把势力伸向关中，该怎么办？

马腾、韩遂叛乱以及之后的董卓、李傕、郭汜之乱，在把中原搅得天翻地覆的同时，也使凉州军成为各路人马谁都不敢小觑的劲旅代名词。在凉州集团消失后，脱离该集团的段煨等部以及马腾、韩遂，都分布于关中，粗粗一数，竟有十几股之多。设若他们与袁绍联合或被其收编，本来就已形同巨无霸一样的袁绍将更加难敌。

荀彧分析后，认为无须过虑。关中的凉州部队虽多，但没人能把他们统一起来，他们也就不敢像当初的董卓、李傕、郭汜那样，轻易卷入关东的是非，即便实力最强的马腾、韩遂，也只会各自拥兵自保。

为了让曹操放心，荀彧建议遣使关中，用“连和”的手段对关中诸将进行安抚。他预计，这一策略虽不可能一直奏效，但至少可把关中诸将中立不动的态度维持到曹操最后平定关东。

出使关中的人选，荀彧也替曹操想好了，此人就是钟繇。“关中的事情交给钟繇，这样您就可以高枕无忧了。”

曹操豁然开朗，遂上表献帝，委任钟繇以侍中身份，代行司隶校尉一职，持节统领关中各军，同时授权钟繇便宜行事，可不受制度条令的束缚。

钟繇不辱使命，到达长安后，即给马腾、韩遂写信，给他们讲清利害关系，劝他们不要轻举妄动。马腾、韩遂果然被镇住了，所谓“连和”就是用交送人质的方式，与朝廷进行合作，二人表示服从，各自都派儿子入朝侍奉皇帝。

按照曹操对张绣复叛一事的总结，人质相当重要，连马腾、韩遂都俯首帖耳，其他关中将领更加不敢随意越出界限。如此一来，曹操就不用再担心关中，可以集中力量在东方用兵了。

一塌糊涂

得知曹操准备领兵亲征吕布，部属们的意见很不一致。张绣在南阳的兵力距许都较近，不少将领都担心，如果大军远征吕布，刘表、张绣便会联起手来，乘机就近袭击许都，从而给曹军后方带来危险。

何去何从，军师荀攸代曹操进行陈述，他总结了两个“势”字，用来说明为什么要东征徐州。第一个“势”，是刘表、张绣刚刚在安众吃了亏，势必不敢冒险前来进攻；第二个“势”，则是吕布骁勇过人，又已与袁术联手，如果不及时征伐，让他得势于淮河、泗水之间，时间长了，响应他的豪杰就会日渐增多。

荀攸指出，现在吕布刚刚才与曹操公开叫板，军心尚不统一，这个时候前去征伐，一定可以取胜。他的分析，打消了众人的顾虑，也使曹操最终下定了东征的决心。

建安三年（198）九月，曹操亲率大军向东进发。这时从前线传来消息，高顺等已乘胜攻破小沛，刘备连妻儿都顾不上，便率部逃往梁国。

在对刘备的进攻战中，除了吕布军外，还活跃着泰山军的身影。所谓泰山军，是地方豪强臧霸等人组成的一支武装，主要在兖州泰山郡和徐州的山海地带活动。他们依附于吕布不久，恰恰说明荀攸关于第二个“势”的分析绝非杞人忧天，若不出手征伐，真的会有更多“豪杰”投向吕布。

曹操加快了前进步伐，当部队行进至梁国地面时，正好遇到了如同丧家之犬一般的刘备及其所部。曹操此次东征所用的名义是增援刘备，于是正好两军会合，一同东进。刘备虽败，但部队仍有万余人，而且刘备两度被吕布所坑，他和他的部下对吕布恨得咬牙切齿，在此后的作战中都很卖力气。

为了抵御曹操的进攻，吕布将兵力从小沛收缩至彭城，打算在此固守。曹操则选择了长驱直入的打法，他没有将战线拉得很长，而是集中力量在一条线上，直奔彭城而来。

冬十月，曹军进抵彭城。陈宫向吕布献计，劝吕布先下手为强，在界首打击曹军：“敌人远来疲惫，我们应乘此机会，以逸待劳，迎头痛击，这样准能取得取胜。”

吕布不同意，他的想法是诱敌深入，让曹军先发起攻击，当曹军横渡泗水，需要泅水时，再发起突然袭击，把他们消灭在泗水之中。

作为一个身经百战的用兵家，吕布在打仗方面其实并不需要别人的过多指点，半渡而击在战术上完全可作为更高层次的“以逸待劳，迎头痛击”，若运用得好，吕军也足可借此一战击溃曹军。问题的实质在于，不管怎么“击”，你都要具备“击”的能力，应该说，这种能力吕军原来是具备的，骑兵在野外的大范围运动作战曾经是他们的看家本领。

可是现实情况却让吕布的如意算盘落了空。曹军率先发起攻击后，攻势极其凌厉，吕军还没反应过来，他们就已经渡过泗水，兵临城下，吕军在战场上的表现可谓一塌糊涂。

有研究者联系吕布买马被劫一事，推断此前吕军战马的来源已被切断，骑兵的战斗力迅速下降，已不复与拥有强大骑兵的曹军相抗衡的实力。

吕布本来还拥有自己的步兵精锐也就是陷阵营，高顺统率下的陷阵营号令整齐，一度每战必胜，在吕布与曹操争夺兖州时，连青州兵都压不倒它。可是吕布为人多疑少谋，后来对高顺日渐疏远，因为部将魏续是自己的亲戚，他便剥夺了高顺的兵权，平时把陷阵营交给魏续节制，只在要打仗时，才交给高顺指挥。

高顺对吕布忠心耿耿，即便在这种情况下也始终不怨恨吕布。但军队的实战成效与平时的训练和管理密切相关，纵使高顺指挥有方又身先士卒，也无法让陷阵营重回巅峰。

曾经叱咤风云，与曹军实力不相伯仲的吕军，其步骑兵的水准都早已江河日下，当再次面对曹军时，自然就怪不得他们连张绣军都不如了。

曹军先是强渡泗水，接着又势如破竹地攻下了彭城，吕布仓惶逃遁，退守位于彭城东南的下邳。只可怜了彭城，曹操上回东征陶谦时，此城就已惨遭曹军屠戮，这次曹操为了给以后的攻城战减少障碍，竟又以“围而后降者不赦”为由，残酷地下令屠城。

从前曹操曾授陈登为广陵太守，让他待机里应外合。这时陈登便率一郡之兵对曹军进行配合，曹操将陈登部作为前锋，向下邳急进。此举不仅大增曹军之势，而且进一步瓦解了吕军军心。

以陈登部为前驱，曹军一直打到了下邳城下。吕布多次率骑兵出城，试图击退曹军，但吕军骑兵的战斗力并未因他亲自领兵而有所提高，吕布次次出城，次次都铩羽而归，最后只得高挂免战牌，在城内闭门不出了。

一个不可说的秘密

当初因为陈登的巧言掩饰，吕布没有对陈登被任命为广陵太守一事予以深究，但猜疑并未完全消除。他把陈登的三个弟弟作为人质，软禁于下邳，才肯让陈登南渡淮水到广陵上任。此时见陈登加入曹军，吕布便把他的弟弟们抓起来，欲以此与曹操讲和，不料吕布的部下张弘想给自己留后路，乘天黑时将三个人偷偷地放出了城。至此，吕布连手中仅有的这一点筹码也失去了。

作为进攻方，曹操其实也不顺心，他原以为两屠彭城，足令下邳等城池不战而降，可是事与愿违，此举反而增强了城内军民固守的决心。下邳是徐州新的州治所在，坚固程度非彭城可比，曹操意识到要硬行攻克下邳将非常困难，于是便给吕布写了一封信，陈明祸福，晓以利害，劝他投降。

吕布收到信后动了心，打算投降曹操。陈宫等人皆为曹操手下的叛将，对曹操睚眦必报的个性非常熟悉，他们认为降曹后，自己绝无好下场，因此对吕布的想法表示竭力反对。

陈宫推断，曹军远道而来，兵多粮少，时间一长，军粮供应一定会出现困难，其攻势不可能持久。他建议吕布带一部分步骑兵出屯城外，由他来守城内：如果曹军攻城，吕布就在外牵制；如果曹军攻打吕布，他就引兵出击，攻打曹军侧背。

自古守城必守郫，或者叫守大城必野战。像下邳这样州治规格的大城，城墙长，薄弱点多，光是在城内被动死守是不行的，还必须分兵到城外野战，与城内守军互为犄角，以免城池被困死。陈宫重申了这条守城要则，并且断定只要这么做，“不出一月，曹军粮食耗尽，我们再乘势出击，必然获得全胜！”

吕布是打仗的行家，陈宫之计让他看到了解围的希望。他当即决定让高顺协同陈宫守城，自己则领兵出城，并且先用游骑切断曹军粮道，让曹军的给养补充变得更为困难

吕布正准备出城，却遭到了妻子的劝阻。

陈宫和高顺素来不和，这在吕军内部几乎人尽皆知。吕布的妻子断言，只要吕布一出城，陈、高二人必不会同心相守。与此同时，她还揭示出了一个不可说的秘密，即陈宫也未必忠于吕布，吕布出城，可能等同于直接把城池送给别人。

“过去曹氏待公台（陈宫字公台）如同亲骨肉，他都能舍弃曹氏投归我们，现在将军对待公台并没有超过曹氏的地方，却要把城池和妻子都交给他，自己孤军远出，如果情况一旦有变，妾还能做将军的妻子吗？”

在吕布的部将中，有人曾因暗通袁术，意欲谋反而被杀，事后调查时，发现陈宫竟然与这名部将同谋！吕布做事优柔寡断，不像曹操那样狠辣和坚决，他鉴于陈宫是自己的首席幕僚，当时并没有再对此事进行追究。

不追究，不说明吕布心里没有阴影，妻子的话提醒了他，重又勾起了他对陈宫的疑虑，加上舍不得老婆孩子和坛坛罐罐，出城一事便只好告吹了。

虽然改变了主意，但吕布也知道不能光坐守城池，他把希望寄托于援军，派幕僚许汜、王楷去向袁术求救。

乘曹军尚未对下邳形成合围，在吕布的策应下，许汜、王楷突围奔往寿春。等二人好不容易到达寿春，听他们讲完来意，袁术内心却只有一种别人帮着报了仇的快感——他称帝后第一个用悔婚方式打他脸的，是吕布，后来让他吃了大败仗、还拼命羞辱他的，仍是吕布，这个人如今倒霉，难道不是活生生的现世报么？

被别人逼到家门口了，才来求我，对不起，我只能让你高攀不

起了！当着许汜、王楷的面，袁术很气愤地说："吕布不肯与我结亲，理当失败，今天还有什么脸来求我呢？"

许汜、王楷都是当初随陈宫叛变曹操的原兖州官员，没有人比他们更明白下邳城破的后果，他们只好站在维护袁术利益的角度，继续苦劝道："明上（袁术称帝后的特称）现在不去救吕布，等于是自取失败，因为只要吕布一破败，明上也就朝不保夕了。"

袁术与曹操同为死敌，许、王所讲的道理，他当然都懂，但道理归道理，对于吕布的这股气，他就是咽不下去。为了敷衍许、王，他口头同意施以援手，然而仅仅是整顿兵马遥作声援，并不正式发兵。

却说吕布在下邳盼星星盼月亮，一个人影也没盼着。吕布的思维有时真是既天真又简单，他以为袁术还希望与他结亲，不发救兵，只是自己还没有把女儿送去。

如果能够让袁术看到他的儿媳妇，应该一切都迎刃而解了吧。吕布用布帛将女儿绑在自己马上，准备乘天黑亲自出城，前往寿春。谁知此一时彼一时，下邳已被曹军合围，他刚一出城，箭矢就纷纷飞来。

吕布既要在箭雨中冲杀，又怕伤着女儿，武功再高强也没法突围，只得又退回城中。

小算盘

袁术有能力救吕布，但只是坐观其败，还有人倒是真心想出手救援，可惜又心有余而力不足。

吕布的老乡、河内郡太守张杨属于后者。张杨与吕布一直保持着密切联系，知道吕布被围下邳，数他最着急，无奈河内与徐州之间距离遥远，鞭长莫及。尽管如此，在未收到吕布求援消息的情况下，张杨仍主动出兵，在威胁曹操后方，与吕布遥相呼应的同时，缓解曹军对下邳的围攻。

张杨依附于袁绍，袁绍因为正与公孙瓒激战，暂时抽不出力量对付曹操，便暗中支持张杨对吕布的增援。与此同时，曹操也打入了张杨内部，致使张杨的部将分成了泾渭分明的两派：其中一派以眭固为代表，支持张杨出兵；另一派以杨丑为代表，反对张杨出兵。

张杨的性格和吕布相似，为人宽大随和，就算发现部属图谋不轨，往往也只是落几滴眼泪，感伤一下，而不加以追究惩罚。然而军队可不是讲温情的地方，张杨此举对部属而言，实际是一种无原则的纵容。在曹操的指使下，杨丑发动兵变，杀死了张杨，用以响应曹操。尔后，倾向袁绍的眭固又杀死杨丑，明言宣布投归袁绍。

即便在张杨活着的时候，河内军对前线曹军的牵制作用也极为有限，而袁术的所谓增援更是光打雷不下雨，这使得曹操可以心无旁骛地加紧对下邳用兵。他采用挖掘壕沟的办法，将城池里三层，外三层，围了个水泄不通。

不过下邳作为大城，也不是这么容易被打下来的。一转眼，已经两个多月过去了，曹军仍无所得。在久攻不下的情况下，官兵普遍感到疲惫，曹操便打算暂时收兵，撤回许都。荀攸、郭嘉见状，急忙上前劝阻。

曹操的随军智囊团一直在研究敌情。荀、郭分析认为，自曹军东征以来，吕布一次胜仗也没打过，锐气早已渐渐丧失，不复往日之勇。打仗时，三军都看着主将，主将锐气大减，三军也就随之没了斗志。此时曹军正当一鼓作气攻克下邳，一旦撤兵许都，大好战机将可能一去不复返。

作为吕布的首席幕僚，陈宫曾两次向吕布献计，他会不会又想出什么奇招，从而化解曹军的攻势呢？荀、郭对此都给出了否定的回答。

如同郭嘉所言，考查一个军师厉不厉害，最重要的指标是看他现场反应快不快，有没有临场应变的能力。贾诩在这方面做得几乎无可挑剔，战场上的任何风吹草动都逃不过他的眼睛，他所献的计谋也能在第一时间里帮主公解决问题。

按照荀、郭的剖析，既然陈宫分兵城内城外的建议未被吕布采纳，他就要或继续坚持，或另思他策。但在过去这么长的时间里，却未见他有此应对，可见陈宫虽然有头脑也有智谋，但见事迟，没有急智，终究成不了吕布的救星。

荀、郭主张，乘吕布及其所部的锐气斗志尚未恢复，陈宫也还没有想出新的解围脱困之策，应该锲而不舍地继续进攻下邳。曹操觉得他们说得有理，于是放弃收兵之念，按照二人所设之策，一面激励士气加紧攻城，一面掘引下邳西边的泗水、沂水，用河水淹灌城池。

如此又围攻了一个多月，河水屡屡将城墙冲毁，城内外一片汪洋。在既无援兵，储粮也已严重不足的情况下，下邳守军所面临的压力越来越大。吕布感到实在难以坚持，于是便登上城头，对着曹军士兵喊道："你们不要再围城了，我去向明公自首就是。"

"明公"是那个时代对有名位者的尊称，吕布此处所称的"明公"就是指曹操。一旁的陈宫听后急了，生气地说："逆贼曹操，算什么明公！现在去投降他，如同以卵击石，岂能保全性命？"

文有陈宫，武有高顺，二人都坚决反对降曹，吕布说服不了他们，只得暂时作罢。但他的态度无疑让其余部属更为动摇，一些将领不愿再死守下去，内心都打起了小算盘。

这时正好发生了一件事。吕布的部将侯成丢失了一匹名马，不久又找到了，众将合伙送礼，向他表示祝贺。侯成从贺礼中分出一份酒肉送给吕布，吕布正因形势险峻，守又守不住，降又降不成而感到愁闷，便顺势将一通火发到了侯成的身上："我下令禁酒，你们却私自酿酒，是想乘我饮酒的时候谋害我吗？"

如果吕布像曹操一样平时御下严厉，就算偶尔发无名之火，一般情况下，部属也就只能捏捏鼻子，自认晦气算了。偏偏吕布又一向是个过于宽容的家长，部属的脾气也因此都被惯坏了。侯成被骂后又恨又怕，恨的是吕布不识好歹，自己马屁拍在了马蹄上；怕的是吕布会不会以触犯禁酒令为由，对他予以处罚甚至斩首。

魏续等将领都是给侯成送了礼的，这些人聚在一起一商量，认为若继续留在城内，就算不被吕布追究，城破后也得送命，与其这样，不如直接弃吕降曹。

计议已定，众将乘陈宫、高顺不备，突然将二人捆绑起来，然后率领本部士兵出城投降曹操，陈宫、高顺则成为了他们送给曹操的“礼物”。

魏续等人本来都是深得吕布信任的将领，吕布根本想不到他们会在关键时候背叛自己。后来，吕布还很不解地对曹操说：“我吕布对待诸将一向优厚，却料不到诸将在危急时刻全都背叛了我。”言下很是愤懑不甘。

曹操在进攻吕布前，广泛搜集了关于吕布的情报，他当即毫不客气地戳穿道：“你背着你的妻子，和诸将妻子之间关系暧昧，这怎么叫待之优厚？”

吕布听后哑口无言。

捆绑老虎不能不紧

诸将降曹事件不仅进一步削弱了下邳的防御力量，也在心理上对城内军民造成了更为沉重的打击；反过来，曹军则从中受到激励，攻城愈猛愈急。当吕布率部分亲将登上名为白门楼的南门城楼，察看战况时，始觉大势已去，城池是再也守不住了。

曹操在攻打下邳前曾屠彭城，使得他的“围而后降者不赦”已成为人尽皆知的事实。既然曹操连守城的普通军民都不放过，主帅又焉能留得性命？吕布自度难免一死，还不如便宜手下人，于是就让左右割下自己的头去献给曹操。

吕布虽热衷于给部将们戴绿帽子，但他待人不苛严，多数下属与他的关系还是较为融洽的，要他们杀掉吕布，用其首级去获取荣华富贵，还是没人忍心这么做。

吕布嘴上说死就死了，心里其实也仍存着侥幸活命之念，见状便自行走下城楼，打开城门出降。正在攻城的曹军一拥而上，将吕布捆了个结结实实。

曹操率文武官员登上白门楼，命令将吕布、陈宫、高顺押上来，对他们进行公开处置。吕布一见曹操就说："捆得太紧，稍微松一点。"曹操笑道："捆绑老虎不能不紧啊！"

吕布要求将捆他的绳子松一下，求饶的意思已经相当明显。过去陈登骗吕布时，曾说曹操将他看作是鹰而不是虎，如今听曹操口口声声"捆绑老虎"，不知道是不是因此触动了他，令他对曹操说出："从今以后，天下可以安定了。"

"何出此言？"曹操果然很感兴趣。

"明公所害怕的大敌之中，也没有能超过我吕布的了。我现在已经降服，如果命我统率骑兵，明公统率步兵，何愁天下不能平定？"

曹操在最早会见陈登时，就认为吕布"狼子野心"，无法蓄养，如果有条件一定要灭掉他，而不能留着。这次攻克下邳，他本来也没想过要让吕布活着，但吕布的话还是让他想到了另外一种可能性，即是否可以如其所言，收吕布为将。

尽管吕布有些夸大其辞，然而中原杰出的骑兵将领不多，乃是事实，吕布在骑兵作战这个领域有着极高造诣，也是事实。统观整个关东地区，大概也只有原来的公孙瓒可与吕布相提并论了，若吕布能为曹操所用，曹军骑兵的作战能力必能得到提升，这是毋庸置疑的。

曹操爱才如命，为此开始犹豫不决起来。他的表情变化全都被吕布看在眼里，见刘备在曹操身边坐着，他赶紧请刘备为他做说客："玄德公（刘备字玄德），您是座上客，我是阶下囚，绳子把我捆得太紧了，您就不能为我说句好话吗？”

吕布之所以寄望于刘备援救自己，大概是认为刘备还欠着他的“人情”：刘备在失去徐州后，他同意刘备依附于己，给了刘备东山再起的机会，此后，高顺等攻破小沛，俘虏了刘备的妻儿，他也没拿对方怎样。

问题在于，吕布的“人情”在刘备那里有着完全不同的解读。比如徐州本来就是刘备的，是被他吕布乘隙所夺。当时刘备的处境可以说苦不堪言，因为丧失地盘，缺乏粮食，刘军官兵甚至一度互相残杀，以人肉为食。又比如说刘备的妻儿，刘备可不是吕布，他没有那么婆婆妈妈，儿女情长，要不然，也不至于仓促之下把老婆孩子都丢掉了。如今下邳城破，一家人得以团圆，他也不会感谢吕布的“照顾”，而只会想到这笔账终于到了清算的时候。

面对吕布为了抓根救命稻草，已经不管不顾的猴急模样，刘备始终保持沉默，一言不发，就像耳朵背，没听到他的话一样。曹操倒是心有所动，对吕布说：“你何不直接对我说，而要去求刘使君呢？”（使君是对州刺史或州牧的尊称，此时曹操给刘备的头衔是豫州牧。）

说完，曹操便命人给吕布松绑。主簿王必见曹操要放过吕布，急忙上前劝阻道：“吕布乃强暴之敌，其部众就在附近不远的地方，不能给他松绑！”

王必乃是当年曹操遣使长安所派的特使，在曹操幕僚中，他的谏言一向很有分量。曹操听后，对吕布说：“我本来想给你松绑，但是主簿不同意，怎么办呢？”

死是理所当然的

曹操是一个很有决断力的人，当然不会因为主簿出言，就立即改变主意。事实上，他也深知，吕布并非普通战将，而是可号令一方的诸侯，只有杀掉吕布，听从他的并州集团才会树倒猢狲散，这股劲敌也才能算是被彻底消灭。

然而理性归理性，爱才的癖好还是让曹操欲罢不能，难以取舍，一时之间，他也不知道究竟是该给吕布松绑，还是直接拖出去砍了。看到曹操如此犹疑，本想静观事态变化的刘备终于坐不住了，他赶紧接着王必的话说："是不能松绑啊，明公难道忘了，吕布是如何侍奉丁建阳和董太师的吗？"

建阳是丁原的字，董太师指的是董卓，刘备以此提醒曹操，吕布乃卖主求荣、反复无常之人，他做谁的部下，谁就会倒霉，你要是想留下吕布，那就等着重蹈丁原、董卓的覆辙吧！

刘备这句话所起的作用，其实就是替曹操下了决心，曹操终于得以从矛盾心理中抽出身来，他向刘备点了点头，表示赞同。

吕布本来似乎已经看到了被赦免的希望，不料转瞬之间就又被刘备送上了断头台，不由得又气又急，瞪起眼睛骂刘备："你这个小儿，最不可信！"

吕布的命运已经确定，接下来，曹操问陈宫："公台（陈宫字公台），你平常自称智谋有余，今天怎么弄到了这个地步呢？"

陈宫转过头去，看着吕布："只因他不听从我的话，以致弄到如此地步，如果他能按我的意见办，未必被你们活捉。"

作为谋士，陈宫当然有他的缺陷，但如果能够从头再来，就算还是要背弃曹操，他应该也决不会选择吕布。其实在此期间，他肯定也已经后悔过，要不然就不会有暗通袁术的事了。可是袁术又是什么明主？以陈宫的政治智慧，他不会看不出袁术早已日薄西山，如此做法，倒颇有点破罐子破摔的意味。

这一结果正是曹操乐于看到的，陈宫当年叛他而去时，留给他的那股愤恨之情也随之被稀释，他笑着问陈宫："你看今天这事该怎么办呢？”

吕布是“轻侠”出身，这可能是他死到临头仍旧不明大义、乞生偷死的一个重要原因。与吕布不同，陈宫乃兖州世家子弟，自己做过哪些事，应当承担什么样的后果，他心里比谁都清楚，也因此从一开始就已断了求生之念。听了曹操的话，他从容答道：“作为人臣不忠，作为人子不孝，死是理所当然的。”

陈宫是兖州豪族背叛曹操的罪魁祸首，以军法论，必死无疑。但他有劝领兖州之功，曾是曹操手下的心腹，更兼还是一个难得的智谋之士，故而曹操对他也有网开一面的考虑，前提是陈宫必须自己主动求情服软。

陈宫这个时候还提到孝，说明他很在乎家人，于是曹操用颇为惋惜的口吻问道：“你死了，你的老母怎么办？”

“我听说，打算以孝治天下的人，是不会加害别人父母的，我老母是死是活，只能由明公来决定，不是我能决定的。”

“那么，你的妻子儿女怎么办？”

“我听说，施仁政于天下的人，是不会杀绝别人后代的，我妻子和孩子是死是活，也只能由明公你来定夺。”

陈宫已不再骂曹操为“逆贼”，而是像从前在其身边辅佐时那样，称为“明公”，显见得他自己虽然不惧死亡，却也希望曹操能念及旧情，宽免其家属。

曹操什么话都说不出来了。过了一会，陈宫再次开口，不是乞求饶命，而是要求尽快赴死：“请把我拉出去处死，以彰明军法。”说完就径直往外走去，军士拦都拦不住。

曹操见此情景，只得流着眼泪在后面送行，陈宫头也不回，就好像把他在人世间所经历过的全部恩恩怨怨，都一股脑儿地抛在了身后。

当天，吕布、陈宫、高顺被一同以绞刑处决，陈宫临刑前所展示出的英雄悲壮之气，给后世留下了深刻印象，也令曹操颇为动容。他没有忘记陈宫的临终之言，特地将其老母迎来奉养，直至去世。陈宫的女儿长大后，曹操又为她操办了出嫁事宜，对陈宫家人的关心和照顾，甚至比陈宫在世时还要周到。

曹操自己也在转变。过去他曾屡屡做出下令屠城的恶行，但自攻破下邳起，开始有所节制。除处决首要分子外，甚少再殃及他人，就连在曹吕争夺兖州时期背叛他的一些部将，只要表示悔改，他也不再追究责任，反而召来后还重新任命其为郡守。

曹袁相争

自南征豫州以来，曹操南征北伐，不但通过击败对手不断获得地盘，而且还从对手阵营中广为吸纳人才和军队。

吕布被擒杀后，归附于吕布的泰山军首领臧霸逃至别处藏匿起来，曹操悬赏找到他，厚加款待。臧霸深为所动，又协助曹操招降了其余泰山将领。

泰山军虽无法与曹操、吕布这样的大型军事集团相比，但作为活跃于山海地带的土著军队，用他们来控制当地，稳定后方，对曹操而言，不啻于一个最好不过的选择。基于这一认识，曹操委任以臧霸为首的泰山诸将为郡守、国相，专门将徐州的滨海地区划出来，交由他们负责管理。

比臧霸价值更大的是张辽。从史籍留下的记载来看，在摆脱凉州军控制后，逐渐形成的并州军事集团应包括三支人马，即吕布、张杨、张辽。三人的出身和早年经历都大体相似，当初都随丁原前赴京师洛阳勤王，后来张杨、张辽同受何进委派，回并州募兵，等二人重返洛阳时，吕布已杀死丁原，在这种情况下，张辽便依附了吕布。

张辽与吕布不同，他不是带头与曹操争雄的诸侯，而只是一个为主公所用的将领。张辽与高顺也不同，高顺死忠于吕布，与曹操也没有什么个人之间的历史渊源，所以曹操问都不问一声，就把他给杀了。张辽部在吕布军中一直都保持着相对独立的地位，吕布被杀后，他就率领部属投降了曹操。

原并州军的骑兵主将吕布、张杨已死，张辽硕果仅存，且智勇双全，勇猛过人，曹操自然要加以重用。在张辽归降后，即任命他为中郎将，并赐爵关内侯。

在曹操东征吕布，袁绍北击公孙瓒之前，曹操、袁绍都早已视对方为自己最危险的敌人。与大敌争衡，必须首先确保自己后方没有其他强敌，在这一点上，两人的认识完全一致——曹操击灭吕布，占据徐州，解除了北向用兵的后顾之忧；时隔不久，袁绍也终于得以消灭公孙瓒，进而基本控制了冀、青、幽、并四州，将黄河以北地区牢牢掌握在自己手中。

在南方，唯一能够与袁绍抗衡的是曹操；在北方，唯一能够与曹操抗衡的是袁绍。中原的战争，势必将由群雄兼并演变为曹袁相争。第一个成为双方互争目标的是司州的河内郡，张杨的部将眭固接管河内后，宣布投归袁绍。曹操率先出手，他没有马上返回许都休整，而是抓住袁军战后疲惫，暂时无力兼顾其他之际，亲率中军主力，迅速渡过黄河，杀掉眭固，控制了河内。

袁绍的部署亦不算迟，一俟击破公孙瓒，他就立即派大儿子袁谭守青州，次子袁熙守幽州，外甥高干守并州，他自己守冀州，从而完成了四州相倚，总统于己的战略格局。

公孙瓒曾经拥有关东最强的骑兵部队，极盛时期甚至可以指挥上万骑兵会攻袁绍，那时吕布都还没有出现在关东战场上。与曹操一样，袁绍通过消灭公孙瓒，不但扩大了地盘，而且通过兼并公孙瓒的武装，使他的军队实力，尤其是骑兵变得更为强大。

除了军事上处于优势地位以外，此时袁绍在北方已不存在任何后顾之忧，可以腾出手来，全力以赴地对付曹操。相比之下，曹操背后仍有刘表等强敌，随时都有受其攻击的可能性。袁绍对此很是得意，连表面功夫都不愿意做，给朝廷的进贡越来越少。

上有所好，下必甚焉，主簿耿包窥测出袁绍的心思，暗地里向其提议，说不如顺应天命，自立称帝。这个提议正中袁绍下怀，便把耿包的提议公之于众，让部下们进行讨论，实际他是想和袁术一样，借此取得众人的拥戴。不料这件事遭到大家的一致反对，官吏们都说耿包妄言胡说，应予斩首，袁绍傻了眼，为了把自己撇清，只好依言摘了耿包的脑袋。

袁术称帝前，真正在意的并不是部下说好说坏，他顾忌的还是曹操，袁绍同样如此。既然曹操是自己称帝的最大障碍，而且看起来干掉他的条件已经具备，那还等什么呢？

袁绍决定进攻许都，劫出献帝，他知道这同时也是攻取曹操的致命一着。曹操“挟天子以令诸侯”，见袁军进攻许都，就不能不全力救援，到时他就可以达到消灭曹操，进而称帝的目的了。

第六章 官渡大战

很多年前，袁曹在对话时，袁绍提出了一个颇具远见的战略框架，即“南面据守黄河，北面凭借燕、代的险阻，兼有戎、狄之众，向南争夺天下”。这么多年来，袁绍致力于逐步把这个框架变成现实，“向南争夺天下”看起来已经水到渠成，他南攻许都，也绝非只是自我膨胀，临时起意。

在南攻许都的具体部署上，袁绍拟挑选十万精兵，万匹战马参战。人员配备方面，以首席谋士沮授为三军统帅，以颜良、文丑为将。

与曹操相比，袁绍麾下的谋士无论数量还是质量都不逊色，其中以沮授为首，特别知名者就有八人，外界称为八大谋士。除沮授为帅外，袁绍以八大谋士中的审配、逢纪参与统兵，田丰、许攸再加上一个虽不在八大谋士之内，但同样能力不差的荀谌负责出谋划策。

让袁绍没有想到的是，在他提出这一方案后，首先表示反对的，不是别人，正是被他列为统帅的沮授。

唇枪舌剑

袁绍消灭黑山军、公孙瓒等役，如果仅就弊端而言，外部，是客观上为曹操驰骋江淮，壮大势力创造了机会；内部，由于时间过长，部队未能得到充分休息，使得军民疲惫，物资消耗亦很巨大。沮授认为，在这种情况下，不可轻举妄动，而应首先休兵养民，恢复元气。

在关东谋士中，沮授第一个提出“挟天子以令诸侯”，依托朝廷做文章是他始终不变的观点。他认为，当前不仅不应该减少对朝廷的进贡，还要表现得更热切一些：我们不是打败公孙瓒了吗？赶紧派使者去许都，向天子贡献战利品！

遣使都许，和早年曹操遣使长安一样，都是为了拉近与朝廷的关系，对曹操“挟天子以令诸侯”也有一个有效的牵制和削弱。沮授预计，曹操对此不可能长久坐视，一定会千方百计地予以阻挠，到时袁绍便可以上表控告曹操，然后进驻黎阳津，逐步向黄河南岸发展，这叫师出有名。

即便向黄河南岸发展，沮授仍坚持稳扎稳打，一方面适应南方作战特点和要求，多造船只，修缮武器装备；另一方面分派精锐骑兵，抄掠曹操所控区域的边境一带，使其不得安宁。

在沮授看来，只有这样做，才能最终把曹袁的优、劣势对调过来，一旦曹军疲敝不堪，而袁军以逸待劳，就算袁绍想坐着平定天下都没问题了。

沮授发表意见后，审配以及同样位列八大谋士的郭图立即表示异议。他们指出，袁军连续击破黑山军、公孙瓒等北方强敌，士气正旺，南下讨伐曹操易如反掌，根本没必要像沮授说的那样麻烦。

此时的袁军，从上到下都呈现出一种虚骄状态，审配、郭图的看法，恰恰是这种虚骄状态的一种必然反应。相比之下，曹军虽然也历经征战，但正是因为知道自己在实力上还不及袁军，所以上下自戒，反而越打越强，越打越精，这与持续走下坡路的公孙瓒是完全不同的。沮授对此看得非常清楚，他反驳审配、郭图，强调曹军兵少却精，加之曹操多谋善断，已足以抵消在数量上的不足。更何况，曹操还有其独有的优势，那就是代表朝廷发言，名正而言顺。

沮授阐发了一个义兵骄兵理论，他说一支军队如果能在世人眼中，留下拯救乱世、诛除暴逆的印象，这叫义兵；反之，只是依赖军队数量多，好像以为自己很强大，那就是骄兵。战场之上，义兵无敌，骄兵先亡。

沮授所说的义兵骄兵到底是谁，自然是一目了然。他由此说明，曹操奉迎天子，已经占领了舆论高地，一旦袁绍进攻许都，曹操就可以打出保卫许都、保卫朝廷的正义旗号。这样，仗还没打，袁绍在道义上就先吃了大亏，结果必然凶多吉少。

骤然南下许都太过冒险，唯师出有名，稳扎稳打才是万全之策。沮授再次恳请袁绍修改他的方案："为什么要舍弃万全之策而发动无名之师呢？我为主公您感到担忧！"

沮授说得激动，袁绍却听得生气。

这真叫长他人志气，灭自家威风。曹操哪有你说的那么厉害，我跟公孙瓒大战界桥，歼灭"白马义从"的时候，他在旁边都看呆了！这么多年过去，曹某或许有所长进，但我还把公孙瓒给全灭了呢，你说到底谁更强？骄傲，那也得有骄傲的资本，在打仗这个圈子里，可不是想骄傲就骄傲得起来的。

至于伐曹违义，更是无稽之谈，迂腐之见。那吕布不也是朝廷钦封的平东将军兼左将军么，他到底做错了什么，说被曹操灭掉就灭掉了！曹操挟持天子，在朝中飞扬跋扈，我讨伐他这个大奸臣怎么就名不正言不顺了？

审配、郭图察言观色，明白沮授已触犯了袁绍心中的大忌，于是两人顺势反击，迎合着袁绍的意思，替他说出了他最想说的话：周武王讨伐商纣，都不能说不够道义，更何况，我们如今讨伐的又不是天子，而是曹操，怎么能说师出无名？

审、郭转向袁绍，说以主公您如今这样强盛的势头，将士们的斗志又如此昂扬，若不乘此机会完成大业，那就是辜负了上天的好意，最后必受其害。春秋时期，越国为什么能够称霸，吴国为什么灭亡，就是因为一个抓住了时机，而另一个没有抓住。沮授太过求稳，看不到时机的变化，主公千万不要听他的。

一场唇枪舌剑的争论终于结束了，袁绍决定采纳审配、郭图的意见，沮授落了个完败的下场。

曹操幕府中，一般很少看到有地域、派系之争；与之不同，袁绍的幕府争论，往往都带有很重的党争色彩。郭图是颍川系，与冀州系的沮授对立，早在讨论迎奉献帝时，两人就针尖对麦芒地发生过争执。这次也不例外，而且郭图在讨论占得上风之后，又乘势给沮授下了个冷绊子。

沮授身为首席谋士，又被袁绍授命为三军统帅，总理内外，这件事让谋士们尤其是对立派系的谋士大为忌妒。郭图对袁绍说，臣下的权威如果和君主差不多，那就很危险了，现在沮授就达到了这种程度，他已经威震三军了，若听任他的权力继续扩大，还靠什么来控制他？

沮授的逆耳之言本就让袁绍不满，听了郭图的话后果然心生疑窦。为了削弱沮授的兵权，他将准备南下的军队一分为三，使沮授、郭图、淳于琼各统一军。

沮授希望袁绍修改方案，袁绍也修改了，不过是按照他自己的意愿：三军统帅当然不能再让沮授当了，我袁绍自己当！

尽管放马过来

袁曹双方各自都有评价的侧重点，袁绍那边重在比拼军队哪家强，曹操这边则重在比拼主公哪家好。

最早归附曹操的鲍信，在别人归附袁绍的时候，便暗喻曹袁将来必有一争，最后曹操会成为成功者，而袁绍必然失败。后来集合于曹操帐下的谋士们更是如此，曹操收到袁绍的嘲讽信，竟至焦躁不安。首席谋士荀彧马上站出来说，古来胜败场上，真正有才能的人，纵使弱小，也必将强大；反之，纵使一时强大，也会变弱。

荀彧以刘邦、项羽的一胜一败、一存一亡进行对比，实际上是把曹操比作刘邦，把袁绍比作项羽。他还具体从度量、谋略、用兵、品德四个方面进行分析，论证了曹操胜过袁绍之处，此即“四胜”。荀彧的“四胜”又被郭嘉引申为著名的“十胜十败”之说，后者用十条理由，极力证明“公（曹操）有十胜，绍有十败”。

从曹操的少年时代开始，袁绍就是曹操心底的一块阴影。袁绍家族身份优越，曹操家族身份卑微。袁绍的仕途一帆风顺，以致他气哼哼地离京出逃时，董卓不但不杀他，还要封他为渤海太守；相对而言，曹操的仕途就要艰难得多，可以说屡经挫折，同样是叛董而去，被董卓一路通缉，其间连个为他求情的人都没有。

到了将要与袁绍决战的前夕，眼看曹军实力似乎还是不如袁军，无法与之抗衡，这个时候，曹操甚至比底下的将士都更需要有人给他打气。荀彧、郭嘉之言，犹如春风扑面，让曹操心里暖洋洋的，同时也颇有些不好意思：“我有你们说的那么好吗？真是承受不起啊！”

在风闻袁绍将要攻打许都的消息后，许都人心惶惶，连很多曹军将领对与袁军作战都感到没有信心。曹操见状，便也用荀彧、郭嘉的套路来鼓舞军心，说没有谁比我更熟悉袁绍了，此人志大而才疏，充其量只能算是个低能的“布衣之雄”，士兵虽多，但部署不得当，加上手下将领骄横，政令不统一。总而言之，袁绍要么不来进攻许都，来了正好给我们送礼——青、冀、幽、并四州土地广大，粮食丰富，以后都是我们的了！

曹操忙着出面给大家鼓劲加油，偏偏还有不识时务者出来泼冷水，唱反调。孔融找到荀彧，他从袁绍开始，到田丰、审配等谋士，颜良、文丑等将领，扳着指头一个个数过来，说这些人名气都这么大，实力这么强，哪里能够战胜他们呢？

荀彧、郭嘉并非一开始就跟了曹操，他们都是先投袁绍，再归曹操，他们对于袁绍、曹操都有着充分的了解，所以无论是“四胜”也好，“十胜十败”也罢，虽然话语中难免有溢美曹操、贬损袁绍之处，但绝非是不顾事实的臆测和捏造。荀彧知道孔融是个缺乏实际能力的书呆子，为了不让他的悲观论在己方内部产生市场，便立即逐一分析了包括袁绍在内诸人的缺陷和不足，断言：“袁绍和他那些谋士，相互之间一定不能相容，内部必然会产生矛盾；颜良、文丑，不过是匹夫之勇罢了，可以一战擒之。”

面对袁绍即将大军压境的威胁，曹操和他的亲信部属们都明白，他们除了发挥所长，朝对方薄弱处奋力一击外，已别无选择。建安四年（199）八月，曹操亲率精兵两万进军黎阳津。黎阳正是沮授在“万全之策”中建议袁绍抢占的黄河北岸渡口，曹操以此向袁绍做出抗击姿态：尽管放马过来！

曹袁之战，曹操是守方，他将部队分据于左翼、右翼和正面三个防线进行防守。左翼防线以河内郡为桥头堡，河内“南控虎牢之险，北倚太行之固”，曹军防守此处，既可以阻止袁军由此南下，又能进而威胁到袁军大后方的右侧。

右翼防线正对的是青州。曹操派臧霸等人率泰山军对青州发动进攻，泰山军此番很是卖力，出师后连夺三郡。以臧霸和泰山军的能力来说，这也就达到他们的极限了，要想再到河北捣捣乱，甚而成为袁绍的心腹大患，他们那点兵力是根本不够用的。不过仅此也已起到了牵制袁绍的作用，至少，袁绍要想从他的左侧发动进攻，或者配合主力策动攻势，都不是一件很容易的事了。

生命线

曹操虽然立足于守，但并非被动防御，而是积极防御或者说是防御性攻势。其目的是要后发制人，即选择最有利的战略位置，集中己方的优势兵力，先顶住袁军的强大攻势，然后再制造和抓住机遇，迅速转入反攻。

能否真正做到后发制人，主要都取决于中央正面防线的表现，曹操总的部署，也是以正面防线为主，同时兼顾左右两翼。

在正面防线上，曹操一共设置了三道防线。黄河南岸诸渡口自然是第一道防线，南岸津渡较多，守军力量很容易分散，导致顾此失彼，届时就算曹操在这道防线配置的人马再多，袁军也可以随时随地渡过黄河。

既然不能处处设防，就要重点设防，挡不住人家过河，就要想方设法给他们制造点麻烦。曹操在黄河防线用兵非常之省，仅命大将于禁驻守延津，东郡太守刘延防御白马。其任务并不是非要把袁军阻在黄河以北不可，而是通过前哨战的方式，对袁军的渡河进行干扰和破坏，顺便试探袁军的战斗力乃至挫其锐气。

最能体现曹操超人眼光和军事智慧的，还是位于官渡的第二道防线。官渡防线是曹军抗敌的主要防线，该处位于曹操地盘的中部稍前，系许都北面的门户和重要屏障，由于处于多重障碍带之间，它成了阻拦袁军进攻许都途中唯一可行的喇叭口：前有东西流向的官渡水，可对袁军南下造成层层障碍；东为官渡水与阴沟水的交汇处，袁军要从东边迂回至许都，不仅劳师费时，难以发挥其北方骑兵的优势，而且还将遭致曹操兖州驻军的侧翼袭击，甚至被截断粮道；西南为著名的圃田泽，又名原圃，周围陂塘密布，水大时可以溢流北注，步骑不易通行。

曹操将主力部署于官渡，可以有效弥补因防御面积过大过宽而导致的兵力不足，增加阻敌南下和反守为攻的胜算。还有不可忽视的一点是，官渡距离许都较近，后勤供应便利，即便途中可能遭到袭扰，也便于部队护送。

第三道防线也就是最后一道防线，乃许都防线。曹操命荀彧以尚书令的身份留守许都，同时负责后方诸事务。设置许都防线，主要是为了稳定后方，确保对官渡前线的粮草供应以及防止反曹势力乘机作乱。但是如果官渡不保，曹军主力被歼，许都防线就没什么意义了，许都旦夕可下。

正因为这样，曹操视官渡防线为三道防线之核心，关乎自身生死存亡的生命线。建安四年（199）九月，曹操撤回许都休整，但仍留下部分主力，由大将徐晃、张辽统领，在官渡筑垒固守。

曹袁大战在即，周围的诸侯也进入了押宝环节。虽然钟繇一度稳定了关中局势，但到了这个时候，以马腾、韩遂为首的关中诸将重又变得动向不明，凉州牧韦端特地派从事杨阜前往许都打探虚实。

如果关中将出兵协助袁绍夹攻曹操，必然会给曹军造成难以预料的灾难性后果。因此对于所有与关中有关的事宜，曹操和他的谋士们都丝毫不敢马虎。杨阜很显然是被曹营做了工作，在他回到凉州后，当关中诸将都来问他，如果曹袁打起来，胜利的前景如何时，他便对着诸将大说曹操的好话，实际是把荀彧、郭嘉的观点复述了一遍。

诸将一听，原来袁绍只是表面强大，个人的能力水平远不如曹操，自然也就消停下来，即便没有公开站到曹操一边，但也至少保持了中立。

除了发动舆论战外，继钟繇之后，曹操又派大臣卫凯镇抚关中。当时由于中原不断爆发战乱和饥荒，关中反而成为乐土，回归关中的原居民以及从四面八方涌入关中的难民不计其数。关中诸将为了壮大自己的实力，便各自竞相予以招揽，收其为部众。卫凯看到这种情况，甚为忧虑，他给荀彧写信，指出不能听任关中诸将这样发展力量，否则今后必生变故。

卫凯不但发现了问题，而且也知道如何解决问题。盐政向来是古代中央政府的一大财源，只是战乱时期无人管理，卫凯提出应恢复过去的制度，设置官吏，实行食盐专卖。专卖赚到的钱专款专用，用于购置铁犁和耕牛，给回归百姓和难民使用，让他们耕耘田地，积蓄粮食。这样一来，人们也就不会因无法谋生而去给关中诸将当兵了，关中地区也能迅速富裕起来。

卫凯同时建议将钟繇继续留在关中，主持当地事务，为的是给弱势的郡县官府做主，限制关中诸将的权力，他认为这是一个强本弱敌的好办法。

荀彧当即将卫凯的各项建议上报曹操，曹操欣然予以采纳，此后关中地区的状况就更加让人放心了。

选择

曹操虽然能够暂时安顿住关中，但一直以来，他对南方的张绣都束手无策。张绣屯扎的南阳地区与颍川郡相毗邻，而且那里自古以来就是南方势力北进的战略要地。春秋战国时期，楚国军队北上进兵，基本都是取道于南阳。直到曹操准备东征吕布，部属们当时反对的理由，也仍然是怕张绣和刘表联手，乘机袭击许都。

张绣军时刻威胁许都和颍川，早已成为曹操的心腹大患，为此他三次发起南征，想要解决这一威胁，但由于种种原因，无论他怎样费尽心思，始终都无法如愿。

见曹操灭不了张绣，袁绍便决定把张绣拉过去，作为自己的盟军。他给张绣写信，表示友好，又派使者前往穰城，约他一同进攻许都。张绣与关中诸将不同，他和曹操是死敌，现在能够和袁绍这样强大的势力结盟，正是他求之不得的事，于是马上打算答应下来。

让人料想不到的是，就在张绣接待袁绍使者的座席上，贾诩却公开对使者说："你回去告诉袁本初（袁绍字本初），他们兄弟尚且不能相容，还能容得下天下国士么？"

对袁绍而言，贾诩这句话可以说是相当无礼，也就等于宣告袁张结盟没戏了。张绣事先毫无准备，当场连脸色都变了，朝着贾诩脱口而出："您何至于说出这样的话？"

贾诩于张绣，已经如同神一般的存在，张绣即便当时无法理解，也会先照此办理。在使者离去后，内心忐忑不安的张绣才在私下里问贾诩："要是这样，我们今后该归附谁呢？"

贾诩不开口还好，一开口更让张绣大吃一惊："不如归附曹公！"

张绣南连刘表，得到刘表的接济和援助，刘表似乎才应该是贾诩认准的归附对象。退一步说，就算不是刘表，也完全可以在曹袁以外选。现在选择归附曹操，不就是要与袁绍作对了吗？从表面上看，袁强曹弱，为什么偏偏挑弱者？况且，曹操三次南征，屡征屡败，儿子、侄子和爱将都死于张绣军之手，曹操一定恨得咬牙切齿，若不是只能望城兴叹，他怕是手刃张绣、贾诩这一主一仆的心都有吧？

张绣满脸疑惑地道出了自己的不解，贾诩听完后，就像既往为主公解惑时所做的那样，胸有成竹、不慌不忙地分析道："将军你说的这些，正是我们必须归附曹操的原因。"

贾诩不仅临场应变能力极强，而且平时也非常善于观察和思考。他早就知道张绣不是曹操那样有大作为的人，同时势单力薄，兵力上无法与袁曹等超级大鳄抗衡相敌，今后很难再独自发展，必须依靠强者。

可以依赖的强者之中，刘表系坐观成败之徒，靠不住。此前早有证明，虽然双方也组成过联军，但只是为时势所迫，真到了节骨眼儿上，刘表很可能还会抛弃张绣。吕布、袁术的枝桠本来也挺大，只可惜一个已经败亡，另一个离败亡不远，剩下来便只能在曹操、袁绍之间进行选择。

若单纯从数据上看，曹操的确暂时不如袁绍，地方没他大，兵也没他多。可是，曹操奉天子以号令天下，光是打着汉室朝廷的旗帜，就可以让马腾、韩遂那样桀骜难驯的角色表示服从，把儿子作为人质送往许都，这就不是袁绍或别的诸侯能做到的。

张绣军数量相对较少，可守不可攻，在诸侯之中，张绣充其量也只能算是独角兽。袁绍自恃强大，就算张绣前去投奔他，他也未必会多看重。曹操就不同了，在明知自己不足，又处于即将和袁绍决战的紧要关头，你就是带块砖去，他都能高兴得喜笑颜开，更不用说带着军队成建制地前去相投了。

张绣的顾虑，贾诩也完全能够理解。但是他对张绣说，曹操是有志于建立霸王之业的人，凡是有志于建立霸王之业的人，必定不会计较私人恩怨，不惟如此，还要借此向天下展示自己诚心招贤纳士的博大胸怀，所以张绣没必要害怕曹操对他进行报复。

张绣向来最为信服贾诩，对其言听计从，见他分析得头头是道，于是便听从他的意见，大胆地率部前往许都，归降曹操。

不出贾诩所料，得知张绣主动来降，曹操喜出望外，当即予以热情欢迎。他握着张绣的手，和张绣坐在一张桌子旁高兴地宴饮，欢笑声中，曹操不但将与张绣的既往恩怨一扫而空之，而且还替自己的儿子娶了张绣的女儿，两人从冤家变成了亲家。

张绣的归降，使曹操在即将对袁绍用兵的关键时刻，得到了他非常需要的凉州骑兵、一员骑战猛将、一名顶尖级谋士。更重要的是，还彻底解决了自己的肘腋之患，从此以后，他就可以全力关注官渡一带的战事了，而不用再担心陷入两线作战的尴尬处境。正因如此，贾诩所言全部得到兑现——曹操立即任命张绣为扬武将军，表封他为列侯。

战略上的胜利

如同贾诩所分析的，张绣归降对于曹操而言，还具有巨大的政治宣传效果。张绣与曹操的怨仇不可谓不深，曹操的后两次南征都兼有复仇性质，当曹军进抵南阳时，张绣也是拼死抵抗。有着如此深仇大恨，势同水火的对手，归降曹操后都得以既往不咎，受到优待，其他人还用说吗？

如今的曹操，面对着即将与袁绍殊死相争的严峻形势，比以往任何时候，都更需要取信于天下，以便争取更多的智能忠勇之士投归己方阵营。知道是贾诩促成了此次归降，曹操对贾诩非常感激，他拉着贾诩的手，动情地说:“使我取信于天下的，就是您啊！”

曹操不是一个口惠而实不至的人，他当即任命贾诩为执金吾，表封都亭侯。当年董卓为稳住丁原，给丁原授的职位就是执金吾，可见曹操对贾诩所立功劳确实极为认可。

执金吾毕竟只是属于荣誉性质的职位，曹操接着封贾诩为冀州牧，但冀州尚在袁绍控制之下，于是他又将贾诩留在身边参司空军事，与郭嘉、荀攸等一道随军参赞。此举因此便具有了某种象征意义，即曹操希望在贾诩的辅佐下，最终击败袁绍，夺取冀州。

继张绣归曹之后，力量更为强大的刘表便成为袁绍和曹操都想争取的对象。长期以来，刘表一方面向朝廷纳贡，一方面又与北方的袁绍眉来眼去。曹操很担心他从后方攻击自己，于是便派卫凯为使，前往与刘表敌对的益州刘璋处，欲策动刘璋从侧面牵制刘表，但因道路不通，卫凯到了长安便无法前行。

刘表虽交结袁绍，但是当袁绍希望与之结盟时，他又并不付诸实际行动。对于刘表这种自以为得计的中立取巧策略，手下谋士都很不以为然。韩嵩、刘先劝刘表说，现在两雄相争，天下的重心都集中在我们这里，如果您想有所作为，就乘袁曹两败俱伤时起兵，如果不想这样，就应该选择一个进行依附。否则的话，两家最后都会集怨于我们，到时恐怕就无法再中立了。

那么，究竟应该依附哪家呢？韩、刘认为，曹操善于用兵，如今贤人豪杰又都归附于他，看其势头一定能够打败袁绍，他们建议刘表效仿张绣，带着荆州投归曹操。

刘表迟疑不决，于是派韩嵩到许都观望虚实。韩嵩到了许都，立即被诏封为侍中、零陵太守。回到荆州之后，韩嵩也像凉州的杨阜一样，对曹操极力称颂，还劝刘表送儿子入京侍奉天子。刘表怀疑韩嵩已经暗中投靠曹操，将他囚禁起来，但也从此定下了既不助袁也不援曹的政策。换句话说，就是已不敢像过去那样和袁绍搞暧昧了，这对曹操来说，无疑也是一种战略上的胜利。

有一段时间，传闻袁术军队已发生变乱，曹操听说后，问部属何夔，这种事是否有可能发生。

何夔曾避乱淮南，在袁术手下当过差，对袁术为人和其内部的事知之甚详。他的回答是，袁术不做实事，却指望得到老天的帮助，是个名符其实的“失道之主”，连亲戚都背叛他，更别说部下了，所以他认为变乱一定是事实。

曹操视何夔为贤才，听后不胜唏嘘，说：“像你这样的人，都不为袁术所用，他的军队里发生变乱，也就很正常了。”

事实是，其时的袁术军队尚未发生大的变乱，不过也已经相距不远。曹操和袁绍都要争相拉拢张绣、刘表，曾经显赫一时的袁术却连被别人拉拢的价值都不具备了：政治上，因为称帝完全陷入孤立，诸侯们皆避而远之；军事上，先后被吕布、曹操所败，兵弱将死，溃不成军；经济上，缺乏管治能力，原本富庶的淮南地区已经是残破不堪，府库空空如也。

到了公元 199 年的夏天，袁术在当地实在混不下去了，便一把火烧掉宫室，想去投奔他的两个老部下。未曾料想，那两个人直接将他拒之门外，见此情景，袁术手下散去的人就更多了，袁术坐困愁城，忧愤得不知如何是好。

到了这个地步，袁术自知皇帝的位子是坐不住了，但他又不甘心，总觉得就算他自己做不了，也应该由其他袁氏子弟做天子，即便让那个他从前根本瞧不上眼，现在关系也已经弄得很僵的哥哥袁绍做，亦可以接受，这样至少还可以给自己谋个安身之所。

袁术准备把皇帝的称号送给袁绍，他写了封信，让使者带信前往冀州。在信中，袁术说汉室失去天下已经很久，我们袁家将受命当王，各种符瑞都预示着这一点。现在的形势和战国时七国争雄差不多，谁实力强，谁就可以兼并天下，你现在已坐拥四州，境内有百万民户，没人能够和你争锋，就是曹操也不行。

“阴然其计”，史书这样记载袁绍收到信件的反应，也就是说，袁绍虽不能公开对此表示认同，但实际暗中一直在为称帝的目标而经营，南攻许都就是其中一个最为重要的步骤。

袁氏兄弟曾经水火不容，宛若仇雠，不过眼看着弟弟走投无路，又向自己表示拥戴，袁绍也觉得应该把袁术接到冀州来，多少还能增加一点己方的声势。他立即派人通知袁术，让其北上，并表示已安排长子袁谭在青州迎接。

第六感

得知袁绍已同意接纳自己，袁术很高兴，便收拾行装，打算从徐州下邳北上青州。

袁术固然已成朽木，但倘若与袁绍父子会合，仍有恢复能量的可能，从而增加曹操与袁绍决战的难度。曹操闻讯，即刻派刘备和大将朱灵前去截击。

因为袁绍当初龟缩淮南，不肯救援吕布，如今下邳已成曹操的势力范围。他一到下邳，就被刘备、朱灵拦住了去路，此时的袁术势穷力竭，与接到吕布求援时相比，实力已相去甚远，哪里能够冲破拦截，只得又掉头逃回淮南。

在逃至离寿春八十里处的江亭时，袁术病倒了，一群人落魄至极，连粮食都吃不上，仅得以用麦屑充饥。时值盛夏，天气炎热，袁绍还想着能够喝一口蜜浆，然而连这也成了无法实现的奢望。

袁术坐在床上，叹息了许久，突然喊道："我袁术怎么会落到这个地步啊！"这是他留给这个世界的最后一句话，之后便吐血而亡。

袁术死后，其残余势力及其家属逃往他乡，之后为孙策所接收。混乱之中，那颗传国玉玺为广陵名士徐璆所得，徐璆完璧归赵，将它献给了朝廷。

袁术之死，标志着关东群雄的兼并战争进入了一个崭新的阶段。回过头来看，初始阶段参加角逐并惨遭淘汰的，主要是原先那些所谓的大名士，如张邈、韩馥、桥瑁、刘岱等，这些人嘴皮子和笔杆子可以，枪杆子不行，所以率先落马。在新的阶段里，赛场上已甚少名士身影，冲来杀去的，几乎都是能征善战的枭雄或者英豪，彼此间的角斗也因此变得更加激烈和残酷，征战者谁都没有稳操胜券的把握，稍有疏漏或者失误，就可能再也看不到明天的太阳了。

在接受张绣归降的一个月后，曹操重返前线，亲自率军来到官渡。

一般情况下，曹操走到哪里，为其担任贴身警卫的许褚就会跟到哪里，一如典韦生前一样。有一天，许褚回到自己的住处休息，突然觉得心神不安，好像怎么都不对，于是便又返回曹操营帐值勤。

在营帐里，许褚看到了常从士、徐他等人。常从士是侍卫官，平常也都跟随在曹操左右，他们出现在曹操营帐，本身似乎并不值得大惊小怪，引起许褚警觉并愤然而起的，恰恰是这些人发现许褚突然出现时，脸上所呈现出的那种极其惊愕和慌张的神色。

原来徐他等人早就图谋刺杀曹操，但因许褚在曹操身边侍卫，他们心里害怕，一直不敢动手，等到许褚休息离去，见时机已到，这才身藏利刃，进入曹操营帐。他们没有想到许褚会突然返回，当场吓得变了脸色，许褚何等机警干练，一旦发现徐他等人意欲何为，便立即出手，三下五除二，把刺客们都给杀了。

当时的刺客绝对是一个不容小觑的存在。所谓明枪易躲，暗箭难防，想那陈王刘宠乃是一员猛将，据说箭术尤其了得，袁术当时如果出兵攻打陈国，即便能够打下来，也得费上好一番力气，可是最后袁术派出刺客，就轻轻松松地解决了问题。

倘若许褚不是在某种第六感的驱使下回到曹操身边，曹操也极可能遭遇不测，那样的话，后来的历史就要重新改写了。躲过生死大劫之后，曹操对许褚更加亲近和信任，出入都必定与之同行，不让他轻易离开自己的身边。

与此同时，曹操自己也变得分外谨慎小心，对于个人安全问题极为敏感。据说他曾吩咐身边人，要求在他睡着时不得靠近，否则他会在梦中杀人而不自知。众人还以为他说着玩，结果某天他假装睡着，等有人上前给他盖被子时，就突然砍杀了此人。于是从此以后，就真的没有人敢在曹操睡觉时接近他了。

另一则故事与之相近。曹操常常对人念叨，说只要有人想杀害他，他就会心跳不已。一次，曹操的一个亲信悄悄地走近他，他就说自己的心在跳，这名亲信被当场抓起来，结果还真的从他身上搜到了一把暗藏的刀。

在用刑拷问时，“刺客”拒不说出幕后主使，随后便被曹操下令杀掉了，但谁也不会想到，行刺的幕后主使者，其实就是曹操本人，是他亲自导演了这出戏。“刺客”藏刀和接近曹操，都是按照其吩咐所为。曹操事先嘱咐对方，让他一定不要说出是谁指使他这样做的，并且保证说只要你照办，不但没有事，而且还会得到丰厚的回报和赏赐。

可怜的亲信，至死都不知道被主人出卖了。此事的直接效应就是，大家真的相信曹操有比许褚还强的心灵感应，就算想背叛和暗杀他的人，也都失去了实践的勇气。

屠龙少年

官渡刺杀案的背后，是京城内正在酝酿中的一场政变。

曹操起兵之初，曾一心想要击杀董卓，匡扶汉室。在诸侯之中，他甚至可说是私心最少的一个。然而后世哲人所说的故事，也在乱世之中得到迅速应验：一个屠龙少年，若是与恶龙缠斗过久，他自身亦会成为恶龙；如果他凝视深渊过久，深渊亦将回以凝视。

不知不觉中，曹操不仅拥有了与当年董卓相仿的地位，而且在架空天子，削弱汉室方面，也同样不遑多让。

献帝刚刚迁至许都的时候，曹操将他安置在自己的军营之中，周围有重兵护卫，难以与外界交通。这倒也可以理解，因为当时许都的宫室尚未建成，曹操如此安排，也更能保障献帝的人身安全。后来宫殿建成且已初具规模，曹操就不能不让献帝独自居住了，但仍派军队严密守护，献帝这个堂堂的万乘之尊，竟然跟被软禁的囚徒没什么两样。

曹操不仅限制天子的人身自由，而且对追随天子的官员也很警惕和敌视。议郎赵彦常常向献帝陈言时策，曹操知道后很不高兴，就找借口把赵彦给杀了，其余亲近献帝的官员也多有人被其诛杀。

献帝本指望依靠曹操的帮助来复兴汉室，至此大失所望，甚至有悔不当初之感。这时的曹操在礼仪上对献帝还是比较尊重的，只要他在京，就会像普通大臣一样，每日朝见献帝。在一次朝见时，献帝忍无可忍，当面向他发泄了自己的怨愤："您若能辅佐我，那是您的高德厚恩，如果不能，就请您开恩把我舍弃吧！”

曹操没有想到献帝说出这样的话，不由大惊失色。他素来多疑，认为献帝既然决定要和自己翻脸，必然已有所准备，说不定就和当年张让对待何进那样，事先已在宫内埋伏好刀斧手，只要话音一落，自己就将身首异处。

曹操又悔又怕，赶紧磕头认罪，匆匆退朝。旧时的制度，三公晋见天子，在殿上行走时，都要由宫廷卫士将两把戟交叉于其颈项，挟持前行。曹操身居司空，自然也要遵守这一规矩，往常倒还无所谓，这个时候就不一样了，他老觉得那两把戟会砍自己的脖子，整个人胆战心惊，一步步都走得极其艰难，就像在上刀山下火海一样。

出了大殿，曹操已经是汗流浃背。由于害怕重蹈何进的覆辙，自此以后，他便不再朝见献帝。

对于曹操的专权跋扈，贵戚百官也多有不满，献帝和这些官员都试图削弱曹操的权力，以致除掉他，具体策划行动的核心人物，便是献帝的丈人董承。

一方面，董承自东迁起，便带兵辅佐献帝；另一方面，当初又正是他把曹操招入了洛阳。所以一开始，董承在献帝和曹操两边都吃得开，作为亲近献帝的外戚，仍被曹操表奏为辅国将军。

辅国将军和给予吕布的那两个将军一样，都没有实权，此后献帝有意培植自己的势力，除加授董承为车骑将军外，又授命他“开府”。所谓开府，就是为董承置僚属，设机构，赋予其实际权力，这就明显超出了曹操的容忍范围，双方很快就处于了对峙状态。

根据董承后来的口供，他接到了献帝夹带在衣袖中的密诏，要他设法杀死曹操。于是，董承就设法联络了偏将军王服、昭信将军吴子兰、越骑校尉种辑等人，准备在京城发动政变。

建安五年（200）正月，衣带诏和京城政变计划双双暴露，董承等人全部被杀。曹操杀了董承后，又要杀害董承的女儿董贵人。这时董贵人已经有孕在身，献帝恳求曹操免其一死，但几次恳求都遭到了拒绝。

董承等重臣及天子贵嫔被害，在当时产生出极大的威慑力量，汉宫内外无不惊骇，至少在以后的史书中，就再也看不到献帝自主封拜重要文武官员的记录了。

鉴于和献帝之间的矛盾以及献帝对自己的态度，曹操对于董承案的发生，也许并不觉得特别吃惊和意外，真正让他感到有些猝不及防的，是政变参与者中居然有这个人的名字：刘备！

曹操对于刘备非常器重，在他刚刚投靠时，便上奏他为豫州牧，以后又带着他一同攻破吕布，救出了他的妻子儿女。回到许都后，曹操表奏刘备为左将军，并给予了超出一般僚属的待遇和敬重。平常宴饮谈话时，都和刘备坐一张座席，如果刘备随他外出，也必要与之坐同一辆马车。

但是显然，刘备内心里并不把曹操当成自己的主公。正如当初程昱等人所认为的，刘备勇而能战，志向远大，绝不是一个安分之人。有人甚至指出，刘备之所以在白门楼上极力主张杀掉吕布，并不仅仅是因为对吕布怀恨在心，更主要的是，他早已将曹操视为自己今后事业道路上最大的敌人，担心如果吕布为曹操所用，曹操将会如虎添翼。

刘备本是汉室后裔，入朝后也不满曹操控制献帝，他与董承等人有些来往，便参加了密谋政变的活动。就在政变策划期间，有一天曹操请刘备吃饭，席间他突然漫不经心地对刘备说："今天下英雄，唯使君与操耳！本初那些人，是不算数的。"

刘备原本就心里有鬼，一听此言，还以为曹操知道了关于他参与密谋的什么风声，吓得两手发抖，连手中的勺子和筷子都拿不住，"啪"的一声掉在了桌上。此时正值雨天打雷，刘备连忙掩饰说，古代圣人有个说法，迅雷和狂风会让人吓得脸上变色，这话实在有理。

其实曹操那时并不知道衣带诏的事，更不知道刘备参与其中，他把刘备抬举成与自己并列的大英雄。按其本意，应该是想通过这番惺惺相惜，进一步笼络刘备，以便使他能够铁了心跟随自己打天下。

曹操足智多诈，照理说，刘备的欲盖弥彰之举很难骗得了他，他不可能相信一个征战沙场多年的豪杰，会被打雷吓得拿不住筷子。问题就在于对刘备失态的理解上，在对董承案尚不知情的情况下，曹操很可能认为，刘备仅仅是经不起抬举，不敢与自己并称英雄，所以才会慌乱得不知如何是好。

曹操嘴上把刘备和自己并列，实际自然不希望如此，刘备的表现反而在他的期望之中。因为这表示刘备即便像程昱等人说的那样，怀有英雄之志，但却无英雄之胆，自己完全有能力控制他。

那我就来吧

经过那次饭桌前的谈话，曹操对刘备放心了许多，而刘备却如坐针毡，整天想着如何能够尽快逃离许都。事有凑巧，恰在这个时候，袁术欲由下邳北上，投归袁绍的消息传来，刘备连忙借机主动请缨阻截。

考虑到刘备长期在徐州活动，较之其他将领，对下邳一带更为熟悉，曹操就同意了他的请求，并派朱灵和他一起带兵东进。

直到刘备离开许都后，曹操的谋士们才得知此事，顿时就炸了窝。程昱等人不消说，原本就力主杀掉刘备。郭嘉是唯一一个主张对刘备予以包容的，但他的本意，是不愿曹操做出那种杀一人而失天下人心的傻事，而并不是对刘备不予防范。

程昱、郭嘉立即跑来找曹操，焦急地对他说："曹公上次不肯杀掉刘备，确实考虑深远。可是如今您给他军队，让他出征，却是正中其下怀，他一定会生出异心的。"

在曹操的谋士中，董昭素来看人很准，过去他还在张杨手下做事时，曹操尚未露出峥嵘，那时他就看出曹操将来非同凡响。听说曹操放跑了刘备，他也赶紧跑来劝阻，说："刘备勇悍，而且志向远大，又有关羽、张飞做他的羽翼，其心思难以预测。"

曹操是个一点就破、一点就通的聪明人，听了他们的话后，马上就后悔了。只是，一者，他答应刘备在先，总不太好无缘无故地反悔；二者，刘备已经走远，追也追不上了，于是只得作罢。

刘备到下邳不久，董承案就被揭发了，他因为不在许都，是唯一一个参与政变策划又得以逃脱的人。

因为刘备、朱灵的拦截，迫使袁术逃回淮南。曹操命刘备立刻返回许都，刘备哪肯自投罗网，他假意应命，让朱灵先行，以便减少下邳的曹军力量，继而突然发动袭击，杀死徐州刺史车胄，并公开宣布叛离曹操。

刘备宣布反曹后，留大将关羽守下邳，自己屯驻于和兖州邻近的小沛，这基本就是当初曹操东征徐州时，他用来抵抗曹军的布兵格局。

曹操在徐州的根基本身就不牢固，刘备的揭竿而起，立即在当地引起了连锁反应。泰山诸将之一的东海郡守昌豨公开反叛，对刘备表示支持，此外还有不少郡县脱离曹操，归附刘备，使得刘备的军队迅速增加到数万之众。

即便这样，刘备在徐州控制的地盘仍不算多，为此他派人前往冀州，与袁绍联合，以便共同对付曹操。

曹操从刘备来投时，坚持不杀他，到利用刘备来牵制和打击吕布，直至在擒杀吕布后，将刘备带回许都，都不啻为一步步好棋。只有大意放走刘备，乃是明显的失误，这一失误产生出了一个严重后果，即在消灭吕布后，让刘备代替了吕布的角色。而且此时形势与吕布生前还不同，袁绍已经可以腾出手来，一旦曹袁决战，曹军将不得不重新面临腹背受敌、两线作战的局面。

在曹操的戎马生涯中，他其实有过很多次失误，但都没有能够让他彻底倒下。其原因就是，曹操总能很快从失误中清醒过来，并迅速采取行动。刘备反戈一击的消息一传到曹军大营，曹操便立即调兵遣将，派战将刘岱、王忠前去攻打刘备，但是他们都未能取胜。刘备在顶住曹军攻势后，豪气十足地对刘岱等人说："像你们这样的角色，就是来一百个，又能拿我怎样？别说你们，就算是曹公亲自来，胜败也未可知呢！"

你要我来，那我就来吧，曹操决定亲自率部东征，打垮刘备。一些部将则不同意曹操东征，他们对曹操说，同您争天下的是袁绍，眼看袁绍就快要发动总进攻了，您偏偏还要去打刘备，万一被袁绍乘机抄了后路，可怎么办？

曹操的回答很简单，刘备乃人中豪杰，现在不予以解决，将来必成后患。他同时还估计到，袁绍虽有逐鹿中原的大志，但一向反应迟钝，在自己东征刘备时，必不会迅速发动大的攻势。

曹操嘴上说的是不能留下刘备这个后患，实际和诸将担心的是同一件事，即曹军既已陈兵官渡一线，与袁绍之间的战争就随时都有可能爆发，倘若刘备突然发难，在背后捅上一刀，那可够曹军受的。到时，正面强敌已让曹军难于应付，如何还能分出足够兵马迎击刘备？倒不如根据袁绍见事迟疑、举棋不定的性格，打他个时间差，先期解决刘备。

可能是因为有放走刘备这一心理包袱，曹操并没有能够把自己的想法阐述清楚，也难怪诸将仍旧存有疑惑。

郭嘉见状，对曹操的决定表示支持，并帮助曹操做起了诸将的工作。他在分析时就显得直接多了，他说东征刘备不是为了别的，就是为了解决后顾之忧："这是决定成败的关键时刻，我们决不能失掉良机。"

郭嘉赞同曹操所言，认为袁绍确实迟钝而多疑，一般情况下不会迅速作出反应，而且就算他出兵前来，也不会很快到达。刘备刚刚脱离曹操，众心尚未归附，如果曹军发动快攻，他必败无疑，等到解决了刘备，再回师对付袁绍，就不用怕背后被人捅刀了。

匪夷所思

郭嘉的及时介入，不仅通过为诸将释疑解惑，得到了他们的一致认同，同时也进一步坚定了曹操的决心。

在安排好官渡一线的防务后，曹操即率精兵急趋向东，打了刘备一个措手不及。此时的刘备，倒是与曹操部将们之前的想法颇为一致，以为曹操正与大敌袁绍对峙，无暇东顾，因此放松了戒备。及至探子来报，曹操兵马即到，他才大惊失色，但还是不太相信，又亲自率数十名骑兵登高瞭望，结果果然看到曹军旌旗招展，席卷而来。

打仗这码事，并不是一定要等打了才知道自己能不能赢，刘备的军事经验很丰富，一看这阵势就知道自己不是对手，于是只得弃众而逃。刘备的军队，不少原来都是曹军旧部，现在都被曹操原样收了回去。更让人不可思议的是，刘备居然又把自己的妻儿老小给扔掉，让他们做了曹操的俘虏。

曹操乘胜前进，进围下邳，关羽孤军难以抵抗，被迫投降了曹操。曹操接着又击破昌豨，之后他以董昭为徐州牧，把重新收复的徐州交给这位心腹谋士管理，自己则以最快的速度回军官渡，重新部署前哨兵马，严阵以待。

曹操只用十余天的时间就打垮了刘备，刘备既败，曹军后方就不存在任何可怕的捣乱之徒了，前线官兵因此士气大增。

正如曹操和郭嘉所料，直到他回到官渡，袁绍始终都没有出兵。根据史书记载，在曹操出兵东征之后，袁绍的谋士田丰其实也曾向他进策，说现在曹操东击刘备，打起仗来，他不可能很快脱身，我们应该立即举兵袭击他的背后，可望一举而定。

未料袁绍却说自己的幼子有病，走不开，不能发兵。田丰气得举起手中的手杖敲击地面，叹息说："唉，用兵讲究待机而动，现在正是时候，遇到这样难得的好机会，却因为一个婴儿生病而轻易放弃。可惜啊，消灭曹操没有指望了！"

沮授和田丰都属于曹操幕府中的第一流谋士，两人在很多见解上都大致相同，袁绍本来也是十分信任他们的，一度甚至还要授命沮授为三军统帅。千不该万不该，他们就是不该实话实说，在谋划中对袁绍的急进冒进提出异议，以致触犯了袁绍的心头大忌。

什么是袁绍的心头大忌？就是不能与曹操相比较，谁把曹操的位置放在他前面，哪怕只是就某一个技术领域而言，他都难以容忍。

作为四世三公家族出身的贵公子，袁绍一向自视甚高，特别是在灭掉公孙瓒后，更是以老子天下第一自居。他虽已将曹操视为争夺天下的最大劲敌，也做好了与之一决雌雄的准备，但骨子里仍然不把曹操当回事：你们都说曹操很厉害、很强大，那是我还没出手，只要我一出手，他该瞎还得瞎，该废还得废！

在袁绍看来，沮授、田丰都是在明目张胆地抬高曹操，贬低他袁某，实在是混账至极。事实也证明，自沮授被削去兵权起，袁绍就不再愿意听取他们的任何意见和建议了，而对迎合他的郭图等人则言听计从。听到田丰口出怨言后，袁绍更加不快，从此便有意对田丰加以疏远。

袁绍真的是因为儿子生病，所以才放弃了唾手可得的战机，不肯乘虚袭击曹操？作为一个曾消灭黑山军和公孙瓒，中原诸侯中唯一有魄力也有实力与曹操争夺天下的枭雄，他的言行岂止让田丰感到费解和困惑，恐怕其他人也同样是匪夷所思。

要探究袁绍的真正动机和想法，就必须从他的角度来考虑问题。

尽管南攻许都早已在袁绍的计划安排之列，但其实际行动却一直犹豫迟缓。从袁军南征的必经路线来看，他们先要渡过黄河，然后再走好几百里路，才能到达许都，而截至曹操出兵东征，袁军都尚未动身。在这种情况下，若袁绍采纳田丰之计，袁军的多数时间都不得不消耗在路上。

刘备反叛曹操不久，手下多为曹军旧部或刚招募的新兵，军心不稳，战斗力不强，能牵制曹军多久是很值得怀疑的，说不定袁军还没到，他就已经垮了。当然袁军要想图快的话，还可以使用轻骑掩袭，然而曹军后方也绝不会完全空虚无备，少量轻骑兵极可能起不了什么大作用，只是徒然丧失兵力而已。

袁绍打了多年的仗，当然明白这些道理，但也正因为他太明白了，个人性格又优柔寡断，所以才会拒绝田丰的建议。他没有考虑到，打仗很多时候也是要赌一把的，他也完全应该赌，就赌袁军能够超出常规进兵，赌刘备可以支撑到他从背后袭击曹军。这样做，虽然同样可能失败，但总比坐看刘备被打垮要好。

也有人认为，袁绍之所以错失与刘备夹击曹操的大好时机，可能还是与轻视曹操有关。或许，他已经认定，这个从小就被他压着一头的宦官子弟终究不是他的对手，反正早打晚打都是打，用不着过于着急。

一双不幸的眼睛

刘备离开徐州后，逃回青州。那个时代任用官员，除举荐孝廉外，还举荐茂才。所谓茂才，也就是优秀人才，刘备过去为官时，曾将袁绍的长子、青州刺史袁谭举荐为茂才，袁谭因此相当于刘备的门生故吏。得知刘备逃到了自己的地盘，袁谭连忙亲率步骑兵前来迎接，同时派使者快马飞报袁绍。

与袁绍短暂相处过的郭嘉，曾说袁绍一方面有贤不能用，另一方面却又喜欢做出礼贤下士的样子。袁绍对于前来投奔他的刘备表现得极为热情，派部将在路上迎候不说，自己也来到邺城郊外两百里的地方恭候并与刘备相见。

刘备有一个最大的优点，就是能凝聚人，他在邺城住了一个多月，以前流散逃亡的士兵又都陆续赶来聚集，再加上袁绍可以临时调拨兵马，总算也能给袁绍帮上点忙了。

袁绍的算计有时很奇怪，刘备在徐州等着他呼应的时候，他坐失战机，该上的时候不上，等到刘备逃离徐州，前来投奔他的时候，他却又起意要进攻许都了。田丰见状，力劝袁绍打消这一主意，因为情况有变，曹操既已回军官渡，乘虚袭击许都的条件也就不具备了。

田丰和沮授一样，都反对贸然与曹操决战。田丰认为，曹操善于用兵，战术打法变化多端，军队虽然没有袁绍多，但未可小视。他提出的策略也与沮授基本一致，即在发展农业，继续积累力量的同时，选拔一部分精锐部队，充作机动奇兵，分成数支，轮番对曹操防御较弱的地区进行骚扰，使其疲于奔命，百姓不得安居乐业。

田丰说，若采用这一策略，他预计不出三年，就可以把曹操的实力全部拖垮，但要是袁绍一意孤行，仍想着深入敌区，与曹操决成败于一战，那么，失败的可能性将会很大，倘一战而败，届时懊悔都来不及了。

之前因为口出怨言，袁绍已经很烦田丰了，现在见田丰又出来阻拦用兵许都，搅自己的兴致，更是让他觉得厌恶。

袁绍为人，表面喜怒不形于色，田丰又秉性刚直，不会看人下菜碟，为了让袁绍采纳其计，在不被理睬的情况下，还是反复陈说，苦谏不止。这让袁绍的假面具终于戴不下去了，他认为田丰是在胡搅蛮缠，故意动摇军心，于是勃然大怒，下令将田丰铐上大枷，押往邺城大牢囚禁起来。

田丰被囚，吓得其余谋士武将一个都不敢再提意见了。袁绍即命主簿陈琳作讨伐曹操的檄文，往各州郡散发，以号召天下豪杰共讨曹操。

尽管袁绍本人踌躇满志，但他的属将甚至包括一些主要将领，都对南征毫无信心。沮授是冀州本地的世家大族，临行前，他把自己的宗族子弟召集起来，把家中的财产都散发给他们，一边散财，一边悲叹："人得势时，权威无处不在，可是一旦失势，就连性命都保不住了，还要财产做什么？可悲啊！"

"曹操的兵马肯定敌不过我军，你何必如此悲观胆怯？"沮授的弟弟半是安慰，半是不解地说。

到了这个时候，沮授也许什么都不能怪，只能怪自己拥有一双不幸的眼睛。曹操的谋略有多厉害，挟持天子的资本有多优越，不能深入洞察的人怎么能跟他们讲清楚呢？他们只知道袁军打败了曾经似乎是天下第一的公孙瓒，就以为袁军也是当仁不让的天下第一了。却不知道袁军已成疲兵，主公骄傲，将领懈怠，这样的状态，如何可以跟曹军决战？

沮授明知无济于事，但还是絮絮叨叨地跟弟弟讲了这些，他断言，一直以来常胜的袁军必将在南征中毁于一旦。

想到自己跟随袁绍经年征战，好不容易才使袁绍成为北方霸主，却即将因为南征失利，把既往的所有成就都拱手让给曹操，沮授既痛心又不甘。他把过去的北方征战史比喻成六国纷争，把曹占区比作秦国，把汉室比作周室，引用一个前辈文学家的话，做了这样的总结："六国熙熙攘攘，只是帮助了秦国，削弱了周室。"

沮授的言论自然会传到袁绍耳中，袁绍早就不愿听从沮授的任何谏议了，沮授在大军出发前又发怨言，只会加深袁绍对他的不满。虽然袁绍还不至于像对待田丰那样，将沮授扔入大牢，但是从此以后，沮授也再未能够得到袁绍的信任。

告急

与袁绍阵营不同，在做了充分的解释和疏通后，曹军内部对于未来的大战则充满信心，将领们豪气十足。

兖州的鄄城、东阿、范县原来曾是曹操的后方基地，现在它们的战略地位早就被许都替代，加上兖州经济衰敝，缺乏粮秣供应，无力供应大量军队，故而驻军较少。时任兖州都督的程昱受命镇守州治鄄城，手下只有七百士兵，与过去兵粮充足的情况大相径庭。

另一方面，兖州北境已由紧靠盟友的后方，转变成为濒临敌境的前线。其中，位于白马东南的鄄城濒临黄河南岸，更是和白马、延津呼应，构成了第一道防线即黄河防线的一部分。在曹操将袁军即将南下的消息通知程昱时，便提出要向鄄城增加两千士兵，以加强城防，谁知却遭到了程昱的拒绝。

程昱不同意添兵，归根到底，还是因为鄄城的战略地位已今非昔比。以前袁绍提出将献帝迁至鄄城，是认为鄄城距离冀州较近，驻兵少，较之于许都，他通过突袭，攻占鄄城、劫走献帝的把握大。如今袁绍既已把攻略目标转移至许都，且自以为兵力强大，可将许都一鼓而下，就不大会分出兵力攻打鄄城了。

在程昱看来，如果曹操突然给他添兵，很可能引起袁绍的重视，进而兵发鄄城。到时，鄄城守军就算增加两千人，也不足以抵抗袁绍的强大攻势，鄄城还是一样保不住，反而白白损失了两处的兵力。

曹操听从程昱的意见，就真的没有给他增添一兵一卒，鄄城仍由程昱带着区区七百士兵守着。

曹袁大战爆发后，袁绍果然没有去攻打鄄城，曹操对程昱的勇气和智慧深为赞赏。战国时代秦王有两名著名勇士，一个叫孟贲，一个叫夏育，据说两人胆量都大得惊人。曹操当着贾诩的面，说程昱的胆子真大，我看他已经超过了孟贲、夏育。

事实上，与曹操战前按正面、左翼、右翼三方面部署，且对于每一方面都不敢疏忽大意不同，袁绍的作战计划相对简单，就是集中优势兵力，取道黎阳、白马、延津，决战官渡，最后攻取许都。从始至终，他既未分兵于左右翼，也没有分兵于被他忽视的鄄城等正面城池，程昱的判断是相当准确的。

建安五年（200）二月，袁绍率大军进驻黄河北岸的黎阳津，就此揭开了曹袁大战，也即通常所称的官渡大战的帷幕。

黎阳津与白马津隔河相望，袁绍打算将颜良、郭图、淳于琼组成先头部队，派他们渡河进攻白马。白马、延津乃曹军在黄河南岸的两大要点，如果袁军可以顺利夺取白马，其主力就能轻易渡河。但是沮授对此提出了异议，他反对的倒不是进攻白马，而是进攻白马的主将人选。

袁绍选定的主将是颜良。颜良、文丑不仅是袁军，也是当时河北知名的将领，两人以勇猛著称，武力值在河北名将中名列前茅。战前孔融认为曹军不是袁军的对手，就把颜、文都单独列举了出来。不过荀彧在说服孔融时，也一针见血地指出了他们的缺点，即二将都是过分偏重个人勇武，智谋相对不足，尤其不善统兵的大将。

在曹操麾下的武将中，“诸夏侯曹”如夏侯惇、夏侯渊等，多数也是这类勇战派将领，此类将领必须任用得当，才能充分发挥其威力，否则只会走向反面。如荀彧所言，倘若袁绍一味依恃颜良、文丑，他们逞匹夫之勇的问题就会被最大程度地放大，届时曹军可一战擒之。荀彧能够看清楚的东西，沮授也同样瞧得分明，他提醒袁绍，指出颜良虽然骁勇，但性格偏狭急躁，不可以安排他独当一面。

袁绍既然已给沮授坐了冷板凳，对于沮授的谏阻也就不当一回事了。他大概认为，颜良是自己手上一把锋利的快刀，一旦用上，岂有不迎刃而解、旗开得胜的道理？沮授在开拔时就和田丰一样，怕这怕那，惧敌畏战，此人的话完全不足为信！

颜良奉命出击，强渡黄河并在渡河后立即对白马展开猛攻，驻守白马的东郡太守刘延急忙向曹操告急。

根据专家考证，在官渡之战前，以野战主力部队而言，袁军总兵力已达到三十万以上，曹军则大体保持在十万人以上。袁军是攻方，而且采取的是直线进攻方略，所以到官渡大战时，实际集结了大约十一万八千人南下，超出袁绍原计划的十万精兵，而且这么多人马都可以用于正面攻击。曹军是守方，虽然没有沿河处处设防，但很多面和点仍需分兵驻守，这样最多就只能在正面战场集结三万左右的兵力。

限于总的兵力数量处于劣势，黄河防线又并非主防线，即便接到刘延的告急书，曹操也不敢贸然分兵救援，而是命刘延先坚守一段时间再说。

刘延领命，在咬牙坚持一个多月后，所部死伤很多，已委实难以支撑。此时见袁绍尚未在其他方面有大举进攻的迹象，曹操这才下决心北救刘延，为白马解围。

还有人比你更勇

如果曹操直接发救兵，兵力数量上仍不及颜良部，与之正面交锋的胜率恐怕不会很高，也未必能救白马之急。官渡大战期间，曹操在前线不仅集结精兵，而且集中了除荀彧外的所有著名谋士，以及除夏侯惇（与荀彧一样留守后方）外的所有名将。最善于临阵应变的谋士荀攸、郭嘉、贾诩等，其时均在曹操身边随军参谋，荀攸建议声东击西，分散颜良的兵力和注意力，然后再乘其不备，突袭白马。

曹操接受荀攸的计策，亲自引兵向延津进发，作出要从延津方向北渡，袭击袁绍后方的姿态。颜良闻报，不知是计，果然分出一部分主力部队向延津移动。与此同时，他以为曹军不会向白马派援，也不由自主地放松了戒备。

袁军一上当，曹操立即率轻骑调头向东，直趋白马。颜良疏于防范，在曹军距离白马十余里时才发现他们，不由大惊失色，但已来不及将派出的部队调回，只得以现有兵力仓促应战。

颜良是河北有名的勇将，但你勇，还有人比你更勇。曹操现在帐下就有一个，这就是关羽。曹操有爱才的癖好，关羽刚刚投降时，他就对关羽的勇武和人品非常欣赏，想把他留下来为己所用，故而予以厚待，任命其为偏将军。

问题在于，关羽更离不开的是他的主公刘备，投降曹操对他来说只是暂时的无奈之举。曹操看出关羽没有想长久留下来的意思，就让张辽前去进行劝说。

张辽原为吕布的部下，当年在徐州时，就和关羽有着不错的私交。听张辽说完来意，关羽也不隐瞒，说我知道曹公对我好，可是我受刘将军（刘备）深恩，誓同生死，无论如何也不能背离他。

关羽表示，有一天他终究要离开曹营，不过在此之前，他一定会找机会报效。张辽听后颇有些为难，关羽向他说的这些话，若如实向曹操报告吧，就怕曹操盛怒之下，对关羽动杀机；不如实报告吧，又违背事君之道，辜负曹操对他本人的器重。

“曹公，是君父，云长（关羽字云长），是兄弟，还是得君父为先！”想来想去，张辽还是决定向曹操如实报告。

让张辽感到意外的是，曹操不仅没有生气，反而还认为关羽很有义气，他用赞叹的语气对张辽说：“事君不忘其本，关云长真是一个难得的义士！你估计他什么时候会离去呢？”

张辽喜出望外，赶紧答道：“关云长受主公厚恩，必定在报效主公之后才会离去。”

曹操知道或许不能长久留住关羽，但即便关羽肯短期内做他的部将，他也是能接受的，于是此次袭击白马，便以张辽、关羽为先锋。关羽本身的武勇就出类拔萃，因急于报效曹操，更是不顾生死，抢在张辽前面，率骑兵向袁军猛冲过去。

由于袁军骑兵大部已前往延津，留在白马的袁军只能以攻城的步兵为主。关羽有冲击步兵军阵的经验，在他看到袁军的战车麾盖时，便认定颜良就在那里，当即驱马冲入袁军队列。

步兵军阵依靠严格的纪律和指挥者的良好调度，并非不能抵御和对抗骑兵的冲击，但因为准备不足，颜良部却已不具备这些条件。关羽于万敌丛中冲杀，如入无人之境，袁军原本密集的队列立刻被冲开了口子。

与后世演义不同，关羽所用兵器不是什么青龙偃月刀，而是当时骑兵最常用的长矛。说时迟，那时快，关羽纵马持矛，风驰电掣，飞一般地冲到颜良跟前，颜良尚未反应过来，已被其刺死于马下。

关羽随即跳下马来，用佩刀割下颜良的首级，然后再骑马返回本军阵中。袁军被他的气势所吓倒，从始至终，没有人敢上前阻拦。曹操见状，乘势率部掩杀，袁军大乱，纷纷溃逃，白马之围遂解。

曹操的个性与袁绍完全不同。袁绍喜好虚名，爱听吹捧，热衷于“势不可挡，所向披靡”“战无不胜，攻无不克”之类的大话，曹操则对此避而远之。在他的计划中，黄河防线本来就不是主防线，能够达到削弱敌人以及试探其实力的效果，就可以打满分了。

估计到袁军总的实力仍在己方之上，只要袁绍卷土重来，白马、延津仍旧很难守住，曹操决定放弃这两个要点，退守官渡。为此，他下令将部队及其辎重从白马、延津撤出，同时为了不让袁绍在当地获得物资和人力的补给，将城中的老百姓也一并迁徙至后方。

却说袁绍，围攻白马失败不说，还损失了一位统兵大将，这件事可把他给激怒了，于是立刻下令渡河追击曹军。沮授表示异议，他劝阻说，现在我们最好的办法还是将总部和大部队继续留在黄河北岸，只是分兵攻打官渡，或者虽然过黄河，但仍留部分兵力屯于延津，以作为后备队和接应力量。

沮授认为，战场上胜负的变化很难说。如果前线顺利，先头部队再回来迎接大军，到时全部压上去也不晚，万一失利，留在北岸的大部队或屯扎于延津的后备队，还能对先头部队有个接应，全军也更容易找到退路。

袁绍一听就不高兴了，说一千道一万，你不就是对打仗没信心吗？我这么多部队都开过去，还会失利？

他对沮授不予理睬，依旧挥师南下。

当随着浩浩荡荡的袁军大部队渡过黄河时，沮授仿佛已经看到了自己的末日，不禁临河叹息："主公狂妄自大，部下急功近利，滔滔的黄河水啊，请你告诉我，我们还能北渡回来吗？"

悲愤之下，沮授以生病为由，向袁绍提出辞职。袁绍对沮授既阻其军、又要辞官，非常痛恨，但偏偏又不放他走，只是将本由沮授统领的那部分军队交给了郭图。至此，沮授便完全丧失了军事指挥权。

诱敌

袁绍在率大军渡过黄河后，一边在延津以南修筑营垒，一边派大将文丑和刘备对曹操一行进行追击。

闻听袁军追了上来，曹操命令部队停止退却，就地驻扎在白马山的南坡下，接着便派人登上营垒，对袁军的推进情况进行观察。很快，曹操接到报告：袁军大约有五六百骑兵。

五六百骑兵似乎还不算多，可以对付，但是只过了一会儿，瞭望哨传来新的报告："敌人骑兵渐渐增多，步兵多得不可胜数。"

曹操说不用再报告了，他下令骑兵卸下马铠，把马放开。

马铠也就是披在战马上的铠甲。当时，自己披着铠甲的步骑兵，称铠甲兵；装备马铠的骑兵，称具装骑兵或铁骑。铠甲兵、铁骑的有无以及多少，能够直接反映部队的装备水平和物质条件。在参加官渡大战时，袁军有铠甲万件，马铠三百具，而曹军只有大铠甲二十件，马铠更是连十具都没有。

虽然铁骑光是远远地看看就让人提精神，但既然自家的铁骑数量远不如袁军，曹操便干脆一具也不用了。他能这么做，其实也是因为铁骑的主要用途只是对付步兵军阵。比如当初公孙瓒在界桥和袁绍对决时，如果他的“白马义从”全部都是装备马铠的铁骑，面对袁军步兵密集的箭矢和长矛队列，战马就不会大量死伤，“白马义从”也不至于瞬间垮掉。

现在的情况是袁军骑兵在先，步兵还在后面，首先打起来的必然是双方骑兵。以军阵而言，骑兵无论其队列还是箭矢，都不如步兵密集，而且战马又处在高速奔驰中，射箭的稳定性和准确性相对较差，故而骑兵与骑兵对阵，就是不用马铠也无妨。

袁军的武装配备足以令曹军感到羡慕忌妒恨，他们打仗时，都很注重缴获和收集对方的辎重。就在曹操传令卸铠放马之际，曹军在白马之战中缴获的辎重也正被运上大路，曹操授意不必搬进营寨，散放在路上即可。

散放在路上，不等于又要被袁军回收过去了吗？有些将领急了，说赶快把辎重搬回营垒，我们到营垒去固守吧。

见他们都没有明白曹操的真实用意，荀攸在旁忙说：“这是诱敌之计，放在路上的辎重就是拿来诱敌用的，怎么能搬走呢？”

曹操闻言，回过头来朝荀攸会心地微微一笑——虽然他事先并没有和荀攸就诱敌计通过气，但这么多年下来，君臣之间已形成高度默契，在别人都还不知其中味的时候，荀攸就已猜到了曹操葫芦里将卖什么药。

说着话的工夫，文丑和刘备已一前一后率骑兵追至近前。诸将纷纷向曹操请求上马出击，曹操却不为所动："还不到时候。"

俄顷，追来的袁军骑兵更多了。看到路上到处都是曹军"遗弃"的辎重，部分骑兵按捺不住，开始你抢我夺，阵形也因此变得混乱起来。

眼见火候已到，曹操说："可以出击了！"一声令下，曹军骑兵全部跃身上马。

与袁军相比，曹军起步晚，刚开始的时候力量也很小，这使外界往往想当然地以为，袁强曹弱。其实不然，双方之前接受的考验和锻炼就不同。袁绍取冀州，是韩馥拱手奉送的；取幽州，幽州的公孙瓒当时已经没落，全过程只防守不反击，袁绍攻占幽州的战争看起来劳时费力，但实际没有任何风险，不过是瓮中捉鳖而已。

在袁绍称霸北方的战争中，只有与公孙瓒早期的对战如界桥大战等，以及对付黑山军等叛军的平叛战争，称得上是惊心动魄，袁军也是在经历过艰苦激战后，才得以最终取胜。不过它们距离官渡大战，都已有七八年光景。

曹军不同，他们所处的河南乃强敌环伺的四战之地，周围全是一个比一个更厉害的对手。类似于袁军早年那种险象环生的战斗，可以说从未间断，其艰苦惨烈程度，也远非袁军能及。曹军因此受到的生死考验以及战斗力提高的程度，自然大大超过袁军。

参加官渡大战的曹袁两军，要说袁军数量比曹军多，这是确凿无疑的，但要说袁军比曹军更能打，就跟实际情况不符了。别的不论，就想想看曹操周围的强敌如此之多，但他称雄河南的时间却还比袁绍称霸河北的时间早上几个月，以致袁绍都来不及和吕布等人联手，便知道曹军的真正实力有多强了。

曹军的素质和战斗力不比袁军差，甚至还要稍高，这是曹操及其谋士们敢于和袁绍决战的底气所在，只可惜袁绍自我感觉良好，没有或者根本不愿意予以正视。

在当年的界桥大战中，麹义及其先登兵的表现曾令人刮目相看，也是袁军能在那次大战中，把巅峰期的公孙瓒掀翻在地的一个主要因素。可惜麹义自恃功高而骄纵不轨，已为袁绍所杀，自那以后，袁军步兵便没有很亮眼的地方了，白马之战的结果似乎也能证明这一点。

现在袁军能够向外界夸耀的，是骑兵。在诸侯争雄初期，中原一带，以公孙瓒的骑兵实力为最强。袁绍能够攻灭公孙瓒，并非全靠他自己，其间通过与乌桓通婚结盟，袁军也得到了乌桓骑兵的大力襄助。可以说，若没有后者，至少袁绍攻灭公孙瓒的时间还会大大延长。公孙瓒死后，其骑兵精锐尽为袁绍所收，加上编入的部分乌桓骑兵，袁军骑兵俨然已顶替了当年公孙瓒军的地位。

大比拼

在延津以南爆发的这次战斗，是曹袁两军的首次骑兵对战，也被称为延津之战。此役完全可看作是继白马之战后，对曹袁双方战斗力孰优孰劣的第二次实战验证。

白马之战，袁军毕竟是以步兵对曹军的骑兵，袁军败北，还可以解释成，是因为最拿手的骑兵被调去了延津。延津之战就不同了，袁军骑兵多达五六千人，而参战的曹军骑兵尚不满六百，已经是十个打人家一个了，这种情况下如果再打败仗，那就无话可说了。

结果，袁军不仅败了，而且败得惨不忍睹。

其实，只要透过战前的几个细节，就已能看出曹袁双方在骑兵作战方面的水准实际存在何等差距了。比如，曹操卸铠放马和抛弃辎重，确是诱敌计的一部分，但卸铠本身也正符合骑兵对战所需——秃马上阵，更能发挥骑兵的机动性，这种情况下，战马不易疲倦，速度更快。

自卫青、霍去病革新骑兵战术以来，边境游牧民族就是骑射技术再娴熟，也还是打不过中原的主力骑兵。根源就在于部队的组织形式上，前者相对散漫，单纯依赖个人的技能和武勇；后者严密齐整，靠的是规模化的协作和冲击力。在曹军明明就在近前的情况下，袁军骑兵居然还敢分头抢劫辎重，组织纪律安在？文丑、刘备都是久经沙场的骑兵将领，刘备毕竟加入袁军不久，自然难以约束士兵；文丑的表现却只能说明，他和颜良在武力值上可能略有高低，但在有勇无谋、缺乏独当一面的能力这一点上，两人却完全可以拼个不相上下。

曹军骑兵虽然连六百人都不到，但都是经过千锤百炼，很能打的精兵，其中徐晃及其部卒的前身是白波军，马上作战的水平和能力更是可与当年的凉并军比肩。在阵形涣散、各自为战的情况下，袁军骑兵根本不是他们的对手，被打得落花流水，文丑也在混战中被杀。骑兵一垮，步兵更顶不住，刘备见势不妙，忙率残部逃之夭夭。

曹操爱才心切，希望关羽能为其所用，不过这并不表示他手下欠缺良将。作为骑兵将领，徐晃之骁勇善战就绝不亚于关羽，文丑即为其所斩杀。因徐晃立下大功，此战结束，曹操立即晋升他为偏将军。

战争也是武将之间的大比拼。在白马、延津接战期间，曹操另派于禁率步骑五千，对袁绍大本营以外的营寨实施袭击。

于禁率部从延津西面北渡黄河，在汲县、获嘉一带，两破袁绍别营，共焚烧袁绍聚兵守卫的营垒三十余座，俘、杀敌各数千人，并迫使袁绍的二十余名部将投降。

在完成任务后，于禁即南返官渡。此役虽只是侧翼作战，但却有效地牵制了袁军主力，延津作战能够大获全胜，亦受益于此，于禁因此当即被曹操迁升为裨将军。

同样立大功受奖的还有关羽。因在解白马之围中力斩颜良，曹操上表封他为汉寿亭侯。按照原先的约定，关羽已向曹操报恩，就必定要走了，曹操并非不肯遵守承诺，但仍存有侥幸心理，指望通过厚加赏赐，能够最终将关羽挽留住。

奈何落花有意，流水无情，关羽将曹操赏赐他的东西全部封存起来，又给曹操写了一封告别信，就私自离开曹营，到袁绍军中寻找刘备去了。

听说关羽离去，曹操的部下要求前去追赶，曹操予以了制止，说:“这是各为其主，不要去追了!”

在前哨战中，曹军三战三胜，且均为谋胜而非兵胜，这使曹袁双方指挥能力和部队战斗力的高下，已经成了不言而喻的一件事。然而袁绍并不愿意接受这一事实，他就像个赖在赌桌的赌徒，不管当天的运气好与不好，都红着眼非得把输掉的钱给再赢回来。

公元200年夏，袁绍率主力推进至官渡水以北的阳武，在那里扎下大营，准备与曹操决一死战。

到这个时候为止，曹袁双方的优劣势已经暴露得相当充分。曹军的优势是，步骑兵的战斗力均在袁军之上，以至能够做到以少胜多;但劣势也相当明显，那就是不但兵员数量比不上袁军，粮食更是远不及袁军丰盈。

由于河南地区过去遭受的战争破坏实在太过严重，恢复起来就很缓慢。虽然曹操在许都等地区推行屯田制已有四五年光景，粮食也有了一定积蓄，但相对于战争的巨大消耗而言，仍显不足。当时运输军粮的规律是，每运送一石军粮，就要额外搭上二十石军粮。曹操在前哨战线屡屡告捷的情况下，仍急于大踏步后撤，原因之一就是为了缩短补给线，方便曹军运输粮草。

沮授对此洞若观火，他本已靠边站，只因实在看不下去，便又站出来劝阻袁绍。沮授称袁军为北军，曹军为南军，他说:“北军虽然人数众多，但不如南军果敢勇猛，南军粮食较少，物资储备也不如北军充足，因此，南军利于速战速决，北军利于持久作战。”

沮授建议袁绍，采用持久战的打法，重在对曹军实力进行消耗，直至把他们拖垮。显而易见，对于初战受挫却兵多粮足的袁军来说，持久战乃是上上之策。但袁绍已经听不进沮授的任何话了，他固执地认为自己就是比曹操高一头，只要使劲推一下，曹操必倒。沮授的良谋，再次被他抛置脑后。

预言

田丰在建言时，就提出对外要结交英雄豪杰，一旦时机成熟，便着手开辟进攻曹操的第二战场，用以夹攻曹操。袁绍虽然拒绝了他的建议并将之囚禁，但曹操在前哨战期间，对其别营发动的侧翼突袭战，终于还是让他看到了第二战场的价值所在。

本来吕布、刘备先后布兵徐州时，都是主持第二战场的最佳人选，可惜他们一个被曹操所杀，另一个也被曹操打垮后赶出了徐州。再往后面看，是张绣和刘表。张绣不仅没有被袁绍争取到，还归附曹操，增加了曹军的实力。刘表倒是有过那么一点与袁绍进行配合的意思，不过因谋士们不同意，又回到了中立的立场。

袁绍觉得可以在刘表身上再下点功夫，于是派人前去联系。这回刘表还真答应了，不料事与愿违，荆州南部的长沙太守张羡与刘表不和，经曹方游说，为了响应曹操，与刘表唱起了对台戏，刘表受到牵制，也就没心情抽兵和袁绍配合了。

最后一个是孙策。孙策倒不用袁绍主动去联络，这位将门虎子不仅像孙坚一样骁勇善战，而且还继承了乃父的好斗气质，在官渡大战前就已经占据了整个江东。

曹操对孙策颇为忌惮，为了能够集中兵力对付袁绍，对他百般拉拢安抚，甚至与其亲族进行联姻。尽管如此，孙策依旧常怀进取中原之心，就在曹袁在官渡进入相持阶段后，外界纷传孙策准备渡过长江北上，袭击许都。

曹军主力全都集中于官渡，而且兵员数量还处于劣势，如果孙策要偷袭许都，曹操根本不可能抽出力量来保卫许都。而许都一旦失守，官渡防线也就维持不住了，袁绍将不战而胜。

虽然不知道传言是不是袁绍方所制造或传播，但它的效果却实实在在——之前经过曹操和谋士们的打气，在曹操阵营内部，众人都已经认为能够战胜袁绍，至此开始产生动摇。很多人私下还和袁绍通信，试图通过暗中献媚，给自己预留一条后路。

就在大家商量该如何缓解危局时，郭嘉突然说："明公根本没必要抽出兵力去保卫许都，孙策来不了！"

乍一听，这个结论很奇怪，孙策也没有知会过你，你怎么就知道他来不了呢？再一听，不仅奇怪，而且古怪。按照郭嘉的推断，孙策之所以来不了，居然是因为他必将被刺客所杀！

在孙策、郭嘉所处的时代，重义轻利者不在少数。孙策转战江东，所杀者皆英雄豪杰，这些英雄豪杰生前必然都能招揽到一批甘心为之拼死效力的门客，后者可以毫不犹豫地以自己的生命作为代价，替主人复仇。

在这种情况下，孙策周围其实危机四伏，他必须像曹操一样，出入小心谨慎，甚至过分多疑，人身安全才能得到保障。偏偏孙策不是如此，平时处事轻率而疏于防范，在郭嘉看来，如此漏洞百出，他孙策就算坐拥百万大军，也如同独自在原野上行走一般，刺客如果要伏击他，只需对付他一个人就够了。

"一定会死在平常人的手中！"郭嘉为孙策的结局做出了预言。

郭嘉的分析虽有一定道理，但即便有刺客要行刺孙策，最终行刺能不能成功，仍具有相当大的偶然性。人们当时猜测，郭嘉说这番话的主要用意，不外乎还是为了帮助曹操稳定人心，毕竟他是谋士，而不是什么未卜先知的算命先生。

然而无巧不成书，未几，孙策果然死于刺客之手。当天，孙策外出游猎，独自骑一匹快马在前面飞奔，左右侍从没有一个人跟得上。

就在孙策脱离他的卫队时，三名早已埋伏好的刺客向其突施冷箭，孙策的面颊被射中，回去后便重伤而亡。

这三名刺客皆为吴郡太守许贡的门客，许贡死于孙策之手，三人不忘故主，于是精心策划了对孙策的刺杀行动，而他们自己求仁得仁，在行动成功后也皆为孙策的侍从所杀。

孙策被刺的整个过程，竟然与郭嘉所言分毫不差，人们在惊诧于其超常洞察力和预见的同时，因孙策可能袭击许都而引起的恐慌情绪，也随之烟消云散。

在汝南，过去有一支以刘辟为首的黄巾军，自曹操兵进豫州后，为曹操所收编，待到曹袁两军相持于官渡，刘辟突然叛离曹操，投靠袁绍，开始在许都以南地区抢掠骚扰。

袁绍如获至宝，立即趁热打铁，派使者潜入豫州，以一纸征南将军的委任状，欲策反驻守后方的曹军将领李通，但遭到了拒绝。这时正是曹营中人心最为动荡的时期，李通的亲戚和部属都流着眼泪劝李通，说你现在独自守卫一地，又没有强大的援军，一旦出现危险，恐怕难免灭亡，不如赶紧跟从袁绍吧。

李通听后，当即按着剑柄呵斥道："曹公明晓事理，必能平定天下。袁绍虽然强盛，可是他不会任用人才，终究将成为曹公的俘虏。你们不要说了，我就是死了也不会变心！"

李通曾参加南征张绣之役，并在战役中立功受封，他对于曹操的知人善任有着切身体会，也因而对曹操忠心耿耿，没有二心。为了断绝众人的歪念头，他随即杀了袁绍的使者，又把袁绍给他的印绶上交给曹操。

远在天边，近在眼前

不管怎样，曹操的后方总算有了要乱起来的迹象。袁绍一面怀柔刘辟，一面仿照曹操实施侧翼突袭战的模式，派刘备率部从侧翼迂回进入汝南，与刘辟会合，以便共同搅乱曹操后方。

刘备奉命，从河北转青州，再从青州潜入汝南、颍川之间，继而和刘辟组成联军，攻陷了许都以南的好几个县，很多县也起兵响应。

与孙策北袭许都的传言相比，二刘联军的袭扰以及诸县反叛，可是正在进行中的真事，曹营和许都再次陷入了不安。曹操也如坐针毡，这时曹仁进言说，南方诸县之所以相继反叛，是因为曹军主力部队现在都集中在官渡前线，诸县本身又无法抵抗刘备等人的缘故，所以平叛的目标应集中对准刘备，刘备一败，诸县自然还会重新归顺。

曹仁进一步分析，刘备虽然在南方闹得很欢，然而在他的现有部队中，长期跟随他的老兵已经不多，大部分都是袁绍临时拨给的兵卒。刘备对他的新部队必定还不熟悉，排兵布阵会面临很多困难和障碍，在这种情况下，其实派去平叛的部队无须太多，只要是主力正规军，便可望将刘备一击即破。

曹操乃是第一流的用兵家，曹仁说的这些道理，他又何尝不明白。让他伤脑筋之处在于，为了不给袁绍以可乘之机，他已不能像东征时那样亲自率兵出征了，那么，究竟该让谁挂帅到后方平叛呢？

曹军武将之中，“诸夏侯曹”多数难以独当一面。异姓大将如于禁、徐晃、张辽等，又不是太让曹操放心，生怕他们像刘备那样，一脱离自己的掌控，就举起反旗。要知道，袁军主力就盯在官渡，但凡出现这种情况，后果的可怕程度是难以想象的。

曹仁的出现提醒了曹操，正所谓远在天边，近在眼前，这不就是个做主帅的好材料吗？

同为“诸夏侯曹”的代表，夏侯惇、夏侯渊打仗勇猛，但缺少智谋；曹洪在具有上述缺点的同时，又生性贪鄙，重财好色，乃至被人讥为“要钱太守”，兼之领兵作战败多胜少，早已不大受到曹操的信重。这些人中，唯有曹仁是个例外，称得上智勇双全，文武兼备，完全可与异姓大将们媲美。

曹操拍板定案，让曹仁率领骑兵，南下进攻刘备。曹仁果然没有让曹操失望，出兵后很快就击破了二刘联军，刘备在汝颍站不住脚，只好逃归河北。二刘一个逃跑，一个哑火，曹仁没费什么力气就将反叛诸县全部予以收复。

袁绍在派刘备从东路迂回的同时，另派部将韩猛从西路包抄许都。曹仁在完成后路平叛的任务后，立即马不停蹄地由西路趋师北上，并大败韩猛。韩猛损兵折将，灰溜溜地逃回了总部，这件事对袁绍影响很大，自此他就再也不敢从主力部队中分兵他路了。

不舍得抽主力，调用一下非主力还是可以的。不久，袁绍又派刘备带本部兵马再至汝南。刘备潜入汝南后，与另一支背叛曹操的黄巾军龚都部会合，两部合起来也有数千人。他们在曹操后方闹腾了一阵，但力量终究薄弱，无法与二刘联军时的声势相比，更不能如袁绍所希望的那样，形成对曹操两路夹攻，或者牵制和调动曹军主力的局面。

官渡正面的袁军主力在与曹军相持一个月后，也开始慢慢进兵。后世有史家认为，曹操从白马撤退至官渡，是为了诱敌深入，在自己地盘内寻机歼敌。换言之，曹军的退，是主动引诱敌人的“吸”，袁军的进，则是“被吸”。这种说法，多少带有一点事后诸葛亮的意味。袁军虽在前哨战中连遭挫败，损兵折将，其主力部队应该还有十万出头。曹操虽然也向官渡集中了所有能集中的兵力，甚至急调原屯兵他处的于禁部回守官渡，然而至多也不会超过三到四万，以曹军这样的兵力规模，既无吸引敌人进入预伏战场的资本，也没有就地歼灭全部袁军的实力。

撤到官渡，不过是曹操原定作战计划中的一部分，他的所有考虑，都是要扬长避短，克服兵少粮少的困难。这样做确实是极为有效的，比如，缩短了补给线，在减少粮食消耗的同时，减少了辎重兵员，增加了战斗兵员；比如，缩短防区，可以增强兵力密度和冲击力；又比如，通过侧翼的河流水道，以水代兵，这样也大大节省了兵力。

兵法上讲，十则围之，五则攻之，倍则分之。袁军的兵员不过是曹军的数倍，加上曹操又利用官渡的地形特点，最大程度集中了兵力，所以袁绍无法对曹军实施包围战，也不能进行分割围歼，只能从正面逐步推进。

官渡无城，曹操选择了据于要道，结营寨以固守。袁绍便针锋相对，沿官渡外围扎营，官渡地多沙丘，袁军依托沙堆，从东到西，扎下了十余处营寨。

袁绍虽拒绝了沮授持久战的建议，但这么多营寨往官渡外围一扎，袁军又粮草充足，假以时日，也一样能困死曹军。

用高楼进攻

袁绍要掐曹营的喉咙，曹操不能无动于衷，他也只好分营十余处，与袁军对垒驻扎。这样一来，曹军能用来机动作战的兵力已不足万人，其中受伤者还有十分之二三。

对曹操来说，兵少的问题还相对好解决一些，粮少最难办，毕竟人每天都得吃饭，否则别说打仗，连生存都成问题。这也正是沮授所指出的，曹军必须争取速战速决，而不能和袁军长期干耗着。于是时隔不久，曹操便乘着日食，主动向袁军发起试探性进攻，双方在开阔地带进行了一场交战。

袁军士气正旺，且数量上占据绝对优势，曹操的这次尝试没能吃到好果子，曹军也因此蒙受了自开战以来的第一次挫败，实际上也是整个官渡战役中唯一的一次失败。

尽管不是什么大败，但以曹军的兵力来说，实在经不起屡战屡败。意识到如果急于求成，不仅解决不了粮少的问题，还会白白地消耗兵力，使兵少的问题更加突出。曹操不得不打消了短期内速胜的念头，继续凭借深沟高垒，用坚壁防守的战法与敌人对峙。

自开战以来，袁军总算小胜了一把，这使袁营里颇有一股喜气洋洋的气息，于是袁绍乘胜而进，对坚壁不出的曹军发起攻击。

在古代战争中，要攻破一座营寨，往往比攻破一座城池更难。因为守城池的可能只是地方部队甚至民团，守营寨的却多半是久经战阵的野战部队，比如曹军。

曹军建造的营寨，也如同城墙一样坚固高大。守卫营寨的曹军可以密集排列，作为进攻方的袁军在进攻时只能循序而上，虽然他们人多，但就某个接触面而言，实际作战人数却肯定要少于曹军。曹军战斗力又强，加上各种防守重器的打击，袁军即便付出数倍于对方的伤亡，也不一定能够接近寨墙，更别说击破营寨了。

在袁军的北方战史中，进攻高大营寨的情况并不少见。当初公孙瓒固守幽州，他看到兵法上说，百楼不攻，就是只要能建起百座高楼，敌人便无法攻打。于是便在防区内挖了十道壕沟，用泥土在壕沟内筑起土台，这些土台中，最里面的高达十余丈，其他的也都有五六丈。

公孙瓒的高楼确实弄得袁军疲困不堪，以致数年围攻都毫无建树，袁绍显然对此印象极其深刻。抛去个人缺点，袁绍也是一个拥有不错战绩的用兵家，以战学战已经化为一种本能——公孙瓒的高楼法被他移植到了官渡战场，只不过公孙瓒用高楼防守，他用高楼进攻！

袁军没有直接对曹军的营寨进行攻击，而是在距离其寨墙一定距离内，堆起无数土山，等到土山快要与曹军营寨等高的时候，便用树木在上面筑起望敌楼，然后再派弓箭手和强弩兵登楼。

通过争夺高度，袁军迅速完成了攻防位置的交换。原先，曹军凭借高大寨墙，处于居高临下的位置，远了使用弓弩，近了檑木、巨石招呼。现在，袁军依靠更高的土台和望敌楼，反过来使得曹军寨墙内的情况被其尽收眼底，一览无余，里面的所有曹军官兵也就都成了他们的活靶子。

袁军强弩兵的威力，在当年界桥大战，大杀公孙瓒“白马义从”一仗中，就已为世人所震惊。曹军和公孙军一样，都是有血有肉的人，在强弓劲弩面前也都脆弱得跟豆腐渣相似，没过多长时间，就有不少曹军士兵被射死射伤，营内哀鸿一片。

自此，曹军官兵人人自危。为了不被弓弩伤及，大家无论是在营内来往行走，还是仅仅蹲在工事内，都得小心翼翼地用盾牌遮蔽身体或者匍匐前进。

这样被压着打，就算不被困死，也得被憋屈死。有人激愤地说，哪怕付出再大伤亡，也要冲出去把楼台拆掉。曹操当然不允许，因为他知道曹军跑出去就是送死，而这正是袁绍所希望看到的。

还有人建议通过弓弩对射，压制袁军，减少营内压力。这样做当然是可以的，但是曹军需对空射箭，占不到多大便宜，很难对有高楼保护的袁军射手造成有效杀伤。更何况，箭矢造难耗易，对于曹军而言，也是一种很紧缺的军用品，在奈何袁军不得的情况下，还要把资源白白送给对方，那可就亏大了。

曹操和谋士们拼命想招，情急之下，终于让他们琢磨出了一种克敌利器：发石车。

发石车的名词以前没有，是在官渡大战中第一次出现。文献中对其原理未加以详载，也没有相应实物传世，只知道在战国或者更早的周代，有过纯使用人力的抛石机，曹操君臣有可能是从中得到了启发。

按照当时的知识技术水平，人们已能掌握和运用比较简单的机械原理，并将之运用到发石车上。曹操命工匠连夜打造，造好后马上用来对付袁军的高楼。

按照现代学者的模拟，发石车应该是可以拖拽或推着前进的，操作人员使车子在运动中急停，车上的抛石装置便能借其力，把石弹抛甩向前方。当然，它的准头一定不会太好，不过发石车不会只有一辆，许多辆发石车连续不断地抛甩石弹，巨石漫天飞舞，纵使瞎猫碰上死耗子，也总会有一部分正好砸中楼台。

史籍载，发石车抛射石弹时，发出的石弹在空中响声隆隆，如同打雷一般，故又称“霹雳车”。最终，袁军的望敌楼全部被这种响声极大的“最原始大炮”所击毁，楼上来不及躲避和逃命的弓弩兵也非死即伤。

有矛就有盾

斗智斗勇斗技的竞赛并没有就此结束，袁绍一招不成，再施一招。这一招仍和消灭公孙瓒有关，但却是袁氏原创。当初袁绍围攻公孙瓒数年不克，始终拿他的高楼没办法，便转而采用地道战，把战场由天空移至了地下。

原始的地道战战术，只是从城外挖条地洞通向城里，技术要求相对比较简单。袁军的地道战比这个要复杂得多，甚至涉及测量技术和工程力学方面的知识。他们是把地道挖到高楼之下，先用木柱顶住，到差不多时，就火烧木柱，木柱烧断，高楼即自动倒下。袁军通过地道战，一直推进至公孙瓒所居的中心楼台，公孙瓒见大势已去，只好自杀，袁绍征服河北之役方才收官。

袁绍拿出地道战的绝招，命令士兵暗中挖掘地道，直通曹营，以便进行偷袭。

然而曹操不是公孙瓒，他使用地道战这一套路的时候，其实还尚在袁绍之前。就在袁绍击灭公孙瓒的前一年，曹军南征张绣，眼看即将被张绣和刘表联军夹击时，曹军正是在短时间挖通地道，才将辎重和部分兵员输送了出去，这说明当时的曹军已经熟悉掌握了地道战的相关技战术。

能够证明曹操精通此道的另一个证据，是在曹操的故乡今安徽亳州（即谯县），至今仍保留着一座当年留下的地下运兵道。这座据说曾由曹军使用的地下运兵道，总长度达到十二公里，里面如游龙一般蜿蜒曲折，视野伸展十几米，就会被青砖所砌的墙壁遮住。除此之外，还有猫耳洞、绊腿板、障碍券、陷阱、传话孔、刺枪孔等众多机关，可见防御设计已相当精妙。

有矛就有盾，任何一种新战术产生之后，都必然将有另外一种对付它的战术随之产生。地道战也是这样，在战场上一发展起来，反地道战术便应运而生，曹操在精通地道战的同时，也知道如何使用反地道战，对敌方的地道战进行防御。

袁军偷偷开挖地道的秘密很快就被曹军发现，曹操立即命令士兵在营内挖掘长长的深沟，用以截断袁军所挖的地道。这种办法虽然简单原始，却是后来反地道战的一个通用要领，如此一来，袁军的地道战也就进行不下去了。

曹袁两军你来我往，见招拆招，前后又相持了一个月。袁军虽不能攻下官渡，但曹军的处境却变得越来越困难。

袁军营寨东西相连，连绵达数十里，曹军被迫分兵对抗，在总的兵力数量处于绝对劣势，又缺乏足够的机动兵力用于替换的情况下，时间一长，部队的疲敝程度可想而知。

比兵少疲敝更为严重的，是包括军粮在内的军需匮乏，甚至已有断粮之虞。前方紧张，必然只能加重后方征赋，百姓困于征赋，民心不稳，有些地方甚至发生叛乱，这也是刘备虽力量不大，但仍可以在汝南活动的一个重要原因。其间，曹操听取荀彧等人的意见，及时采取了一些缓征的补救措施，才使形势有所缓解，代价则是前线的军需品愈加短缺。

官渡前线吃紧之际，也是袁绍的策反活动活跃之时。继那次孙策北袭风波之后，从许都到官渡军营，又有许多官员和将领私下致书袁绍，暗通信息，做着脚踩两只船，甚至投降袁绍的打算。

曹操整日忧心忡忡，食不甘味，他自觉实在坚持不下去了，便很自然地产生了先让袁绍一步，放弃官渡，撤保许都的想法。

从感性说，曹操怕是一刻都不愿在官渡再待下去了，但从理性上说，他也知道后撤许都，背离了最初与袁绍在官渡决战的宗旨，很可能导致兵败如山倒，并危及许都的严重后果。正是因为心里没着没落，他提起笔，给远在许都的荀彧写信，想听听他的意见。

谁都不能先松口

荀彧完全能够理解曹操的心情，他的一个感慨是，幸亏先前攻灭了吕布，不然根本没法与袁绍对决。不过理解归理解，他却坚决不能同意曹操此时弃守官渡。

曹操告诉荀彧，目前各方面都很困难，但最为困难，同时也是让他决定撤出官渡的主要动因，则还是军粮快要吃光这一现实问题。荀彧说我知道前线军粮短缺，不过再怎么短缺，也不能跟楚、汉在荥阳、成皋对峙时相比啊！

荀彧在这里引述的，是楚汉争霸时期一次带有决定性的战役。战役进行过程中，刘邦的粮道被项羽截断，他的部队已经不是军粮短缺，而是根本没粮了。荀彧强调，即便在那种情况下，刘邦也不肯先退出战场，因为谁先退，谁就会处于被动地位。

当年是刘邦和项羽，现在是曹操和袁绍；当年是荥阳、成皋，现在是官渡。虽然时间、人物、地点都已经置换，但相互之间的利害关系一如既往，即双方已经死死咬在了一起。到了这个时候，谁都不能先松口——倘若曹军不能在官渡压倒袁军，就必然会被袁绍乘机打败，相应地，袁绍也无法再撤退乃至抽兵别处，否则下场同样不妙。

袁绍动员了十万以上的精兵南下，因其是攻方，机动部队即可达到十万之众。曹军是守方，能抽出一万人进行机动，已达极限，也就是说，曹操的机动兵力只有对方的十分之一。饶是如此，从袁军出发起，曹军也已经牵制了袁军达半年之久，特别是在官渡紧紧扼住了对方的咽喉，使其寸步不能前进。

荀彧分析，袁军强劲的势头即将被消磨殆尽，情况必然会再次发生大的变化。曹军完全可以用奇谋战而胜之，千万不能因弃守官渡而失去大好战机，导致功亏一篑。

荀彧的回信对曹操有着振聋发聩的效果。他激灵灵打了一个冷战，认识到自己兵势较袁绍为弱，倘若从官渡一抽脚，袁绍乘机追击，势必一败涂地，说不定还没能退到许都，就已是树倒猢狲散了。

退军决无道理，曹操决定接受荀彧的意见，继续在官渡坚持，与袁绍周旋到底。

荀彧在信中提出，应待机而动，用奇谋胜敌。曹操就此又征询了贾诩的意见，贾诩语出惊人，他认为曹操无论谋勇还是用人、决断等方面，都超过袁绍。之所以历半年时间都未能打败袁绍，不是兵、粮不如袁绍，而是制定战策时太过谨慎，只想做到万无一失，却没有考虑兵出险招。

但凡奇谋，就是要不走寻常路，哪怕在险途上拼死干它一场。于是剩下来的问题就变成了：这险，究竟该怎么冒法？

就在曹操苦思良策的时候，曹军因为粮草短缺，已经处于军心动摇的危急边缘。为此，曹操不得不一个劲儿地向后方和自家粮队催粮，并亲自出面安抚已经疲惫不堪的运粮士卒，说：“再过十五天，就会打败袁绍，到时就不会让你们这么辛苦了。”

除了粮草，曹军也急需其余军需物资。让曹操喜出望外的是，负责镇抚关中的钟繇给前线送来了两千多匹战马。冷兵器时代，战马绝对是战略级的紧缺物资，更不用说在这样的关键时刻了，曹军因粮草不济而导致的士气低落，亦因此有所回升。曹操在给钟繇的信件中高兴地说，你送来的马，正好应前线之急，从前萧何镇守关中，供给刘邦前线军需，你所立的功劳，和萧何是一样的。

艰苦忍耐终于换来了报偿，一日，荀攸得到一个重要情报：袁绍部将韩猛押运数千辆粮车，即将前来官渡。

捷径

与曹军不同，袁军物资充裕，尤其粮草充足，号称预支十年都没问题。应该说，曹操在作战前筹划和动员时，就已经认识到了这一点，并想好了对策：夺来为己所用。

从前哨战开始，曹军便通过打胜仗的方式，夺取袁军的军事物资，白马、延津两战，每次都能缴获不少敌方辎重。然而如今袁军主力集结于官渡，双方进入了相持阶段，曹军已经很难在正面轻轻松松打它一个胜仗了。

曹操君臣由此把视线转向袁军侧后。随着主战场转移至官渡，袁军的补给线被大大拉长。双方的大本营和补给基地，一个在许都，一个在邺城。许都距官渡前线为两百里，而邺城距官渡则有四百里之遥，袁军补给线的长度足足相当于曹军的两倍。

补给线过长，势必造成运输困难，袁军每次为前线补给粮食的间隔时间都较长，而且一次性运粮不是几千车，就是一万车。显然，像楚汉战争时期那样，截敌之粮道和焚烧其粮草，不失为将敌人的优势转化为自身优势的一个捷径。

负责押运粮草的敌将韩猛，就是袁绍分兵西路时，被曹仁击败的那位仁兄。荀攸了解到，韩猛与颜良、文丑同属一个类型，虽然名如其人，作战勇猛，但是没什么头脑，容易轻敌。因此他向曹操建议，派出一支轻骑部队，对韩猛粮队进行袭击。

曹操听后很感兴趣，他固然不肯轻易出击和消耗兵力，但这种军事行动，与荀彧、贾诩所主张的奇谋相符，即便出击过程中有所损失，也是完全划得来的。

曹操随后问荀攸，派谁带兵合适，荀攸推荐了徐晃。

因力斩文丑，徐晃在军界声名大震。像韩猛这种四肢发达、头脑简单的战将，一是不能独当一面，二是打仗时不能撞到智将，而徐晃恰恰就占全了智勇二字。

徐晃率精兵悄悄出发，来到袁绍大营以北的故市。韩猛与其所押运的数千辆粮车就在故市，徐晃突然对其发起猛袭，韩猛猝不及防，当即为徐晃所败，军粮也被全部焚之一炬。

故市军粮被毁，令袁军蒙受了重大损失，其进攻力度亦为之大减。不过袁军粮多，不止这一批，所以并不能使其立刻产生动摇，而且自此以后，袁绍对其补给线也明显加强了防范。

在运送第二批一万多车粮食时，袁绍特派大将淳于琼为主押运粮草。淳于琼是早年的西园八校尉之一，在袁将中的位次比颜良、文丑还高，乃袁绍座下第一大将。除淳于琼外，袁绍又给他另外配备了四名战将。以淳于琼为首的五个人率一万多兵马护送粮草，同时沿途严密封锁消息，使得曹军无隙可乘。

曹操出动轻骑兵，袭击袁军后勤供给线的做法，似乎也给袁绍的幕僚带来了灵感和启发。他的谋士许攸献计说，曹军数量少，集中起来同我军相持，许都势必空虚，既然如此，就没必要同曹操在官渡决战了，可以在分军同曹军相持的同时，派出一支轻骑兵，沿着别的道路，昼夜兼程去袭击许都。

许攸认为，袁绍只要采纳其计，定能获得成功，拿下许都后，就可以奉天子以讨曹操，再擒获曹操也就不难了。退一步说，即使许都拿不下来，也可以造成曹操首尾不能相顾，来回疲于奔命的被动局面，对官渡战局亦极为有利。

袁绍的回答让许攸气了个半死："不必，我一定要在这里捉住曹操！"

客观地说，许攸之计虽然高明，但也不是无懈可击。比如，另择道路去许都，该选哪条路？曹操必然已事先派兵把这些路都给堵上了，否则的话，他能够集中于官渡的机动兵力也不至于如此之少。袁军要从那些道路上突破，没准比突破官渡还难，先前，袁绍就曾派大将韩猛从西路包抄许都，结果被曹仁杀了个稀里哗啦。

又如，荀彧已经说得很清楚，事到如今，曹袁两军势均力敌，已经完全粘在一起，任何一方都轻易抽身不得。袁绍抽兵去许都，若曹操乘势从正面发动强大攻势，留下来的袁军是否能支撑得住，将成为袁绍必须面对的难题。要知道，这和徐晃袭击韩猛粮队完全不同，毕竟那个距离短，行动结束便可以立即返回营寨。

本来袁绍和许攸的谈话，属于正常的军事讨论，出现意见分歧也很正常。但由于此前袁绍禁锢田丰，打压沮授，对郭图等人则偏听偏信，使得袁氏幕府的气氛已极不正常，认识上的分歧也很容易就过渡到了意气之争和派别之争上。

和袁绍的其他谋士不同，许攸青年时期是袁绍的"奔走五友"之一，曾一块拍过肩膀、喝过小酒、论过兄弟，所以资格非常老。他为人又比较贪财，即便随袁绍南下作战，也秉性不改，因为袁绍没能满足他的要求，他就已经对袁绍心怀不满。袁绍不纳其计，更被他视为自己已不受其待见，心里愈加窝火。

恰在这个时候，后方传来消息，说许攸的妻儿在邺城犯法，已被留守邺城的审配抓起来关进牢狱之中。

许攸的妻儿犯法，与许家平时的贪纵不法有关，但审配自己也不是个省油的灯，他和逢纪平时其实也过着骄奢的生活，其程度甚至还可能超过许攸。只是许攸是南阳人，和郭图等同属颍川系，而审配属于冀州系，他对许攸家属的处理，其实并不完全是为公，很大程度上还是两个派系党同伐异的结果。

许攸对此怒不可遏，他认为袁绍对审配、逢纪等人又是重用，又是偏听偏信，这才导致审配可以对自己为所欲为。

许攸青年时代不光和袁绍关系密切，和曹操也是朋友，气愤之下，他便星夜离开袁绍大营，前去投奔曹操。

大胆到令人咋舌的行动

得知许攸来投，曹操都乐疯了，他已经脱鞋上床，当下连鞋子都来不及穿就光着脚跑出来迎接，一边跑还一边抚掌大笑："子远（许攸字子远）这一来，大事可成！"

曹操在第一时间，就迅速对昔日好友的价值做出了判断。他知道，许攸是袁绍由洛阳带至冀州的资深谋士，一直参与袁绍的执政和军事，一言以蔽之，此人掌握着袁军的核心军事机密，他的到来，必定会给自己带来极其重要的信息，没准还能由此找到袁军的死穴所在。

两人手拉着手在营帐中坐定，许攸开门见山问曹操："袁绍兵力很强，明公打算怎么对付他？"

"军中还有多少存粮？"未等曹操想好措词回答，许攸紧接着又提出了一个更为要害的问题。

自家粮草能撑多久，这是曹军一个绝不可外泄的绝密情报。曹操向来心机深重，即便明知许攸是投归者，也不肯一上来就露底，于是随口回答："还可支持一年。"

"没那么多，再说！"许攸毫不客气地戳穿了他的谎言。

"还可以支持半年。"曹操立即改口。

许攸一听，生气了："您是根本不想击败袁绍吧？为什么还是不肯跟我说实话？"

看来许攸对曹军的情况很了解啊，曹操没办法，只得笑着说：“我先前说的不过是戏言，其实军中只有一个月的粮食了，您看怎么办呢？”

许攸了解曹操的性格为人，他坚持要曹操吐露真言，不为别的，就是希望得到曹操的完全信任。见曹操已脱下伪装，并且向其请教破敌之策，他这才进入主题：“明公孤军独守，外无救兵，内无粮草，情况确实不妙，不过我有一计，不出三天，可保袁绍全军溃败。”

许攸此计和袁军的第二批军粮有关。这批由淳于琼等人押运的粮草运至前线后，集中囤积于袁绍大营以北的乌巢，并仍由淳于琼领兵守护。

沮授深知这批粮草对于袁军有多么重要，鉴于韩猛故市之失，他曾建议袁绍，派大将蒋奇率军驻守于淳于琼外侧，加强对乌巢外围的保护，同时两人还可以互为犄角，以防粮草再被曹军抢夺和破坏。可是袁绍看起来并未真正吸取教训，他认为淳于琼是袁军第一大将，所率的护粮部队也有万余之多，就没必要再从主力部队中占用资源了，沮授的建议被他一口否决。

许攸知道袁绍麻痹大意，对于乌巢的防守并不严密，他献计曹操，让曹操派一支精兵出其不意地前去偷袭，烧其粮草。

曹操听后大喜。先前荀彧说过，敌情还会发生变化，在此之前，只要随时注意观察，就一定会找到合适的战机。这一推测先前已经兑现过一次，与上一次相比，这一次的结果则足以改变双方的命运，所以曹操派谁都不放心，他要亲自出马。

在留下曹洪守大营后，曹操亲自挑选精锐步骑五千人，准备率领他们连夜偷袭乌巢。这是一次大胆到令人咋舌的行动，毕竟许攸在投曹前没有任何征兆，也无人可以为他做保，万一许攸是假归降，作为三军主帅的曹操岂不等于自投罗网？

曹操手下的好多人，包括不少将领，都表示担心，只有荀攸和贾诩认为许攸可靠，劝曹操尽管放心依计而行。曹操自己则知道，以曹军自身的窘迫状况来说，这是最好的一次，也极可能是最后一次天赐良机，过了这个村就没这个店了。他已经没有时间再等待或选择了，就算是身边绝大多数人都心存疑虑，他也要孤注一掷，舍生忘死地去试它一试。

出发前，偷袭部队全部都穿上了袁军服装，打袁军旗号。每人或背或抱一捆干草，为了不发出声响，口中都要含一根小棍，所乘战马的嘴巴也均被缚住，这叫“衔枚缚马口”。

夜色中，他们沿着小路直扑乌巢。路上经过袁军哨卡，有人盘问，曹军按照事先设计好的口径回答：“袁公担心曹操包抄后路，袭击我们后面的军队，所以派兵来加强守备。”哨卡方面信以为真，抬抬手就把他们放了过去。

曹军一路畅通无阻，到达乌巢后，立即围住粮屯，堆起干草放火。守粮袁军眼见四面起火，又不知曹军虚实，顿时大乱。这时刚好天亮了，淳于琼一看，曹军似乎人不算多，便直出营门，排出阵势，想要迎战曹军。

曹操此番冒险出击，是拼了命的，见袁军出营，二话不说，当即予以猛击。袁军有一万多人，曹军只有五千，但曹军更为精锐，战斗力原本就超过袁军，且夜袭部队经过挑选，乃精兵中的精兵，袁军哪里招架得住，淳于琼只好一边退守营寨，一边派人飞马向袁绍告急。

迷之自信

得知曹操夜袭乌巢，袁绍的反应很让人奇怪，他不仅不着急，相反，还认为这是个攻下曹操大营的好机会。

“乘曹操领兵攻打乌巢，我们去夺取他的大营。即便淳于琼被曹操击破，而我拔掉他的军营，他就无处可归了。”袁绍对长子袁谭说出了这样的话。

你攻我的乌巢，我便攻你的大营，最多我的军粮被你毁了，但你的家也没了。这是袁绍的如意算盘，如果用下象棋来打比方，就是宁可舍去一“车”，但只要能同时将死对方的老“将”，最后的赢家还是自己。

袁绍倒也不是临时起意，事实上，过去他确实有过类似的成功战例。大约七年前，他和公孙瓒在外对战，后方魏郡兵与黑山军发动叛乱，占领了邺城。袁绍当时没有攻打邺城，而是围剿黑山军老巢，最后不仅迫使魏郡兵放弃邺城，而且对黑山军予以了重创。

袁绍将七年前行之有效的经验移植到了曹军身上。在曹袁两军相持的过程中，曹军一直小心翼翼地坚守营垒，轻易不肯出营同袁军交手，此前仅有的一次主动出击，还是徐晃袭击韩猛粮队。这期间肯定也把袁绍给憋坏了，现在曹操亲自率部出击，他便理所当然地认为曹操大营必然空虚，只要出动主力，便可一击而破。

袁绍传令大将张郃、高览，让他们率部进攻曹操大营。

袁绍很看重颜良、文丑，但其实在他的武将群中，张郃才是一个武艺精纯，能独当一面的智将，综合实力绝对在那两个有勇无谋的战将之上。张郃参加过当年的平叛，也参加过进攻公孙瓒的战争，如今又身处官渡前线指挥作战，对两边的情形都很了解。只有他能切身体会到，曹操的谋略指挥水平有多高，曹军的战斗力有多强悍，决非昔日的叛军，甚至是走下坡路的公孙瓒军可比。

张郃断言，曹操既率精锐之兵攻打乌巢，淳于琼等人一定抵挡不住，如果淳于琼等人兵败，粮食受损，大势就危险了，所以应该赶快带兵去援救他们。

袁绍要打曹操大营，并不是事先就已经考虑成熟的决策，张郃作为拟派主将，他的话当然能够对袁绍产生影响，但这时候郭图在旁边发言了。

在袁绍的谋士中，郭图属于一个典型的扫帚星角色，最爱阿谀奉承，迎合着袁绍乱出主意。同时，张郃是河间人，河间属于冀州，郭图把自己归入颍川系。在他看来，张郃就是敌对的冀州系成员，军权如果落在冀州系手里，能夺就要夺，先前对沮授是这样，如今对张郃也应如此。

郭图说："张郃你讲得不对，救乌巢不如攻打曹操大营，只要我们打他的大营，曹操势必要退军回去解救，这样乌巢之困就可以不救而自解。"

郭图的见解套用了"围魏救赵"的传统战术，当然也暗合了当年魏郡兵自动放弃邺城的例子。然而正如张郃所言，今非昔比，更何况乌巢兵营只是临时性屯粮之地，无坚固堡垒可守，曹操集中精锐攻其不备，在短时间内击破乌巢绝无想象中那么困难。曹操大营则是曹军各营垒的中心，就算是守兵不多，以其营垒之坚固，岂是袁军短时间内可以拿下的，曹操又哪里用得着兼顾他的大营？

张郃依据这些军事常识反驳郭图，并说："如果淳于琼等人战败被擒，我们这些人也将成为俘虏！"

情况紧急，不是展开辩论的时候，两边都只能看着袁绍，由其裁决。

经张郃提醒，袁绍也终于意识到将乌巢完全置之不理是不对的，但又固执地认为不能错过这次"乘虚"攻击曹操大营的机会，郭图的话恰好给他提供了论据。

袁绍决定仍派张郃、高览进攻曹操大营，作为折中，也同时拨几千轻骑兵救援乌巢。袁绍对自己部队的战斗力一直有着一种迷之自信，他认为淳于琼的兵已有一万，再添个几千骑兵，守住乌巢应该没有太大困难，前线营垒不已经守好几个月了吗？就算还不行，袁绍大营距离乌巢只有四十里，续派援兵又有何难？

张郃无奈，只得领命。如其所料，曹操在出兵前对大营早作安排，只带步骑五千，既是怕兵多容易被人察觉，也是预防袁绍可能乘机袭营。包括曹操大营在内，曹军各个营寨都有部队分兵把守，一万机动部队抽去五千，也还剩五千，何至于大营就不能守？

不管张郃、高览如何使尽浑身解数，急切间根本就攻不下大营，袁绍的所谓抢抓战机，被证明不过是一次无谓的尝试。

郭图的“围魏救赵”也完全沦为泡影。得知大营被攻，曹操不但没有马上撤军回救，而且对乌巢的进攻更加猛烈，已经是不顾一切，浑然忘我。

此时袁绍派出的几千轻骑兵已经到达乌巢。曹操左右的人向他报告，说敌人的骑兵越来越近了，应赶快分兵迎击。曹操置之不理，怒吼道：“等敌人到我身背后，你们再向我报告！”然后继续指挥所部猛攻乌巢。

眼看敌援兵逼近，曹操又不愿分兵相拒，士兵们没有别的选择，只有按照他们的主帅所指，集中力量，以一当十，豁出性命来全力进攻。很快，曹操“置之死地而后生”的策略便收到奇效，曹军一鼓作气地攻破了乌巢防线，除淳于琼外的四名袁军驻营将领全部在战斗中被斩，存粮万余车也被烧了个精光。

乌巢一破，曹军便只需对付背后的袁军援兵。曹军士气大振，袁军援兵接战不利，又见大势已去，于是纷纷逃散。

最大的责任者

长年残酷的军事生涯，让曹操变成了这样一种人：有时他会格外珍惜情义，譬如，即便明知关羽找到刘备后，必将为自己的死敌增添一员顶级战将，也在所不顾；但有时为了急功近利地达到某种目的，又会表现得特别残暴冷血，身上毫无一点人性的光辉。

乌巢主将淳于琼在战斗中受伤，躲藏起来，被曹军搜寻出来成了俘虏。曹操竟然下令割下他的鼻子，又将已被杀死的一千余名袁兵的鼻子也割下来，连同从袁军已死牛马上割下的唇舌，血淋淋地放在阵前展示给袁军看。袁军虽然长年生活在血火之中，然而对于如此暗黑场面，却也是闻所未闻，见所未见，当下无不为之胆寒。

曹操在担任西园校尉的时候，和淳于琼是同事，当淳于琼被士兵带去见曹操时，曹操颇为感慨地问道："你怎么到了这个地步？"

淳于琼虽然兵败被俘，但很有些武将的傲骨，他昂着头说："胜负全在天意，有什么可问的！"

曹操和淳于琼毕竟曾经同事一场，不看僧面看佛面，问话的意思实际就是不想杀淳于琼了。已为曹操帐下谋士的许攸一看不让了，他是袁军兵败乌巢的罪魁祸首，在袁军眼中就是个不折不扣的白眼狼，站在他的立场上，他其实不希望任何一个经历过乌巢之战的袁军将士活着，从而成为指责他背叛河北子弟兵的见证人。

"他（指淳于琼）明天早晨照一照镜子，可不会忘记自己是掉了鼻子的人。"许攸提醒曹操，人家淳于琼也是堂堂大将，割鼻之辱岂能随随便便地抛之脑后，他一定会记仇、报仇的。

"明天您可以翻史书看看，这种人留下是危险的。"许攸的话成了淳于琼的催命符，曹操听了他的话，随后就把淳于琼给杀了。

乌巢兵败的消息迅速传遍袁军各个营垒。前有数千车军粮被毁，后有新运来的万车军粮被付之一炬，再加上那千余袁兵的鼻子及牛马唇舌，足以令袁军官兵闻之色变。

自官渡战役开始以来，曹袁两军已计有七次交手，除了在开阔地带交战时曹军有一次失利外，其余从正面的白马、延津、故市、乌巢，到侧翼的于禁两破袁绍别营、曹仁分别击败刘备和韩猛，都是曹胜袁败。不仅如此，包括乌巢之战在内，曹军的好几次胜仗，皆为抽调部队实施奔袭，结果既能迅速击破敌军，又能确保大营不失，绝对称得上是攻如摧枯拉朽，守能安如泰山。到了这个时候，就算是袁绍自己，恐怕也不能不承认，袁军的军事素质与战斗力无法与曹军相比了吧。

袁军屯扎官渡日久，锐气和斗志本来就已大不如前，如今更受挫伤，反映在白天的战斗中，便是攻营乏力，毫无起色。

作为乌巢兵败的直接责任者之一，郭图既惭愧又惶恐，然而小人就是小人，他不闭门反省，痛改前非，反而在袁绍面前进谗言，诬陷张郃，说张郃对袁军战败表现得幸灾乐祸，出言傲慢无礼。

郭图对兵败负有责任，但最大的责任者其实还是袁绍自己。在决定放弃乌巢，一举攻下曹操大营的那一刻，他原以为可以故技重施，稳操胜券，却没想到出了一个致命的昏招。结果不但未能打破曹操大营，还导致乌巢守军被歼、军粮被焚。早知如此，就应该采纳张郃之计，集中优势兵力，迅速救援乌巢，那么不仅可能保住乌巢，甚至还可能将曹操的五千人马一举歼灭！

不用说，躲在军营里的袁绍早就把肠子都悔青了，但他这个人心胸狭窄，而且酷爱面子，后悔或者失误的事情可以放在他肚子里，就是不能被人当面说，或者在公开场合进行议论。

因为心里面本来就猜疑张郃可能提及责任问题，郭图一进谗言，袁绍便信以为真。他对此极为不悦，同时既有许攸投曹在先，他也怀疑张郃和高览攻不下曹操大营并不是实力使然，而是已与曹操有所勾结，对自己怀有二心。

碍于战事方殷，军队又刚刚遭到重大挫败，袁绍没有对张郃、高览立即进行处理，但郭图的话还是传到了张郃耳朵里。张郃知道袁绍对郭图等人偏听偏信，过后肯定还是要找机会整治自己，不由又恨又怕，在和高览商量后，两人决定步许攸的后尘，一同归降曹操。

张、高先放火烧掉攻城用的器具，接着便前往曹营。此时曹操尚未回归大营，曹仁负责留守，是否接纳张、高，对他来说是一个很大的考验。因为张、高前不久才进攻曹操大营，如今去而复返，难道就不会是假投诚，实际想诈开曹营大门？

荀攸觉得张、高不像有诈，劝曹仁不必怀疑，于是曹仁果断地打开营门，接纳了他们。

曹操回营后，见张郃领着高览来降，非常高兴。他说过去伍子胥辅佐吴王夫差，不早点醒悟，结果使自己身处危险境地，伍子胥的做法其实很蠢，哪里能跟微子背弃商纣投归周武王，韩信离开项羽投归刘邦比呢！

曹操爱才心切，他知道张郃是一员不可多得的良将，为了不让张郃背上临阵归降的心理包袱，所以才特意讲了这番话，意思是张郃降曹，和当年微子、韩信做出的选择一样，完全是弃暗投明的明智之举。

对于自己认可的人才，曹操向来不玩虚的，他随后即授任张郃为偏将军，封都亭侯，并直接授以兵权，让他随自己征战。

完胜

此时的袁军早已陷入了极度的惊恐与慌乱之中，张郃、高览降曹成为压倒他们的最后一根稻草。随后，只不过是片刻之间，这支声势浩大的军队突然就崩溃了，人人争相逃跑。

犹如遭遇地震一样，面对突如其来的危机，袁绍、袁谭等毫无心理准备，也根本控制不住自己的军队，只能随波逐流，跟着一起逃命。就在他们乘马随八百骑兵渡过黄河时，甚至连帽子都还没来得及戴，仅头著幅巾，情形狼狈之至。

曹操乘胜全面出击，前前后后杀了袁军七万人，其中包括投降的袁军，曹操认为他们是伪降，遂下令全部活埋。

历来杀俘不祥，有人分析，曹操做出这样残忍的举动，并不是他真的认为袁军是伪降，而是他本身粮草已竭，一下子来这么多要吃饭的降兵，他养不起，但又不愿意放回去，重新壮大袁绍的力量，于是只好找借口予以坑杀。

为了达到夺取天下的目的，在同一时间和地点，曹操既可以表现得极度冷血无情，也可以突然变得非常宽容大度。沮授没来得及随袁绍北渡黄河，被曹军俘获，他拒绝投降，大喊道："我不投降，我只是被你们抓住了而已！"

过去曹操与袁绍还未翻脸时便认识沮授，两人有老交情，更重要的是，曹操有爱才之心，很想将其收为己用。他亲自出营迎接沮授，一见面就与之叙旧，说你在冀州，我在许都，是地理把我们隔开了，我哪里能够想到，有一天你会成为我的俘虏呢。

在曹操面前，沮授始终不卑不亢。他承认由于袁绍失策，自己的才力又无发挥余地，才导致袁军在官渡大战中完全失败，现在被俘虏了，也没有什么可抱怨之处。

曹操竭力想劝沮授归降自己，他对沮授说，袁绍没有谋略，不采用你的计谋，你对袁军失败不负有责任，如今天下尚未平定，正需要你来和我一起共同谋划啊。

"我叔父、母亲和弟弟都在冀州，他们的性命都操在袁氏之手。如果曹公能体谅我，请快点杀死我，这样我尚能以一己之命换全家人之命。"沮授说道。

其实如果沮授真要转投曹操，也是有办法将他的家人偷偷接至许都的，他只是借故推托，可见沮授虽恨袁绍不听忠言，但仍对袁绍忠心耿耿。

曹操知道无法勉强，只得叹息着说："孤（曹操自称）要是早一点得到你，取天下还有何难？"

虽然沮授不肯为己所用，但曹操还是加以赦免，并且给予其优厚待遇，如此起码还能像当年对待刘备、关羽一样，对其他愿意投奔己方阵营的人才起到吸引和安抚作用。只是后来沮授依旧密谋，想要回到袁氏身边，曹操怕他再次得到袁氏集团重用，给自己统一河北增加难度，这才不得不把他给杀了。

袁军被消灭后，其辎重、财物、书信全部被曹军缴获，清理时，发现了一批信件，其中有些是从许都和曹军军营中发出的密信。有人认为写信者里面必有与袁绍暗中勾结的，主张严加追查，抓起来杀掉。曹操却下令将这些密信统统烧毁，并且说：“当袁绍强盛之时，我尚且不能自保，何况众人呢？”

并不是曹操有多么善解人意或为他人着想，而是官渡大战虽以曹军完胜、袁军完败告终，原有的北强南弱之势，亦变为南强北弱，但也仅此而已。袁绍北渡黄河后，仍据河北诸州，其残余兵力也足以自守，曹操要想一举扫平袁绍，力量上还是不够的。他此时焚书，是为了让那些本来或脚踏两只船，或原先真正倾心于袁绍的人，都能放下心来，以免这些人在狗急跳墙之下，制造出不稳定因素，进而影响和动摇他已经取得的优势地位。

黄星

古人有分野之说，他们把天文、地理分画为若干个部分，说哪一部分天象的变化，就会预示相应地面的吉凶祸福，善于此道者，则被称为星相家。

曹操大破袁绍，是汉献帝建安五年，即公元200年的事。五十年前，天下尚未大乱之时，在原春秋时期的楚、宋两国分野处，曾出现一颗黄星，当时的星相家殷馗据此作出解读：五十年后将有真命天子起于梁、沛之间，其锋锐不可当。

官渡大战后，人们不约而同地想起了殷馗的话，认定黄星所示的“真命天子”就是曹操——你看，连称霸北方，地广兵多的袁绍都被他打得一败涂地，血本无归，这不就是锐不可当吗？

这些认识固然只是民间的附会之谈，然而已足见时人对曹袁对决有多么看重。也的确，在袁绍兵败北逃后，曹军虽因自身兵马劳乏，军粮也不够用，所以暂时还不敢渡河进击，但整个北方已再无人能和曹操争锋，这一点却是确凿无疑的。

北方已不足为虑，曹操开始在南方选择用兵对象。

江东的孙策在临终前，将政权移交给了弟弟孙权。孙权时年只有十九岁，年方弱冠而威望不足，江东局势因而动荡不安。连孙权的堂兄孙辅都乘孙权不注意，遣人送信给曹操，口称曹公，企图叛变投靠。

孙辅很快就因东窗事发而被孙权软禁起来，但这已足以让曹操产生出对江东用兵的想法。先前由孙策派遣出使许都的张纮，见状立即劝阻说："策刚死，孙权还在服丧期，乘别人办理丧事的机会去讨伐他，这不合乎自古以来的道义……"

曹操听了他的话，觉得有理，便取消了已经拟制好的作战计划。

军事行动固然要考虑师出有名，但对曹操而言，有一个"挟天子以令诸侯"的王牌拿在手里，也就够了。就曹操一贯的个性和人品而言，若他觉得合适，向来不会在意什么道义或者规矩，比如后来袁绍一死，他马上就迫不及待地扛着朝廷的大旗，对袁绍的儿子们展开了进攻。

真正触动曹操的，是张纮紧跟在后面的一句话："如果您进攻江东不能取胜，那可就跟孙权结下梁子了，不如利用这个机会厚待孙权，彼此也好有个退路。"

江东孙氏集团的独特优势，不是陆军，而是水军。当时曹操麾下虽有精锐陆军，但唯独缺乏水军，要将他那些习惯在平原上驰骋的陆军迅速改装成水军，然后南下横渡滔滔大江，与孙氏的精锐舟师作战，是一件难度极大的事，更不要说取得成功了。

再者，官渡大战后，袁绍虽然败退河北，但稳定住当地局势还是能做到的，也就是说，曹操的北方强敌尚未被最后击溃。另一方面，曹操自身的军事经济力量也需要时间恢复积聚，在这种情况下，远涉江湖去征伐千里之外的孙权，其实很不明智，就算他有此心，也无此力。

归根结底，曹操进攻江东的想法和计划，不过是他在大胜的驱动下，产生的一种不切实际的愿望而已。

凡是人，都会有产生奢望的时候，毕竟梦想总是要有的，万一实现了呢，比如官渡大战前，南取许都就是袁绍的奢望。袁绍的问题是，有了这种奢望后，他就听不得任何不同意见了，即使碰得头破血流，也一意孤行，决不悔改。

袁绍的缺点就是曹操的优点，至少在这一时期，只要有人提醒，他就会立即对自己的失误和不足之处进行纠正，即便提醒者原本不属自己的阵营，也是如此。

曹操接受张纮的建议，不仅放弃进攻江东，而且上表推举孙权为讨虏将军，兼任会稽太守，以此笼络孙氏集团。他甚至还派张纮为会稽东部都尉，希望通过他来影响孙权，使其能够归附自己。

公元 201 年春，因前线乏粮，不能满足同黄河北岸袁军相对峙的需要，曹操移军至粮食较多的兖州东平国进行休整。在此之前，长沙太守张羡以及相邻的零陵、桂阳等郡支持曹操，反对刘表，遭到刘表的进攻。当时曹操正与袁绍在官渡相持，自然腾不出手来援救张羡，张羡不久就病死了，其后他的长沙郡以及零陵、桂阳皆被刘表收入囊中。

借曹操无暇南顾之机，刘表稳定了长沙、零陵、桂阳三郡的局势，不仅解除了后顾之忧，而且势力范围和力量都得到增强，史书记载“地方数千里，带甲十余万”。腰变粗之后，刘表开始虎视眈眈地注视着中原局势的变化，同时一改原先对朝廷毕恭毕敬的“窝囊样”，除不再向朝廷进贡外，还在郊外祭祀天地，从住宅到他所穿的服饰、所用的器皿用具，全都模仿天子，简直就差像当年的袁术那样称帝起年号了。

曹操瞧着刘表，越瞧越别扭，于是考虑回师南下，进攻刘表。对此，荀彧表示反对，他认为曹操的主要威胁仍是袁绍，理应乘其刚被打败，部众离心离德，处境困难之机，彻底打败他，而不是急于对付刘表。

倘若曹军离开兖州、豫州，劳师远征长江、汉水一带，一旦袁绍收集余众，乘势从曹占区的后方打过来，那事情就坏了。这是荀彧的观点，可见他也应该同样反对出击江东。

曹操深以为然，遂打消南征刘表的念头，决定进军河北，克平四州，彻底消灭袁氏集团。

替罪羊

当袁军兵败的消息传至其后方时，有人对仍关在狱中的田丰说，你劝阻南征的意见，现在被证实是正确的，袁公回来后，一定还会重用你。

孰料田丰不喜反悲，回答令人大吃一惊："如果袁公得胜回来，欣喜之余，他或许还会放过我，现在他打了败仗，我就没有活命的指望了。"

田丰和沮授一样，都是曹操所说的伍子胥一类梗直之臣。伍子胥死前，已经完全看透了吴王夫差，同样，田丰在牢中也把好多事情都想通想透了。对袁绍的内心世界，他比以往有了更为清晰的认识。

袁绍并不真正懂得识人用人，而且他虽然表面宽厚温雅，有气度，但其实外宽内忌，缺乏担当。打了这么一个惨到极点的大败仗，气恼之下，一定会找一个替罪羊出来，以便发泄心中怨愤。田丰有预感，那个替罪羊不会是别人，就是他自己，因为他几次进献忠言，早已经被袁绍当成了对其进行否定的某种精神标志，在潜意识里，袁绍就不能不把这一标志抹掉——他打不过曹操，但却杀得了田丰，就这么简单！

袁军军营里已然是一片惨云愁雾，不少将士都捶胸痛哭，说要是早点听田丰的话，一定不至于失败。这时袁绍已回到邺城，听到这些话后，一开始也自觉惭愧。他对谋士逢纪说，我军败北，留在冀州的民众都很挂念我，让我很感动，我现在最愧对的，是被关押在大牢里的田丰，以前他曾劝我不要南征，如今弄成这副样子，真不知道他会怎么想。

在袁绍的谋士群中，逢纪是一个中间人物，他本人是南阳人，但既未与颍川系联合，同时也遭到冀州系的排斥。对于可归入冀州系的田丰，逢纪没什么好感，他马上无中生有，借机中伤田丰："田丰听说将军败退，拊掌大笑，庆幸事情都被他说中了。"

"我不用田丰的计策，果然被他耻笑。"袁绍听了逢纪的话，狠狠地对部下说。

袁绍嘴里念叨着愧对田丰，但正如田丰所料，他其实对责任问题非常忌讳和敏感，尤其不能容忍田丰主动提及，甚至耻笑他。袁绍这种反应本就有例在先，官渡大战时，他因不听张郃之言，以致乌巢失守，过后郭图打小报告，编造说张郃幸灾乐祸，他就信以为真，并且立即黑了脸。

张郃很幸运，赶紧回头，以微子、韩信为榜样，在阵前投归曹操，终于得以脱离险境。田丰就没这么好的运气了，他被袁绍下令处死，成了又一个伍子胥。

沮授、田丰，无论能力还是操守，均高于袁绍的其他谋士。曹操对二人都极为看重。据说，袁绍起兵南下之初，得知田丰没有随军出征，曹操曾高兴地表示："袁绍必败了。"及至袁绍兵败奔逃，曹操犹感慨道："假如以前袁绍采用田丰的计谋，还不知道最后的结局是什么呢！”

沮、田其实是战争中极为重要，也极为稀缺的资源，对此，没有人会比曹操的感受更深刻了。可以想见，如果他能得到田丰，虽然田丰肯不肯归附是一回事，但他一定还会爱才癖大爆发，拿出各种优厚待遇，竭尽所能地进行招纳，一如对待沮授那样。

反之，袁绍对待沮授、田丰的态度，则有如暴殄天物，说明他打了那么多年的仗，对战争的理解和认识，却还远不如曹操深刻。这样的“主公”，是不是活该战败，活该彻底灭亡？

回过头来，也必须得说，在中原诸侯中，袁绍其实还算是一位不错的统帅，只是相比曹操逊色罢了。官渡溃败之际，他们父子夹在那八百骑兵中间，沿途一刻也不敢停留，直至登上北岸的黎阳津，才得以进入部将蒋义渠的军营，稍事歇息。

看到蒋义渠，袁绍拉着蒋义渠的手说：“我把我的脑袋托付给你了！”蒋义渠不敢怠慢，连忙让出自己的营帐给袁绍住下，让他发号施令。

听说袁绍突围且已在黎阳，溃散的袁军部众开始陆续聚拢过来。袁绍收集溃兵，集结兵力于黄河北岸的仓亭津，对曹军进行防御。

建安六年（201）四月，曹操率部渡过黄河，在展示军威的同时，一举击溃了仓亭军。

袁绍逃回冀州，他在河北的部队仍有二十万以上，加上逃回的少数人马以及可以重新动员的壮丁，其力量仍不可小觑。官渡大败的消息刚刚传出时，冀州郡的城邑都纷纷投降了曹操，但随即便被袁绍派兵予以平定。

曹军继续北进的阻力很大，与此同时，刘备还在扰乱其后方，曹操派部将蔡阳去汝南平叛，竟为其所杀。为此，曹操返回许都，不久便亲自挂帅，讨伐刘备。

刘备知道自己不是曹操的对手，只好率领所余不多的人马，到荆州投靠刘表去了，龚都等人不愿跟随刘备南去，也各自逃散。

初心

在曹操的故乡谯县，有一个名为八角台的土坡遗址。驱走刘备的次年，曹操即把军队带到谯县休整，在八角台上设大飨堂，犒赏即将再度出征的三军将士。

如今，八角台的边缘已经模糊不清，但其主体仍高出地面五米左右，距离很远就能望见。沿着杂草丛生的小路登上台顶，放眼四望，阡陌纵横，一览无余。当年曹操也曾像这样，站在台上俯瞰周围的景色，只不过映入他眼帘的，却是一片残破不堪、土地荒芜的景象。

谯县是曹操的出生地。在他起兵之前，人生的很大一段时光都是在谯县度过的，因此曹操对谯县感情很深。在故里寻找过往的印迹，以此激励自己重新启程，也应该是他此次返乡的目的之一。

曹操没有想到，他印象中的温馨家园会变成另外一个样子。回乡后，他在谯县境内走了一天，满目肃然，而且其间居然连一个以前的熟人都没有见到。知情者告诉他，自中原大乱初起，除陆陆续续跟随他起兵的子弟外，谯县原有的那一拨居民差不多已经死光了。

此情此景，令曹操悲痛不已。过去，他也在《蒿里行》等诗篇中哀叹民生，但诗篇中发生灾难的现场，毕竟不是他的故园，就连洛阳也只能算是临时栖身之所。甚至为了取得天下，他也曾屡屡在异乡屠城和坑杀投降士卒，视当地的普通百姓和军人的生命如同草芥。

似乎只有自己经历了切肤之痛才能明白，其实你本人或多或少，也充当了摧残自己家乡和美好回忆的一分子——当你在别的地方肆意冲杀，向那里的老百姓挥舞屠刀的时候，别人也正在生你养你的故土上杀人放火，将你所熟悉的那些父老乡亲砍倒在血泊之中！

我当年起兵的目的是什么，不就是为天下铲除暴乱吗？多少年来，曹操在血与火中奋力打拼，已经渐渐忘记了自己的初心，直到这一刻，他那几乎已经麻木的神经，才终于有所触动。

曹操随即发布了著名的《军谯令》，宣布自他起兵以来，凡追随他的牺牲的将士，都要为之建立祠堂，以供其后人祭祀。那些没有后代的，则以其亲戚作为后代，并由官府授予土地和耕牛，同时还要设立学校，安排老师对这些子弟进行教育。

曹操说，只要把这些事情落实下去，就算他死后也不会有什么遗恨了。可以看出，曹操的这些话应该都是有感而发，有感而伤，并非虚情假意。当然也仅此而已，毕竟他们这些所谓的枭雄，真正在乎的还是如何取得天下，一旦重新进入激烈战事之中，依旧会对生命加以漠视。后来曹军攻城攻急了，也照旧还是会抢掠财物甚至屠城，只是已相对注意缩小其影响和规模。

经过一段时间的休整，曹操率部西返，先是疏浚睢阳渠，以通粮运，继而便进驻官渡，作进军河北的准备。

曹军重返官渡，是公元 202 年春天的事，仅仅几个月后，袁绍就因忧郁成疾，像他的弟弟袁术一样，吐血而亡。

官渡兵败对这位昔日北方霸主的刺激之大，是无以复加的，袁绍杀田丰的举动，本身就证明了，他始终都没能从悔恨交加的挫败感中走出。

临终前，袁绍还有一桩心事未了，这就是继承人的问题。

袁绍共有三个成年的儿子，分别是长子袁谭、次子袁熙、三子袁尚。袁谭、袁熙显山露水得早，当年袁绍和曹操还没有翻脸，袁绍希望曹操能够一心依附于他时，便时常在曹操面前夸耀他这两个儿子有出息。袁谭又是长子，按照传统的嫡长子继承制，本应由他在袁绍百年之后继承家业，可是袁绍却迟迟未立他为嗣。

原来袁绍已另有人选。三子袁尚容貌俊美，一表人才，而且具备一定的才能，活脱脱就是一个年轻时的袁绍。袁尚的生母刘氏乃袁绍后妻，也经常在袁绍面前夸赞自家儿子，因此袁绍对袁尚很是宠爱。

袁绍有让袁尚继承家业的想法，但一开始还不好明说，只能先把袁谭过继给自己的哥哥，同时让他离开冀州，外派到青州担任刺史。

废长立幼，历来都会留下后患，袁绍明知故犯，执意要以袁尚为后，实在是不够明智。沮授特地提醒袁绍，袁谭是长子，理应将他作为继承人，而不该遣送到外地居住，现在这样操作，将来势必会引起祸乱。

那时候沮授仍是袁绍的首席谋士，袁绍一般情况下都不得不对他的意见表示尊重。但这件事是例外，袁绍不仅没有更改自己的决定，反而还打算如法炮制，把次子也送到外地去，给出的公开说法是："我想让我的每个孩子各守一州。"

袁绍拥有的北方地盘大，反正也不怕不够分，于是次子袁熙便担任了幽州刺史。为了表示自己一碗水端平，哪个子侄也不亏待，袁绍又以外甥高干为并州刺史。如此一来，袁绍对于只把袁尚留在自己身边，甚至以后立他为嗣，也就不觉得有什么摆不平的了：袁尚继承我的冀州，你们几个也一人有一个州，公平合理。

逐兔分定

让袁绍始料未及的是，他的做法却给其集团内部带来了更大的麻烦。本来三个儿子就互不相睦，各据一方后，每个人都拥有了竞争的实力，结果争得比原来还热闹。

相比于老二袁熙，袁尚、袁谭继嗣的条件和优势更大，他们之间的明争暗斗尤其激烈。袁绍手下的谋士武将原本就有派系，至此也迅速分成两党，一是以审配为首的冀州系，支持袁尚；一是以郭图、辛评为首的颍川系，支持袁谭。

两党各有自己的小圈子，剩下来的人都主动或者被迫站队。逢纪不属于冀州、颍川中的任何一系，一度和审配关系还不睦。后来官渡兵败，审配的两个儿子被曹军俘获，有人进言说审配可能反叛，郭图、辛评乘机落井下石。

袁绍知道逢纪与审配不和，就询问逢纪对此有何看法，逢纪当时说了几句审配的好话，给审配解了围，两人由此接近，逢纪也终于得以在袁尚党中与审配并列。

与袁绍短暂相处过的郭嘉，曾经一针见血地指出，袁绍处事的典型缺点是，抓的头绪多却往往抓不住要领，整天喜欢谋划却做不出恰当的决断。其实他在处理家庭事务时也同样如此，看到儿子们你争我夺，他就犹豫不决起来：马上立幼吧，缺乏足够魄力；重新立长吧，心有不甘。

一边是立嗣一事被暂时搁置，另一边却是夺嗣大战愈演愈烈。袁尚、袁谭两党已经水火不容，袁氏集团的整个力量亦随之被削弱。沮授看在眼里，急在心头，只得再次劝谏袁绍。这次他给袁绍讲了一个故事，这个故事是有出处的，源自于战国时期的法家学派，名为“逐兔分定”。

有一只兔子跑到街上去了，一群人乱哄哄地蜂拥而上，不是说逮到兔子后每个人都能从中得到一份，而是因为兔子的归属未定。其后，只要有一个人率先逮住了兔子，看到兔子的归属已定，其余所有人都会立即停止追逐行动。

法家用“逐兔分定”的故事来表明名分的重要，沮授则以此敦促袁绍在立嗣问题上当机立断。他说古有制度，年龄不同就长者居之，年龄相同就看谁贤能，德行相当就用占卜决定。总之，不管套用什么标准，想立哪个儿子，都得早一点定下来，只有早定名分，才能彻底解决内部纷争，消除今后的隐患。

在需要拍板时，袁绍反应迟钝、多疑寡断，但面对沮授的警示，他却又显得刚愎自用、不以为然：立幼，你说不符合规矩，那么，各守一州又有什么错呢？我的儿子们能力都这么强，让他们争一争有何不可，这不是更可以看出哪个儿子更有出息吗？

"我想让儿子们各自占据一州的本意，是要考察他们的能力。"袁绍对沮授说。

袁绍始终不肯听从规劝，沮授亦无可奈何，只在退出时留下了一句话："祸患大概会从这里产生吧！"

袁绍直到死，也没有确定继承人，亦未对此留下只言片语。他死后，以袁尚、袁谭两党为主的各方力量便自行开始争夺嗣位。袁尚因居于冀州，反应最快，老头子一咽气，审配、逄纪便与袁尚的母亲刘氏联手，假托袁绍遗命，立袁尚为嗣子。等袁谭赶到冀州时，木已成舟，大局已定，他虽然勉强接受了现实，但内心极为不满。

袁尚取得继承人地位后，随即派袁谭镇守黎阳，以抵御曹军的进攻。袁谭无法推托，只得自称车骑将军，领兵出镇黎阳。

二袁在长期的争嗣中矛盾已深，袁尚又知道袁谭对夺嗣失败不满，因而对其缺乏信任，不仅只拨给袁谭很少的兵力，还派逄纪做监军，暗中对他进行监视。

眼见曹军即将大兵压境，袁谭便请求袁尚给他增派军队。袁尚和审配商量，认为不能增兵：给袁谭的兵多，我们这里的兵就少，一旦他翅膀硬了，回过头来跟我们叫板，那岂不亏大了？

袁尚拒绝增兵，令袁谭火冒三丈，他暂时奈何袁尚不得，就把一肚子气撒向袁尚的亲信，逄纪由此落了个身首异处的可悲下场。

袁绍病故，随着这个曹操最大敌手的倒下，曹军也迎来了出击的最佳时机。建安七年（202）九月，金秋时节，曹操率军渡过黄河，对袁谭发起进攻。

袁谭接战失利，向袁尚告急。黎阳是冀州的门户，黎阳有失，邺城必然即刻受到威胁。到了这个时候，袁尚终于无法再坐视不顾，可是如果派兵增援，还是怕被袁谭一口吞掉。考虑再三，他干脆留下审配守卫邺城，自己亲自领兵驰援黎阳。

袁尚赶到黎阳后，与袁谭合兵一处，在黎阳城外与曹军展开厮杀。在官渡大战中，袁军的指挥水准与野战能力就被证明无法与曹军相比，那时候的统帅还是身经百战的袁绍，参战部队是随袁绍一路征战过来的主力精锐。现在的袁氏兄弟所部还要等而下之，又哪里打得过曹军，双方多次交手，都是曹胜袁败。

袁氏兄弟被迫退城固守。攻城与野战不同，无法一蹴而就，尤其是防守森严的重要城池，若是对方死活不出来，即便曹军这样突击力很强的部队，一时半会也拿他们没办法。

半渡而击

袁绍生前欲立袁尚为嗣，这件事本身其实倒并无大错，因为袁尚不光外表光鲜，个人也不是无能之辈。

就在曹袁进行城池攻守的这段时间，袁尚给部将郭援封了一个河东太守的头衔，让他牵头对处于曹占区侧翼的河东郡进行攻击，以求减缓城防压力。郭援领命之后，协同匈奴南单于头领呼厨泉、并州刺史高干，计划一同攻打河东郡。与此同时，他还派人与关中诸将联络，请马腾等人予以协助。后者知道曹操大军正被牵制在黎阳，无暇顾及河东，但因为钟繇在关中享有威名，所以只敢答应暗中对郭援一伙予以配合。

经过郭援的一通联络，呼厨泉首先在平阳作乱。曹操得报，忙派钟繇前去平叛，钟繇立即召集周围所能调动的各部，进兵平阳，将呼厨泉部围困起来。

曹军尚未能够攻下平阳，郭援就带着大批人马闯入了河东，而且一路攻陷了不少城邑。见其来势汹汹，各部曹军将领在一起商议，打算撤围离去。但作为主帅的钟繇认为，马腾等关中诸将已经暗中与郭援建立了联系，如果撤围，无异于向他们示弱，这就等于还没有交战已经承认失败，届时，必然墙倒众人推，即使众人想平安撤回原驻地，都未必做得到了。

郭援本是钟繇的外甥，钟繇了解他是一个刚愎自用的人。如今袁尚封郭援为河东太守，他想着要赶紧把河东收入囊中，必然求胜心切，思想上也一定会麻痹轻敌，钟繇决定利用郭援这个弱点击败他。

在决战之前，为了增加胜算，钟繇派人游说马腾，晓以利害，促其及早悔悟，并希望能借助其力。经过一番游说，马腾仍迟疑不决，还打算回到原来坐山观虎斗的状况。这时曹操幕府中一位叫做傅干的幕僚对他说："将军你已经事奉曹公，如今却怀有二心，想坐观成败，我怕成败定下来之后，曹公就会对你进行追究，将军就要先挨刀了！"

马腾一听，吓出了一身冷汗。傅干趁热打铁，劝他说："现在曹公与袁氏在平阳相持，抽不出兵力解决河东的危险局势，你如果能在这个节骨眼儿上率兵征讨郭援，对其进行内外夹击，势必取胜。"

傅干向马腾保证，只要他这样做，曹操不仅不会计较他和郭援建立联系的事，还会深深感谢他，记住他的功勋。

马腾终于被说服，改变了态度，同意派长子马超率一万多精兵支援钟繇。

钟繇预计，郭援到达平阳后，一定会轻敌冒进，径直渡过汾河设置营地。他传令三军，准备半渡而击，即在郭援渡河还没靠岸时予以攻击。

果不其然，郭援一来就要直接渡河，部下劝阻他也不听。眼看着郭军渡河还没渡到一半，钟繇下令攻击，将猝不及防的郭军打得大败，马超部在战斗中也发挥了重要作用，郭援即为马超的部将庞德所斩杀。

作战时还没有人知道郭援是被庞德所杀，连庞德本人都不知道他杀的是郭援。战后打扫战场时，怎么都找不到郭援的首级，后来庞德从他的弓箭袋里掏出一颗脑袋，说你们看看这个是不是。

钟繇过去一看，认出就是郭援，当场便哭了起来，大家这才知道郭援是钟繇的外甥。庞德赶紧向钟繇道歉，请求原谅，钟繇强忍悲痛，对他说不用介意："郭援虽然是我的外甥，但他也是叛国的逆贼，你有什么可道歉的呢？"

看到郭援军覆灭于汾水之上，呼厨泉情知大势已去，遂向钟繇投降。

河东战局的逆转，不仅解除了曹操的后顾之忧，而且无异于斩断袁氏兄弟一臂。建安八年（203）三月，曹军猛攻黎阳外城，袁氏兄弟实在支持不住，只得放弃黎阳，连夜逃往邺城。

曹军乘胜追击，于次月追至邺城。邺城郊外麦子已熟，曹操见状便下令抢收，以充作军粮，这样曹操的补给线虽然拉长，但暂时却已不用为后勤无着而担心了。

曹操派兵攻下了邺城附近的几座县城，之后便想尽全力将邺城拿下，诸将也都摩拳擦掌，跃跃欲试，只有郭嘉与众不同，他的意见是：退兵！

瞒天过海

从前曹操三征张绣，荀攸劝其不要出兵，静待其变。荀攸如此主张的理由，就是张绣没有独立支撑的能力，虽寄身于刘表，却得不到刘表的信任，不久两人终究还是要分道扬镳。后来张绣离开刘表，归附曹操，证明了荀攸所言非虚。

袁尚、袁谭虽是亲兄弟，但双方各有党羽，彼此争斗，如今的实际关系已经和张绣、刘表差不多了，而且还更为紧张、更为敌对。当然这也与外部情况紧密相连：你逼得紧了，局势危急，他们就联合自保，共同对付你；一旦放松，情况缓和，他们就会产生互斗之心。

袁尚继嗣之初，袁氏兄弟几乎已是剑拔弩张，正是曹军的大举进攻，才让他们不得不相互依赖，也才在黎阳支持了这么长时间。如果袁氏兄弟像他们保卫黎阳一样，合力抗曹，确实比较麻烦。不是说曹军就拿不下河北，但是进程一定更加曲折，所耗用的时间也会更长，甚至其间发生变数亦未可知。

郭嘉建议曹操，不如南向荆州，做征讨刘表状，以等待袁氏兄弟内讧，然后再来收拾他们，届时，平定河北将易如反掌。

刘表那段时间确实不安分。他派刘备北犯，曹军留守后方的夏侯惇前去抵抗，但夏侯惇有勇无谋，不接受裨将军李典的警告，结果误中刘备的埋伏，所部惨败。幸而李典前往救援，刘备才引兵退去。

刘备打仗最惧曹操，如果曹操这时挥师南下，将对刘表、刘备产生威慑作用，使他们不敢贸然对北用兵，从而确保许都及后方不受其袭扰，可谓一举两得、一箭双雕之计。此外，曹军自进兵黎阳以来，已在外征战了大半年，官兵感到疲劳是必然的，也需要进行适当休整。

上次荀攸劝曹操静观时，曹操没有听取，这次他可不会犯同样的错误了。经过权衡，曹操很爽快地接受了郭嘉之计，当下便让部将贾信驻守黎阳，以便将这里作为今后北进的前线出发阵地，尔后便自率主力返回许都，大张旗鼓地部署“南征刘表”事宜。

曹操生平最善示假，瞒天过海式的操作一向都很合他的胃口和喜好。在这方面，他曾屡屡得手，此次演出的效果也很逼真，别说袁氏兄弟及其部属，就是很多不知内情的曹氏集团人员都可能被蒙在了鼓里。

随着外部威胁的解除，袁家大院里面果然又开始热闹起来。袁谭首先对袁尚说，曹军撤退，将士思归，如果我们乘他们还没有完全渡过黄河时，出兵突袭，必可使其全面崩溃。

对袁尚而言，袁谭肯主动追击曹军，自然是好的。但问题是袁谭在这个主意之外，还提出了一个附加条件，那就是他的部队铠甲不好，先前就因此在与曹军作战时吃了亏，袁尚必须给他更换铠甲。

在冷兵器时代，铠甲是贵重装备，士兵配备一副铠甲，就等于多了一条命，部队战斗力会随之大增。袁尚由此认为，袁谭追击曹军不过是借口，真正目的还是索要铠甲，壮大自己的实力，这怎么行？

袁尚猜得没错，他哥哥确实就是想要铠甲，现在铠甲没要到，兵也不给添，袁谭心中的无名之火一下子就被点燃了。

追随袁谭的郭图、辛评见状，乘势把袁谭的火引向他们的政敌，两人向袁谭挑唆，说你父亲当初把你过继给你伯父，其实就是那个审配出的馊主意。

袁谭对于自己被过继，从而影响到继嗣一事，一直感到郁闷和难以释怀，但因为是袁绍的决定，又只能被动接受。如今郭图、辛评告诉他，其实那也是袁尚党的阴谋，这使袁谭大受震动，他由此想到，袁尚能够最终继嗣，一定也是从中做了手脚。

好哇，敢坑我？我让你们坑！袁谭立即率兵攻打袁尚，双方在邺城外展开激战，结果袁尚的实力在其之上，袁谭兵败，被驱至南皮。

南皮乃冀州渤海国郡治，此处位于袁谭的老辖区青州北面，袁谭的老部下王修等人率领吏民，从青州赶来会合。见来了援兵，袁谭又想返回对袁尚进行报复，王修是个颇为明智的人，他劝袁谭，说兄弟好像一个人的左右手，你见过一个人在和别人打架之前，却先斩断自己的右手，还自以为一定能胜吗？

“若是一个人连自己的兄弟都抛弃，今后还有谁会再与之亲近呢？”

王修语重心长地告诉袁谭：那些在你耳边说你兄弟坏话，离间你们骨肉之情的人，都是坏人，是奸臣，你应该塞住自己的耳朵坚决不听。最好还要把那几个奸臣都杀掉，这样你们兄弟就能重新和睦相处，以后治理四方，横行天下也就不难了。

王修口中的坏人和奸臣，毫无疑问指的就是郭图、辛评等人。袁谭正在宠信郭图、辛评，哪里肯听，而且他对争夺河北的统治权一事，也仍旧念念不忘，又哪里甘心就此罢手。

寓言

袁谭还想着与袁尚一决雌雄，但因为袁尚事实上已接替了袁绍的权柄，他就连在青、皮也未必立得住脚。很快，部将刘询就在青州起兵背叛了他，各城纷纷响应。

袁氏集团虽号称控制河北四州，但并没有能够将四州的全部区域都吃进来。青州本来就有一些地方不在他们的势力范围之内，官渡大战前，泰山军又夺去三郡，袁谭在青州实际所控的郡县极其有限。刘询掀起的反叛潮令袁谭大为沮丧，他认为可能青州的所有郡县都将脱离其掌控，叹息着说："现在全州都反叛，恐怕还是我德行不够吧。"

王修忙说："我看东莱太守管统就不会背叛你，这个人一定会来。"

十几天后，管统真的抛弃妻儿前来追随袁谭，其妻儿也因此被叛军所杀。

袁谭本来对与弟弟翻脸已经多少产生了一些悔意，管统来投，倒让他把"德行"够不够的问题又抛在了脑后。

袁谭不愿降低姿态，袁尚为了巩固自己的地位，也不肯给对方喘息和卷土重来的机会，不久便亲自率兵前来攻打。

一场仗打下来，袁谭还是大败，只得退守青州的平原郡。袁尚领兵追击，将平原紧紧围住，一副要算账就算到底的架势。

现在的刘表已经完全跟袁氏集团站到了一块儿，见二袁争斗不休，曹操又即将南征，便连忙以袁绍生前老友的身份，分别给袁谭、袁尚写信解劝。

袁绍虽非直接死于曹操之手，但系兵败郁闷而亡，也就是说，曹操乃袁氏兄弟不共戴天的杀父仇人，现在兄弟俩却置父仇不报，自家打成了一团。刘表说，这是令他这个同盟者都感到羞耻的事。

“袁谭，如果冀州（指袁尚）有言行傲慢，不尊重你的地方，你应当先忍辱负重，待报父仇后，再让天下人来评说你们兄弟间的是非曲直。

“袁尚，青州（指袁谭）性格急躁，你应当宽宏大量，对他加以容忍，待铲除曹操之后，再来评定你和他之间的是非曲直，不是也很好吗？”

古代传说中有一只猎犬，名为韩子卢，天下没有其他任何一只猎犬的奔跑速度能跟它相比。又有一只野兔，名为东郭逡，东郭逡不仅在野兔中跑得最快，而且很狡猾，非常难于捕捉。韩子卢追赶东郭逡，但在翻越五座山、绕过三道岭后，还是没能追上，最后它们都累死了，兔死于前，犬毙于后。一个年迈无力的老农（田夫）经过看到，便将它们作为自己的猎物，带回了家。

这是古籍《战国策》中记载的一则寓言故事，名为田夫之获。刘表在信中对此加以引述，说明唇亡齿寒、兄弟阋墙的道理，极力劝说袁谭、袁尚兄弟合力对付曹操，以免他们的共同大敌从中渔利。

袁绍生前跟袁术长期不睦，这才给了曹操各个击破的机会。袁家似乎家族基因里就含有这种弱点，不管刘表如何洋洋洒洒，二袁谁都听不进他的话。袁谭依旧梗着脖子，坚决不向弟弟认错服软或让弟弟单独得到好处，而袁尚自认已经胜券在握，则组织兵力继续攻打城池。

袁谭渐渐感到难以招架，此时“奸臣”郭图向他建议，干脆把曹操请来对付袁尚，待袁尚被曹操消灭后，再对付曹操。毫无疑问，这又是一个典型的引狼入室的馊主意，但人一急，就什么事都肯干，袁谭竟然接受了。

曹操是先父的夙敌，先父死于曹操之手，甚至冀州也可能将被曹操抢去，这些袁谭都已不管不顾，他以辛评之弟辛毗为使，向曹操请求结盟和对他施以援救。

这期间，经过休整的曹军正式对刘表发起南征，部队已进至西平。辛毗赶到西平，向曹操说明了来意，曹操立即召集僚属们商议对策。

当初从邺城撤兵和实施南征，皆为郭嘉之计，为的就是让袁氏兄弟发生内讧，如今他们真的打起来了，目的已经达到。接下来需要商议的是，需不需要答应袁谭的请求，转头收拾袁尚。

不少人认为，袁氏兄弟相争，冀州内乱，彼此的力量都会遭到削弱，今后将不足为虑。相比之下，刘表力量强盛，而且曹军既已大举南向，倒不如顺水推舟，将南征行动付诸实施到底，即先攻打荆州，之后再向北收拾局面。

若按照大部分僚属的意见，辛毗就要空手而归了，荀攸说：“慢着，为什么不答应袁谭？这是一个不能错失的好时机！”

天赐良机

荀攸不否认刘表比较强，但他认为刘表其实没什么可怕，原因是天下争斗得如此激烈，而刘表始终坐保长江、汉水一带，可知此人并无兼并天下之志。

应该指出的是，荀攸的这一见解在曹操幕府中绝不孤立，贾诩还在为张绣服务的时候，就拥有如此认识。在荀攸看来，相比于刘表，以争夺天下为目标的袁绍之流，才是真正值得重视的对手。袁绍固然有种种缺陷，然而他占据四州之地，拥有几十万人马，同时因对待治下吏民比较宽厚，也有着一定的民心基础。设想一下，他若不是太过急于求成的话，未必会输于曹操。

如今就算是袁绍已亡，若是他的几个儿子能够和睦相处，平平稳稳地保守他已有的功业，曹军要想平定河北也是很难的，用荀攸的话来说："天下的祸乱将从此无法平息。"

妙就妙在，袁氏兄弟关系恶化，同室操戈，势不两全。荀攸的意见是，不能听任其力量消长，因为如果其中一人被火并掉，那么二袁的势力将合二为一，若这样就很难对付了。他主张抓住袁谭求救这一天赐良机，及时介入二袁的纷争，乘其乱斗，予以各个击破。

曹操初步采纳了荀攸的意见，同时通知作为袁谭使节的辛毗，告知他曹军将挥师北上，帮其攻打袁尚。

应该说，究竟续攻刘表，还是回击河北，哪一个成效更好，在最终结果没有出来之前，其实是一个见仁见智的问题。曹操虽然当场认为荀攸的方案可行，但过后又陷入了沉思，觉得此事尚需细加斟酌。

袁谭可以信任吗？袁谭、袁尚为争权而搞窝里斗，曹操对此完全可以理解，这也是当初郭嘉设谋的初衷。然而袁谭在父亲袁绍尸骨未寒的情况下，就要跟父亲的仇敌联手对付自己的弟弟，终究显得有些不可思议，或许连郭嘉设谋时都没想到过这一层。

在尚不能明确二袁真实用意的情况下，谁能保证袁谭不是想把曹操诓过去，然后以友军的身份进行偷袭，以便替父报仇？甚至还有一种可能，二袁已暗中媾和，两人商量好，一旦曹操受骗上当，进入他们的伏击圈，两人就合起来吊打曹操！

另一个问题是，曹军北上后，是否可以顺利击败袁尚？大部分僚属都更赞成续攻刘表，是希望让二袁的实力继续相互磨损。现在曹军即刻出击，倘袁尚仍能自守自保，曹军等于是在为袁谭火中取栗，不但将陷入进退两难的尴尬境地，而且也白白丧失了坐看好戏的机会。

经过一番权衡，曹操对原先的决定产生动摇，又滋生了先平定荆州，不接受袁谭的请求，让他和袁尚继续自相残杀的念头。

几天后，曹操摆酒设宴，辛毗看曹操的脸色，知道事情起了变化，便把这一情况告诉了老乡、同为颍川人的郭嘉。郭嘉是引诱二袁之变的最早设谋者，荀攸的意见实际也完全可以看成是郭嘉之计的一个发展，他对此很重视，连忙向曹操禀告。

曹操随后召见辛毗，开门见山地说出了心中的疑问："袁谭一定可以信任，袁尚一定能被攻克吗？"

"明公不要单纯问诚信还是欺诈的问题，明公应当先研究当前的形势。"辛毗答道。

知道就算自己把胸脯拍得山响，曹操也不一定相信，辛毗从对人品的主观判断上转过身来，直接切入了对形势的客观分析。他说："袁氏兄弟原先都自信满满，以为自己有足够能力独自平定天下，其间并不需要借助任何外力。可是袁谭现在却不得不向你曹公求救，由此便可见已处于何种境地了，你觉得他在求援上还可能掺杂其他水分么？"

其次是袁尚的实力。辛毗指出，袁谭一方虽陷入困境，但袁尚到底还是不能即刻攻占平原，这又说明什么呢？说明袁尚的日子同样不好过，也已处于势衰力竭的地步了。

作为袁绍的继承者，冀州是袁尚的实际控制区域。在袁占区，冀州本来遥遥领先，无论人力还是物力都较为优越。但官渡一战后，外有袁军主力吃败仗，内有田丰等谋臣遭诛杀，早已是今非昔比。偏偏袁尚还罔顾大局，与袁谭自相残杀，结果把局面搞得更糟——军队由于连年征战不休，连将士的甲胄里都已经长出了虱子！

辛毗向曹操反映，除袁尚所辖军队疲惫不堪外，其控制区域还同时面临着严重的旱灾、蝗灾、饥荒，天灾加上人祸，使得冀州粮仓里根本就没有多余的粮食。

"这是上天也要灭亡袁尚了！"辛毗断言，袁尚正处于穷途末路、疲弊无力的困境之中，以曹操及其所部的威力，现在打过去，就跟秋风扫落叶一样，而且这也是曹操与袁谭合力，灭掉袁尚的最好机会：曹军攻打邺城，袁尚若是不回军救援，邺城就不能自守；若是回军救援，袁谭必尾随其后，对其形成夹击之势。

诈术

对于曹操首先攻打荆州的想法，辛毗予以否定。他认为，曹军南征的胜算，远不及北上进兵。刘表虽无平定天下的雄心，然而祸福相依，他也因此没有犯下袁绍那样冒进的致命失误。如今的荆州物产丰富，百姓安乐，郡国上下没有空子可钻，亦无即将灭亡的征兆。

辛毗乃颍川名士，按其所言，在河北当地，就连傻瓜都明白袁氏集团即将土崩瓦解，作为一个智者，他当然更清楚这一点。实际上，辛毗早就打定主意要弃袁投曹了，话里话外也并不掩饰这一点。他强调，冀州当地的民生问题已极其严重，以致居民无食，连行人亦无可携带的干粮，百姓期盼着朝廷能尽快予以平定。如果曹操不抓住时机进兵，以后冀州很可能借着一次农业丰收的机会，经济重新得以好转，也或者袁尚悬崖勒马，改正自己的过失，二者只要有其一，曹军用兵的最重要条件也就随之丧失了。

辛毗在这里提出了一个新的观点。荀攸之前曾警告说，如果坐看二袁相争，二袁中最后的胜利者会变得更加难以对付。辛毗则提醒曹操，二袁不一定会争出一个你死我活的结果，也许中途就会出现其他变数，那到时你岂不是要把肠子都给悔青了？

“袁氏占据黄河以北，四方之敌，没有比他们更强大的了，一旦予以平定，朝廷军威之盛（此处实指曹军），将令天下震动！”辛毗用这句振聋发聩的话，结束了自己的论述。

曹操听后甚为动容，说：“好！”

综合荀攸、辛毗的意见，曹操重新进行了推敲，当然他也有他的思考角度。

截至目前，曹操先后消灭了生平的两大劲敌，一为吕布，一为袁绍。当他攻打吕布时，刘表未侵扰其后方；官渡之战，刘表又没有救援袁绍，可知此人确实只求保住自身，宜放在后面来收拾。

袁谭、袁尚合在一起，不容小觑，正应乘他们展开内部争斗、互不相让的时机进行攻伐。如辛毗所言，袁谭在求救的环节上总不敢掺假，退一步说，就算他降曹是假，利用曹军帮他消灭袁尚是真，只要曹军北上后能够攻破袁尚，占其地盘，所能得到的好处也是很多的。

经过反复思虑，曹操终于下定决心，答应袁谭的请求，率部北上，讨伐袁尚，顺便他还将辛毗留于帐下，让其加入了自己的谋士群。

建安八年（203）冬十月，曹军渡过黄河，抵达黎阳。袁尚闻讯，急忙解除平原之围，返回邺城。正如辛毗所揭示的，袁尚军内部早已出现裂痕，在袁尚回军邺城时，其部将吕旷、高翔叛变袁尚，投降了曹操，被封为列侯。

袁谭解围后，并没有尾追袁尚，却将刻好的将军印章暗中送给了吕旷、高翔。吕、高立即向曹操报告，并将印绶上交给曹操，曹操点点头："我原本就知道袁谭有小计谋，果不出所料。"

关于袁谭，曹操曾有两个担心：一是怕他连求援都是假的；二是怀疑他结盟的目的仅仅是为了暂时解除袁尚的攻坚压力，实际希望曹操和袁尚双方打到筋疲力尽，他好从中取利。现在看来，前者固然是多虑了，但后者却已经可以坐实，其放弃追击袁尚，以及刻意拉拢已为曹操部将的吕旷、高翔，皆为明证。

"这个袁谭，是打算让我替他攻打袁尚，他自己却乘此间隙，从袁尚那里夺取百姓，集聚部众。待我军攻破袁尚后，他便可用其强劲兵力乘机攻打我疲惫之师。"曹操完全把准了袁谭的脉，他对此嘿嘿冷笑。

刘表在给二袁的信中，讲猎犬追野兔，两个都累死了，结果被老农占了便宜，袁谭想是打算做这个老农了。只是他不知道曹操是一个什么样的人，多少年来，刀光剑影、阴谋诡计，不知道已见过多少，还能被你牵着当猴耍？人家千里迢迢，就是准备来扮老农的，这才是他应有的咖位！

曹操认为，袁谭跟他玩诈术只会弄巧成拙，“他想得渔翁之利，殊不知袁尚被打败，我军只会更加强盛，有什么漏洞可乘？”

在过往的经历中，曹操也不是没有吃过亏、上过当，最典型的便是南征张绣。张绣先是主动归顺，接着突然反戈一击，予曹军以重创，其教训之惨痛，恐怕曹操这一辈子都难以忘却。

曹操后来之所以能够将他和张绣的旧账一笔勾销，是因为张绣听贾诩的话，在最关键的时候选择了投诚，他曹操必须让世人看到他容人的胸怀，今后才好放开手脚做事。本来袁谭要是真心归降，他说不定也会给予其和张绣一样的待遇，如今反而是袁谭的假降，给了他在事成之后铲除对方的借口。

攻城战

辛毗曾经预想，如果袁尚不回救邺城，邺城守军必不能固守，现在袁尚缩了回去，而袁谭又居心叵测，没有紧紧地拖住袁尚，这样曹操就必须另思良策了。

还是要想办法调开袁尚，但袁尚不在邺城，邺城是不是就能应声而下？似乎也不是。

曹操常年征战，深知城池攻坚的难度。邺城乃袁氏集团的老巢，冀州的心脏，从军事地理的角度来看，它所具备的天然防御条件在关东实属屈指可数，加之袁绍多年经营，使得此城愈加易守难攻。不过辛毗有一句话还是说到了点子上，他说：“兵法上讲，一座城池即使拥有石头垒成的城墙，再加上犹如注满沸水的护城河，以及百万守兵，如果城中没有粮食，仍然不能守住。”

辛毗曾经透露，邺城粮仓里没有多余的粮食。此言可能略有夸张，但经过袁氏父子的一再折腾，存粮应该不多了，至少远没有先前袁方所宣传的那样丰盈。倘若把焦点集中于此，便能知道邺城攻守，实际打的是持久战，城内城外拼粮食多寡，看双方谁能支撑到最后。

曹军进至邺城，后方供应线大大拉长，就跟当初袁绍进兵官渡一样了。这也使后方运输的压力大增，持久战打的时间越长，压力越大，有可能就会出问题。为此，曹操决定暂不同袁尚硬拼，先把粮运安排妥当再说，在此之前，则以粮食不足为由，先退兵河南。

退兵的这段时间，不能让袁谭、袁尚哥俩闲着，得让他们继续互斗，而且最好还能把袁尚从邺城吸引过去，这样曹军再打回来的时候，可以抢在袁尚返回邺城之前，先行将邺城困住。

明知袁谭一开始就在和自己斗心眼，曹操始终不露声色，不但不打算与之闹翻，相反，还要继续结成同盟。

曹操随即派人去平原，替儿子曹整聘娶袁谭之女为妻。按照礼制，袁谭需为父亲服丧三年，三年内都不能举办喜事。曹操、袁谭对此都很清楚，但两人又都对此视而不见，曹操是出于谋略需要，而袁谭则是心里有鬼，怕曹操起疑，只能一口应允。

把这一切做完，曹操这才引军回河南，好像他北上折腾半天，就只为了给他的“盟友”袁谭解个围，再结个亲一样。

回到河南，曹操便积极准备，建安九年（204）年正月，他再次率大军北渡黄河，并于其间开凿了白沟运河。白沟是老黄河的河床，黄河改道后，业已干涸，曹操在此基础上进行了改扩，又筑堤引淇水注入，这样便可以用这条新运河来运送军粮了。

曹军再次北上，袁尚的第一反应不是针对曹军御敌，而是留下审配和部将苏由防守邺城，他亲自到平原攻打袁谭。很显然，曹操与袁谭的结亲刺激了他，让他认为这两人的同盟已经牢不可破，为防止被其夹击，不妨在邺城被曹军围攻前，先行将较弱的袁谭击破。

袁尚大大低估了曹军的推进速度，乘袁尚前往平原，曹军直捣邺城，所部很快便到达洹水，此处距邺城已仅五十里。

攻城战的战术，一般可分为奇袭、强攻和长期围困。如果条件具备，奇袭是比较省事的一种打法。在前期准备中，曹操从袁尚内部着手，提前策反了苏由等人，当时就有里应外合、速战奇袭的计划。

见曹军将至，苏由欲按计划从内部进行策应，不料事泄，被主持防守的审配发现了。两人在城内打了起来，苏由不敌审配，只得出城直接与曹军会合。

奇袭不成，便进入了强攻模式。曹军起土山、架云梯、挖地道，搬出了既往攻城时用过的几乎所有技战术，但均未能奏效。

当时的很多谋士，并非想象中弱不禁风的书生，而是能文能武，必要时指挥三军亦不怯场，袁幕中的沮授、审配都是如此。比如曹军采用地道战，审配则采用反地道战，像官渡大战时的曹军那样，在城里挖掘壕沟，使得曹军无机可乘。

除了苏由外，审配副将冯礼也已被曹操秘密策反。守军在正式城门外，常常还会设置秘密出口，名为突门。冯礼偷偷地打开突门，放曹兵进来，谁知三百余曹兵刚刚入城，就被审配发觉了。为防止曹军渗入，守军对突门有紧急处置办法。他们当即从城头扔下大石头，大石头击中了突门的栅门，栅门随之关闭，城外的曹兵再也进不来了，冯礼和已进入城内的那三百余曹兵全部丧命。

进去了，一定还要出来

在奇袭、强攻双双落空的情况下，长期围困也就是打持久战，成了曹军唯一的选择。

切断外援是长围久困的前提。袁尚任命的武安县长尹楷驻扎于毛城，用以保护上党至邺城的粮道。曹操留曹洪攻打邺城，亲自率兵进攻毛城，在击溃尹楷，成功阻断邺城粮道后，才回师邺城。除此之外，曹军还攻克了附近的邯郸。为其声威所慑，周围有的县开始主动投降，就连盘踞于冀州山区，一直在与袁绍对峙的黑山军首领张燕，也派使者前来拜见曹操，请求派军协助曹操进攻袁氏兄弟。曹操自然求之不得，遂委任张燕为平北将军。

建安九年（204）五月，曹操突然毁去了为攻击邺城所筑的土山、地道，代之而起的是环绕邺城四周，长达四十里的一条壕沟。壕沟开挖的时候很浅，似乎人都可以从上面飞身跃过一样。审配在城上看见了，不禁发笑，认为曹操用这种工事围城，徒求心安而已，其实无甚大用，于是也不出兵或设法予以阻止。

有一天夜里，曹操突然下令赶工深挖，壕沟被迅速挖成了深宽各达二丈的大沟，之后又掘开漳河，将河水灌入壕沟。原来在有意制造的假象背后，引水灌城才是曹操的真正目的，在曹操以往的战史中，此招曾先后被用于袁术、吕布，均收到了预期效果。

邺城城内一片汪洋，邺城粮仓本来就存粮不足，至此更加窘迫。两个月后，城中饿死的人已超过半数，而曹军因有白沟运河以通漕运，始终没有出现粮食接济不上的情况。

获悉邺城危急，正在平原的袁尚赶紧放弃进攻袁谭，准备率兵一万多人回救，在援兵还未到达邺城之前，为了联系审配，他派主簿李孚先行混入城中。

李孚是个极为大胆和机警的人，他头戴武官头巾，身着曹军都督的官服，又砍下树枝系在马上，作为责罚士兵的行杖，然后仅带三名同样化了装的骑兵就出发了。

黄昏时，李孚一行来到邺城，他们首先进入曹营北边的围城阵地。李孚沿着城墙向东走，看到沿路有懈怠的曹兵，就按照轻重的不同，用树枝分别抽打。那些曹兵虽没人见过这位自称的“都督”，但自己理亏在先，表面上又看不出他们的破绽，因此都不敢予以质疑或反抗。

要想进入邺城，必须前往曹营南边的围城阵地，而且还得从曹操的大营前经过，其间稍有不慎，就可能被识破。李孚毫无惧色，照旧继续“巡视”过去，当到达章门时，他突然脸色一变，借故怒斥守围士兵，将那几个士兵都捆绑了起来，之后乘机飞驰城下，向城头的守军高声呼喊，亮明身份。

守军用绳子将他们吊了上去。久困之中的审配等人见到李孚，不由都悲喜交加，众人击鼓喧闹，高呼万岁。

当曹操得到李孚入城的报告时，他既没有动怒发火，也没有对将士进行处罚，反而笑道:“这些人不仅仅能进城，我料他们还要出来的。”

在将邺城围得水泄不通的情况下，竟然还能让李孚以这种方式混进城，显示出随着围城时间的不断延长，曹军虽然粮食不愁吃，但精神头也已经开始不行了。曹操心里肯定对此不会感到高兴，然而他也知道如今这个时候，切不可再长他人志气，灭自家威风。更重要的是，城内现在不缺人，就缺吃的，渗进去的那些人，非但无益于解围，还会增加城内的负担哩！

如其所料，进去的人还要再出来。李孚潜入邺城，只是为了通知审配，援军即将赶来，之后他还要返回向袁谭汇报。可是曹军先前被他闯了一下，已经加强巡查，现在想要再冒充曹军混出城，是绝对不可能了。

考虑再三，李孚请审配放出全城的老弱病残，这样既可以节省城内的粮食，也方便他从中混出城去。当晚，审配挑出几千人，让他们手持白旗，从三个城门一起走出来投降曹军。李孚和跟随他的三名骑兵身穿和出降者差不多的衣服，混杂在人群中，乘夜突围而出。

现在曹军关注的重点，已经不是谁会混出城去，而是该如何对付已经迫近的袁尚军。兵法上有云“归师勿遏”，意思是当敌军回救其老巢时，不可硬行拦截。因为这时候将士思归，你不让他回老家，就是要他的命，正常情况下，所有人都会以死相拼。曹军在聚议时，不少人都有这种想法，认为袁尚军来势汹汹，不如避开其锋。

与其说对方想死磕，还不如说自家人太不想死磕了。曹操明白，很大程度上，这与李孚入城那回一样，都是曹军士气渐趋低落的表现，士气不高，信心自然也就不强了。

曹操并没有对诸将下达“你们不想上，也得上”之类的死命令，而是说，打仗不能照搬教条，应该具体情况具体分析：如果袁尚军是从大路而来，说明他们为了能够尽快赶到邺城，已有不顾安危，决死一战之心，那么我们可以避开；可如果袁军是从西山小路而来，还需要隐藏其行踪，那就说明他们心虚胆怯，我们以逸待劳，是可以打败他们的，根本不用避战。

曹操先后派出几批人，对袁尚军的路线进行侦察，他们回来都说，袁尚是从西边那条道来的，现已到达邯郸。曹操十分高兴，召集诸将说：“你们可知冀州已在我手？”

“不知道。”回答的人感觉莫名其妙，就算是和袁尚的仗打赢了，冀州也还由审配在守着啊！

即便没有人捧场，曹操也丝毫不减其兴致：“诸位不久就会看到的。”

破城

袁尚果然是沿西边小道而来，他在距邺城仅十七里的地方扎营，接着便依照约定，在晚上燃起火堆，向城中发出信号。审配知道援兵已到，一面点火回应，一面兵出城北，想在袁尚的接应下冲出包围。

曹操早已做好准备，审配出城后，遭到曹军的迎头痛击，只得重又退回城中。这边袁尚也和曹军进行了交锋，经过曹操一番调教和鼓动，曹军振奋精神，重又恢复到了犹如官渡大战时那样的状态，匆匆赶来的袁军哪里是其对手，被打得大败。

袁尚率残兵败将逃至漳水边结营，然而刚刚驻下，就又被紧追而至的曹军包围。

要么不出手，出手必然又准又狠，是曹军作战的一个显著特征。先前袁尚虽屡败于曹军，但毕竟还有一个袁谭和他一道扛着，这次是他独自面对曹军，对方暴风骤雨般的威力，令他惊恐万分。

乘着包围圈尚未合拢，袁尚赶紧派使者向曹操请降。曹操不仅不答应，而且在弄清对方斗志已经近乎瓦解的情况下，更加紧了围攻。袁尚只好乘夜再逃，据守祁山，但曹操仍紧咬不放，对之急速猛攻并再次将其包围。见大势已去，袁尚部将马延、张顗等人临阵投降，袁军全线崩溃，袁尚带着少数随从逃往中山。

曹军缴获了袁军的全部辎重，其中包括袁尚的印绶、符节、斧钺以及衣物。曹操立即实施心理战，将这些物品都一一展示给城上的守军观看。袁尚的家里人前来辨认后，确认都是袁尚的物品。此时虽然守军还不能最终确定袁尚是死是活，但对于袁尚军惨败这一事实，已经没有办法不承认了。

邺城守军原先尚能支撑的最大动力，就是袁尚会前来解救他们，当希望像肥皂泡一样破灭时，他们的士气也瞬间降至冰点。只有审配还硬撑着，给部下们打气说："大家要坚守死战，曹军已经疲惫不堪，幽州（指袁绍次子袁熙）救兵就要到了，我们何愁没有主公。"

曹操为加快攻城进展，亲自巡视围城阵地，乘他一时大意，审配安排强弩兵对其施射，结果差点就射中了曹操。饶是如此，守军也已走到末日，建安九年（204）八月，审配的侄儿、东门校尉审荣带头降曹，乘天黑时他打开了由他负责把守的东城门，曹军一拥而入。审配闻讯，立即率兵与曹军展开巷战，然而已无力回天，他只好躲进井里藏了起来，但不久便被曹军搜出并活捉。

辛毗加入曹幕后，曾劝哥哥辛评一同降曹，却遭到了辛评的拒绝。当时辛评一家都被审配关进了邺城大牢，史书中没有提到身为袁谭幕僚的辛评为何会落在审配手中，只知道审配在城破之前已经将辛评一家全都给杀了。

破城后，随曹军进城的辛毗急奔大牢，想救出辛评一家，去了才知道为时已晚。辛毗悲愤莫名，当曹军士兵将审配押到曹操大帐下时，他忍不住冲上去，用马鞭狠狠地抽打审配的脑袋，嘴里大骂道："奴才，你今天死定了！"

审配并不屈服，回过头去很轻蔑地对他说："狗东西，正是由于你们这帮家伙，毁了我冀州。我恨不得连你也杀死，再说，今天你有权力处置我吗？"

过了一会儿，曹操出来了，他搭讪着问审配："前些天我巡视围城阵地时，城头怎么会有那么多弓弩射我？"

"我还恨太少了！"审配毫不客气地答道。

"卿忠于袁氏，也是不得已啊。"曹操突然冒出了这么一句话。

若论才能和对袁氏的忠心程度，沮授、田丰之后大约就该数审配了，曹操有意把他留下来，给自己的谋士群再添一员干才。这时看到曹操的爱才癖又犯了，一个劲儿地给审配台阶下，显然是想让他活命，辛毗当场放声痛哭，坚决请求将审配杀掉。曹军在攻城时也颇有伤亡，三百余曹兵葬身于突门内，曹军将领对此记忆犹新，因此许多人也附和辛毗，请曹操不要就此饶过审配。

一边是部下们强烈要求，另一边是审配意气壮烈，不领曹操的情，从始至终没有一句屈服求饶的软话，曹操无法可想，只好遂了他的心愿，下令对其处以极刑。

当时降曹的冀州官员很多，一个叫张子谦的人一向与审配不和，看到审配被处死，便讥笑他说："正南（审配字正南），你跟我比，究竟如何？"

"你是叛徒，我是忠臣，虽然我就要死了，难道还会羡慕你苟活偷生？"审配厉声道。

临刑时，审配执意要正对北面受刑，因为“我的君主在北面”，现场围观者莫不叹息。

审配的人格并不完美，他参与了袁幕的派系争斗，也曾极力支持和怂恿袁绍南下进攻许都，直到辅佐袁尚，才终于展示出了一个职业谋士应有的才干和操守。尤其在生命的最后时光，其一言一行更值得一书，这也是他能够获得对手尊重，以至跻身于大谋士之列的重要原因。

第八章 黄金时代

经过半年之久的围攻，曹军终于拿下了邺城。攻占邺城后，曹操即下达严令，非得其允许，不得擅入袁宅，接着又亲自到袁绍墓前致祭，并且在墓前痛哭流涕。

看到曹操情词恳切，随行将士既为之动容，又颇有些莫名其妙。袁绍曾是曹操的头号敌人，袁氏死后，他的儿子们又与曹军激烈厮杀，现在好不容易攻占袁氏老巢，不应该是面露喜色、欢庆胜利吗？为什么要对着敌人的坟墓大放悲声？

许都的很多人更无法理解。站在皇室角度，袁绍自决定南攻许都起，就已被朝廷视为叛臣，曹操代表朝廷击败袁绍，根本是无可非议的，结果功成之后，你反倒向一个叛臣之墓表示哀悼。这算怎么一回事？难道袁绍是个好人，讨伐他讨伐错了？

还有人觉得曹操“匿怨矫情”，意即曹操明明与袁绍有仇怨，但为了显示自己的胸襟，却故意要当众掉几滴鳄鱼泪。曹操、袁绍之战，常被外界拿来与刘邦、项羽的楚汉战争相比，所谓“刘灭项，曹灭袁”。无独有偶，作为胜利者的刘邦也曾在项羽的墓前号啕大哭，论者以为，曹操不过是沿袭了刘邦犯下的错误，乃百虑中的一失。

眼泪和伤感

政治家自有政治家的风度和格调，外界怎么评论，他们根本不在乎。刘邦与项羽、曹操与袁绍，都是各成气候，又都各有远大抱负的枭雄，互不相容，乃至相互攻击，血战到底，实属必然。但是他们之间并没有什么化解不了的世仇宿怨，只是大家都要伸张自己的意气和志愿，实现其政治目标而已。一旦胜负既定，彼此惺惺相惜，便不免动之于情，怆然涕下，这种慷慨英雄之风，绝非心胸狭窄、小有所成即得意洋洋者可比，如张子谦那样在别人临刑前还幸灾乐祸的浅陋之辈则更不必说了。

与刘邦、项羽不同的是，曹操与袁绍之间的渊源要深得多。少年时代，他们是一起飞鹰走狗、玩恶作剧的游侠朋友；成年后，两人又结盟讨伐董卓，其间艰难周旋，祸福共之，患难之中必有真情。毋庸讳言，因为家族身份等原因，曹操和袁绍也自小就相互嫌恶过，曹操心中对于袁绍的那种自卑感，甚至一直延续到成年，不过等到曹操一步步赶上袁绍，尤其是在官渡取胜后，他的这一心结也就慢慢解开了。

曹操其人，既冷血谲诈，又重情重义。一般来说，当他认为别人对他构成威胁，影响他的大谋时，他就会自觉不自觉地陷入冷血谲诈的循环；若是对方尚不阻碍他的道路，或虽曾是势不两立的敌人，但已经尘埃落定，他又会表现出重情重义的一面。当年放走关羽，今日泪祭袁绍，皆属此列。

对于袁绍家属，曹操也予以优待。他以袁绍故人的身份慰问了袁绍的妻子刘氏，除归还袁绍家的奴仆和宝物外，还赏赐各种彩色的绸缎丝棉，并由官府供给粮食。曹操此举同样遭到讥评，说他不该加恩于袁绍那样的“贪婪之家”，是把做事情的准则完全颠倒了。

比起一般的优待，引起外界更大议论的，还是曹操为儿子曹丕纳甄氏一事。甄氏是袁绍次子袁熙的妻子，袁熙到幽州去当刺史，甄氏留邺侍奉婆婆刘氏。甄氏是一个大美人，时年十八岁的曹丕从征至邺，看到甄氏后惊为天人，曹操闻知后，便让曹丕将甄氏娶为妻子。

甄氏与袁熙此时虽尚未解除夫妻关系，但当时人的两性观念没有后来那么顽固保守，譬如曹操曹丕父子都不嫌甄氏曾为人妻。别人对此说三道四，主要指的也不是这个，而是说甄氏原为袁绍的儿媳妇，一个叛臣的家属，怎么能做曹操长子的正妻呢？

孔融给曹操写了一封信，信中有“武王伐纣，以妲己赐周公”之语。曹操看了一愣，历史上妲己不是说被周武王给处死了吗，怎么还赐给周公了？他问孔融，你这么说是否有什么出处，出自何典，孔融回答：“以今天的情形来看，应该是这样。”原来他竟是在讥讽曹操让曹丕娶妻甄氏。

曹操没搭理孔融，他想做要做的事，依然照做不误。

就这样，在眼泪和伤感中，曹操告别了昔日的朋友和仇敌，也告别了曾经紧紧纠缠着自己的心理阴影，他要从新的起点出发，大展鸿图了。从这个意义上说，他之所以泪祭袁绍和优待其家属，也是要通过这样一种别致的方式，对袁氏旧部以及河北的军民进行安抚，因为这里将成为他未来的主要活动舞台和根据地。

邺城战役结束后，曹操给献帝上了一道表文，报告了战胜袁尚的情况。献帝收到表文后，下诏让曹操兼任冀州牧，曹操随后辞去原兖州牧一职，同时屯军邺城，开始着力经营以邺城为中心的冀州。

这时有人劝曹操恢复古代的九州制，借此把更多的地方纳入冀州，认为如此一来，天下就容易收服了。曹操动了心，打算予以采纳，但遭到了孔融等一些朝臣的反对，认为不合汉朝旧制。

孔融严格来说并不是曹幕人员，对他的意见，曹操或许还可以置之不理，但是接下来的反对者，曹操就不能不认真对待了，这个人就是荀彧。

一步一个脚印

前一阵子，曹操大败袁尚，攻克邺城，擒杀审配，已令周围的诸侯为之震惊，见曹军如此凶猛，每个诸侯都担心保不住自己的地盘。按照曹操拟议中的九州制，他们的地盘将被直接圈进冀州，也就等于坐实了曹操要削平所有诸侯的传言。这些诸侯为求自保，很可能采用合纵连横之策，组成反对曹操的联盟。

荀彧特别强调，为了让关中诸将在曹操统一河北的战争中保持中立态度，曹方已经派了很多人前去游说，而且也卓有成效。现在如果恢复九州制，关中诸将一看，说来说去，你曹操不还是想要吞并我们吗？他们的心态就会立刻产生变化，即便是那些原本就只求闭关自守的人，也会转而被迫反曹。

邺城战役后，河北局势仍未稳定，其他诸侯只要一有动静，就会使得这里的形势更加复杂和严峻：正率领残兵流窜的袁尚会推迟灭亡；袁谭将怀有二心；袁熙、高干随时可能和袁尚、袁谭联合对曹；黑山军张燕虽已露降意，至此也必会变卦。

曹操、袁绍初起兵时，两人有一个著名的对话。袁绍当时提出解决河北问题后，即向南争夺天下；曹操则提出了依靠“天下智力”，将无往而不胜的观点。虽然袁绍最终没能用好“天下智力”，导致功亏一篑，但他用于打天下的路线图并没有错，曹操只要一平定河北，也必然要挥师向南。

荀彧指出，过早采用九州制，不但将延缓曹操统一河北的进程，而且也反过来有利于刘表保住他在长江、汉水之间的地域，如此，天下不是易取，而是更不易取了。他希望曹操抛弃所有不切实际、急于求成但却又欲速而不达的幻想，一步一个脚印，循序渐进，继续坚持在袁氏故地幽、并、青州作战，剿灭其残余势力，以免将来死灰复燃。

“等天下安定后，再商议恢复九州制，这才符合国家长远的利益。”对于荀彧的这一建议，曹操虚心接受，决定将设置九州的动议暂时搁置起来。

在此期间，郭嘉劝曹操多征召青、冀、幽、并四州的名士作为属官，以使人心归附，曹操也采纳了他的建议。

官渡之战前，袁绍命人写讨伐曹操的檄文，文中不仅痛骂曹操，极尽丑化诋毁之能事，而且还带上了曹操的家世，把他的父祖也都臭骂一通，说曹操的祖父曹腾是宦官，父亲曹嵩是领养的。奉命写这篇文章的人叫陈琳，是个大才子。

曹军占领邺城后，陈琳被俘获，曹操责备他说：“你过去替袁本初写檄文，骂我也就算了，怎么往上牵扯，骂到我父亲、祖父头上去了呢？”

陈琳连忙谢罪。曹操考虑陈琳过去是各为其主，便原谅了他，没有再进行追究。因爱惜其才华，又让他加入自己的幕僚班子，以后曹操所发布的军国书檄，多出自于陈琳手笔。

另一个得到重用的袁绍旧部是崔琰。官渡大战前，崔琰曾劝袁绍不要过黄河与曹操决战，袁谭、袁尚兄弟相争时，他看着生气，但又没办法，便托病谁也不支持。曹操依照郭嘉的建议，授崔琰以冀州别驾一职，对他的意见也很重视。

冀州是北方屈指可数的大州，即便在长期交战、民众大量死亡流徙的情况下，仍保持着相对较高的人口密度。曹操占据邺城后，查阅户籍，发现若是要征兵的话，还能在冀州征到三十万人。当他对崔琰谈起此事时，崔琰对他说，二袁同室操戈，冀州百姓被弄得尸横遍野，明公您不想着问及民间疾苦，尽快把百姓从水深火热中解救出来，却一心想着可以征多少兵，岂不是太让冀州父老失望了？

曹操知道是自己不对，连忙向崔琰道歉认错，随后他便下令免除河北当年的租赋。

除了深受战争之苦外，河北豪强恣意横行，大肆兼并土地，也使得当地百姓更加穷困潦倒。曹军攻破邺城后，抄没审配等人的家产，各种财物都以万计算，曹操还得知，作为冀州的豪强大族，审配不但生活豪侈，而且还隐藏犯法的人，审配家族俨然已成为坏人的藏身之处。

“民不患寡而患不均，不患贫而患不安”，豪强如此无法无天，怎么可能得到民众的亲近依附，军队又怎么可能强盛？看来袁氏之败，亦有其内因。曹操于是制定法令，对豪强的兼并行为进行抑制，同时要求河北各郡国太守、国相认真检查，一旦发现豪强有违法行为，即加重惩治。

曹操的这两项法令，虽然都只是恤民性质的临时措施，但毕竟减轻了百姓的负担，对豪强也进行了一定程度的限制和打击，史载“百姓喜悦”，显然是极大地争取到了民心。

更厉害的杀手锏

建安九年（204）十月，袁绍的外甥、并州刺史高干迫于形势，投降了曹操，曹操仍然任命他为并州刺史，这倒不是说他对高干已毫无顾虑，而是必须集中力量讨伐袁谭。

曹军围攻邺城，不仅令周边诸侯胆战心惊，也让曹操的“盟友”袁谭意识到了危险：联曹，联曹，原来是把敌人引到自己家里面来了呀！

袁谭觉得吃了大亏，于是便不顾与曹操的联盟协约，乘曹军包围邺城，无暇他顾之际，捡现成便宜，夺取了已被曹操占有的一些河北郡县。让人无语的是，直到这个时候为止，袁谭依然不考虑兄弟联合的问题，在主动与曹操决裂的同时，又落井下石，攻打已经落魄得不成人形的袁尚。在袁尚溃败后，又吞并了他的队伍。袁尚无奈之下，不得不前去投靠其二哥、幽州刺史袁熙。

袁绍当初与袁术再不和，到袁术穷困潦倒的时候，还知道应该拉兄弟一把，他的儿子们则似乎已经陷在自相残杀的泥沼里，再也拔不出腿来了，如此，焉能不败？

收拾了袁尚，高干又已投降，曹操便可放心对付袁谭了。他立即派使者给袁谭送信，责备袁谭背信负约，并宣布与其断绝联姻关系，随后挥戈北上，准备对袁谭发起进攻。

袁谭此时又害怕起来，看到曹操在城门下扎营，连打都不敢打，就主动放弃平原，退守南皮。

建安十年（205）年正月，曹操亲自领兵追击，直迫南皮城。袁谭命郭图守卫南皮城，自己率兵来到南皮城下，与曹军展开了一场大战。

在曹军前往南皮的途中，因天气寒冷，河面结冰，部队无法前进，只能征发百姓破冰以便行船，很多百姓害怕服劳役，都纷纷逃亡了，曹军行军条件之恶劣，可想而知。曹操气得不得了，后来宣布在此战中逃避服役的人都要治以重罪，即便主动自首，也不能免责。

气候寒冷、进兵艰难等因素，都不可能不影响到曹军的状态，相对而言，袁谭军退无可退，困兽犹斗之下，其战斗力却得到了超常的发挥。曹军从早上一直打到下午，不但没能攻破袁军，部队还蒙受了很大伤亡，实际上已经是失利了。

照这样子，若继续硬拼下去的话，损失可能还会更大，曹操又急又怒，但又无计可施，只能做暂时撤军的打算。曹仁的弟弟曹纯见状，连忙上前劝阻，说我军远行千里赴敌，后撤定有损军威，而且我军还是孤军深入，就算是撤下去，也难以继续和袁谭军打持久战。

官渡大战后，曹操从主力骑兵中选拔精锐，组建了由他直接控制的“虎豹骑”。这是一支类似于公孙瓒“白马义从”的骑兵特种部队，分为虎骑营和豹骑营，统领者之一就是曹纯。曹纯建议把自己的“虎豹骑”派上去，他认为袁谭军刚刚占到便宜，势必轻敌，不会想到曹军还有更厉害的杀手锏在后面，“虎豹骑”一上，必能取胜。

曹操觉得曹纯说得有理，便令曹纯率“虎豹骑”出击，并且亲自为之擂鼓助威。曹军骑兵本来就能打，“虎豹骑”成员又都是从里面百里挑一选出来的，他们一冲上战场，真的就跟一只只从山林里蹿出的虎豹一样，锐不可当。袁谭军在前面的战斗中已竭尽全力，至此如曹纯所言，精神上不免懈怠，哪里经得住“虎豹骑”如此凶猛的冲击，顷刻之间便被冲了个稀里哗啦。袁谭落荒而逃，不料也被“虎豹骑”的骑兵迅速追上，砍下了首级。

被袁谭留下守城的郭图只是个嘴炮兼马屁精，领兵打仗的本事远不及审配，等到袁谭兵败被杀，他也就失去了抵抗能力，南皮城不攻自破。

虽然取胜，但曹军也死伤了不少人，加上袁谭又是降而复叛，使得曹操心头那股暴虐的欲望几乎又遏制不住了。他下令斩杀了郭图以及袁谭的妻子儿女，又将袁谭的首级示众，并且恶狠狠地说，谁要是敢为袁谭掉泪，我就把这个人的妻子儿女也都给杀了。

消灭袁谭，意味着冀州已被完全平定，曹操已坐定了至少半边天下，所以他在试图杀一儆百，以降而复叛者为戒的同时，其实还是很兴奋的，以至于骑在马上就大喊万岁，并且手舞足蹈起来。

邺城是道路汇集之所，以冀州为军事基地来征伐北方诸州，有着交通上的便利条件。曹操在占领冀州之前，外出用兵均是返回许都休整，自此即以冀州为基地四处征伐，战役结束后再率中军回到邺城。

国士

幽州的袁熙是曹操下一个用兵目标，经过一段时间的休整，曹操继续领兵北上，进攻袁熙。在即将大兵压境的严峻形势下，眼见袁熙终不免步其兄弟覆辙，其部将焦触、张南突然发动兵变，对袁熙实施袭击。袁熙措手不及，带着袁尚逃至辽西郡，投奔乌桓去了。

在将袁氏兄弟赶出幽州后，焦触自称幽州刺史，率领一些郡县官员向曹操投降。曹操兵不血刃就得到了幽州，遂立即将焦触、张南封为列侯。

曹操杀死袁谭，连夺冀州、幽州，河北各地为之震动，黑山军张燕率黑山军及老弱妇女等十余万人投降，曹操大喜，封张燕为安国亭侯。

即便在这个时候，也还有视曹军威力如无物，敢于顶风对着干的，这股逆流又主要集中于乌桓。

先前袁熙控制幽州的时候，他的势力范围其实并未能够覆盖整个幽州，在其势力范围之外，有六郡被鲜于辅所割据，而鲜于辅又听命于曹操。袁熙、袁尚投奔乌桓后，唆使辽西等三郡的乌桓，发兵对鲜于辅发动了攻击。与此同时，身为幽州刺史的焦触及涿郡太守又被赵犊等人所杀，当地开始动荡不安。

建安十年（205）八月，曹操亲率大军北讨，一路风驰电掣，先到涿郡杀了赵犊等人，继而渡过潞河，援救鲜于辅。乌桓首领一看曹军来者不善，自知不敌，在大肆掳掠一番后，即自行退回塞外。

曹操赶跑乌桓之后，并州刺史高干以为他还要继续进行追击，便乘机在并州发动叛乱，劫持上党太守，并发兵据守壶关。

此时已有五名大将在曹操诸将中脱颖而出，后人称为“五子良将”，分别是张辽、乐进、于禁、张郃、徐晃。其中的张辽、乐进、于禁，更被曹操盛赞，称他们三人武艺高强而勇力过人、谋略周密而思虑完备。总之皆有勇有谋，即便是单独领兵作战，也能做到令行禁止，战无不胜，攻无不克。这次针对高干反叛，曹操特派居于“五子良将”第二的乐进单独领兵征伐，乐进率部出发后，一路进展顺利，但由于壶关山口险要，一时未能攻下。

乐进见状，与随其出征的大将李典兵分两路，他亲自率一路从北面绕道进入上党，在迂回至高干后方后，与李典一起对其进行夹击。高干被迫退至壶关城防守，乐进虽连续作战并消灭了大量敌军，但因城池坚固，未能取得更大进展。

高干叛乱引起了新的连锁反应。在司州，有个叫张晟的人与刘表串通，率万余之众进入弘农郡劫掠骚扰，弘农人张琰举兵响应。此外，河东郡邻近并州，当地官员卫固、范先等人已暗地里与高干进行勾结。

上述情报汇总到曹操手上后，让曹操深感焦虑，他不但想到这两股人很可能联手作乱，与高干叛乱一起影响局势，而且更重要的是，河东郡还处于和关中接壤的枢纽位置，若处理不慎，将给曹军以后进兵关中造成严重后果。

关中诸将依恃地势险要和骑兵优势，各怀异心，曹操早就视之为心腹大患，对他而言，平定关中是迟早的事，但在此之前，必须确保河东不脱离自己的掌握。

当年刘邦让萧何留守关中，西汉基业有赖于此，后刘秀的大将寇恂镇守河内，帮助刘秀建立了东汉王朝。曹操把荀彧找来，说你能不能替我物色一个像萧何、寇恂那样的能人，用他来镇守河东。

荀彧想了一会儿，终于想到了一个人。

荀彧素有知人善任之明，曹幕中很多出色幕僚即为其一手举荐，平时也非常留心寻访能人贤才。有一次，他住在侍中耿纪的隔壁房间里，听到有人在和耿纪高谈阔论，谈话者表现出来的才智，令荀彧大为惊异。第二天，当再次见到耿纪时，荀彧就说你身旁有国士却不向上举荐，你这个侍中是怎么当的？

耿纪忙问究竟，得知荀彧所说“国士”，乃是指昨晚和自己对谈之人，便告诉荀彧，此人名叫杜畿，是他的老朋友。杜畿原本也是地方官，因董卓之乱而弃官到荆州避乱，曹操迁帝都许后，他又北还许都。

经耿纪介绍，荀彧和杜畿见了面，两人一见如故，谈得很是投机，于是荀彧就向曹操推荐。曹操对荀彧所荐举的人向来是百分百放心的，当时就任命杜畿为司空司直，至荀彧再次想到他时，杜畿已官居西平太守。

荀彧认为可以安排杜畿去河东试试，因为“西平太守杜畿，勇足以承担大难，智足以应付事变”。曹操依其所荐，随即任命杜畿为河东太守。

杜畿出镇河东，一开始就极不顺利。原河东太守王邑治理地方颇有实绩，在当地很得民心。得知这位实际已被自己架空的上司将被征召入朝，卫固、范先竭力对外请求留住王邑。王邑自己也不愿离开河东，河东郡属司隶校尉管辖的司州，他便与司隶校尉钟繇联系，希望能够取消征召令。

由杜畿代替王邑，以便控制住河东，是曹操的既定策略。钟繇不但不同意取消征召，而且严令王邑必须马上前往许都，王邑一气之下，去许都时把印绶都给捎走了。

韬晦之计

王邑带走印绶，并不妨碍杜畿新官上任。卫固等人派遣数千士兵切断了陕津渡口，杜畿到了那里后无法渡河。为了让他能够顺利就职，曹操命夏侯惇率部讨伐卫固等，但大军到来尚需时日，在此之前，是在渡口坐等大军，还是想办法继续赶赴河东，必须杜畿自己拿主意。

杜畿并不赞同仅仅派军队讨伐。他认为，河东有三万户人家，这些人家并非全都想作乱，一旦军队逼得太急，很多安分守己者也可能因畏惧而听从卫固。卫固等人为能独占河东，又必定会集中力量，以死相拼。在这种情况下，曹军的讨伐行动能不能获胜，就得打上一个大大的问号了。

倘若讨伐行动不能获胜，河东周围郡县势必会予以响应，变乱将难以遏制。退一步说，就算讨伐行动能够取胜，好好一个河东郡也会被打得破破烂烂，最后遭殃的还是老百姓。

卫固等人对外只是声称要留住前任太守，并没有公开拒绝王命。杜畿推断，这些人也同样没有胆子直接加害新任太守，不过是意欲靠切断渡口，不让自己履职上任罢了。他没有坐等大军，而是秘密地绕道黄河郖津渡，先行进入了河东境内。

杜畿与卫固其实是老相识，他深知卫固多谋但缺乏决断力，倘若自己单车上任，出其不意地出现在卫固面前，卫固一定没法不予承认。果然，当发现在重兵封锁渡口的情况下，杜畿居然还是奇迹般地来到了郡府时，卫固显得既吃惊又无奈，但又只好假装接受。

与卫固不同，范先和杜畿不熟悉，也就少了很多顾忌，他打算用杀掉杜畿来威镇部众。不过，杜畿毕竟是朝廷钦派的命官，而且夏侯惇所率大军也即将到来。杀杜畿对卫固、范先来说，都是最后才能动用的手段，因此在决定动手前，范先便先杀鸡给猴看，在郡府门前杀了主簿以下三十多人。

杜畿乃是文官，在卫固等人看来，如此血腥恐怖的场面，杜畿一定接受不了，要么魂飞魄散，自己弃官逃走；要么从此谨小慎微，唯他们之命是从。或者还有一种可能，杜畿拿出风骨，当场痛斥他们的暴行，也正好找借口将其顺势除掉。

结果，杜畿并没有如他们想象的那样，被吓成了一只哆哆嗦嗦的小鹌鹑，但也没有站出来据理力争，反而是举止如常，仿佛什么事都没发生过一样。卫固、范先推测，杜畿不敢公开反对杀人，就说明他还是怕，之所以装得若无其事，应该是舍不得头上的乌纱帽。卫固对范先说，算了，除掉杜畿的时机尚不成熟，而且就算杀了他也没什么用，徒然给外界留下一个我们枉杀太守的恶名，对我们今后起事不利。

二人决定像对待前任太守一样，干脆也架空杜畿，使其成为傀儡，于是便没有动手，而是在表面上尊奉杜畿，接受这位名义上司的管辖。

在卫固、范先假意对杜畿表示拥护后，杜畿对他们说："卫家、范家都是河东望族，我只有仰仗你们才能办成事情，今后我们成败在一起，遇到大事则共同商议。"接着，便以卫固为都督、代理郡丞，并安排卫固督率郡内的三千余官兵。

郡丞是太守的佐官，官位仅次于太守，虽然河东兵权原先也都被卫固、范先实际掌握，但新任太守有此安排，毕竟是实至名归了。卫固、范先很高兴，都以为杜畿已入其彀中，越发不把对方放在眼里，他们不知道，这一切其实都是杜畿坚忍以待时机的韬晦之计。

"只要我能在郡里住上一个月，就有办法控制卫固。"杜畿在渡过黄河前曾做这样的估计。事实也正是如此，卫固、范先都对杜畿失去了戒备。卫固想大量征兵，以做起事的准备，杜畿就劝他说，你这样做动静太大，容易动摇民心，不如慢慢地用钱财进行招募。卫固认为很对，就拿出钱财四处征调。

其实这也是杜畿设的一计。郡内将领贪图钱财，募兵的钱发到他们手里，大部分都被他们贪污掉了。最后数十天过去，名册上应募的人很多，但实际送来的新兵却很少。

杜畿又向卫固等人建议，说人情恋家，众将领和属官离家日久，可以分批放他们回家休息，有急事再召集也不难。杜畿此语一去，将领和属官们自然是举双手双脚赞成，卫固等人不好违逆众人，也只好同意。

这样一来，那些本就无意参与作乱的人，都乘着这个机会离开郡城去了外地，从此“黄鹤一去不复返”。就算是甘心跟着卫固等人一条道走到黑的，也被就此分散开来，回到了各自的家中。

在此期间，杜畿积极争取地方吏民，在确认下面各县都已归附自己的情况下，他只率领几十名骑兵，就离开郡城，前往张辟据险防守。得知杜畿在张辟竖起大旗，官民纷纷前往加盟，在不长的时间内，他就得到了四千多人马。

卫固等人如梦初醒，忙与高干和弘农郡的叛军张晟、张琰部联手，共同围攻杜畿。由于先前中了杜畿之计，卫固等人所率叛军的力量已经大为削弱。见攻不下张辟，他们又去劫掠别的县城，但结果也是两手空空。

此时恰好夏侯惇率大军赶到，应曹操征召，马腾等关中诸将也不得不前来参加会攻战役。这么大的阵势，叛军如何顶得住，除高干、张晟兵败逃走外，卫固、范先、张琰均人头落地。

经杜畿建议，卫固、范先的党羽被曹操赦免，回家各操旧业，河东郡终于得到平定。

戎马不解鞍

在打下叛军所掀起的浪头后，曹操决定尽快从正面彻底解决高干，建安十一年（206）正月，他留下儿子曹丕守邺城，亲自领兵西征。

当时正值寒冬，天寒地冻，大雪纷纷，行军条件比那年赴南皮征讨袁谭还要艰苦。西征军取道河内，北越太行，“北上太行山，艰哉何巍巍”，在经历一路艰难险阻后，到达了壶关城。

曹操亲征，意在一鼓而下，但部队轮番猛攻，却怎么都打不下来。曹操心里发急，那股暴戾劲儿又像火焰一样猛地蹿了上来，于是再次下达屠城令：“城破之后，城里的人全部活埋！”

过去曹操尝到过屠城的甜头，前面屠了一座城，后面的城池被吓傻了，或自动投降，或弃城逃命。但那都有具体的条件，或守军意志不坚、实力较弱，或是城池不固。在曹操亲征前，乐进、李典围攻壶关城那么长时间都未能得手，已经说明壶关城与上述情况不同。现在曹操告诉守军，他们最后都必须去死，他们自然就更加拼死防守，因此曹军围攻壶关数月，仍旧还是拿不下来。

在坚城之下攻打拼死防守的敌人，士卒伤亡太大，而且从壶关城能守这么长时间来看，城内储粮必然不少，就算是长期围困，需要消耗的时日也会很长，这对曹军而言是相当不利的。随征的曹仁据此认为，用屠城令来吓唬守军，以及一味强攻或围困，都不是好办法。他向曹操建议，应撤销屠城令，以便促使其内部产生裂痕。

兵法中有“围三阙一”的说法，就是说围攻城池时，不能把四面都围死，要告诉城里的敌人，我已经给你们留了一条生路，你们四座城门，可以打开我没封死的那一座，从那里去逃生。它的原理就是防止守军作困兽斗，从而增加攻城的难度。曹操从谏如流，接受曹仁的建议，立即下令撤销原来的命令，并要求所部不要将城池围得水泄不通，城里若有人归降就接受，若想逃走也可以适当网开一面。

新的措施可谓立竿见影，城中不少人都跑出来投降。高干见势不妙，留下部将守城，自己跑去并州中北部，向南匈奴求援。他前脚走了没多久，壶关城就被攻克，至此，曹军围攻壶关城已达三个月之久。

并州中北部基本为匈奴散居之地，向来为枭雄所控，高干以并州刺史的身份向南匈奴单于求爷爷告奶奶，但单于仍以不愿与曹操结怨为由，加以拒绝。高干没能得到援兵，又失去了归路，只得带着几个骑兵往南奔赴荆州，想投奔刘表，不料半路上就被人抓住砍了脑袋。

建安十二（207）二月，又陆续平定了几个地方的曹操，率部凯旋邺城。随着青州、幽州、并州相继被曹军占领，原属袁绍的冀、青、幽、并尽为曹操所有，河北全域宣告平定。在官渡大战前夕，曹操已陆续据有兖、豫、徐、司四州，加上河北四州，其控制区域扩大至中原全部。

曹操论功行赏，大封功臣二十多人为列侯，其余人也都按功劳大小依次封赏。荀彧、荀攸受到曹操的特别肯定，尤其荀彧，被认为功居第一。荀彧的两项重大建议，即官渡之战中主张不退回许都，而在官渡继续咬牙坚持；以及统一河北之役中，主张暂时不进攻刘表，集中力量攻打冀州，又被曹操重新提起。曹操在为荀彧请功的表奏中这样说道："荀彧提出的这两个计策，转亡为存，变祸为福，计谋和功劳都不同寻常，是臣（曹操自称）赶不上的。"

古之名将，对下属都极为慷慨大方。战国时曾大破秦军的赵奢，但凡收到赵王赏赐的财物，都会转手就赏给属下部将；西汉时平定七国之乱的窦婴，皇帝赐给他千斤黄金，被其一朝散尽。曹操也一样，因官渡之战和统一河北之功，朝廷给予他个人三万户封邑的重大奖赏，他把封邑内的租税拿出来，毫不吝啬地分给众将、属官及老兵，同时还下令免除了阵亡将士家属的徭役负担。

曹操大封功臣的当年，距官渡大战已过去了整整七年，他也已经五十多岁。虽老之将至，但曹操壮心不已，依旧"戎马不解鞍，铠甲不离旁"，他开始为出征乌桓积极进行准备。

骑射是乌桓人的特长，中原地区也不断以招募等方式，从乌桓吸收骑兵，学者称之为"仆从骑兵"。中原地区那些以骑战见长的军团，几乎无一例外都能看到这些仆从骑兵的身影，从公孙瓒到袁绍，莫不如此。

和自家骑兵很早就享誉中原战场相比，乌桓作为部族的壮大，其历程要缓慢得多。它原本是匈奴的藩属，因遭到霍去病的重击，在汉初时投降了汉朝，史书称"断匈奴左臂"。当时乌桓主要负责替汉朝侦察匈奴动静，后来，连乌桓的老东家匈奴也被击败，以致一分为二，其中北匈奴西迁，南匈奴被迫内附，乌桓跟南匈奴学，在得到汉王朝允许后，逐渐迁居幽州。

乌桓共分四部，原本各自独立，袁熙、袁尚所投靠的辽西郡乌桓即为其中之一部。汉末大乱，乘中原对边地的控制力遭到严重削弱，乌桓势力得到发展，四部也组成了一个相对松散的联盟，并推举辽西郡乌桓首领蹋顿为盟主。

当年楚汉战争之际，匈奴单于冒顿突然崛起于塞外，以后匈奴便成为塞外最强悍的游牧部族，并且长期对中原政权形成严重威胁。乌桓人视冒顿为偶像，常将蹋顿与冒顿相提并论，实际上，乌桓即便结成联盟，力量也无法和前代的匈奴相比，要想染指中原内地是根本做不到的，即便吞并河北，亦无可能。他常做的事，主要还只是在北方进行骚扰抢劫，然后捞上一把就跑。

远征乌桓

虽然暂时并无入侵中原的实力和条件，但既然以冒顿匈奴帝国为榜样，乌桓对于参与中原纷争向来都抱有兴趣，插手袁绍和公孙瓒之间的争斗，便是其中较为典型的例子。

正是在乌桓的助力下，袁绍才得以彻底打垮公孙瓒，而袁绍为了拉拢乌桓，也不惜学习西汉王朝和亲的办法，以家人的女儿充作己女，嫁给蹋顿，又假借朝廷名义，赐蹋顿等各部首领为单于。

袁氏集团和乌桓，是亲家兼同盟的关系，袁尚、袁熙兄弟也因此才会在兵败后投奔乌桓。曹操深知这一点，早在讨伐袁谭前夕，因担心遭到乌桓干涉，便曾派冀州从事牵招前去稳住乌桓。

牵招原为袁氏旧部，一直替袁氏与乌桓打交道，和乌桓首领们都很熟悉。在见到辽东属国乌桓首领苏仆延后，他按照事先准备好的口径对苏仆延说，以前袁绍封给你的单于称号不能作数，曹公将再次上奏皇帝，封你为真单于。

牵招来到乌桓地界的时候，其实苏仆延正准备派出五千骑兵对袁谭进行支援。另外，幽州辽东郡太守公孙康，自以为其政权远离中原，且在袁氏集团和乌桓的东北后方，不肯服从曹操，他为拉拢乌桓，也派使者韩忠给苏仆延送来了单于印绶。

苏仆延转眼就收到两个香饽饽，再加上原来那一个，就有心掂量一下三个之中，哪个分量最重，以便让自己获得利益最大化。苏仆延立即召集本部落所有酋长开会，牵招、韩忠亦受邀与会。席间，他当众拿印绶的真伪问题对牵招进行了质问。

牵招不能说原来的老东家无权赐号，或者全系假冒，只能称袁绍固然能代表天子的旨意任官封爵，但在封单于那件事里面，确实有违逆天子旨意的地方，所以这次由曹操来重新奏报。对于辽东也送来印绶，牵招可就不客气了，直指辽东只是朝廷属下的一个郡，如何有权封官晋爵？

韩忠一听，赶紧接茬夸口说我们辽东拥兵百万，当今局势是强者为尊，曹操怎么能握着奏报天子的大权不放，专擅此道？

此言一出，牵招勃然大怒，痛骂公孙康、韩忠君臣倚仗自己地处僻远，不但想擅权任官封爵，还侮辱天子，诋毁曹公。说着，牵招抓住韩忠的头就往地上按，然后抽出刀就要将他的脑袋砍下。苏仆延见状大惊失色，他原本赤着脚坐着，当下连鞋都顾不上穿，就跑过来抱住牵招，周围的人也都被吓得面如土色，不知如何是好。

因为苏仆延亲自阻止，牵招方才住手，回到自己的座位上，并继续给苏仆延等人陈说利害得失。这么一来，他的气势完全碾压韩忠，也镇住了在场的所有人。在牵招宣读朝廷诏书的时候，苏仆延及其酋长们全都离开自己的座位，跪伏在地，不敢有失礼之处。

苏仆延认为曹操和朝廷得罪不起，遂谢绝了韩忠所带来的印绶，原准备派去增援袁谭的骑兵也被解散。

幽州兵变后，袁尚、袁熙胁迫幽冀军民十余万人，投奔乌桓盟主蹋顿。哥俩试图依靠乌桓与曹操对抗，在其唆使下，蹋顿曾一度进攻依附于曹操的鲜于辅，曹操亲自出征，才将他们吓退。

对于曹操而言，无论是为了消灭袁氏残余势力，还是防止幽冀两州继续遭到侵扰和破坏，都有必要远征乌桓。按照自进攻邺城以来所积累的经验，为了解决远征中的军粮运输问题，曹操开通漕运，组织人力先后修建了平虏渠、泉州渠两条运河。两条运河修成后，分别打通了冀州北部、幽州中部的交通，曹军粮船由此可从渤海湾驶至河北东南部，再取道山海关，直指乌桓的政治中心——柳城。

值得注意的是，直到北征乌桓前夕，还有不少文武官员反对出塞作战。他们认为，费那么大的劲北征，主要目的不过是要抓住袁尚、袁熙，这兄弟俩都是穷途末路的逃敌，自身没什么力量，只是想借助乌桓之力。但乌桓惯于抢掠，贪婪而不讲亲爱之情，怎么会听任他们摆布呢？

袁氏兄弟与乌桓不能联合，所以不可怕，可怕的是荆州的刘备、刘表。大家担心，刘备时有攻占许都之意，曹军出兵深入乌桓后，他一定会劝说刘表偷袭许都，万一刘表动心，真的拨兵给刘备，派他袭击许都，到时远征军来不及回转，将后悔莫及。

茅塞顿开

听到部下们的议论，曹操也犹豫起来。

当初刘备在曹营中时，曹操就很看好他的能力和胆略，曾当面说出“今天下英雄，唯使君与操耳”这样的话。刘备有问鼎天下的雄心，虽然在战场之上他一直都是曹操的手下败将，但士别三日，当刮目相看，此时的刘备自投刘表后，已在荆州待了八个年头。经过八年的休养生息，刘备必然重新积聚了相当实力，以曹操对刘备的了解，他有足够的理由相信，此人决不会放过曹军主力远征，许都空虚的大好战机。一旦自己率部远征，他必然会在背后发难。

就在曹操开始考虑，要不要暂时搁置远征计划，将主要精力用于对付刘备和刘表时，郭嘉提出了完全不同于他人的见解："明公尽管放心前去远征，就算你把全部兵力都带去，许都也无妨！"

刘表这个人，不过是个清谈客，坐着夸夸其谈行，让他行动起来比什么都难。比如刘表写信给袁谭、袁尚，那分析得真是入情入理，宛如自带上帝视角。可是曹操打袁谭、袁尚的时候，也没见他有什么动静，一如他与袁绍的合作，都是雷声大，雨点小。

说到底，刘表自始至终，都只想护住他在荆州的一亩三分地，决无称霸天下的雄心和能力。他收留刘备，和当初收留张绣，在性质上没有什么根本不同，都是要利用对方替他守住北大门。

刘表对外来将领不信任，戒备心理很重，他与刘备的真实关系，不见得比与张绣的关系更好。况且，刘备又非张绣可比，论胸襟，论抱负，论综合能力，还在刘表之上。刘表对此心知肚明，更不可能对刘备委以重任，对于刘备的建议自然只会采取轻视的态度。甚至就算是接受其建议，派他袭击许都，也决不会给他多少兵。

刘备不受重用，你要让他真心实意地帮助刘表，一样很难做到。在这种情况下，他提袭击许都的建议时，不会不预先给自己做打算，刘表疑心那么大，一眼就能看出来，同意其建议的可能性也就更低了。

料定刘表不信任刘备，刘备之谋必不会被其所纳，郭嘉对曹操的远征计划深表赞同。他认为，乌桓人倚仗自己处于偏远之地，不会想到曹军对其发起远征，曹军乘其不备，实施突袭，一定能够取胜。

许多人都视出塞作战为畏途，而更倾向于南征刘表。郭嘉给南征也算了个命，他预计，只要曹操南征刘表，袁尚、袁熙就将借乌桓之力卷土重来，冀、青、幽、并四州尚不稳定，只要乌桓一出动，当地都会群起响应。乌桓盟主蹋顿向来有南侵的野心，见状更会举兵大规模南侵，这样恐怕就连冀州、青州都保不住了。

在曹操的顶级幕僚中，郭嘉以善于断事著称，他的观点一针见血，顿时令曹操茅塞顿开。

在曹操征讨袁谭的过程中，经牵招竭力说服，乌桓才没有敢发兵援助袁谭，但那件事已足以让人认识到，乌桓一旦与袁氏兄弟联合作战，其后果将有多么严重。另一方面，袁尚兄弟在亡命乌桓时，带去了一部分人，加上乌桓平时所掳掠的人口，乌桓已有幽、冀两州吏民十万余户，他们极容易形成袁尚恢复势力和反攻曹军的基础。在这种情况下，铲除袁绍残余势力的最有利时机，自然就是现在，若置之不顾，任其发展，今后必将后悔莫及。

曹操采纳郭嘉的建议，决定尽快出兵远征。公元 207 年春，他正式发出了进击乌桓、剿灭袁氏余部的命令。大军自邺城出发，气势雄壮，铁流滚滚，仅兵车就有数千辆。但由于携带的辎重过多，也导致部队行动缓慢，走了两个多月，才到达易县，而从易县到辽西，尚有数百里之遥。

兵法上讲究兵贵神速，从千里之外袭击敌人，辎重一多，不但拖慢了行程，而且也很容易走漏消息，使敌人提前做好防备。随军的郭嘉因而进言，建议将大批辎重留下，部队轻装前进。

曹操再次听从了郭嘉的意见。古时行军，日常速度是每天走三十里，古籍中称为“重行”，如果是实行轻装，脱离缓慢行驶的辎重部队而迅速奔走，就可以走五十里，速度提高百分之六十以上，称为“轻行”。通过轻行方式，曹军很快就到达了无终县。

后来的事实证明，荆州方面得到曹操北上亲征乌桓的情报后，刘备确曾劝说刘表袭击许都，然而正如郭嘉所料，其意见未被刘表采纳。

刘表是否会乘虚袭击许都的事，已经不用顾虑，但从无终起，曹军又遇到了一个他们事先想象不到，或至少估计不足的困难。

按照原计划，曹军应从无终傍海，取道山海关进击乌桓腹地。但此时正值多雨的夏季，大水暴涨，沿海地势低洼，道路泥泞难行，而且诸多要塞关口和险要之处，都有乌桓兵堵守，大军陷入了进退两难的境地。

曹操深为忧虑，便就此向无终籍的田畴请教。

田畴曾是原幽州牧刘虞的部下，刘虞被公孙瓒杀害后，他率宗族及追随他的数百人北归故乡，隐居于徐无山中。田畴和他的老上司刘虞一样，皆为贤达之人，四方百姓纷纷投归，数年之内竟达五千余家。大家尊田畴为首领，田畴订立法度，制定礼仪，又办学讲授课业，使得徐无山中的那片区域路不拾遗，在当地的影响越来越大，势力俨然已割据一方。袁绍、袁尚父子多次招募田畴，甚至授以将军印绶，但都遭到了田畴的拒绝。

曹操在率部到达无终前，就闻知了田畴的大名，特地派人去请。田畴一口答应，随后便让门客整理行装，准备即刻出门登程。门客深感意外和不解，对他说："以前袁公仰慕您，五次派人送来礼物，邀您出山，您都回绝了。为什么现在曹公的使者刚来，您就唯恐不及呢？"

"这不是你所能理解的。"田畴笑着答道。

掩敌不备

当时，北部边境的乌桓、鲜卑动不动就对无终所在郡进行侵袭，尤其是乌桓，杀人掠货，连郡府官员亦不免被其所害。田畴对此很是愤慨，早就有讨伐他们的意愿，但苦于自身力量不足，只能作罢；另一方面，田畴文武双全，必要时候也能率部众奋战，加上居于山中，骑兵无法逞其强，所以乌桓、鲜卑不但不敢随意侵犯，还对其尊重有加，曾各派使者向其赠送礼物。田畴对使者妥善接待，但同时也劝这些北疆部落不要再肆意侵扰内地。

袁绍与乌桓是亲家兼同盟，田畴自然不可能把征伐乌桓的想法寄托在袁绍身上，而且在这种情况下给袁绍做事，甚至还有助纣为虐之嫌，因此不管对方怎么盛情邀请，他也不会答应。曹操就不一样了，他带着大军远道而来，就是要征伐乌桓，而这正是田畴欣然前往的原因。

田畴随同使者到军前拜见曹操后，立即被授予官职。不过这一官职只是在曹操未与之见面谈话情况下的任命，大致属于虚衔。等到见过面，谈完话，曹操发现田畴确有真才能，翌日便任其以实职，只是暂不赴任，先随军北征。

对于无终当地的天文地理，田畴相当熟悉。当曹操同他商量时，他告诉曹操，渤海湾这条沿海道路，夏秋两季经常有积水：说浅，车马都通不过；说深，又不能行船通航，而且这种状况已经持续很久了。

显然，大军在渤海湾遇到的难题并非偶然，不过田畴说，其实还有一条近而便的路可走。

以前北平郡的郡治在平冈，那里本来有一条路，是出卢龙塞到柳城去的。如今这条路已毁坏断绝了将近两百年，但还有些痕迹可寻，也就是说人马是可以走的。田畴建议部队马上改变行军方向，避开渤海湾，改从卢龙塞翻越白檀天险，穿过平冈后，进入塞北空虚之地，直趋柳城。

即便是再高明的预先谋划，在实际操作中也很难做到尽善尽美，毕竟战场情况是不断变化着的。先前郭嘉说要对乌桓进行突袭，但因路上行军时间较长，当曹军到无终时，蹋顿与袁氏兄弟就已得到消息，并立即调集人马，做好了应战准备。这样，就算曹军能通过渤海湾，原先的突袭意图也已难以达成。

正是由于多日大雨，使得无终至辽西的道路被尽数淹没，曹军滞留于渤海湾而不得进，一直关注曹军动向的蹋顿等人，便又都不由自主地放松了戒备。田畴认为这一点可资利用，他在建议绕道的同时，又向曹操献上了“掩敌不备”之计，即假装撤军，在乌桓毫无心理准备的情况下，对其实施突袭，他估计整个过程若不出纰漏的话，擒杀蹋顿都没有问题。

曹操听后大喜，立即采纳了田畴的建议和计策，传令大张旗鼓地撤军，并派人在水侧路旁竖起一块块大木牌，上写：“方才夏暑，道路不通，且俟秋冬，乃复进军。”

曹军的一举一动，一直都有乌桓的侦察骑兵进行监视，他们亲眼看到曹军撤退，在曹军远去后，又看到了似乎是用来指示部队撤退的木牌，便以为曹军真的已经畏难而退了。蹋顿得到报告，信以为真，也就一点防御的准备都不做了。

在田畴及其部属的带领下，曹操率部先是登上徐无山，继而出卢龙塞。塞外路断不能通行，即便是那条已弃置不用的古道，虽说尚有痕迹可寻，但大部分都已堵塞，曹军开山填谷五百里，方得以行进。

建安十二年（207）七月，曹军翻越白檀，经过平冈，跋涉至鲜卑首领的驻地，向东直逼柳城，二者相距仅两百多里。

直到这个时候，蹋顿等人才知道曹军已近在眼前，顿时被惊得目瞪口呆。蹋顿急召四部乌桓前来参战，所幸乌桓人骑的都是马，原野上号角一响，便能迅速赶到，因此很快就得以集结了数万骑兵。

蹋顿情知曹军来者不善，他带着袁尚、袁熙，以及辽西郡乌桓首领楼班、右北郡乌桓首领乌延等，亲自上阵，统率临时集结的乌桓联军，前往迎战曹军，意欲乘对方初来乍到、立足未稳之机，将其一举歼灭。

一股遏止不住的激流

在曹军前往柳城的途中，有一座白狼山，当曹操率部登上白狼山时，突然和乌桓联军遭遇，一眼望过去，山下的乌桓骑兵一大片一大片的，不知道有多少。曹军千里奔袭，尚处于行军状态，官兵疲惫不堪。最要命的是，因采取郭嘉之计，部队轻装前进，载装辎重的兵车落在了后面，此时尚未到达。所谓辎重的相当一部分是铠甲，这也就意味着大部分将士包括骑兵，都不得不在缺少甲胄的情况下与敌人搏杀。

战场之上，枪矛交加，利箭横飞，如果身上没有重铠保护，再厉害的猛士也得先减去七分功力，更不用说乌桓的骑射早已天下闻名了！

恐惧的气氛在曹军中间悄悄蔓延，曹操身边亲卫，都是猛士中的猛士，就连他们，都不免露出怯意。曹操久历战阵，经验丰富，处于这种情况下，也丝毫不显慌乱，他先镇定自若地稳住军队，让大家不要急于出战，然后登高观察敌情。

正所谓行家伸伸手，便知有没有，这么一看，就让曹操看出了破绽。只见乌桓联军虽然人马众多，但却彼此分散，而且旗帜不整，阵形队列都很杂乱。

蹋顿没有料到曹军会突然杀到，准备仓促，自然是造成乌桓联军组织不得力的一个重要原因，但若继续寻根究底，则还是因为当时的乌桓军团在军事组织和技战术方面，尚停留在冒顿匈奴时代，还没有完成“中原化”转型。

所谓骑兵的“中原化”，就是卫青、霍去病所开创的，骑兵学步兵，用正面冲锋战术来打击敌人。

那些被中原军团招募的乌桓仆从骑兵，之所以特别能打，甚至超过中原的本土骑兵，是因为单兵容易转型，他们很快就能够融入和适应中原军团的骑兵战术。作为整体，乌桓军团游兵散勇式的作战特点，与游牧族的生活方式、政权结构等紧密相连，不是那么容易转换过来的。

像乌桓军团这样的游牧武装，其实难的不是和他们打仗，难的是不好捕捉。他们也知道自己这个长处，侵掠内地往往都是来得快，跑得更快，其惯用战术为主动撤退，诱敌深入。如果蹋顿这次也采用这一战术，对于曹军而言，要麻烦得多，但由于事先没有准备，情急之下，他采取了错误的决策，集结人马与曹军决战，而这就相当于在拿自己的最弱项来和对手的最强项较劲。

此时不击，更待何时？曹操环视诸将，但见张辽意气风发，斗志十分高昂。张辽如今是“五子良将”的头牌，当年则是并州军三巨头之一，地位仅次于吕布、张杨。并州军长期对付“羌患”，也跟北疆的匈奴、鲜卑等打过仗，张辽作为并州军悍将，自然了解游牧骑兵的特点及其软肋。

曹操对张辽的勇气深为嘉许，特将自己指挥用的大旗授予张辽，并以之为前锋，命他率部分精锐骑兵先行出击。

张辽领命后，居高临下，一马当先，率部向敌人出其不意地发起冲击。虽然他们人数不多，但却如同一股遏制不住的激流一样，杀到哪里，哪里的乌桓兵就被冲垮。曹操见状，立即命大部队跟进，对敌人纵兵猛击。令人吃惊的事发生了，那么大规模的乌桓军团居然转眼就崩溃了，骑兵们四散溃逃，毫无一点草原勇士的样子。

其实说怪也不怪，因为这不是单兵对单兵的胜利，而是团体对单兵的胜利——曹军是团体，乌桓联军不过是一个个单兵，纵然数量众多，又何济于事？

很多年前，卫青、霍去病出击匈奴的那经典一幕，又在塞外重现了。曹军大获全胜，斩杀和俘获敌军无数，蹋顿也在逃跑时为曹纯的“虎豹骑”所擒获，并被当场斩杀。

曹操挥师前进，敌军望风披靡，当曹军到达柳城时，投降和归附者已达二十多万人。袁尚、袁熙及苏仆延、楼班、乌延等乌桓首领，在走投无路的情况下，只得率少数残兵逃往辽东郡，前去投靠辽东太守公孙康。

柳城既下，有人劝曹操乘胜追击，直捣辽东郡，毕竟袁尚等人也带去了数千骑兵，而公孙康又一向不肯归附曹操。曹操却说，我已经让公孙康将袁尚、袁熙的首级送来，不需要再劳师远征了。

公孙康会听您的？众人听了都有些迷惑不解，曹操也不多做解释，待部队在柳城进行短暂休整后，即班师南还。

未几，公孙康果然将袁氏兄弟及苏仆延等人全部杀掉，并将他们的首级送交曹操。曹操的话还真灵验了，诸将大感惊奇，问曹操其中究竟有何玄机，曹操笑了。

枪打出头鸟

袁尚得势的时候，一直想夺公孙康的地盘，而公孙康以据地自立为目标，也最怕其地盘被袁尚夺去。如果曹军进攻辽东，这些人被逼急了，就会联合起来，以度危机；但如果曹军暂时不去攻打他们，他们又会因互不信任而自相残杀。“我根据形势判断，必然如此”，曹操总结道。

事实也正是这样。当袁氏兄弟刚逃到辽东的时候，公孙康担心曹操来攻，就暂时接纳了他们。后来见曹操不仅不来攻，反而南撤，顿时感到自己的最大威胁不是曹操，而是近在咫尺的袁氏兄弟。

为了除掉二袁，公孙康给他们摆了一桌鸿门宴。二袁不知是计，居然也想靠个人勇力，在席间找机会把公孙康给杀掉，然后占据辽东，只是公孙康先出手，让埋伏好的武士将他们给杀掉了。

曹操歼灭乌桓军主力，威震北疆塞外，令公孙康为之胆寒，他把袁氏兄弟等人的首级送给曹操，亦有投其所好，表示归附之意。曹操了解公孙康的心思，当即委任他为左将军，封襄平侯，等于不费一兵一卒，就迫降了北方最后一支割据势力。

时光仿佛又回到了十几年前，曹操和袁绍这两个日后军政界的巨子，正在一起纵论天下大势和自己将来的作为。

袁绍当时的构想，是将黄河以北、长城以南的冀、青、幽、并四州囊括在手，继而取得乌桓、鲜卑的支持，之后再南下中原，统一全国。从事后的情况来看，除了在统一全国那个环节被卡住，袁绍已基本实现了这一计划。

曹操说得则比较含糊，所谓依靠“天下智力”，其本身就有不拘一格、随机应变之意。不过在占领邺城之后，不管有意还是无意，曹操的一系列军事行动，都已明显与袁绍的规划重合在了一处，只不过袁绍是联合乌桓，而曹操是平定乌桓。

曹操南归，将被乌桓掠去以及逃在塞外的十余万户汉人全部带回。汉王朝一直都设置有护乌桓校尉一职，用于管理乌桓事务，在乌桓被平定之前，护乌桓校尉当然已没法涉足四部乌桓，但仍统率着幽州、并州塞下的万余户乌桓人，这些乌桓人此后也都被陆续迁入中原。

内迁的乌桓人毕竟只是少数，更多的乌桓部众还是留在了原郡，这些乌桓部众都指定了代理首领，并规定由护乌桓校尉及各郡分别进行管理。因在劝退乌桓援助袁谭一事上的非凡表现，牵招成为曹操任命的第一个护乌桓校尉。

相比于袁绍，曹操在解除北疆威胁方面，无疑做得更为彻底有效。在曹操远征乌桓之前，中国社会其实已经崩溃，布满幽、并、凉三州的游牧族都有向南移动的可能。塞外游牧族以乌桓的势力发展最快，乌桓四部组成联盟，并推举蹋顿为盟主，此举足以表明乌桓已具有建立独立政权的意识。相应地，其“中原化”进程也在加快，一旦乌桓的骑兵集团完成转型，立刻就可以越过长城，占据中原。

曹操枪打出头鸟，随着乌桓联军大败、蹋顿身亡，加上采取内迁、加强防范约束等措施，乌桓的“中原化”进程被打断，此后它作为一个部族，再未实现振兴。其余游牧族亦噤若寒蝉，没有谁敢再轻举妄动。比较明显的是并州匈奴，即便是在袁绍的全盛期，并州匈奴也没有完全臣服和听命于袁绍，但在曹操治下，其势力很快就被分散掉了。

曹操善练兵，善将兵，又富有政治谋略，只有他这样的特殊人才，才能重整秩序，从而创造出一个新时代。这个时代维持了将近一百年之久，直到一百年后，北方各游牧族才开始纷纷涌入中原。

平定乌桓，是曹操一生中最重要的战功之一。曹操在远征乌桓前，修建了运送漕粮的平虏渠，后来又在邺城筑铜雀台，台上建平夷堂。“平虏”“平夷”异曲同工，都是平定乌桓之意，平夷堂更是为了彰显和突出平定之功。六年后，献帝册封曹操为魏公，诏书上历数曹操功勋，平定乌桓又被摆在了显要位置。

曹操北征乌桓是夏天出发的，回军的时候已是暮秋，天寒而且干旱，在方圆两百里的范围内都难以找到水源，最后掘地三十多丈才取到水。同时军中也缺乏粮食，实在没的吃，只得杀了数千匹马作为军粮。

这就是出塞作战的极端困难之处，难怪在邺城讨论时，那么多人要加以反对。曹操对此有了切身感受，返回邺城后，他把原来劝阻他不要北征的人都叫了过去，这些人不知道自己为何受召，个个都害怕得不行。不料曹操非但没有责罚，还对他们全部予以厚赏，说我这次北征乌桓，确实是冒险以图侥幸，虽然成功了，但实在是老天相助。

“诸位先生先前的劝谏，都是出于稳妥的考虑。我奖赏你们，是因为你们说了真话，希望你们以后不要因为这次劝谏的意见与结果不一致，就从此不敢发言讲话了！”

老骥伏枥，志在千里

正因为北征的条件异常艰苦，导致随军的郭嘉病倒了，而且一病不起，最终倒在了班师途中。

郭嘉称不上一个洁身自好的人，平时常有很多不拘常理的行为，私生活上也不检点，同朝为官的陈群因此多次参奏他。对于陈群的指责，郭嘉表现得镇静自若，看不出一点羞愧和惶恐的样子，过后该怎么样还是怎么样，生活作风丝毫不变。

曹操一面夸奖陈群能坚持正道，一面却对郭嘉的行为不闻不问，非但如此，看到郭嘉面对指责毫不在意、无动于衷时，他反倒还更加器重和喜欢郭嘉了。

曹操真心爱才，郭嘉作为职业谋士，又确实具有旷世奇才。正如曹操在表奏中所说，郭嘉随军十一年，以随机应变、善谋能断见长。往往曹操自己对于决策都还没能想清楚，他就已经替曹操做出决断，而且从来都没有失算过，尤其擒杀吕布、扫荡乌桓两役，更是厥功至伟。

郭嘉死的时候，还不到四十岁。曹操对此痛心不已，他上表献帝，将郭嘉的封邑由两百户增加至一千户。又对荀攸等人说，你们的年龄都和我差不多，我们是同一辈的人，只有奉孝（郭嘉字奉孝）最年轻，我本打算在天下平定之后，把治国大事托付给他，没想到他却中年夭折，这大概是命中注定的吧。

在郭嘉等人的辅佐下，曹操在中原的兼并战争终于取得了最后胜利，至此，除关中外，北方都已直接处于他的控制之下。因此之故，尽管失去了一个心爱的谋士，但总体而言，曹操在回军途中的心情还是非常轻松和愉悦的。

出击乌桓，曹操绕了道，回军则还是走的南线，即渤海湾那条路线。渤海之滨有一座碣石山，秦始皇、汉武帝都曾在山上刻石纪功，曹操踏着前人的足迹，也登上此山，并写下了名篇《观沧海》：“日月之行，若出其中。星汉灿烂，若出其里。”

日月星辰都好像在大海中出没，灿烂星河也仿佛出自于它的怀抱，曹操借景述情，其雄心也随之达到了顶点。

自陈留起兵起，十九年过去了，其间可分三个阶段，第一个阶段，从独立发展到迁帝都许，花了七年时间；第二阶段，从伐张绣、打袁术、灭吕布，再到击溃刘备，花了三年时间；第三阶段，从官渡大战到完全消灭袁氏集团，迫使辽东归附，又花了十年时间。

在三个阶段中，第三阶段耗时最长，却也堪称曹操人生中最为辉煌和充实的黄金时代。一直以来，黄河流域都是中国经济、政治的重心，所谓“得中原者得天下”，正是通过第三阶段目标的实现，曹操统一了华北黄河流域，这也同时表明，他距离取得天下，仅一步之遥。

接下来便应该是发动南征了。在班师途中，曹操还写了一首《龟虽寿》，诗中写道：“老骥伏枥，志在千里。烈士暮年，壮心不已。”曹操时年五十三岁，已经进入他认为的“暮年”，他要争取更多的时间，尽快完成自己统一天下的志愿。

曹军原先一直都是在北方作战，基本是清一色的陆军，没什么水军。南方则不同，荆州有汉水，水战随时可能发生，所以曹操如果要南下荆州，势必还要建立水军。建安十三年（208）正月，曹操返回邺城后，即在邺城开凿玄武池，加紧训练和组建水军。

在外领兵打仗时间越长，曹操越能感受和享受到揽权的好处。早在许都时期，由曹操直接控制的司空府就无事不统，俨然是与朝廷并立的“小朝廷”，被称为“霸府”。而献帝和朝廷方面，因曹操自己忙于打仗，一直是通过荀彧所负责的尚书台来与之打交道，但是渐渐地，他对此感到了不满。

那个时代的地方政权或大员，对于中央有着相对的独立性，比如郡府被称为“郡朝”或“本朝”，郡守可称“贤君”，属史亦可称“忠臣”。也就是说，当时的士大夫普遍具有两重君主的观念，只是对于皇帝和主公的“忠”，各有侧重不同而已，有人忠心于皇帝，对主公能应付就应付，还有人只顾对主公忠，把皇帝撇到了一边。

荀彧是两边都忠，既忠于主公曹操，又忠于献帝，而且当两边产生矛盾时，他同情的天平往往会倾向于献帝一方。

荀彧原来支持曹操，就有依靠曹操的力量，剪灭群雄、扶持献帝、兴盛汉室的意图。他向曹操建议迎帝都许，为曹操所采纳，但对曹操而言，这只不过是权宜之计，内心其实想的是挟天子以令诸侯。但荀彧却完全是出自对献帝和汉室的一片忠心，他不希望汉亡，且真心希望自己和曹操都能够匡扶汉室。

看到荀彧处处维护献帝和汉室，曹操心里很是别扭，他认为荀彧没有尽到自己作为家臣的责任，证明这位首席幕僚在政治上已经有了与自己离心离德的趋向。

在占领邺城，并以邺城为大本营后，邺城随之成为霸府所在，曹操下令将尚书台也迁至邺城，并将其置于霸府的控制之下。

就这样，曹操仍觉得不够。汉王朝初期，本来沿袭秦制，中央的最高官职是丞相，后来皇室为了限制丞相的权力，用三公代替了丞相。曹操虽担任着三公中的司空，但三公地位平行，而且太尉、司徒在名义次序上还都排在他前面。于是曹操在南征前宣布废除三公，重新恢复了丞相的名称，自然，这个丞相也只能由他来当。

“曹公”变成了“曹丞相”，不光是称呼发生变化，更主要的是曹操在法制上取得了独揽朝政的保证，挟天子以令诸侯的具体运作程序也因此变化为：曹操将他的意图传达给丞相府主簿，丞相府主簿传给尚书令荀彧，荀彧传给献帝，最后由献帝以诏书的形式颁发全国。

因言获罪

权力是把双刃剑，随着权力地位的不断攀升，曹操在集中和调动资源方面，固然更加名正言顺、得心应手，但也让他逐渐产生出可以为所欲为的错觉，以致在他最为看重的人才领域都频频打出臭牌。

许攸是曹操取胜于官渡大战的功臣之一，若不是他在关键时刻叛袁降曹，曹操即便最后能够取胜，也要艰难得多。许攸加入曹幕后，一来自恃有功，二来过去与曹操是好友，说话便很不谨慎，经常和曹操逗笑取乐，甚至在很多人的场合直呼曹操的小名："阿瞒，若是没有我相助，你是得不到冀州的。"

曹操听了很不高兴，但当着众人的面，也只得强装大度，笑着回应："你说得很对。"

后来又有一次，从邺城东门出去，许攸随口对左右人员吹嘘道："曹家若是得不到我，是不能够出入此门的。"有人报告了曹操，曹操一怒之下，便下令将许攸下狱处死。

除了爱开玩笑爱吹牛，许攸并未有别的大错，曹操也未免下手太重了，这恐怕不能不让投降曹营的其他谋士感到寒心和害怕：当初人家许攸来投你的时候，你赤着脚跑出来欢迎，那拊掌欢笑的样子，曾是何等热情，如今突然翻脸不认人，难道是飞鸟尽，良弓藏？

有些具备才能或者名气的人，往往并不屑于迎合曹操。曹操最早以兖州为基地的时候，名士边让就因言辞上触怒了曹操，使得曹操一时没有忍住性子，竟然下令杀了边让全家。

边让事件在兖州引发了地震一般的波动，陈宫等人相继叛离，曹操的事业几乎从此一蹶不振。在那次吃了大亏后，曹操学乖了许多。名士宗世林当面让他下不来台，曹操也就是没给他大官做而已；狂士祢衡对他采取击鼓骂曹的人格侮辱方式，曹操实在容对方不下，便端茶送客，将其送给别人。因为曹操知道，杀一个宗世林、祢衡容易，关键是后遗症很可怕，重者将导致边让事件那样众叛亲离的后果，即便轻者，也会堵塞贤路，令想来投奔曹营的贤士们望而却步。

许攸再过分，也没有超出祢衡的程度，如果曹操确实看他不爽，完全可以通过调任职务，甚至暂时撤职的方式来进行处理，最后却置许攸于死地，实在不能说是一个明智的决定。

与许攸一样因言获罪的，还有祢衡生前的老友孔融。

孔融的性情和主张一向都较为迂腐乖僻，有时还喜欢多管闲事。曹操出战袁绍、远征乌桓，他都提过反对意见。曹操让儿子曹丕娶袁绍的儿媳妇甄氏为妻，他要写信嘲笑曹操，就连曹操为节约粮食下达禁酒令，他在照饮不误的同时，也没忘记来两句风凉话，说夏朝的桀、商朝的纣，都因荒淫好色而亡国，难道我们现在也要因此而禁止婚嫁吗？

曹操起先对孔融还能采取容忍的态度，后来随着战功和权力越来越大，便开始无法接受了。正好当时有一个叫郗虑的名士，此人心胸狭窄，是个小人，他与孔融不和，上表对孔融进行弹劾，曹操便乘势罢免了孔融。

孔融是孔子后裔，在社会上名气很大，迫于舆论的压力，曹操不久又重新起用了孔融。孔融不改初衷，还是想怎么说就怎么说，曹操回邺城后，他曾当着孙权使者的面，对曹操有所讥刺。曹操怒从心头起，于是再祭借刀杀人之法，将孔融的死对头郗虑提拔为御史大夫。郗虑心领神会，一上任就收集孔融的言行，整他的黑材料，在郗虑的指使下，有人上书奏告孔融的罪状，说他诽谤讥讽朝廷，图谋不轨。

曹操等的就是这一出，收到奏状后，即下令处死孔融。孔融家族也惨遭株连。据说连他的两个八九岁的儿子都未能幸免，可谓是斩草除根，狠毒至极。

曹操此举当时就引起了社会舆论的不满。曹操自己也很心虚，亲自宣示孔融的罪状，说孔融其实是个大逆不道的人，要人们千万不要被此人的虚名和假相所骗。

孔融究竟是一个什么样的人，大家当然都看得清清楚楚，也正因如此，曹操对于人才的吸引力以及其幕僚们的向心力，都受到了一定的负面影响。

田畴在曹操平定乌桓一役中立下奇功，曹操照例论功行赏，要封他为亭侯，但被田畴推辞。后来曹操又一连四次要给他封爵，田畴始终不肯接受，甚至以死相拒。虽然这可能出于田畴志向高洁的本意，不过在孔融被杀的背景下，也不能不让人揣测，他是否有觉得曹营用人环境不佳，所以不愿再为曹操效力的隐情。事实上，自此以后，田畴也确实再未给曹操出一谋，办一事。

曹操杀孔融，当然不完全是因为自身权力膨胀，已经容不下任何逆耳之言，其中亦有在南征之前稳定内部，安定后方的考虑。出于同样目的，他每次出征，也都会关注关中的动静。

到曹操一统华北时，关中诸将中真正能与曹操对抗的，其实只剩下了马腾和韩遂。马腾、韩遂曾结拜为异姓兄弟，但此后由于部众摩擦，一变而成仇敌。曹操一面以朝廷名义帮他们调解，一面以幕僚张既为使，劝说马腾到朝中为官。

张既费尽唇舌，本已说动马腾，然而不久马腾又犹豫起来。张既怕马腾改变主意，便给关中至邺城沿途各县下了一道紧急命令，要求凡食禄两千石的官吏，必须到郊外迎接马腾。马腾骑虎难下，在不得已的情况下，只好举家来到邺城。曹操遂上表荐举马腾为卫尉，在邺城为官，而其子马超则为偏将军，统领马腾的军队，继续留在关中。

打从张绣反叛起，曹操便认定唯有送交人质，才能确保对方真正降服。尽管马超及军队还在关中，但有他父亲及其家属作为人质，曹操自然就不怕马超突然造他的反了。而且利用马超，还可以同时牵制韩遂等其他关西诸将，这也意味着，他在南征期间已基本没有后顾之忧了。

奇袭

曹操北征乌桓时，刘备曾游说刘表乘机袭击许都，结果没能被采纳。及至曹操返回邺城，刘表这才意识到自己做了错误决策，不无后悔地对刘备说，因为不听你的话，所以失掉了一次大好机会。

对于刘表来说，事情当然不是光失去机会这么简单，接下来，曹操的矛头主要就是针对他，而且不光是曹操，就连隔壁的孙权也在惦记着他的地盘。

荆州地域虽广，但相对来说，刘表的力量并不是特别强。孙权的谋臣武将都劝孙权，应乘曹操尚未南下，做谋取荆州、壮大自己的打算。孙权听取了他们的意见，就在曹操还邺之时，向西对江夏郡发动猛烈攻势，并斩掉了江夏太守黄祖。

江夏乃荆州东面之屏障，至此，孙权进一步攻取荆州的态势已经一览无余。曹操听到这个消息后很着急，他很清楚，若是荆州为孙权所有，形势就大不一样了，于是便决定事不宜迟，立刻开始南征。

孙权离荆州近，曹操离荆州远，南征后，如何抢在孙权前面，迅速攻占荆州？临行前，曹操就此专门向荀彧问计，荀彧已有谋划，他的建议是：奇袭！

曹军南下，在从延津渡过黄河后，第一站是陈留郡的酸枣县，也就是当年为讨伐董卓，关东联军立盟集结之地，其后，他们可以通过两条道路前往南阳郡治宛城。一条是从酸枣西行，先到洛阳，再南下宛城，可称为西行线；另外一条是从酸枣南行，先经官渡到许都，接着再至宛城，可称为南行线。

西行线较为曲折，费时费力，而且沿途屡遭兵火，民生凋敝，无法为军队提供必要的给养。相比之下，南行线直通南阳，路程较近，能够节省行军的时间以及官兵的体力、军粮，许都一带又是最早的屯田区，粮食多有储积，军队若从此处通过，不用担心粮饷的接济。

正因为南行线具备如此多的优势，所以过去曹军数次与刘表、刘备军队冲突，都是在南行线上来去，这次南征也不例外，否则只会是自找麻烦。

从刘表一方来说，如今中原地区都已被曹操平定，只剩下南方疆土尚处于割据状态，他应该知道自身已面临困境，必然会加强防备。荀彧的意见是，曹军仍将以南行线作为主攻线路的情况，已是公开的秘密，没必要瞒着刘表，事实上也瞒他不住。但是曹军可以明修栈道，暗度陈仓：在大张旗鼓地发兵于南行线主道的同时，主力部队则暗中沿南行线上的小路做隐秘行军，轻装疾进，在刘表还来不及做有针对性的部署之前，就迅速抵达宛城，出其不意地给予其猛烈一击。

曹操采纳了荀彧的建议，建安十三年（208）七月，在基本解除西顾之忧后，他亲率大军，南征刘表。

曹军南下不久，刘表突然病死，刘表之死纯属巧合，当然也无形中为曹军夺取荆州提供了方便。而且和袁绍集团一样，刘表集团因为继承权的问题，内部也出现了巨大裂痕。

刘表有两个儿子，长子刘琦，次子刘琮。刘表的后妻蔡氏喜爱刘琮而厌恶刘琦，她的弟弟蔡瑁、外甥张允很得刘表宠幸，这些人也在刘表面前整天诋毁刘琦，称赞刘琮。在这种情况下，刘表不由自主地开始偏爱刘琮，并且也犯了和袁绍同样的错误，即想废长立幼，绕过刘琦，立刘琮为后。

刘氏兄弟不和，刘琦又处于弱势地位，他为此惶惶不可终日，只得去请教刚刚成为刘备首席幕僚的诸葛亮。在诸葛亮的点拨下，刘琦借黄祖被孙权所杀之机，征得刘表的同意，离开荆州，到江夏做了太守。

刘表病重期间，刘琦赶回荆州探望病情，却被蔡瑁、张允阻于门外。刘琦连老父的面都没能见到，就被迫流着泪离开了。刘表死后，蔡瑁、张允等人立刻拥立刘琮继位。刘琮继任荆州牧后，将侯印授予刘琦，刘琦愤怒之下，将侯印甩到了地上。

刘琦本来还想在刘表发丧的时候，为自己讨回一个公道，当然更谈不上与刘琮联手御敌了。此情此景，与袁绍死后的情形倒是极其相似，唯一不同的是，刘琮没袁尚那么有出息，手下亲信也都是一些软弱无能、贪生怕死的人，在章陵太守蒯越等人的劝说下，他决定投降曹操。

第九章 生死大决战

曹操采用荀彧轻装奇袭的策略，大军推进迅速，当刘琮的使者拿着当初皇帝赐给刘表的汉节，前去迎接他时，曹军已到达处于荆州边防区域的新野。使者的突然出现，反倒将众人给吓了一大跳，甚而怀疑其中是否有诈。

正在猜疑不定之际，一位名叫娄圭的随军谋士分析说，现在天下纷争，谁都想凭借王命抬高自己的身份，刘琮把汉节都拿了出来，足以证明他是诚心投降的。曹操认为言之有理，这才接受了刘琮的归降。

假如刘琮不是降曹，而是要抵御的话，除了可能会设法和刘琦言归于好外，他所能联合的主要力量便是刘备。

刘备当初和曹操联兵击灭吕布，曹操给予他最高规格的待遇，刘备本可以顺势依附于曹操，在曹操下面做一个资深望重的大员，但刘备志不在此，终于还是叛曹而出。从那时候起，他和曹操便已成不可复合之势，也就是说，即便他再次投降曹操，曹操亦难以相容，所以他对于曹操，无论双方兵力对比如何，都会抵抗到底。

刘表在世时，为利用刘备替自己抵御曹操，先让他驻军于新野，后又让他移驻樊城。利用这段时光，刘备招兵买马，军队数量有了一定增加，尤其重要的是，就在郭嘉去世的当年，诸葛亮正式入幕，刘备身边从此也有了一个超重量级的谋臣。

即将飞起来的节奏

刘备有抵抗曹操的意愿和决心，他所驻军的樊城在荆州治所襄阳的对岸，与襄阳仅一水之隔，曹军来攻，既可以分散其进攻部队，又可以与襄阳相互支援。奈何刘琮选择了不战而降，而且他在接洽投降时，居然也不及时通知刘备一声，刘备被完全蒙在了鼓里。与此同时，曹操一军佯动、一军奇袭的战法也的确起到了出其不意的效果，刘备始终未能及时察觉曹军的动向，过了很长时间，他才收到消息，也才知道刘琮已经投降。

刘琮降曹，使得刘备据守樊城已变得毫无意义，他不但无法据樊城以抗曹军，反而有腹背受敌，被曹军和刘琮军夹击围歼的可能。无奈之下，刘备只得率部众向江陵方向撤退。他到荆州后也建立了一支水军，由关羽统率，在从陆路撤退的同时，他另派关羽率领水军，乘船数百艘，沿汉水至江夏，请刘崎予以支援，双方约定在江陵会合。

江陵乃军事重镇，刘表在那里屯集了军械、粮草等大量物资。在确认刘琮投降出于真意，襄阳已在己手的前提下，曹操也以其敏锐的嗅觉，预见到刘备必会退守江陵，利用江陵充足的储备物资和有利的地理位置进行抵抗。

无论如何不能让刘备抢占江陵，曹操当机立断，再次放弃辎重，率部轻骑直奔襄阳。到了襄阳后，得知刘备已经经过那里，他来不及抚慰荆襄的投降者，即率五千“虎豹骑”继续进行猛追。

曹操在平定乌桓后，便从内迁的乌桓人中大量挑选骑兵，编入自己的军队，乌桓骑兵由此成为曹军精锐骑兵的一部分，有“天下名骑”之誉。乌桓骑兵的佼佼者以及良马自然都会选入“虎豹骑”，这使得“虎豹骑”的奔袭和突击能力变得更为强大。在追击刘备的过程中，其行军速度已经达到了一天一夜三百多里。

面对优势敌军的突然出现，刘备为保存实力而撤往江陵的决定无疑是正确的，可是他的队伍在行进速度上却很慢，一个重要原因是他所要背负的“包袱”很重。刘备在荆州拥有很高的人望，在他经过襄阳时，就有很多不愿降曹的人前来归附。这以后归附的人像滚雪球一样越滚越多，及至当阳，他的队伍已经有十余万人，辎重达到数千辆，但行动也因此变得极为迟缓，一天只能走十几里路。

有人提醒刘备，说现在我们虽已有十余万人，但其中大部分都是手无寸铁的老百姓，士兵也多数缺少甲胄，如果曹军追至，根本就没法御敌。建议刘备应赶快甩开“包袱”，也就是老百姓，率军队急速到达江陵，但是这一建议并没有被刘备所采纳。一方面他是本着“济大事以人为本”的想法，不忍心抛弃随行而往的荆州士民；另一方面，与他对敌情的严重性估计不足也有很大关联。

刘备与曹军主力作战是好多年前的事了，对于曹操向来猛打猛冲的作战风格，显然已经有所淡忘。他没有料到曹操在占领襄阳后会马不停蹄，连续追击，更想不到曹军骑兵的速度竟然能快到这种程度，已经是即将飞起来的节奏了。

刘备顾小仁而轻大局，造成的后果是极其可怕的。三百多里对十几里多一点，这笔账并不难算，当刘备退至当阳长坂时，终于还是被“虎豹骑”追上了。“虎豹骑”凶猛异常，刘军被打得大败，几至全军覆灭。虽然赵云从敌军中救出刘备的儿子刘禅，张飞据水断桥，这些后世演义中的精彩故事都真实存在，但却无济于事。最后仅刘备、诸葛亮、赵云、张飞等几十骑逃出，江陵亦为曹军所夺。

曹操占领江陵后，又通过招降等方式，将荆州南部的长沙、零陵、桂阳、武陵四郡纳入其治下，这样，整个荆州便只剩下了江夏郡尚为刘琦所控。

刘琮不作任何抵抗就举手投降，使得曹军仅用两个月的时间，便在荆襄之役中取得了完胜。此事大出曹操预料之外，对于攻打荆州，他事先是做了准备的，以为荆州就算没有邺城那样难打，至少也得费上一番周折。没想到的是，事到临头，荆州居然如此简单地落入自己手中，这真是一个令人喜出望外的结果。

继平定河北后，曹操在荆州第二次大封功臣，共封侯十五人，刘琮以及劝其降曹的蒯越等人皆位列其中。刘琮除被封为列侯外，还被任命为青州刺史。青州刺史的前任袁谭被曹操所杀，不知道是因为忌讳这一点，还是留恋故土，刘琮请辞职务，要求继续留在荆州。曹操同意了，改任他为谏议大夫参同军事。

刘表治理荆州多年，刘家在荆州有一定根基，曹操是不可能再让刘表的任何一个儿子在荆州担任实职的。谏议大夫爵禄虽高，其实并无实权，即便刘琮赖在荆州，哪里都不肯去，曹操对他也没有什么不放心的。

绝处逢生

曹军在荆襄之役中的出色表现，令天下为之震动。连远在益州的刘璋都被吓得战战兢兢，不得不臣服于曹操，除答应提供军饷外，还派部属张松前来向曹操表示敬意。

张松见刘璋无能，便欲借此机会另投明主。张松博闻强记，聪明过人，是益州的一个奇才，据说，曹操的丞相府主簿杨修曾在他面前炫耀曹操所写的兵书，张松只看了一遍，就能把书中内容暗诵如流。杨修非常钦佩张松，极力劝曹操予以接纳，但曹操见张松其貌不扬，又不拘小节，对张松很冷淡，张松只得悻悻而去。

曹操对张松的不屑，与他一贯视才如命的习惯相去甚远，与他多年前在官渡赤着脚迎接许攸的情境，更是形成了鲜明对比。张松当然也不是除了他这里就无处可去，碰了钉子后，他即劝刘璋结交刘备并迎其入蜀，从而为日后刘备夺取益州埋下了伏笔。

骄矜自得、忘乎所以，这些词语很能概括彼时曹操的状态。事实上，他不但看不起一个在他眼里小小的张松，也同样瞧不上处于同一竞技场上的刘备和孙权。

本来曹军应该在江陵不作停留，继续乘胜追击，一举消灭刘备和刘琦，但曹操并没有这么做，而是决定就地进行休整。当然，即便如此，刘备也已经被他逼到了山穷水尽、走投无路的绝境。

就在刘备惶惶不知所从的时候，孙权的谋士鲁肃找上门来，成了他的救星。

孙权征江夏、杀黄祖，下一步其实也就是要夺取荆州。但是曹操发起南征，让江东方面顿时有了螳螂捕蝉、黄雀在后之感。在刘表的死讯传出后，鲁肃首先倡议与刘备联手抗曹，以防止曹操并吞江东。孙权立即表示同意，并派鲁肃以吊丧之名，前往荆州探听虚实。

鲁肃行至夏口，就听说曹军已向荆州进发，于是连忙昼夜兼程，加紧赶路。然而等他到了江陵，还是晚了一步，刘琮降曹、刘备惶恐南逃等消息接踵传来，曹军进兵速度之快，实在令人吃惊。本来鲁肃的使命之一是安抚和笼络刘表旧部，以便共同对付曹操，这下就只剩联合刘备一项了。

鲁肃当即改道当阳，在那里找到了刘备。在遭遇惨败之后，刘备对自己的前途已极度悲观，鲁肃问起他今后的去向，刘备回答说打算去投奔自己的老朋友、苍梧太守吴臣。

“吴臣是个平庸角色，而且苍梧地处偏远，没准不久就要被别人吞灭，怎么能去依托他呢？”鲁肃力劝刘备不如与孙权结盟，共同抗曹。

刘备所谓投奔吴臣云云，其实并非真心话，只是他正值落魄之际，连个安身之所都没有，当着鲁肃的面，有些话实在不便出口。现在鲁肃提议结盟，无异于给了他一个绝处逢生的机会，当然是求之不得。诸葛亮向来主张孙刘联合抗曹，见状也主动请缨，说：“事情很紧急了，请派我去江东向孙将军求救吧！”

刘备立即结束南逃，抄近路赶往汉津。关羽的水军恰好也赶到汉津，于是刘备等人乘船渡过沔水，与刘琦部合兵一处，一同前往夏口。

到了夏口，刘备一面按照鲁肃的建议，率部进驻长江南岸的樊口，以便更加靠拢孙权，一面派诸葛亮随鲁肃一同去柴桑拜见孙权。

孙权正处于极度的焦虑和踌躇不安之中。长江之守重在上下相维，从上游击下游，以及争上游、控下游，乃基本的兵家常识，甚至到了一千多年后的太平天国时代，太平军打官军，湘军打太平军，也仍然遵循着这一常规。处于长江中上游的荆州，对位于下游的江东而言，相当于阻挡北方铁骑冲击的一道屏障，如果荆州大势已去，江东也将陷入无险可恃的被动局面。

孙权本有占领荆州的意图，这样一者可扩大地盘，二者荆州既为自己所有，排兵设防更好把握，但他除了派兵攻伐黄祖外，迟迟都没能将这一意图付诸实质性行动。归根结底，孙权不具备父亲孙坚、哥哥孙策那样直接驰骋疆场、所向无敌的超强武略，对于能不能如愿拿下荆州，他心里没底，所以就不得不一再犹豫观望。

假如下不了决心武力夺占荆州，还可以走另外一条路，即联合以刘表为首的荆州各方势力，共同防御曹操。可是孙权对曹操的警惕性又不够，就连曹操在邺城开凿玄武池训练水军，他都没有意识到这是曹军即将南下的信号。

直到曹操的南征正式开始，孙权才有所清醒，忙接受鲁肃的建议，派他前往荆州，但为时已晚，曹操出击神速，在短时间内便得以坐拥荆州全境，陈兵长江。

在失去上游屏障的情况下，江东的千里江防已无险可守，曹军只需突破长江上的任何一处要地，便可直接楔入其腹心。从这个意义上说，曹操控制荆州也就等于控制了江东。

诸葛亮不愧是第一流的谋士和辩论家，一见孙权，就迅速捕捉到了对方那种惶恐不安、犹豫不决的情绪。他大胆地采用激将法，对孙权说，我为将军你着想，如今应量力而行，觉得能打，就马上同曹操断绝关系；不能打呢，就干脆放下武器，捆起甲胄，乘早向曹操称臣投降。

孙权被触及心病，当然很不高兴，于是反唇相讥："先生既然这么说，那刘豫州（指刘备）为什么不投降曹操呢？"

诸葛亮要的就是孙权这种不服输的劲头。他引用秦末田横至死不肯向刘邦投降的典故，说田横不过是个凭借勇力的壮士，尚且坚守气节，我家刘豫州乃皇室后裔，出身和地位非田横可比，就算最后天意弄人，导致事业不成，也决不可能屈服于曹操啊！

孙权时年只有二十六岁，比诸葛亮还小一岁，正是血气方刚的年龄，同时又肩负着如何把父兄的基业传承下去的重任。诸葛亮的激将法一加码，他果然就忍不住了，当即激动地表示："我不能把全吴之地和十万兵众奉送于人，我决心已定，抗击曹操！"

问题的关键

发完誓言，该面对的现实问题还是无法回避。

"除了刘豫州，也没有其他能够一同抗击曹操的人了。可是刘豫州新败之后，能够抵挡得住曹军的进攻吗？"孙权担心地问道。

孙权的质疑中其实还包含着另外一层不便启齿的意思，即刘备已在长坂被曹操杀得落荒而逃，眼下怕是都剩不了几个兵了，所谓孙刘联盟，最后可能还得江东一家挑重担。

诸葛亮对此早有准备。以刘备目下的状况，与其说是结盟孙权，倒不如说是投靠孙权更好。诸葛亮出使江东，不仅是要促使孙权下定抗曹联刘的决心，同时为今后刘备的处境和利益着想，也必须让孙权知道，他和刘备的同盟关系从一开始就是平等的，绝不存在谁单方面依赖谁，或者谁欠了谁的情况。

诸葛亮首先大方地报了一下家底：刘备虽然在长坂打了败仗，但原先被打散的官兵已陆续来归，加上关羽所带水军，计有万人，除此之外，刘琦与刘备如同一家，前者在江夏的驻军亦不下万人。

诸葛亮这是在告诉孙权，刘备手上的机动兵力尚有两万之众，完全具备继续和曹军作战的能力，你联合刘备抗曹，是一笔划得来的买卖，绝不会吃亏。

刘军能够挡得住曹军的进攻吗，或者说得更明确一些，孙刘联军在未来的战役中是否有击败曹军的机会？这是问题的关键。

诸葛亮认为，曹军远道而来，长途跋涉，已经非常疲惫。以追击刘备的“虎豹骑”来说，一天一夜三百多里，固然是很厉害，然而那么一趟跑下来，战马和骑兵必定也累得够呛。

“强弩之末”，诸葛亮如此评价看上去气势汹汹、不可一世的曹军。的确，曹操在占领江陵后，没有第一时间继续追赶刘备，固然主要缘于他骄傲自满，但部队亟需休整，恐怕也是他不能不予以考虑的一个方面。

曹操军事上的弱点不止一处。曹军以北方军队为主，骑战是其优势，但不习水战，而以北方的地理环境和条件而言，造舰和训练水军均非易事。先前曹操虽在玄武池训练水军，然而满打满算，也仅仅才训练了半年，在半年时间和有限的场地内，要想训练出具备良好水上作战素质的大量水兵，其结果非常值得怀疑。更何况，池中风平浪静，水波不兴，与江上相比，在气候环境、风浪程度等方面，二者实有天壤之别，从这个意义上说，池中训练水军亦有纸上谈兵、闭门造车之嫌。

此外，刘备在荆州虽兵微将寡，然而却大得民心，在其撤逃时，那么多荆州士民紧紧相随，不离不弃，就可以大致了解民心所向了。如今荆州民众表面看似已归附于曹操，实际只是被武力所迫，并不是真心臣服。

诸葛亮指出，曹操有如此多软肋，孙刘联军不难取胜，前提是孙权须派出一员猛将，统兵数万，和他们并肩作战。

当初刘备邀请诸葛亮出山相助，诸葛亮曾为他分析天下形势，预计今后曹操、刘备、孙权有成三足鼎立之势的可能，现在他认为这个条件正在成熟：如果曹操被击败，必然将乖乖地退回北方，到那时，孙刘两家的势力都会增强，鼎足而立的局面也就形成了，江东自然可保无忧。

“成败的关键，就在今日！”诸葛亮为他的雄辩做了最后的总结。原本举棋不定的孙权被他说得热血沸腾，于是决定同部属们进行计谋，以便商量具体的联盟和作战方略。

没那个必要

对于刘备投靠孙权，乃至孙刘联合的可能性，曹操并不是毫无预见。各个击破曾是曹操过去经常使用的招数，近如对付袁尚、袁谭，远如对付吕布、袁术，均屡试不爽，如果需要，他也同样可以故技重施，对孙刘进行离间。

不是曹操想不到，是他认为没那个必要。

曹刘交战，刘备就从来没有赢过，可谓是逢曹必输，长坂一战更是被打得一败涂地，曹操完全有理由相信，他的部队只须沿江而下，即可将其彻底击败。

刘备就算再不济，毕竟还具备在北方转战十余年所积累的经验和阅历，拥有和曹操以及袁绍、袁术、吕布等共论英雄的资格。孙权只是继承了父兄打下的基业，他自己是能打还是能杀？之前征伐江夏得手，想来也不过是黄祖无能，兼赖孙权部属之力而已。

连老江湖刘备都屡战屡败，孙权自然更非对手，这应该是曹操当时所秉持的另一个想法。在他的盘算中，对于孙权，实在不行，也只要大兵压境，适当恫吓一下，这位见世面不多的小儿应该立马就会俯首听命，像公孙康献袁尚人头那样，乖乖地把刘备脑袋割下送来。

曹操是怎么想的，他的多数属将们就是怎么想的，他们认为，刘备不过是在步袁尚的覆辙，就算跑去江东，最后终究还是要为孙权所杀。

曹操君臣都不约而同地具有如此认识，自然并不奇怪。要知道，公孙康的事情离得不远，公孙康可以杀袁尚，孙权为什么就不能杀刘备？这不是什么虚构的臆想，是经验之谈啊！

唯有随军谋士程昱的判断与众不同，按照他的分析，孙权不仅不会杀刘备，而且必然与之联合。

孙权能够将父兄之业承接下去，表明他是有谋略的。但他接手江东不过才八个年头，而曹操从起家到征服荆州，已经有二十年了，比他的两倍还多，加上曹操如此快就克服荆州，孙权不能不对之敬畏有加。然而也唯因如此，知道光靠自已难以抗拒曹操，孙权才有联手刘备的必要。

孙权不是公孙康，刘备也不是袁尚，这是事情的症结所在。当年刘备尚依附于曹操的时候，程昱便力主杀掉刘备，就是因为他深知刘备素有英名，勇而能战，手下的关羽、张飞又都是“万人敌”，一旦给他们以机会，潜力是难以想象的。

刘备既坐拥这样的资源，孙权怎么会看不到和不加以利用呢？程昱推断，孙权在此危急关头，一定会借助刘备的力量。刘备当然更有联合孙权的必要和需求，两弱难对一强，他们为了图存，结合起来乃势所必然。

孙刘就结盟已达成初步意向的消息一传出，也就给程昱的推测落了实锤。在这种情况下，曹操决定立即顺江东下，前去攻打孙权。另一个随军谋士贾诩对此存有异议，他认为曹操先打败袁氏集团，现在又收取荆州，威名如日中天，军队的实力也已今非昔比，这样就具备了不战而屈人之兵的条件。如果曹操能够充分利用楚地的富饶条件，犒赏官兵，安抚百姓，使他们安居乐业，那么不需兴师动众，就可以使江东归服。

贾诩虽然进入曹幕的时间较晚，但早已被海内视为超一流谋士，对于这一类大智囊的进言，曹操一般情况下都会予以斟酌和采纳。不过现在对于曹操来说，却相当于一个特殊时期，他满脑子琢磨的，都是拿下江东后该如何庆祝，而不是江东拿不拿得下来的问题。对于贾诩的逆耳之言，他实在听不进去，故而破天荒地没有采纳。

曹操的这种情绪，从他随后给孙权写的信中便可窥知一二："最近我得天子之命，奉辞伐罪，旌旗向南一指，刘琮束手就擒。现在我已调集水军八十万人，将要与将军会猎于吴（即在吴地会战）。"

毫无疑问，这是一封带有自得和恐吓意味的挑战书，其中的措辞，无论是"奉辞伐罪"，还是"会猎于吴"，都可以看出曹操根本没把孙权放在眼里，江东似乎也已是他的囊中之物了。

虽然看不起孙权，终究还是下了战书，刘备则是被完全撇开了，连一个字都没提，亦不准备分兵应付。曹操就当他不存在，其逻辑大致如是：打刘备，能赢；打孙权，也能赢；论实力，刘备现今还远不如孙权，孙权既灭，刘备也就不成问题了，很可能自行瓦解或提早逃亡。

曹操完全忘记了自己当年"今天下英雄，唯使君与操耳"的断言。事实上，就在远征乌桓的前夕，他还曾担心刘备会乘机北袭许都，为此犹豫再三，甚至一度想取消北征计划。

退一步说，就算在实力上孙权的另一个盟友仅仅等于或乃至弱于刘备，在思考如何用兵时，其实也不应忽略其存在，忽略了便是自己给自己埋藏隐患。

曹操不是不懂这个道理。自独立发展起，他就面临着仇敌满天下式的困境，各个击破，曾是他的拿手好戏。按照曹操的惯有用兵模式，就算不施用离间计，拉一打一，也应先弱后强地对付敌人，即先肃清刘备，再解决孙权。现在他将次序颠倒过来，公然向孙权宣战，只说明一件事：不战而取荆州的意外胜利确实麻痹了他，使得他已经沉浸其中而不得自拔了！

转圜之法

恫吓还是有效果的，而且效果非常明显。当孙权接到曹操的信时，他正在柴桑与部属们商讨与刘备联合对曹的事宜，看到孙权展示的信件内容，众人无不惊叫失色。

虽然曹操在信中不过是寥寥数语，但字字千钧，对江东的谋臣而言，几有铺天盖地之势："奉辞伐罪"，我代表着朝廷，你不服我，就是不服朝廷，讨伐你，名正言顺；"会猎于吴"，我现在军队的规模说出来能吓死你，你敢跟我斗吗？

曹操为什么突然要下如此杀气腾腾的战书？可能是与刘备联盟的事惹怒了他吧，一时间，再没人有兴趣讨论联刘抗曹了。长史张昭提出，曹操托名汉相，道义上难以与之争锋，他这次"奉辞伐罪"，如果东吴抵抗，就等于是公然对抗朝廷，情况将更为不利。

当然，要放在以前，东吴依托于长江天险，也不是不能跟骑兵强大，但缺乏水军的曹操搏一搏。只是如今曹操并非专靠骑兵，他在占领荆州后，得到了刘表生前训练的水军，与曹操原有的水军相加，兵员数注定不会是一个小数字，信中对此写得很吓人：水军八十万！

其时的水军有两种类型的战船：一为冲击型，名曰蒙冲；一为装备精良型，名曰斗舰。荆州水军的蒙冲、斗舰数以千计，实力之强，可想而知，如今它们已悉为曹操所有。张昭当场描绘出了这样一幅可怕的画面：八十万水军搭乘着乌泱泱的战船，全部沿江东下，再加上步兵，水陆并进。也就是说，你有的优势，人家全有，你没有的优势，人家也有，双方兵力众寡悬殊，这仗该怎么打法？

“以在下愚计，不如迎之。”张昭说。

所谓“迎之”当然是好听的说法，其实就是降曹。张昭是江东首屈一指的名士，东吴政权元老，他的意见立即在谋臣中引起了共鸣，会场上一片劝降之声，只有最早倡议孙刘联盟的鲁肃一言不发。

见张昭的言论得到多数人同意，原先确定的联刘抗曹事宜已被撇在一边，孙权甚感为难。曹操的信其实对他的思想也不能不产生影响，毕竟曹操具有他和刘备都难以比拟的军政实力，倘若曹操在具体策略上不发生错误，将江东彻底击垮，也确实不是一件困难的事。

如同诸葛亮来吴之前那样，孙权重又陷入惶恐不安的情绪中，一时难以决断。过了一会儿，他起身如厕，鲁肃立刻追上前去。孙权看到了，知道他有话要说，连忙握着他的手问：“你要说什么？”

“我刚才观察了一下众人的言论，只会贻误将军，完全不能与他们图谋大事！”

鲁肃说道。他虽然在会场上默不作声，但其实一直都在思考着转圜之法。众口汹汹之下，若要试图舌战群儒，当众说服张昭等人，并不一定能够奏效，倒不如找机会直接劝说孙权。因为只有孙权才拥有最后定夺的权力，只要他认定必须联刘抗曹，主战派便仍能占得上风。

说服别人这件事，是一个需要看人下菜碟儿的活，诸葛亮劝说孙权，采用激将法，就是瞅准了孙权年轻气盛，且对传承父兄基业这件事看得比自身安危还重。如今鲁肃也一般无二地采用了这一办法，他对孙权说，如果要降曹，像我完全没问题，可将军你却使不得。为什么这么说呢？因为“我在将军手下，不过做个官，投降了曹操，官还是有得做。将军降曹，又打算到何处安身？”

一番话，再次精准地触中了孙权的痛点。他听后大受感动，叹息着说："刚才那些人所持的观点，真是让我大失所望。现在你所阐明的大计，倒正与我的想法相同。"

激将法成功了。不过鲁肃明白，光是在口头上让孙权表态还不够。先前经诸葛亮劝说，孙权就已经决定联刘抗曹，之后发生动摇，固然与曹操的恫吓以及多数谋臣的态度有关，但归根到底，还是因为与曹军决战到底的信心尚显不足。

必须给孙权吃颗定心丸，同时彻底镇住主和派，以安军心士气。鲁肃建议孙权，从速将正在鄱阳湖训练水军的周瑜召回，以便共同商讨抗曹大计。

现在就是机会

周瑜，江东人称"周郎"，他和孙权哥哥孙策同岁，是孙策留给孙权的首席元勋。孙权接手江东时，年纪轻、资历浅，论影响和威望，都需仰仗周瑜，打仗更是如此。孙权征讨江夏，周瑜任前部大督也即前线总指挥，江夏战役能够取胜，靠的就是周瑜。

周瑜和鲁肃一样，是东吴政权中少有的主战派，不然鲁肃也不会力主将其召回。在奉命返回柴桑后，周瑜先在军机会上听取了张昭等人的意见，接着便表达了和鲁肃同样坚决的态度："曹操自己来送死，哪能不去迎接他呢！"

按照张昭所说，曹操用兵江东，占据着舆论的制高点。周瑜不能认同，他认为曹操虽托名汉相，但不过是挟天子以令诸侯，就其行径来看，乃实实足足的窃国大盗，世人对此早已有目共睹。江东抗曹并非抗朝廷，而是为朝廷除贼，相信这一点同样能够取得舆论的理解和支持。

张昭等人为曹操出兵所惧。周瑜提出了一个问题：尽管曹操在南征期间尚未出现后顾之忧，然而一旦战争持续到孙曹作战爆发，能够始终如此吗？

曹操并没有完全平定北方，马超、韩遂在关中势力正盛，仍对其构成威胁，这些都需要曹操考虑。也就是说，他在南方作战绝非毫无挂碍，不可能把他的大军长期胶着于长江沿岸，用于持续作战。退一步说，就算曹操已经完全平定了北方，马超、韩遂都已臣服于他，曹操固然可以在不用牵挂后方的前提下，旷日持久地同东吴争个高低，然而结果距离他所期望的目标，仍可能相去甚远：陆地交战，或许变数还较大；水上争胜负，曹军拿什么跟东吴比？

荆州水军已为曹操所接收，这是张昭等人认为东吴军队已失去自身优势的主要论据。周瑜强调，不管曹操接收了多少荆州水军，曹军作为北方军队，其相对于吴军的优势，仍只会是骑兵，劣势仍是不习水战。现在曹操要舍弃习惯的骑兵作战，倚仗水军与擅长水战的吴军较量，根本就是舍己之长，用己之短。

尽管诸葛亮也提到了曹军不善水战的弱点，但作为常年指挥作战的职业军人，周瑜的观察和思考更有其独到之处。他指出当下已是寒冬，缺乏马草，而曹军骑兵众多，战马若没有草料，其战斗力必然大打折扣。其次，北方士兵远途跋涉来南方，水土不服因而发生疾病，也是完全可以预见到的。

不能久战、舍长就短、缺乏草料、水土不服，这四种情况皆为用兵之大忌，而曹操全都贸然为之。“将军要活捉曹操，现在就是机会！”周瑜当场请求孙权拨予三万精兵，由他率领进驻夏口，并保证将为孙权击败曹操。

周瑜的慷慨陈词，令孙权热血沸腾。他很感慨地说：“曹操这个老贼，想废汉自立已经很久了，只是顾忌袁氏兄弟、吕布、刘表和我罢了，如今其他几位英雄已被他消灭，只有我还存在。”

曹操所顾忌的名单，似乎缺少了孙权的盟友刘备，而且作为前辈，刘备甚至还应排在孙权之前。孙权如此论述，正恰恰反映了他心目中对于自我的定位和期许，套用曹操的句式，大概可以概括为："今天下英雄，唯仲谋（孙权字仲谋）与操耳！"

孙权不服曹操，他是咬着牙要抵抗到底的，所以无论是诸葛亮激他，还是鲁肃激他，全都管用。只是到前线打仗非其所长，故而心里多少还是有些没着没落，而周瑜的态度终于让他踏实了——与鲁肃、张昭等谋臣不同，周瑜代表着东吴军界，他坚决抗曹，就等于军界坚决抗曹，还有什么比这更让孙权觉得心里有底的呢？

"我和老贼势不两立，你说应当迎击，跟我的意见完全契合，这是上天把你赐给我的！"孙权下定了决心，在对周瑜道出这番心声后，他拔出佩刀，霍地将奏案砍去一角，厉声道："众将官有胆敢再说应当迎降曹操的，下场就和这奏案一样！"

孙权一言定夺，即便有人仍有降曹的念头，也不敢吱声了，关于战降的争论戛然而止。

主战派虽然取胜，但只是在自己内部取胜，真正的胜利还需要他们到战场上去争取。战场之上，双方凭的是实力，而不是虚言。周瑜一开始就凭借直觉，认定曹操所吹嘘的"水军八十万"名不符实，他判断，曹操号称的八十万，并不是单指水军，而是水陆军加在一起，即便这样，也应该有着很大的水分。

军机会结束后，周瑜把各方面所侦察了解到的情报，重新加以汇总和分析，更加证实了自己的推论。他发现，曹操从北方带来的军队实际上只有十五六万，所得到的荆州降兵最多也不过七八万，两者相加，大约有二十二至二十四万人。最主要的是，他们都已称不上是精兵，如诸葛亮所说，曹军的原班人马非常疲惫，荆州降兵则还对曹操抱着疑惧的心态。

当天晚上，周瑜单独来见孙权，向他着重汇报了自己所掌握的曹军兵力情况，并表示对未来的抗曹战役信心十足："曹操以疲惫的军队去驾驭满怀疑虑、三心二意的降卒，其人数虽多，但没有什么可怕的。”

相互激励

在白天的军务会上，周瑜说三万精兵即可制胜，只是按照眼下吴军所能集结的精兵，所做出的一个大概估计。会后，他重新核算了一下，曹操发兵江东，不可能一拥而上，势必还得派部队留守荆州后方。如果减去留守兵力，其投入前线的人马就不可能有二十几万，大约十几万就差不多了。不过即便按照精兵对劣兵，以一敌多的方式，吴军要想战胜曹军，三万恐怕还是不够，需有五万人。

当着孙权的面，周瑜修正了自己的要求，但气魄依旧：“给我精兵五万，就足以打败曹操，请将军不必担心！”

“公瑾（周瑜字公瑾），你说的这些很合我的心意。”孙权亲热地抚着周瑜的背，似乎周瑜不是他的部属，而是他的老友。

张昭等人主降，毫无疑问都是藏有私心的，无非还是怕曹操打来，玉石俱焚而已。就像鲁肃所说，如果不打，他们就能保全自身和妻子儿女，说不定还能保住富贵荣华呢。虽然这种心境不是不能理解，但总难免令人失望。

唯有周瑜、鲁肃肯站在孙权的立场之上，勇挑抗曹重担，这不光要有眼光、智慧和能力，还得有责任和担当，有甘愿为江东基业粉身碎骨的精神和勇气。孙权为此感慨系之：“这是上天派你们两人来辅佐我呀！”

其实孙权早就在进行战前准备了，周瑜所提出的五万精兵虽然一时难以备齐，但三万精兵已经选出，战船、粮草、军械也已备好，就等着周瑜挂帅了。

“你和子敬（鲁肃字子敬）、程公（指大将程普）在前面先出发，我随后再增发兵马，多运辎重粮草，作为你的后援。你能对付曹操就跟他决战，倘若战事不利，就回到我这里，我将亲自跟孟德（曹操）一决雌雄。”孙权充满信心地说。

将相君臣原本都需要相互激励，孙权表现出的抗曹决心，反过来也让周瑜等人勇气倍增。当下，孙权即以周瑜、程普为左右都督，鲁肃为赞军校尉，率三万精锐水军，与刘备合力迎击曹操。

诸葛亮、周瑜分析得没错。曹操在消灭袁氏集团后，已将根据地由许都所在的颍川，完全北移至邺城所在的冀州，冀州也由此成为军队补给和休整的基地。曹军沿南行线发动南征，虽然可由许都一带的屯粮区获得部分接济，但粮饷、兵员和装备主要还是得由冀州提供。

与颍川相比，冀州距离荆州更远，而且颍川至南阳一段还不通水运，陆路运输相当费时费力。荀彧建议轻装疾进，也是因为辎重载运较慢，拖累全军的前进速度。又幸亏懦弱的刘琮意外地向曹操投降，使得曹军一路上都未曾遇到激烈抵抗，即便辎重落在后面，也没有太大问题，一样迅速而又轻而易举地占领了襄阳和江陵。

刘表在荆襄经营多年，地方富庶，府库充盈，曹军得以就地补充粮饷。尤其是专门用以储藏军资的江陵，荆襄战役结束后，曹军主力部队曾在此休整了数月。这样一来，曹军在军事上扩展得过快过猛，从而导致后方补给线过长，转运困难的矛盾便得到了适当缓解。

可是缓解不等于解决根本。在荆襄战役中，襄阳附近居民大量南迁，仅随刘备逃往当阳的士民即达十余万众，这对当地经济的影响是很大的。另一方面，诸葛亮所言非虚，曹操在荆州尚未能够得到民心。刘琮的突然投降，已令荆州舆论一分为二，反对投降的民众都把希望寄托在刘备身上。其后，追随刘备的士民又在当阳遭到曹军追兵的无情杀戮和摧残，更增强了当地老百姓对曹军的抵触和反抗情绪，以致荆襄战役后，起码有一半人站到了曹操的对立面，你想要他们出粮出力，支援曹军，形同天方夜谭。

数十万曹军的日常消耗非常惊人，时间一长，光靠荆州当地租赋必然难以维持，即便江陵存粮较多，在军队耗费甚众的情况下，也只能坐吃山空，并非长久之计。于是曹操不得不再从冀州调运粮饷等物资，其间水陆辗转，需数千里行程，不仅耗时长，而且也给曹军造成了很大的负担和压力。

曹营中两个有先见之明的谋士：程昱认定孙权、刘备必然结盟，实际是预示了曹军东征作战将旷日持久，难以在短期内结束；而贾诩提出休兵安民的建议，则是看到了潜伏在曹军节节胜利表象下的隐忧和困难。如果曹操能够充分重视二人的意见，特别是采纳贾诩的建议，先安抚百姓，获取人心，站稳脚跟，就有可能逐步解决曹军所面临的各种问题，进而将自己的劣势转为优势。

历史上其实曾有过相似的例子。楚汉战争时，韩信攻取赵国，直逼燕国，气势颇壮，但谋士李左车见将士疲惫，便建议韩信不要急于攻打燕国，而应在赵地休整部队，安抚士民，同时派人以兵威说降燕国。韩信听从其计，燕国果然不战而降。

曹操熟读兵书，不可能不知道韩信攻燕的典故，但此时的曹操已经忘乎所以，别说贾诩献计，就算是有兵家怪杰之称的李左车穿越过来，直接向他发出忠告，他恐怕都只会嗤之以鼻的吧。

只想其胜而未虑其败

如果曹操没有耐心使用贾诩的稳妥之策，他就应该速战速决，乘着粮饷不足等危机尚未全面爆发，曹军士气也还没有低落下去，先行解决已成惊弓之鸟的刘备，进而扼住夏口、樊口要冲之地。

夏口距孙权所在的柴桑已经不是很远，那样的话，形势将完全是另外一个样子。可是曹操却没有这么做，直到给孙权下了战书，还在定定心心地等着孙权给他回信，指望对方能像公孙康那样低头服软。

这一耽搁，又是两个月过去了。利用这段时间，孙权、刘备不仅成功结盟，而且周瑜所率的部队也与刘军会师一处，组成了由周瑜统一指挥的孙刘联军。

到了此时，见孙权并未被他吓倒，曹操这才决定正式出兵。根据各方面线索可以推测出，曹操的最初战略部署，至少是由三路分进合击：驻扎于汉、淮间的张辽、于禁、张郃等部，攻打孙刘联军的北部；以乐进、于禁为首的襄樊战区部队，攻打孙联联军的西部；曹操自率主力，沿长江水陆并进，攻打孙刘联军的南部。

事实上，由于急于求成，只想其胜而未虑其败，曹操在没有调动汉、淮间及襄樊部队的情况下，便独自率主力孤军冒进。一如周瑜事前所料，曹操的主力部队并没有“水军八十万”或水陆军八十万，甚至在孤军冒进之后，别说二十几万，连预计中的十几万都没有了。

东征前，曹操还需以夏侯渊驻守江陵，以曹洪驻守襄阳，两地都需要留驻一定数量的兵马，在此之外的部队才能作为机动兵力使用。专家推断，参加东征的曹军实际仅为四万五千人，其中水军两万五千人，步骑两万人。行动的具体路线是：以江陵为起点，水军沿长江的荆江航段顺流东下，步骑则沿航道的北岸辗转东进，最后会攻夏口。

虽然是水陆并进，但曹军的侧重点仍在水军方面。这当然并不奇怪，孙刘联军以水军为主，水军必须靠水军对付，曹操的步骑就是再强，也总不能跑到水上去打吧。再者，古代长江水流浩荡，船只的承载量大，船速较快，即便是冬天，顺流而下每天也能达到百里，远远超过了陆地车马人行的速度。曹军要想求快，就得靠船，同时凭借水运，还可以节省大量的人力、畜力以及所需粮草。另外，曹操所占荆襄各郡县均在长江以北，江南的长沙、零陵、桂阳、武陵四郡虽被他纳入治下，但只是口头上表示臣服，尚未被实际控制。曹军从荆江航道顺流而下，可以乘势对它们进行镇抚，起到一举两得的作用。

曹军离开江陵后，经公安东南先至巴丘，一到巴丘，曹操就接到报告，孙权突然率数万兵马进攻合肥。

合肥乃淮南重镇，扼中原门户，该城驻军主要由郡县壮丁组成，数量相当有限，战斗力也很弱，见孙权来袭，他们不敢迎战，结果被吴军包围在了城内。

曹操自己也疏忽了，没有估计到孙权会大举进攻合肥，他南征时安排的后方留守部队，主要用于保卫许都、洛阳等中原重镇，驻地距合肥都很远，合肥周围其他郡县也没有能力派遣多余兵马来救。曹操不能坐视不顾，只得在兵力捉襟见肘的情况下，硬是抽出千名骑兵，由部将张喜统率，紧急增援合肥。

张喜所部在驰援合肥的途中，虽补充了汝南郡的少数驻军，然而兵力仍相当单薄，实际难以击退吴军的数万人马。幸亏扬州刺史接受属吏蒋济的虚张声势之计，派人给合肥守将送信，诈称曹军四万步骑已到，孙权截获信件后，信以为真，急忙放火退走，合肥这才得以保全。

尽管在周瑜出征前，孙权自信地表示，如果周瑜失利，就由他亲自和曹操对决，但谁都明白，那是万不得已的选择，在此之前，就必须千方百计地确保周瑜能够旗开得胜。

论打仗的才能，孙权固然不如他父兄，可是也并非庸碌之辈。他早不打，晚不打，恰恰选在这个时候打合肥，显然绝不是偶然或巧合，事先一定经过周密谋划。史书中说得很明确，“孙权为备攻合肥”，也就是说，他是为刘备而出兵的，换言之，是为了牵制和分散曹军兵力，以缓解荆州前线周瑜、刘备的压力。

虽然孙权最终未能攻占合肥，却已经让曹操抽兵且分心，而这其实才是他的真正目的。

在进兵途中，曹军不仅意外受到削弱和干扰，还受到了疾病袭击。有人认为，这种疾病可能是流行于长江中下游的血吸虫病，曹军中蔓延此病，应该与远征疲惫、不服水土、后勤供应不畅等都有一定关系。

带着这些意想不到的麻烦，曹军继续进发，从巴丘转向东北行进，直至抵达赤壁。就在那里，他们与相向对进的孙刘联军狭路相逢，一场关乎孙、刘、曹三方命运的生死大决战开始了。

实力的证明

在赤壁大战前，曹操的脑子里已形成一种固化概念，他连刘备这些老人都看不起，当然更别说孙权了。他轻视孙权，也同样轻视周瑜，尽管周瑜其实是和孙策一道打江山的名将，并非新人。

因为轻视周瑜，曹操也就严重低估了周瑜的胆量和能力，他根本没能想到周瑜敢于主动迎击，以至于对在赤壁发生遭遇战，毫无心理准备。

按照曹操原来的计划，此次南征只是针对荆州而来，讨伐的对象是刘表，玄武池训练水军，也完全是为了应付汉水之上的水战，而不是长江之上的水战。可是因为在荆襄之役中赢得太轻松，他的计划被临时打乱了。

曹操现有水军由北方水军和荆州水军组成，北方水军仅仅训练了半年，对付以汉水为依托的荆州水军都只能说是勉强，与吴军相比更是相形见绌。至于荆州水军，刚刚降曹，尚怀狐疑之心，对曹操并未真正心悦诚服，士气和战斗力都不会太高，而且就算是他们真肯卖力为曹操打仗，要想与以长江为依托的吴军水师争锋，也还差点意思。

江东素有水战传统，当时的东吴已经遍布造船工场，孙权自己就拥有三艘楼船，据说每艘都可载运三千人，蔚为壮观，可见东吴造船能力之强。

依托发达的造船业，吴军战船无论数量、种类，还是高大坚固程度，都要超出南方其他水军，同时水兵的战斗力也基本处于顶尖水平，这些都是曹军无法望之项背的。

即便在兵员数量上，曹军其实也并不占有绝对优势。如前所述，曹操参与东征的水军实际只有两万五千人；孙刘方面，为了防止曹军汉、淮间兵团南攻，刘备军主力尚停留于夏口，真正在赤壁迎敌的，仍是由周瑜直接统率的那三万精锐吴军。在这三万吴军中，水军肯定占有相当大的比重，就算在去掉步骑后，水兵数量没有曹军多，但差距应该也不会很大。

数据毕竟只是平面化的东西，究竟谁更胜一筹，实战中才能见分晓。曹操的北方水军此前只在玄武池上受过训练，玄武池是风平浪静的人工池，跟常年大风大浪的长江根本没法比。时值寒冬，北风劲吹，船只颠簸得很厉害，很多曹兵在船上尚且站立不稳，要在一刀一枪的拼杀中占得上风，简直难如登天。与此同时，疾病影响战斗力、北方水军和荆州水军相互间磨合不够，以及缺乏足够的水战经验等弊病，也都纷纷暴露出来。

曹操陆战内行，水战方面却是外行，他料敌不周，原以为己方会势不可挡，一旦发现不是这么回事，却又没有能力根据当时当地的实际情况迅速进行调度和部署。这位一贯果敢异常的军事统帅，突然变得木讷迟钝，不知所措起来，自然也就无法挽回所部的颓势。

这是长江上进行的第一次大规模江河作战，一直到赤壁大战开始前，吴军进攻江夏，击杀黄祖之类，都只能算是小战役或战斗。不过这场前所未有大战役的开场曲，却多少显得有些波澜不惊，因为双方刚一交战，曹操的先头部队就打了败仗！

虽然只是小败仗，却是实力的证明，掺不得一点假。曹操原先碾压吴军的计划破灭，曹军的士气因此大受挫伤，曹操也不得不停止前进，将全部战船停靠到北岸乌林一侧。而周瑜则把战船停靠在南岸赤壁一侧，与曹军隔江对峙。

首战即负，终于让曹操意识到了己方的不足，最起码，士兵们先得在船上站得住啊，要不下一步怎么南渡与吴军作战？要想在短时间内通过训练解决这一问题，显然是不现实的，更何况，吴军就在对面虎视眈眈地盯着，随时都可能扑过来，也不容许你从容地组织训练。

曹操想到的办法，是用铁链或绳索等工具，将战船连结在一起，以此减少船身的摇晃，使其更加平稳。这么做了之后，士兵在船上就像在陆地上一样，感觉果然好多了。

此时曹军步骑也已陆续到达北岸，曹操同样令其在岸边驻扎。今天的乌林，有一处草木横生的山岗，名为“曹操湾”，据说就是曹操大营所在地。人们经过考证，推测曹操当年是以乌林的土丘和小山岗为大本营，建立起中心营盘和指挥机关，其大军则集体驻扎于长江北岸一线，水陆营寨，相互策应。

外行就是外行，曹操在乌林的布局存在着很大问题。他把战船连接起来，是只考虑了有利的一面，而没有顾及不利的一面。其实就算抛去火攻等外来危险因素，连接起来的战船，行动会方便吗？既不便于应急，也不便于进攻。士兵要在船上站稳，是需要有一个过程的，人为地把船只变成“陆地”，反而使他们得不到锻炼，最后菜鸟还是菜鸟，而且可能更菜。

此外，水陆寨可以彼此策应，却不宜靠得太近，曹操把水陆军都安排在岸边，实在不是一个高明的决定。妥善一点的做法，是应该让陆寨与水寨拉开适当距离，这样就不会因一处失利而牵动全局，而且在保持和发挥曹军善于陆战特长的同时，也仍能对水军进行呼应和支援。

诈降

曹吴两军隔江相望，曹操连锁战船的做法很快就被吴军发现了。吴军方面也同时看破了曹操的用心，就是假如即时南渡作战的条件还不具备，便先用此法暂做休整，等冬尽春来，再谋进取。毕竟曹军还拥有数量上的优势，只要气候适宜，江面风浪不大，战船能保持相对平稳，他们仍有很大的取胜可能和空间。

曹操的想法是不错，但在精熟水战的吴军看来，其中却已经有着可资利用的破绽。曹操连锁战船，首尾相接，相当于是把水寨打造成了一座临时性的水上城郭，只不过这座水城是由战船构成的而已。战船是用木头做的，木头是可以用火烧的，周瑜的部将黄盖就此向周瑜建议，提出总体上敌众我寡，长时间相持对吴军不利，不如用火攻来击败曹军。

周瑜听后，认为是个好办法，立即采纳实行。

火攻战术确定后，就进入了实施阶段，即为实现火攻创造条件，首当其冲的问题是，如何才能接近曹军水寨，使火能烧着曹军战船。

直接冲过去，曹军必然要提防和派船只进行拦截，弄不好还会打草惊蛇，周瑜同黄盖等人商量，决定诈降。

诈降计的主角就是黄盖，他给曹操写了一封降书，并派人“偷偷地”将降书送至江北曹营。

后世演义中，说黄盖同时使用了苦肉计，让周瑜责罚自己，把自己打到皮开肉绽，进而取得曹操的信任，因此还留下一句歇后语，“周瑜打黄盖——一个愿打一个愿挨”。其实那都是没影的事，不管你信还是不信，黄盖取得曹操的信任，凭的就是一封降书。

曹操生性狡诈，猜忌多疑，从来都是他骗别人，很少别人能骗得了他，如果黄盖使用花招，反而可能露出破绽。事实上，黄盖在降书中说的非常“诚恳”。他说我黄盖受孙氏厚恩，长期在江东担任将帅，主人待我不薄，但是现在大势所趋，东吴的将士官吏，不论见识高低都明白，以江东的这区区人马，根本就无法抵挡你曹操的百万大军。

“只有周瑜、鲁肃偏狭浅薄，不明大势。现在黄盖归顺曹公，是从实际考虑的。”黄盖还表示，周瑜的军队其实很容易被摧垮，到曹吴两军再次交锋的时候，他愿意作为曹军内应，效命立功。

在日本的战国时代，丰臣秀吉征服各诸侯，据说凭借的就是利害而不是道德。他给诸侯们两条道路选择：一条抵抗，前景是没好果子吃；一条投降，结果是可以得到相应优待。曹操早期讨伐董卓时，遵循的理念或许是道德，但等到他独立发展，一步步向平定天下的目标进军时，则全凭利害。

在曹操看来，所有敌人也只有两条路可选，或者抵抗，或者投降。黄盖说的话完全符合他自南征以来的心态——是啊，你站在吴军将领的角度考虑，抵抗有希望吗？没希望。那剩下的自然就只有投降了。

几个月前，刘琮举荆州以降，一开始，曹操也抱有怀疑，最后却发现怀疑是多余的，偌大的荆州就那样轻而易举落到了手中。刘琮是荆州之主，黄盖不过区区一将，他不想给孙氏家族做殉葬品，打算自己求生存、得富贵，这种心理有什么难以理解的呢？完全在情理之中啊！

出于慎重起见，曹操又单独召见了送降书之人。周瑜、黄盖所挑选的信使，自非等闲之辈，必定是既有胆识，又有辩才，曹操经过一番仔细审问，未发现任何漏洞，这才放下心来。

因为首战受挫，又知道己方水军其实尚存在着诸多缺陷，曹操比以往任何时候都更希望能在吴军中找到内应。黄盖不仅主动送上门来，还透露“情报”，说吴军不难对付，这些都正好满足了他的需求。曹操因此非常高兴地对信使说，如果黄盖所言为真，并照着去办的话，他不仅一定会赏给黄盖厚爵，而且所赏爵禄，还要超过以前所有来投顺的人。

曹操与信使约定了受降时的信号，但并未约定具体日期，后者应该是周瑜、黄盖事先就与信使商量好的。

骗取曹操的信任，通过诈降来接近曹军水寨，已为火攻连营创造了第一个必要条件，但事情要想成功，还需要满足另外两个条件。

条件一，曹军战船要么不着火，要着火的话，必须一船着火，波及其余。这个条件，已由曹操的连锁战船自行满足，只要曹操不改变主意，就不存在障碍。

条件二，吴军无论纵火还是射箭，都需借助风力。吴军在南岸，曹军在北岸，吴军火攻曹军水营，此时必须顺风也就是刮东南风，否则便很难奏效。

问题来了，隆冬季节，照理只有西北风，哪来的东南风？

火烧连营

后世的人注定也会抱有类似的疑问，所以演义中特意设定了两个场景。

场景一，曹操的谋士让他提防火攻。曹操大笑，说你们只知其一，不知其二，冬天怎么可能刮东南风呢？冬天只有西风北风，没有东风南风，周瑜在这种情况下使用火攻，他难道不怕自己烧着自己？

场景二，周瑜为东风之事发愁，乃至病卧在床。正在其营中的诸葛亮知道后，给他开了个药方，说明“欲破曹兵，宜用火攻。万事俱备，只欠东风”。随后，诸葛亮又应周瑜之请，设坛施法术祭风，最终唤来了东南风，这就是民间传说中孔明借东风的故事。

这两个场景都纯属虚构。最大的可能是，在赤壁一带，虽然隆冬季节多刮北风、西风，但冬至的严寒一过，常常间有稍暖之日，风向偶尔也会变成东风、南风。周瑜、黄盖长年在江上出没，恰巧对此都有一定的了解，信使在与曹操协商时，特意不约定具体日期，就是在等待东南风的到来。

得知曹操允降，周瑜、黄盖立即准备了数十艘蒙冲、斗舰，船里装满浸透油脂的干荻和枯柴，外面用帷幕裹住盖好，再在上面插作为降曹信号的牙旗。在每艘油船的后面，还各拴有一只走舸，这是一种机动灵活的轻捷快船，便于吴军在发动火攻后继续进行攻击。

建安十三年（208）十二月，白天晴空风暖，至傍晚时刮起东南风，至午夜，风势愈急。这正是吴军期盼的时候，黄盖即命所备船舰出发，他以十艘油船并列向前，其余油船以次俱进，由南岸向北岸的曹军水寨急驰而去。

到了江中央，船舰升帆，黄盖手举火把，让部下齐声大叫：“我们是来投降的！”

兵法有云，受降如受敌，又说受降时，应该把部队都派出来，严阵以待，以防不测。曹军经历的受降多了，但均为陆上受降，水上受降还是大姑娘上轿——头一遭。官兵们倒是都纷纷出营，却未做任何实质性的防备，当然他们也不知道吴军即将发动火攻，以及来的全是油船。大家伸长脖子观望，只看到受降信号牙旗，听到黄盖部下前来投降的呼喊声，于是便都指点着说：“黄盖来投降了！”

油船距离曹军水寨越来越近，当近至两里多路时，黄盖传令放开全部油船，同时点火，让它们顺风向水寨冲去。

曹军这才发觉上当，但由于船都连在一起，已经来不及解开，也无法躲避。燃烧着的油船犹如离弦之箭一样，迅速冲到水寨面前，一靠近曹军战船，便将烈火延烧过去。

顷刻间，曹军的战船大多燃烧起来，整个水寨都淹没于一片火海之中。刚刚还在延颈观望的曹兵，瞬间便被顺风而来的大火吞没。余下的人，就算是不被烧死，也多因不善泅水而入水溺死，能从火中逃生的将士只是极少数的幸运儿。

这时东南风刮得正紧，火借风势，风助火威，大火接着又延烧至岸上的陆寨，眼看着烈焰冲天，连南岸的赤壁也被映照得一片火红。

见北岸火起，周瑜知道大事已成，即紧随乘着走舸的黄盖部之后，率主力部队向北岸擂鼓进发，刘备闻讯后，亦率部向乌林前进。

黄盖诈降，曹操一错于没有辨明真伪，再错于受降时未能保持应有的警惕，如今后悔晚矣。此时他面临的局面是，战船大部被烧，陆寨难保，而且伤病员又多，这种样子，根本没法再与孙刘联军交战。

参战双方的胜负已见分晓。虽然曹军在江上仍剩下一些船舰，但曹操在第一时间就放弃了让部分将士乘船由水路返回江陵的设想。原因也不难理解，曹军原先是顺流而下，现在回去就得溯流而上，船只行驶必然较为缓慢，很容易被吴军赶上。曹军本就不习水战，遭到火攻后状态更糟，被吴军追上后只有被全歼的分了。

曹操下令立即从陆路西撤。撤逃不远，他想起江上那些残余的船舰以及军用物资，自己无法带走，却会被孙刘联军掠去加以利用，从而增强其作战力量。于是又派兵回去，干脆点火将它们也一起烧掉。如此一来，江上火势更显猛烈。

过去的乌林江岸有树林，据说曹操创作名篇《短歌行》，就是因为看到了树林中所密布的乌鹊，从而激发了他的灵感："月明星稀，乌鹊南飞。绕树三匝，何枝可依？"

仅仅几天后，便是火烧连营。在无情的大火中，曹操丧失了所有船舰和大量人马，东征就此宣告失败，在曹操一生所发起的征伐行动中，这应该是最为惨痛和记忆最为深刻的一次。

华容道

一场盛大的战争不到片刻就落下了帷幕。

六百多年过去后，一位诗人来到赤壁。在古战场遗址上，他得到了一只沉埋于泥沙中的断戟，经过磨洗，认出正是当年赤壁大战的遗物，这让他感慨万分。

当年曹军的气势是多么雄壮，这支戟可能正是其万千利刃中的一支吧。曹操本来有机会带着戟的主人一统山河，只可惜一场东南风，让周郎最终赢得了胜利，而曹公那以平定江南为前奏，一举平定天下的蓝图，亦随之化为飞烟。

“折戟沉沙铁未销，自将磨洗认前朝。东风不与周郎便，铜雀春深锁二乔。”

诗人名叫杜牧，他的怀古诗名为《赤壁》。

重回六百多年前，曹操尚在亡命途中。曹军要从陆路逃回江陵，必须经过华容。相对于水路，这倒是一条近道，但华容属于云梦泽区的范围，此处乃典型的湖沼地域，夏季被完全淹没于水中，只有冬天才稍稍露出水面，故而一路泥沼密布，泥泞难行，自古以来，它就被兵家视为行军所必须避开的禁区、绝地、死地。

曹军在穿越华容道时，只能下马步行，即便如此，亦难以通行，而且由于战马经常陷入泥潭，人还得费力把马拉住。此时刮起大风，曹操及其残兵败将又冷又饿，这次第，似乎正应了曹操诗中之意：乌鹊南飞不成，现在就连勉强依靠一下的树枝都找不到了！

曹操害怕追兵赶到，便动员所有老弱病残去找枯枝杂草，用之垫路，骑兵这才得以通过。一旦发现道路勉强能过，大家都争先恐后地往前挤，其间被人马踩死的，陷入泥沼无法脱身的，不计其数。

好不容易走出华容道，曹操却突然莫名其妙地哈哈大笑起来，众将忙问他乐什么，曹操答道：“刘备是一个可以和我匹敌的人，但拿主意太慢，如果他早点派人到华容道这里进行埋伏，放火阻击，我们就全完了。”

事实上，刘备军由于承担着侧防任务，正面力量都嫌不够，根本不可能再抽出兵力事先埋伏于华容。后世演义中说诸葛亮派关羽领兵埋伏华容道，关羽又因要报曹操过去待自己的厚恩，所以放曹操逃生，其实都属子虚乌有。不过在曹操脱离华容不久，刘备也确实追到了那里，而且放了火，但已经鞭长莫及。

曹操强作欢颜，不过是在演戏给身边将士看罢了，其实内心充满了沮丧。他曹操从独立发展起，直到挥师南下，整整二十年间，几乎是逢战必胜，没想到就在大功即将告成之际，却遭遇到了这样一场从未有过的大败。

在曹军逃至巴丘时，生病加上饥饿，人又死了一半，曹操这次终于装不下去了——同样是远征，同样也很艰苦，可是一年前在平定乌桓的回师路上，那是何等的心旷神怡、意气飞扬啊！

提起平定乌桓，曹操就会不由自主地想到因病去世的郭嘉，他叹息着喃喃自语："要是郭奉孝（郭嘉字奉孝）还活着，一定不会让我落到现在这个地步！"

"哀哉奉孝！痛哉奉孝！惜哉奉孝！"

曹操越想越难过，越想越伤心，忍不住大放悲声。这个时候，他已经有意无意地忘记了一件事，即贾诩也曾对他发起东征予以劝谏，只是他自己没听进去而已。当然，这也是曹操遭到重大挫折后的一贯反应，就如同当初张绣叛变，他不先从自己行为失检上找原因，而是归咎于没让对方提供人质一样。

在张辽、许褚等人的接应下，曹操终于安全退至江陵。据专家估计，共有四万五千曹军参加东征，其中两万五千是水军，已在赤壁基本覆灭；两万是步骑，大概也折损了四到五千人。这样总计是损失了三万人，也即东征部队的三分之二，曹军知名的将领、谋士则无一人在此役中战死、被俘、失踪。

就曹军总体而言，赤壁大战虽不至于使其伤筋动骨，但在北方经过半年训练的全部水军，以及荆州水军的大部都已经损失掉了，仅剩的一万荆州水军难有大作为。陆军方面，人员倒是消耗不算太大，然而经过赤壁一战，也验证出北方士兵普遍无法适应这里的气候与地形，在南方作战很吃亏。

经过权衡利弊，曹操没有就地在江陵休整备战，以迎击孙刘联军的反攻，而是决定率大军返回北方。虽然他命曹仁继续留守江陵，但自此以后再未向江汉领域投入重兵。种种迹象显示，江陵在曹操手中更像一个过河的卒子，其作用仅限于给孙刘两家制造威胁，牵制他们的兵力。

曹操要在另外一个地方下大棋，这个地方就是淮南。

吃一堑，长一智

南征期间，曹操的出兵和后勤运输路线，为纵贯冀州、颍川、荆襄的南行线，赤壁大战开始后，又延伸至荆江航道，这条路线不仅过远过长，而且到荆江航道那段后，就完全变成了吴军的主场。曹军在赤壁大战中的惨败，很大程度上也正是受此进攻路线所累。

吃一堑，长一智，曹操重新调整部署。当时中原人前往江东，并不需要绕行荆襄，他们是先从各条水道进入淮河，接着以寿春为中转枢纽南下合肥，再入巢湖，继而沿濡须水进入长江，最后渡江东行，即可到达江东的中心区域。此路线亦可称之为东行线。

若以曹军根据地冀州为起点来进攻东吴，东行线是距离最近的一条路线，相比于南行线，它的另一个优势是全程可通水运，能够节省大量的人力、物力、畜力。

对于吴军而言，也是如此，他们要反过来攻击曹占区，东行线同样不失为理想途径，所以孙权才会在赤壁大战中对合肥进行突袭。从这个意义上说，曹操以淮南为新的主攻方向，沿东行线进兵，也有给孙权造成军事压力，防止其乘隙大举入侵的作用。

建安十四年（209）三月，曹操率军来到家乡谯县。就在两年前，他已经回过一次家乡，两年后重归故里，既非休整部队，也不是乡情所致，而单纯是因为谯县河流纵横，可用以训练水师。

要同孙权接着较量，没有与陆军一样强悍的水军不行，而如玄武池一类的人造水池，又根本练不出那样的部队。过去玄武池练兵，曹操都是将练兵任务交给属下大将，自己没有直接参与。此番他亲自主持，在谯县设置造船工场，打造舟舰，同时增招水兵，加强训练。

不到四个月，曹操就建立了一支新的水军。新军建成后，他即亲率水军南下，从涡水进入淮河，再溯淮河入淝水，然后屯军合肥，时称“一越巢湖”。这是赤壁大战后，曹操新建水军的首次公开展示，相当于给曹军新败后一度低迷的士气打了一针强心剂，同时也是在对孙权给予威慑。

随军的曹丕也参加了水上行军，他很兴奋地作赋，对其中“大兴水运，泛舟万艘”的壮观场面进行了记述。玄武池练兵时，曹操水军的规模较小，远不能与这次相比。由此也可以看出，曹操虽然在赤壁大战中惨败，但其实力却未受重创，否则的话，不可能在这么短的时间内就大规模重建水军，并做出再次南征的姿态。

在孙权对合肥等地的初次进攻中，淮南地区遭到很大破坏，战后郡县守令多有缺额。曹操将扬州治所由寿春迁至合肥，选用通晓军事的官员担任扬州刺史，并让曾以奇计吓退孙权的蒋济对其进行辅助，对于淮南各郡县的长官人选，他也都调配选用了合适的人。

淮南是今后曹军南征的主攻方向，如果能够不完全依靠冀州，由当地就近为军队提供给养，是再好不过的事。曹操在芍陂等地重建了战争中废弛的水利设施，又在芍陂周围招募农民开荒，实行屯田，以保证军粮供应。

曹操此番前往合肥，并在合肥停留了较长时间，一个重要的目的是平定叛军，巩固防务。在合肥西南的庐江郡界，陈兰、梅成等人各拥兵马数万，割据叛乱，也已经与孙权建立了联系，这对曹军的淮南防线而言，是一个严重的隐患。

曹操派张辽讨伐陈兰，于禁讨伐梅成。梅成见曹军势盛，便假意向于禁投降，等于禁一撤军，就赶紧投奔陈兰。陈、梅合流后，转移进入天柱山，在山上设置营垒，用以阻击张辽。

天柱山山势高峻，通达山顶的小路长达二十多里，而且艰险狭窄，只有步行才能勉强通过。张辽带的兵不多，见条件又这么差，部将们都有畏难情绪。张辽则说在这种狭窄地带，正好一对一，兵少根本不是个事，只要你敢拼命就能前进获胜。

“一与一，勇者得前”，张辽亲自带兵冲上山去，击溃叛军，将陈兰、梅成予以斩杀。

张辽平叛成功，除掉了合肥的肘腋之患，这一点自不待言。同时此仗也是赤壁兵败后曹军首次大获全胜，虽然只是剿平叛军，但亦能在一定程度上振奋军心士气。

曹操闻讯极为高兴，点评说：“登上天山，踏破险峻，取来陈兰、梅成的首级，这是荡寇将军（张辽）之功。”随后他便给张辽增加封邑，并授以符节，给予张辽以在军中先斩后奏的权力，张辽“五子良将”首席的地位由此更加实至名归。

南北分立

赤壁大战时，江陵曾是曹军东征的出发地与后方转运兵站，虽然曹操已经北撤，但在东吴政权眼中，只要江陵一日被曹军所控制，就仍会令他们有骨鲠在喉之感。

周瑜率兵猛攻江陵，江陵成了曹军的作战前线，襄阳成了后方。此时江陵城中还有余粮，曹仁又是“诸夏侯曹”中最出色的将领，故而周瑜几次对江陵发动进攻，都未能得手。

有一次，周瑜和曹仁约定日期，在江陵城下大战，周瑜亲自骑马督战，不料被流矢射中右臂，伤势很重，只得撤兵回营。曹仁听说周瑜卧床不起，便反守为攻，前来勒兵叫阵。周瑜带伤忍痛，起床巡视军营，激励士卒。曹仁见状，知道无机可乘，这才领兵退回城中。

曹仁在江陵一直坚持到年底。在此期间，曹操完成了进兵路线和方向的调整，已足以在东行线上对吴军施以压力，而江陵远离曹军后方基地，存粮总是越吃越少，曹操若想要保住它，就必须从南行线上继续予以强有力的补给。这样做的话，一者是划不来，二者补给线也很容易被周瑜切断。与此同时，在经历近一年的死守后，江陵守军的伤亡也很大，迫不得已，曹操命令曹仁撤出江陵，将战略据点收缩至襄阳、樊城一带，以便缩短防线，争取化被动为主动。

襄阳是保卫中原的第一道防线，却不是攻略江南的理想基地，因此曹操放弃江陵，也就等于放弃了沿南行线进攻江东的计划。至此，孙权占领以江陵为治所的南郡、荆州东部的江夏郡，完全控制了长江防线，其政权更为稳固。刘备亦乘周瑜和曹仁相持之际，向南占领长沙、零陵、桂阳、武陵四郡，从而据有了荆州的江南部分。

诸葛亮在说服孙权同意与刘备联盟时，曾预言曹操只要战败，就会退回北方，孙刘两家随着实力的增强，将会与之形成鼎足之势。现在这个预言可以说是部分地实现了，长江流域无复北兵踪迹，南北分立的形势已经开始形成。当然要说鼎足之势，则还言之过早，因为三方的博弈仍在激烈进行当中。

孙刘由结盟而得益，在将曹军全部赶到长江以北后，两边更加接近，刘备上表孙权领徐州牧，孙权除上表刘备领荆州牧外，还把妹妹嫁给了刘备。

曹操在赤壁大战中就吃够了孙刘联盟的苦头，战后才想到要各个击破和对之使用瓦解、离间等手段，但事过境迁，原先曾屡试不爽的一些老招数都已失效。周瑜有一个旧友兼同乡蒋干，此人能言善辩，曹操派他去江陵拉拢周瑜，结果却只是讨了个没趣。

武力威胁也很难说有太大作用。在曹操亲自南下合肥期间，周瑜因伤卧床，无法出征，孙权便亲率大军到合肥附近布防，看到孙权态度如此坚决，曹操反倒不敢轻易与之交战了。

赤壁兵败已令曹操元气大伤，骤然开战是不明智的做法。他来到合肥，其本来目的就只是稳定淮南秩序，巩固防线，大张旗鼓地在水上行军以及布阵于合肥，不过是对孙权做一个威吓性的动作，并没想到大举南下。

淮南事务已经安排就绪，曹操在对前线吴军的布防进行侦察后，又再次确认没有取胜的把握，接着便留下张辽、乐进、李典三位大将，让他们统兵七千，镇守合肥，自己领兵北归。但是不久，他又再次率军回到谯县，继续训练水军，储备力量，为南征预做准备。事实证明，曹操后来的南征均以谯县为中转兵站，曹军在南下前每次都是在这里聚集兵马，补充粮饷。一直到今天，亳州市仍保存着地下运兵道、观稼台等募兵屯田的遗迹。

在谯县之外，东边的合肥和西边的襄樊，组成了曹操在南面的两道屏障，也是他同孙权、刘备长期争夺的两大焦点。虽然在曹仁奉命从江陵撤至襄樊后，南北双方均未再采取大规模的军事行动，然而冷战气氛却仍在不断蔓延，尤其是在襄樊一线，曹军和周瑜的江陵军团相互对峙，谁都不敢有丝毫松懈。

公元 210 年春，周瑜终因旧伤复发而身亡，这一消息令南方军队的士气遭到空前打击。然而曹操并没能高兴太久，按照周瑜遗言所荐，孙权任命鲁肃接任周瑜的职务，在这位继任者走马上任后，对曹操而言，形势反而变得更糟了。

算盘打得有多精

周瑜、鲁肃虽同为主战派，但在联刘抗曹这一点上，两人的态度却有着明显差异。周瑜比较心急，想通过单独行动，排除刘备，强行扩大东吴的势力范围。相比之下，鲁肃更为高瞻远瞩、深谋远虑，虽然在由东吴完全控制长江以南这一点上，他与周瑜的见解完全一致，但却主张有步骤地稳妥推进，尤其是不能因小失大，妨碍和影响与刘备的同盟关系。

赤壁大战后，刘备虽然占领了荆州的南部四郡，但这四个郡的大部分地区都是少数民族聚居区，经济非常落后。靠着它们，刘备只能做个地方上的小诸侯，要想三分天下有其一，还必须进取益州。南郡是通往益州的门户，刘备亲自到江东向孙权借南郡，也就是所谓的“借荆州”。南郡是周瑜费了九牛二虎之力从曹军手里夺过来的，而且他自己也想以南郡为跳板，向益州扩张，所以此事一直未成。

鲁肃与周瑜不同，他认为曹操势力强大，东吴不可能单独与其对抗，而且南郡虽然是重地，但东吴还没有完全掌握当地人心，反不如把它借给刘备，利用刘备去牵制曹操在这方面的力量。

在鲁肃的斡旋下，孙权终于将南郡借给了刘备。刘备在如愿得到南郡的同时，也分担了西部前线的防务，使孙权得以将原驻当地的吴军东调，集中于淮南战场。毫无疑问，这是一个大胆而又高明的政治策略，据说曹操听到这个消息时正在写信，当场惊得失魂落魄，连笔都掉到了地上。

自此开始，曹操必须在东西同时对付两个强大的对手，南征变得更加困难。曹操数次派人南下进行侦察，搜集情报并进行分析，结果都是认为东西两边，无论哪一边都无机可乘，短期内也不存在击破孙刘联军的可能性。在这种情况下，曹操只能暂时放弃南征，专心打理北方。

在北方，曹操的日子也不好过。赤壁大战前，他的权势和声望如日中天，除了孙权、刘备等敌对分子，以及孔融等极少数不识时务者外，极少有人敢非议其作为。战后，各种各样的议论就多了起来，政敌们更在背后加紧了对曹操的攻击，称他有“不逊之志”，有的甚至要他交出兵权、政权，到武平侯国（曹操被封武平侯，武平侯国是他本来的封地）去养老。

如果曹操对此不做辩解和表示，他不仅可能丧失挟天子以令诸侯的政治优势，而且还可能成为残余南北诸侯“清君侧”的对象，内部的政敌也会乘势而起，正如周瑜生前所指出的："曹操新败，忧在腹心。"

曹操必须妥善处理好这场危机。这时献帝封曹操邑兼四县，食户三万，曹操向来很注重扩大自己所直接控制的辖区，按照他的一贯做法，对于朝廷封邑，他是来者不拒的，但此番却做了退让，这就是所谓的"增封让封"。

曹操让封不是冲着皇帝，其形式也不是奏上的表章，而是临下的教令，说白了，就是给那些可能背后讲他坏话的人看的。

在令文中，曹操说：我年轻时的最高理想，不过是当将军和封侯，如今位极人臣，已经大大超出了原有的志望，根本就不会再有其他异志或者野心。再者，我戎马一生，为的就是阻止别人称帝称王，"向使国家无孤，不知当几人称帝，几人称王"，难道到头来，自己还会去做这样的乱臣贼子吗？

曹操一方面竭力隐藏代汉意图，强调自己对汉室的忠心；但另一方面，他又绝不肯因"虚名"而弃"实利"，对于政敌让他退出江湖的要求，他予以了坚决回击：无论你们怎么说，我都绝不会把权力交出来！天下形势仍然动荡不安，我不交权，既是为了我自己以及子孙的安全，同时更是出于国家安全的考虑。

"江湖未静，不可让位，至于邑土，可得而辞。"曹操肯交出来的，就是朝廷所封食邑。他言不由衷地说，他的德行确实还够不上这样大的奖赏，为了减少别人的诽谤议论，同时也减轻身上所承受的压力，所以才决定将所封四县交出三县，食户三万交出两万。

看上去，似乎曹操还真吃了点亏。但仅仅几天之后，他就又借献帝之手，给他的三个儿子封了侯，并把他退回去的三县封邑给了这三个儿子。三县均属郡国所在重地，曹操以此作为邺城的屏障，在幽、冀、青三州建起了一道防线。

曹操之机智诡诈，真是超人一等，此事发生之后，很多人都发出了如此感慨。你看，他算盘打得有多精，左口袋掏出去，再从右口袋收进来，好话说尽，利益却丝毫未损。

曹操对此振振有词，他说他早就在令文中讲清楚了：我曹某人可以不在乎名，不在乎利，但万一哪天我倒台了，别人报复我怎么办？我打算以我这几个儿子作为外援，保证不出一点意外。

曹操一个劲儿地往自个儿脸上贴金，但其实际做法则恰恰相反，而且为了加强和巩固自己的权力，确保内部稳定，他还要进一步加快代汉进程。

继承人

一般认为，挟天子以令诸侯是曹操开创霸业的第一步，改组中央政府，取消三公，自为丞相，用“换汤也换药”的办法架空汉室，则是完成了代汉的组织准备。从公元 210 年起，曹操开始进行代汉的思想准备，其标志就是发布了第一道求贤令。

在平定乌桓胜利之后以及在赤壁大战期间，曹操曾因骄傲自得，对招纳人才有所忽视，以至于把张松那样的奇才都拒之于门外。曹操此举，很容易被人看作是对以往失误的一次修正，但曹操的真正用意和重点却并不在此，而是在求贤令中所宣示的“唯才是举”上。

当时的社会舆论特别是士大夫阶层，仍视篡汉为不忠不孝之举，就连被曹操视为心腹的荀彧都对此难以认同。赤壁大战后对曹操的各种批评和非议，其实也大多根源于此，这使曹操篡汉面临着巨大的阻力。为了冲淡人们思想上的忠孝观念，曹操便通过求贤令告诉世人：只要你有治国用兵的才能，你就是贤才，我就会让你做高官，至于你是市井小人也好，鸡鸣狗盗之徒也罢，甚至有不忠不孝的行为，一概没有关系！

求贤令同时还是一个逻辑推导链，从中可以推导出，像曹操及其子孙这样有着治国用兵大才的人，岂止做高官，就是做皇帝也没什么问题，因为有才便是一切，忠于朝廷与否，全都无所谓。

由于南征搁浅，此时的曹操已有自己不当皇帝，但扫清障碍铺好路，让儿子代汉的准备和打算。

曹操妻妾多，儿子也多，总共有二十五个。过去立嗣讲究先嫡后庶，先长后幼。曹操的长子原为曹昂，但因其已死于张绣叛乱，所以次子曹丕也就成了事实上的长子。

尽管如此，曹丕一开始并没有被曹操作为理所当然的继承人。

曹操理想中的继承人，应该德才兼备、文武双全。曹昂二十岁时被举为孝廉，二十一岁战死疆场，自然符合这一标准。其后被曹操看中的，则是年龄较小的曹冲，曹冲是“曹冲称象”故事的主角，从小就极为聪慧，可惜他也步大哥的后尘，十三岁时就生病死了。曹操极为难过，但是当曹丕前来劝慰他时，他却说：“曹冲死了是我的不幸，可这却是你们的幸运啊！”

曹操的意思很清楚，如果曹冲不死，你们这些大大小小的兄弟一个也没分继嗣，现在他死了，我也只好到你们中间挑选了。

曹操这话听在曹丕等人耳朵里，固然让人很不舒服，但却是实情。曹丕后来自己也承认，不管曹昂或曹冲哪一个活着，曹操都只会立他们两人中的一个为嗣子。

剩下的儿子中，曹彰体力过人，骑马射箭样样行，可就是不爱读书，其志向也只想做个将军。曹操不能勉强，只得作罢。

与曹彰相反，曹丕及其弟弟曹植原本都喜文而不好武，曹操为了督促他们练武，特地各赐兄弟俩一把经过多次冶炼加工的宝刀，名为“百辟刀”。曹丕、曹植都有心继嗣，在下了一番功夫之后，两人也都达到了曹操的要求，成为曹操的重点考察对象。

虽然文的武的都行，但曹丕、曹植最突出的还是文，比曹丕小五岁的曹植，在文才和名气上又超过了哥哥。曹操本身也是第一流的文学家，然而看了曹植写的文章，连他都不相信文章是曹植自己写的。公元 210 年冬，曹操在邺城筑成铜雀台，曹操率儿子们登台，让他们当场各自作赋。曹植很快成文，而且写得很好，曹操这才确信他没有请人代作。

曹操最初偏爱曹植，但是因受立嗣为长思想的影响，还是将曹丕与其他儿子区别对待。在他封侯封地的三个儿子中，有曹植，没有曹丕，不过经过曹操的安排，献帝未久就又颁下诏令，将曹丕任命为副丞相级的五官中郎将，授权在邺城设置官署。

按照汉代制度，五官中郎将是不置官署的，曹丕置官署乃特许。曹操如此安排，目的就是要给予曹丕一定的实际权力，承担一些军政任务，以便对他进行锻炼和考察。

第十章 一幕大戏

在周瑜生前的最后一段时光里，他从江陵赴秣陵，向孙权提出，他愿率大军西进，在夺取益州、吞并汉中、联合马超后，再回军图谋襄阳。在这一行动方案中，周瑜将联合马超看得很重，视之为战胜曹操的一个重要条件。

得到孙权同意后，周瑜立即返回江陵，准备按计施行，不料中途行至巴丘时便一病不起，其计亦无果而终。

尽管周瑜壮志未酬，行动还没正式出台便告夭折，但其意图却足以令曹操惊出一身冷汗。他意识到，孙权要北面抗曹，西联韩遂、马超乃势所必然，而韩、马镇兵西北，也始终是他的心腹大患。

今后要想南征孙权、刘备，西取巴蜀，就不能存在后顾之忧和前进中的障碍，以韩、马为首的关中诸将，终于要到彻底解决你们的时候了！

打仗必须师出有名，尤其曹操挟天子以令诸侯，出师更是都打着讨伐朝廷叛臣的旗号。韩、马皆为朝廷正式加封的命官，赤壁大战前，马超之父马腾已经在邺城为官，赤壁战后的次年，曹操又通过韩遂的部将阎行，劝说韩遂将其子以及阎行的父母送到许都。也就是说韩、马两家都有直系亲属被曹操扣作人质，自己又尚无反叛迹象，连这样也要打，实在是很难说得过去。

就在曹操想方设法寻找出兵借口的时候，司隶校尉钟繇的一个提议给他带来了启发。

要的是一劳永逸

在周瑜生前设计的西进方案中，除益州之外，他准备攻取的第二个目标是汉中，汉中诸侯名叫张鲁。钟繇请求曹操拨给三千兵马，说是他要讨伐张鲁。实际上，因为进讨汉中必然要途经关中，以镇抚关中为己任的钟繇，想用这一名义进入关中，迫使关中诸将向邺城和许都送来更多人质。

官渡大战时，曹操派卫凯前往关中，卫凯提出了实施盐政等建议，这些建议经荀彧上报曹后，均被采纳并收到良好成效。在朝廷大员中，除钟繇外，以卫凯最熟悉和了解关中情况，于是曹操便通过荀彧向其征求意见。

当初卫凯还曾奉曹操之命出使益州，结果却因汉中道路不通而无法完成使命。他的困惑是，汉中既然这么难走，关中诸将又不傻，肯定会疑心曹军其实是要征讨他们，届时他们送来的恐怕就不是人质，而是刀箭了。

关中地势险要，关中诸将又能征善战，人多势众，一旦发作起来，岂是钟繇能控制得住的？卫凯以自己对关中诸将的了解，认为他们只是苟安于一隅，并没有雄心去图取天下，如果曹操能以朝廷的名义给他们厚加爵号，就不必担心他们变乱，完全用不着对之采取出兵威吓等小伎俩。

荀彧把卫凯的意见告诉了曹操，出乎意料的是，曹操并没有接受，他仍然还是同意了钟繇的请求。

丞相府属员高柔对此次出兵亦持反对意见。他谏阻说，如果曹军向西用兵，韩遂、马超等人一定会相互煽动叛乱，联合起来迎击。曹操实在要想取汉中，应该先招抚关中，在把关中稳住后，只需一纸檄文，汉中自然归顺。

曹操也没听高柔的，倒不是他和卫凯说得没有道理，而是曹操已从钟繇、卫凯的意见中，找到了出师关中的理由：先假装进讨汉中张鲁，诱使关中诸将举兵反叛，然后再名正言顺地讨伐他们。

稳住关中，现在就已经能做到了，甚至都用不着关中诸将再送人质，但他曹操要的是更进一步，一劳永逸地把关中直接揽入怀中。

很少有人能完全领会曹操的这一真正意图。高柔就是当年预言曹操与张邈看似友好，实际将来必然翻脸，为此举族离乡避祸的那个陈留人。按说他的观察力是极强的，但就连他，也被蒙在鼓里，甚至还以为曹操真的是想取汉中，从关中只是路过呢！

建安十六年（211）三月，曹操打着进讨张鲁的旗号，命钟繇从洛阳向关中推进，同时派大将夏侯渊等人由河东郡出兵，前去与钟繇会合。

果不其然，得知曹军进兵关中，关中诸将都以为是来袭击自己的，纷纷举兵反叛。马超的地域和抱团观念较强，过去钟繇试图让他与韩遂互斗，他认为钟繇是关东人，关东人的话信不过，因此没有上当。这次集体反叛，也以他的态度最为坚决。

马超被外界认为兼具韩信、英布那样的勇武，在羌胡人当中也很有威望，若按实力排序，他应该是联军的领袖。只因韩遂是马超的长辈，又曾同马腾结拜为异姓兄弟，所以马超便推举韩遂为都督，希望他出面领导诸将抗曹，并且对他说："现在我父亲在朝中被他们控制着，我只好弃父而以将军为父，希望将军也弃子而以我为子。"

韩遂的部将阎行觉得反叛没有胜算，劝韩遂勿与马超站在一起与曹操为敌。韩遂没有听从，说："现在诸将不谋而合，纷纷起来反抗，这好像是天意吧！"随后他与马超联合关中诸将，加在一起共十部，约十万人马，各部迅速向潼关集结，阻挡曹军开入关中。

当年为讨伐董卓，关东诸侯曾联合起兵，现在为对付曹操，关西诸将又组成了联军，其气势和规模也丝毫不逊于昔日的关东军。不过当曹操得知关中兵马正陆续向潼关集结时，却很是高兴，每听到又有一部来到潼关，他都会面露喜色。有些将领觉得挺奇怪，敌人越来越多，不是该感到忧虑吗，怎么还开心起来了呢？

曹操在华容道脱险时哈哈大笑，那是装的，这一次高兴却是发自内心——除了关中事态的变化正中其下怀外，还因为关西军的集结，反而加快了他夺取关中的进程。

抢渡

如果关中诸将分散开来，各自凭险据守，曹军就需要各个击破，一个一个地予以平定。关中地域广大，艰苦尤其不说，最主要的是，没有个一两年时间，这件事完不了，而且其间还不知道会不会再发生其他意外。

如今关中诸将自动集结在一起，正好一网打尽。他们人数虽多，但缺乏统一的指挥，互相之间也互不服气，说是临时抱佛脚的一群乌合之众也并不为过。总之，不管怎样，总比一个个地去吃掉要容易得多。

值得曹操高兴的另一件事是，他未雨绸缪，在征讨高干时，便平定了河东郡的叛乱。河东郡由“国士”杜畿治理多年，杜畿宽厚仁惠，其政绩被称为天下之最，河东因此蒸蒸日上，家家户户都过着富足殷实的生活，人们对于曹操和朝廷的向心力自然就强。

韩遂、马超等发动叛乱后，周围有很多县城予以响应，河东虽然和叛乱区接近，但老百姓却毫无响应叛乱的念头。这意味着，曹军在与关西军作战期间，将能够就近从河东获得稳定而可靠的后勤补给。事实也是如此，曹军到达前线后，军中的粮食全部都依赖于河东，甚至到战争结束时，军营里也还剩下从河东运来的二十多万斛粮食。

对关西军一战，曹操固然有着必胜的信心，但他已不会再犯赤壁大战时那样盲目骄狂的错误了。关西军战斗力强悍，又是在其家门口交战，不容小觑。曹操在得知叛乱消息的第一时间，便派曹仁由襄樊一线先行驱师北上，督诸将与关西军隔潼关相对，同时提醒他关西兵精悍异常，严令此去只可坚守营垒，不可轻易出战。

邺城这边，曹操令曹丕留守，程昱等人在军事上予以参谋协助，自己亲临西部前线指挥作战。这一年，他已经五十七岁了。

建安十六年（211）秋，曹操到达潼关，集中兵力与关西军对阵。他很清楚，如果光是这样夹关相持，关西军凭险而据，将很难将其制服。只有绕开潼关，从侧面展开攻击，才有可能打乱其部署。

曹操的打算是北渡黄河，据河西为营，南向取敌，不过对于究竟该自何处渡过黄河，以及能否顺利渡河，他心中尚无把握。大将徐晃是土生土长的河东郡人，对黄河边的地理特点较为熟悉，曹操于是便把他召来问计。

徐晃的意见是从蒲阪津渡河，因为他发现那里没有关西军分兵把守，同时自告奋勇，愿率一支精兵打先锋，先行渡过蒲阪津，在河西为大部队建立据点。

曹操认为他的意见不错，遂派徐晃、朱灵率精兵四千，于夜间抢渡蒲阪津。

黄河边不止一个渡口，关西军事先又没有分兵扼守，从发现曹军渡河到派兵出击，时间上根本就来不及。等关西军方面得知徐晃、朱灵系从蒲阪津夜渡，派梁兴率步骑兵五千赶来，人家已经在河西开始搭建营寨了。

当梁兴匆匆赶至蒲阪时，曹军正在挖壕沟、树栅栏，活还没干完，但徐晃、朱灵早已有备，迎头猛击，将梁部击退，然后据河西为营。这样，黄河蒲阪一段的两岸便全为曹军所控。

徐晃、朱灵成功渡河，并在河西站住脚后，曹操并没有马上让主力部队跟着抢渡。如此做法，是为了继续吸引关西军，减轻徐晃、朱灵的压力。

至建安十六年（211）九月，曹操才命主力自潼关北渡河，与徐晃、朱灵会合。到了黄河边，曹操让大部队先过，自己则留在南岸断后。

在徐晃、朱灵的牵制下，敌军受到干扰，曹军大部队得以顺利渡河。然而大队人马刚刚过去，马超便率步骑兵一万余人掩杀过来。一时间，喊杀声震天动地，利箭如同飞蝗一般，向仍滞留于岸边的人群飞来，而这时曹操尚未过河，情况变得非常危急。

胡床是一种可以折叠的轻便椅子，在曹军渡河时，曹操就坐在胡床上进行指挥。得知关西军追来，他临危不乱，始终坐在胡床上一动不动，就好像什么事情都没有发生一样。

许褚、张郃率领着一百余名虎士，将曹操团团护卫起来。许褚上前告诉曹操，敌人来得实在太多，已经没法击退，现在大部队既已过河，应该赶快离开才是。随即，他便亲自护卫曹操登船。

随着关西军的追杀越来越急迫，士兵们也都争着登船逃命，曹操所在的小船眼看就快要被压沉了。许褚见状，举刀就砍，抓着船沿想要上船的士兵都被他砍死了，小船这才没有沉没。

一波刚平，一波又起。关西兵射出的箭飞到船上，射死了船工，许褚没有办法，便一手举着马鞍遮蔽和保护曹操，一手自己摇桨划船。后来大家都说，这一天如果没有许褚，曹操都不知道要死几回了。

即便这样，曹操其实也还没有能够完全脱险。河水湍急，许褚又是临时充当船工，没有那么好的划船技术，小船在河中向下游漂了四五里，但始终没能远离河岸。关西兵骑着马沿岸追射，乱箭如雨，曹操随时可能受伤乃至一命呜呼。

千钧一发之际，典军校尉丁斐情急生智，将牛马都放出来，以诱使敌兵前去抢夺。关西兵多为凉州人，知道牛马的价值和好处，他们的注意力果然都被吸引过去了。众人四散追赶牛马，之后不管马超如何声嘶力竭地吆喊命令，都再也不能把他的兵马集中起来了。

乘着关西军兵力分散，无暇追击之机，许褚终于将小船划离河岸，直至抵达河心，真正脱离危险范围。

北岸诸将只知道马超追来，南岸的断后部队溃败，却不知道曹操的安危以及身在何处，一个个都又急又怕。及至曹操登上北岸，诸将纷纷前来请安，大家又悲又喜，恍若隔世，有人甚至激动得哭了起来。曹操虽然一直不露声色，但实际也有点后怕，他大笑着对众人说:"今日差一点为小贼（指马超）所困！"

冰沙之城

在北渡黄河后，曹操的下一个行动计划是渡过渭河。关西军方面对此并不是毫无察觉，早在徐晃、朱灵率领先遣部队到达蒲阪时，马超就估计到曹操有此一着。他建议韩遂在渭河以北分兵扼守，使曹军无法渡河，并且预计用不了二十天，河东便难以向曹军供应军粮，曹操将不得不主动撤军。

韩遂没有说曹军不会抢渡渭河，但他说没关系，就让他们渡好了，等他们渡到一半，我们突然进行攻击，让他们进退不得，岂不是更好？

"半渡而击"是个好战术，昔日钟繇打郭援，就是采用的这一战术，马超在那一战中更是一战成名，其部将庞德当场取下了郭援首级。可就算是好战术，也得分对谁，韩遂大概没有好好研究过曹军的征战史。当年曹操灭吕布，要横渡泗水，吕布就是想"半渡而击"，结果却弄巧成拙，便宜没捡着，反而被曹军快速渡过泗水，逼至城下。

静如处子，动如脱兔，是曹军的一个显著特点，他们不启动便罢，只要一启动，十有八九会让你的“半渡而击”成为漏招。由于关西军未提前分兵扼守渭北各渡口，等于渭河防线已经提前对曹军敞开了大门，曹操率主力部队与徐晃、朱灵会合后，一路向南推进，直抵渭水北岸。后来，当曹操听说马超曾建议封住渭北渡口时，也不由庆幸韩遂未采纳其策，感叹道：“马儿不死，我就死无葬身之地了！”

当年楚汉相争时，刘邦屯兵黄河南岸的荥阳，荥阳对岸是储备粮食的敖仓，为了防止被项羽抄掠粮食，刘邦曾筑甬道联通黄河，用以转送敖仓的粮食。

所谓甬道，就是在通道两旁修筑垣墙，看上去如同街巷一般。在黄河西岸到渭水北岸之间，曹操亦通过占据有利地形，筑起甬道，只不过他所筑的甬道没有垣墙，是用木头军车连接成栅栏，挡击在两旁。

在甬道的护卫下，韩遂、马超等人就算想派兵掠粮，也无机可乘。河东地区提供的粮米得以源源不断地运往前线，曹军粮食供应无缺，可以长时间相持下去了。

韩遂尚未能够得到“半渡而击”的机会，曹军深入侧面的行动，就已经打乱了他的整个阻击计划，关西军不得不放弃潼关之险，把防线收缩至渭水南岸的渭口。

因为之前已经被曹军成功渡过黄河，马超对曹军再次抢渡格外敏感。曹军每次在渭河北岸发起抢渡行动，都遭到马超骑兵的冲击，导致无法在南岸就地建立营盘。而且渭河岸边的沙子又多，也很难构筑用于阻击骑兵的工事。

骑射是关西兵的特长和优势，在熟练掌握和使用骑兵冲击战术方面，马超部更是老手，当他们人人挥舞长矛，黑压压地纵马猛冲过来的时候，那场面确实很让人发怵。战前讨论，很多人都对此表示忧虑，主张应精选前锋前往抵御，否则不好应付。

曹操的骑兵王牌是“虎豹骑”，与以骑战见长的关西军对阵，“虎豹骑”应该是前锋的合适人选，但曹操并不打算这么早就使用手中的王牌。他很自信地对将领们说:“战争的主动权在我们手里，不在关西军手里。关西军虽然善于使用长矛，我却有办法让他们无法刺杀，诸位就等着瞧吧。”

赤壁大战中，曹操是用己之短，击敌之长；这次他要以己之长，击敌之短。曹操如今的优势之一，是拥有“天下智力”，帐下谋士智囊如云。针对曹军难以在渭河南岸扎营的情况，谋士娄圭献计：现在天气寒冷，可以把沙子堆砌成城墙，再用水浇灌，水结成冰，坚硬如铁石，如此城池一夜便可建成。

曹操采纳这一计策，用锦缎做了许多盛水的袋子。行动前，他设置许多疑兵，用以迷惑敌军，乘着敌军注意力转移，暗中以舟船载兵入渭水，提前搭好浮桥。到了晚间，士兵们沿着浮桥越过渭水，在到达南岸后，以夜色为掩护，先堆沙城，再把锦缎袋里装的水浇上去，等到天亮时，一座冰沙之城就建好了。

马超闻讯，连忙率部前来进攻，但面对着坚固的冰沙之城，再凶猛的骑兵冲锋都失去了施展的空间，挥着长矛，拿着弓箭的西凉勇士们像泄了气的皮球一般，只得怏怏而退。

离间计

关中诸将一方面欲战不得，求胜不能；另一方面自己又没有构筑工事，随时可能遭到袭击，可谓朝不保夕，众人对于反叛之举均后悔不迭。经过商议，他们决定派使者向曹操求和，表示愿意将黄河以西的土地割让给曹操，以换取其撤军。

曹操西进的目的，不是只为了要那么一点土地，他是要彻底消灭关中诸将，将关中全部收入囊中，以便进一步图取汉中、巴蜀。关中诸将中，尤以马超攻击欲望最为强烈，不仅令曹操几度遇险，而且还差点破坏他的计划。这更使曹操必欲取之而后快，唯恐留下隐患，从而给日后造成麻烦。

关中诸将的求和，理所当然遭到拒绝。建安十六年（211）九月，曹军全部渡过渭水，在渭水南岸同关西军形成了对峙局面。

马超等屡次挑战，曹操都置之不理，曹军依恃冰沙之城，愣是坚壁不出。此时的局面与潼关对阵时已大不相同，曹军占据主动，且无缺粮之虞，想坚持多长时间就坚持多长时间；而关西军在被对手由侧翼紧逼的情况下，却已陷入被动，同时也看不到速胜的希望。马超等人终于沉不住气了，他们再次向曹操纳质求和，表示除了原先的割地外，还可以再搭上自己的儿子，将其送给曹操作为人质。这次曹操同意了，不过要求阵前会面，具体商谈相关细节。

双方暂时息兵休战，到了正式会面这一天，关西军方面由韩遂作为代表，出面在阵前与曹操进行交谈。

曹操和韩遂其实是老相识了。很多年前，曹操以孝廉的身份来到洛阳，认识了一位姓韩的老孝廉，老孝廉还带着他的儿子，后者就是韩遂。那时的韩遂和他父亲一样，老实木讷，土里土气，而且处处维护朝廷。当时的曹操则类似于以批评朝政为时髦的“愤青”，但谁能想到，韩遂日后却在西部反叛了。

西部到底发生了什么？“老实人”韩遂又经历了什么？这可能是年轻的曹操在惊讶之余，最想知道的吧。彼时的曹操血气方刚，常常幻想能在平叛战争中挂帅出征，得胜封侯，或许他也会设想，如果真的有那么一天，他在阵前遇到韩遂，会是怎样一个场景。

你想到什么，命运有时候就会给你安排什么。如今曹操真的以“曹丞相”的身份，代表朝廷西征平叛了，而站在他面前的韩遂，也已被关中诸将推举为联军总指挥。

曹操感慨万千，立即策马上前，亲热地与韩遂打招呼。韩遂显然也受到了感染，两人并马交谈，一同回忆起了当年在洛阳的往事。

恍惚间，他们仿佛又回到了京城，回到了那座被灰色城墙所包裹的巨大都市。然后，觥筹交错的交际宴会，老韩孝廉的音容笑貌，一个个可能志比天高，同时又可能命比纸薄的故人旧友，也全都隐隐约约地浮现在眼前。

这一聊，一个时辰也就是两个小时都已经过去了，曹操仍然兴致勃勃，没有一点要收尾的迹象，谈到高兴处，他甚至拍手欢笑，似乎完全忘记了这是在剑拔弩张的战场之上。当天两人聊的话题，全都围绕着京都的往事和旧友，韩遂屡次想要提及双方原先所设定的话题，但却都被曹操岔开了。

关西军处于弱势，得求着对方，有此融洽热乎的气氛，对于求和谈判而言，总是个好兆头，反正曹操也已接受求和，可以一步步来。韩遂大概是抱着这种心理，结束了他与曹操的会面。

韩遂回营后，马超等人问他，求和一事谈得如何，当天的会面谈话完全没涉及这些，韩遂自然什么都说不出。

又问："曹公都跟你说了些什么？"

韩遂与曹操的谈话内容皆为私人话题，那些京都旧故、人情旧谊，完全是属于他们之间的共同记忆，而且在韩、曹年轻的时候，马超这一代人都没生出来或是还很小，就是想要与之分享，他们也未必能够领会。韩遂于是随口答道："没有说什么。"

韩遂随便也就随便了，别人却无法接受：长达两个多小时啊，你们两人谈笑风生，宛如知己老友重逢，这事大家都有目共睹，你怎么能说什么话都没说呢？

你不是没说什么，而是不敢老实交待吧，马超等人顿时生疑。

这个结果完全在曹操的意料之中，他想要的也正是这个。原来，在关西军提出纳质求和时，随军的贾诩就建议曹操，说这一次你不妨假意答应。

曹操表示同意。俗话说困兽犹斗，如果这一次再对关西军的求和予以拒绝，对方便只能豁出性命死拼，接下来的仗将会很难打，即便曹军最后取胜，亦将付出相当大的代价。

既然是伪许求和，当然背后还藏着大招。曹操心中一动，问贾诩下一步该怎么办，贾诩的回答简洁明了："离间他们就行了。"

聪明人之间对话，就讲个秒懂，曹操马上明白了贾诩的用意。说到使用离间计，曹操可是大家，他都不需要贾诩教，就立即酝酿出了一幕大戏。

与韩遂见面，是曹操所做的第一篇疑敌文章。并马而行，拉长谈话时间，拍手欢笑，只谈旧故不涉军事，都是曹操有意为之，说白了，就是做给马超等旁观者看的。令人叫绝的是，从韩遂本人到马超等，从头到尾都没看出一点破绽。不能不说，感性而又不拘小节的"曹丞相"，也同时兼具着高超而又迷人的演技，虽然都是早已设计好的情节，他却真能沉浸其中，大概演着演着，连他自己都已浑然忘我了吧。

你们想看曹公吗？

关中诸将，最重要的是韩、马，离间韩、马，是曹操巧施离间计的关键。

韩遂与马超本就有着仇隙，当初若不是被韩遂所逼迫，马超的父亲马腾也不至于背井离乡，亲自到邺城做人质，以致现在随时有人头落地的可能。韩、马联手，不过是大敌当前，为了各自暂时的安全和利益不得不结成的一种不稳定联盟，曹、韩见面，就像一块试金石一样，立刻让韩、马联盟暴露出了真相。

小火苗已经挑起，但还要一根根地开始添加柴火，让它烧得更旺。在与韩遂交马相谈后的第三天，曹操又约韩遂、马超二人单马对话。

马超对曹操的敌意深，攻击性强，诸将都建议曹操："主公与敌将在阵前交谈，要多加小心，不应大意，可摆一些'木行马'在前面，以防万一。"

曹操下令照办。

所谓"木行马"，是用木头交叉搭成的架子，将"木行马"隔在中间，便可以在两马之间构成临时屏障。除此以外，曹操还让许褚立马横刀，为自己作近身防护。

曹操做这些布置，既是对马超预做防范，同时也是要让马超明白，自己对他是极不放心、极不信任的，以此在气氛上与曹、韩的单独会面形成强烈对比和反差。

到与韩、马对话时，曹操也继续维持着对于韩遂的友善态度，对马超则刻意保持距离。看到韩遂部将阎行立于韩遂身后，曹操用听似平和的语调对阎行说："你不要忘记做孝子啊！"

阎行的父母作为人质，正宿卫于邺城，曹操显然是在示意阎行不要跟着韩遂、马超走，以免让自己的父母送命。但实际上他这话更是说给马超听的，因为马超的父亲马腾，其处境和阎行双亲无异。

当双方会谈快要结束时，曹操骑马从关西军阵前经过，慑于曹操在战场上的威名，韩、马的属将都在马上拱手致礼。关西军是羌化胡化的兵团，联军中有很多羌胡兵，他们和本地的关中兵一样，都想看看这个传说中纵横关东无敌手，来到关西也同样能让他们闻风丧胆的"曹丞相"，究竟长什么样子。于是纷纷拥上前来，踮起脚尖，里三层外三层地向前围观。曹操见此情况，很潇洒地笑着对他们说："你们想看曹公吗？他也是个人，并没有长着四只眼睛，两张嘴，只是心智多一些罢了！"

曹操这么一说，拥上前看的人更多了，在羌胡兵心目中，像曹操这样能打仗的人，几乎可以被摆到神的位置，如今见到真人，又见其出语如此豪迈，都极其景仰。有人围着曹操，前后左右地看了又看，好像要从他身上找出什么成功的秘密一样。

这是曹操在使用离间计之余，第二个希望达到的目的，那就是震慑敌军。在曹操宣言“多智”的时候，关西军将士也同时注意到，当天的曹军军阵格外有气势，阵前一眼望过去，全是装备着马铠的精悍骑兵，在阳光的照耀下，他们身上的铠甲与手上的兵器，精光闪烁，杀气逼人。

此军阵当然也经过事先准备，系由五千铁骑排成十列。所谓“铁骑”，除了骑兵着铠甲外，所骑战马也应披着马铠。曹军当然不会有五千具马铠，要知道，即便官渡大战时的袁军，所拥有马铠的也只有三百具。不过列阵本身是有讲究的，只要外层战马皆披马铠，就已足以给人目眩神迷的感觉了。现场情况也的确如此，关西军将士看到后，无不为之震惊。

曹操的“耀兵慑敌”极其有效，它让关西军明白了，就算是双方骑兵对决，在关西军自认为最具优势的这一领域，曹军也同样握有胜算。

这时候的马超显然心中很不是滋味，他见曹操身后只跟着一个卫士，便自恃武艺超群，想实施突袭，在纵马猛冲，跃过“木行马”之后，擒贼先擒王，将曹操抓住。

要冲过去的话，只需一个念头就行，但在此之前，马超认为自己还必须弄清楚一件事：那个卫士是谁？

迅雷不及掩耳

曹操先后有两个著名的虎将卫士，都是别人做梦也得不到的。一为典韦，为掩护曹操出逃而殉职，战死之前将敌人杀得尸横遍野，没人能够活捉他；再为许褚，许褚就是典韦的再版，军中因其力大如虎而貌似憨痴，故而称他为“虎痴”。

马超对许褚罕见的勇猛早有耳闻，甚至也知道许褚的绰号是“虎痴”，他别的不怕，就怕曹操身后那个卫士“虎痴”。但凡战将，都要以保存自己、消灭对方为目的，可许褚这样的超级卫士兼勇士不同，他们为了保护自己的主公，可以不顾一切地扑上来，直至和你同归于尽！

马超可不想在抓住曹操之前，与许褚式的“非人类”同归于尽，于是便问曹操：“您手下有个叫虎侯的人在哪里？”

“虎侯”指的当然就是“虎痴”许褚。曹操多聪明的人，立即猜到了马超的意图，他回过头指了指，示意身后的这个人就是许褚。此时许褚正把眼睛瞪得溜圆，紧盯着马超的一举一动，看样子，只要马超稍有不轨之举，他立刻就会像猛虎一样冲上来，在保护曹操的同时，将马超撕成碎片。

知道曹操早已有备，马超只得打消活捉曹操的念头，双方会谈结束，各自罢去。从此以后，许褚的绰号也正式从“虎痴”变为了“虎侯”，天下之人，往往不知道许褚是谁，但却都知道那个连马超都惧其三分的“虎侯”。

曹操与韩遂、马超的二次会晤，应该是谈到了韩、马起初最为关切的事务，但这已经不重要了，重要的是韩、马的裂痕加深，关西军方面的内疑加重。同时曹操又通过显示自己的智勇以及兵威，起到了先声夺人、震惧敌胆的作用和效果。

自古兵不厌诈，曹操则堪称战场诡诈术的大师。几天后，他又写了一封亲笔信给韩遂，和会晤一样，信件本身的内容并不重要，重要的是曹操预计到马超必定会偷看信件，所以他故意在文字上含糊其辞，而且还涂改了不少地方。

假如曹操在信中明白着说，他要与韩遂怎样里应外合，韩遂为摆脱嫌疑，一定会主动把信拿出来，向马超等人进行解释，马超等人也不会相信，这样反而弄巧成拙。曹操此信，妙就妙在“含糊”两个字上，给人的感觉就是，韩遂自己心中有鬼，怕别人发现，不得不对这些含糊的文字进行涂改，以此作为掩饰。

一切正如曹操所料，马超偷偷看了信件，且看完信件后，对韩遂更加怀疑。

“胜一人难，胜二人易。”这是曹操从对付袁绍的几个儿子开始就总结出来的成功经验，如今用在了韩、马身上。乘着韩、马尚未清醒过来，曹操眉头都不皱一下，便马上派人通知关西军，将原先的和解协议全部予以推翻，双方约定日期进行会战。

曹操如此不讲信用，令韩、马瞠目结舌，但事到如今，也只好应战。此时，韩遂名为都督，却已因遭到猜忌，无法再统一指挥马超等其余各部，马超亦无足够权威进行协调。数量上本来还占据优势的联军，其内部陷入一片混乱，已无章法可言，真正成了一伙乌合之众。加上曹操先前伪许求和，众人以为没事了，防备也因此松懈下来，可谓未战而气先夺。曹军则正好相反，利用休战的这段时间，官兵们得到了休息整顿，士气高涨，极思一搏，故而，会战尚未开始，胜负谁属，其实已经分出。

会战当日，曹操先以轻战部队挑战，这也是他的一种用兵之道，即示弱于敌，使对方进一步放松戒备。马超率联军全力迎击，双方在激战一段时间后，曹军现出不支之势，联军以为曹军不过如此，果然斗志稍懈。就在这个时候，曹操使出杀手锏，“虎豹骑”突然出现，并向联军两翼发起猛攻。

曹操在与韩、马会晤时，已经用“五千铁骑列阵”的方式，向关西兵展示过“虎豹骑”的威风和气势。关西兵已经对此留下了心理阴影，到了特定时间和地点，这种心理上的威慑，又使他们的作战水准和勇气均大打折扣，以至于按照原来的本事，明明还能抵挡一下的，到头来却连招架之功都没了。当然，“虎豹骑”也确实名不虚传，其冲击之快捷，攻杀之凌厉，用曹操事后的总结来形容，即“迅雷不及掩耳”。战场上到处都是曹军长矛的凛冽寒光，关中诸将中的李堪、成宜等人当场便被刺杀于马下。

经过渭南一战，关西军顷刻瓦解，马超、韩遂各自逃往凉州，剩余的几个将领也都远逃他乡，关中大部分地区由此落入曹操手中。

荀彧的结局

曹操击溃关西军，基本控制关中后，本来可以立刻把兵锋转向汉中，但因为河北发生了波及幽、冀两州的农民起义，他唯恐后方不稳，于是留下夏侯渊驻守长安，自率大军东归。

建安十七年（212）正月，曹操返回邺城。此时农民起义已被镇压，这足以证明由曹丕在后方主持，程昱等人协助的模式是经得住考验的。

曹操一生的主要活动都和打仗有关，他所拥有的一切，归根结底也都是靠武事所得，战争成败，直接关乎其荣辱地位。几年前赤壁兵败，背后引来不少议论，弄得曹操不得不“增封让封”，把朝廷给他的封邑都给推让掉了。此次取得渭南大捷，则使他的声望再次得以空前飙升，达到甚至于超过了赤壁大战之前的水平。

迫于压力，献帝下达诏书，将当年第一代汉丞相萧何曾拥有的三项特权和殊荣，即“赞拜不名，入朝不趋，剑履上殿”，全部给予了如今的末代丞相曹操。

按照朝廷礼仪规定，大臣上殿时要接受检查，不准身带任何武器，必须脱去鞋子，只穿袜子；入朝要一溜小跑，不能踱方步；朝拜时，由司仪官唱导大臣的官职和姓名。现在这些对曹操都不适用了，他上殿可以佩剑穿鞋，入朝不必小步快走，司仪官也不会再直呼其名，而是口称“丞相”。

曹操从很早开始就不去许都朝拜献帝了，上述特权他在实际生活中大概率都用不着。礼仪的特许简化，除了对外表示曹操是汉天子最亲近、最可信赖的臣子，以彰显其无人能及的权势和地位外，也完全可视为曹操为了代汉，在形式上所做出的必要变化。

有军功在身，曹操在向朝廷“讨赏”方面也不再羞羞答答、介意别人的讨论了。他虽然凭借三子所得三县，已给邺城初步建起了一道屏障，但并不以此为满足。按照他的意图，朝廷又从曹操的直接控制辖区魏郡周围进行切割，给以邺城为治所的魏郡增加了十四个县。魏郡原有十五个县，在几乎扩充了一倍后，一跃成为全国县数最多的一个郡，在冀州拥有的领土面积也最多最广。

曹操并不以此为满足，作为代汉的又一个重要步骤，他通过谋士董昭提出一项动议，要求将其晋爵为国公、加九锡。董昭首先在列侯和文武大臣中征求意见，眼看曹操专权的行为日益严重，“篡汉”的迹象逐渐明显，荀彧不顾此前已因此遭到曹操的猜忌，并被削弱了权势，站出来直言表示反对，认为曹操起兵之初，本是为了辅佐朝廷、安定国家，如今这么做，实在是违背了初心。

荀彧的态度直接影响着列侯和文武大臣们的意见，董昭的动议自然难以通过。曹操对此极为不满，在他看来，荀彧已经完全站到了自己的对立面，此人社会影响力越大，对自己及其家族的威胁也就越大，如果任其发展下去，将成为今后代汉的严重障碍。

赤壁战后，曹操便视孙权为主要劲敌，他在那之后的主要军事行动，包括西征，其实也都是为了给再次南征解除后顾之忧，以避免到时腹背受敌和两面作战。关中既平，接下来就是征讨孙权，曹操借此机会，以派荀彧到谯县慰劳军队为名，上表将他调出了朝廷。

在荀彧到达谯县后，曹操又再次给献帝上表，将他纳入军中，直接控制在手。不久，曹操领兵进军濡须，荀彧则因病留在了寿春。

此时曹操已动杀机，有一天，他派人给荀彧送来了一个食盒，打开一看，里面却是空的，荀彧什么都明白了，随即便饮毒药自杀。

荀彧是曹操的首席幕僚，很早就被外界认为具“王佐之才”，曹操也称他是当代张良。曹操在稳定兖州、攻打吕布、官渡之战以及南征中的许多重大决策，皆来自于荀彧的谋略和策划。与此同时，荀彧喜欢推举贤人，引荐良士，是汝颍集团当仁不让的领袖和核心。他一生为曹操推荐了无数贤才，其中名气较大的就有戏志才、郭嘉、荀攸、钟繇、杜畿、陈群等，可以说荀彧一个人就打造了曹操智囊团的半壁江山。

荀彧二十九岁投奔曹操，死的时候五十岁，二十多年的光阴里，他都在为曹操的事业殚精竭虑。没有荀彧的鼎力辅佐，曹操未必能够在征伐四方的过程中处处获胜，也未必能够转弱为强和统一北方。史家认为，他于曹操的重要性，就好像管仲对于齐桓公一样，是不可或缺的。

荀彧为人正直无私，有仇视曹操的人指责他为虎作伥，被曹操赐死乃咎由自取。问题是在那样生灵涂炭的乱世里，如果没有一个具备超凡出众才能的人物出来领袖群伦，就无法拯救天下苍生。而曹操正是这样的人物，既然这样，那么荀彧如果舍弃曹操，他又能去辅佐谁呢？事实也证明，荀彧并没有看走眼，曹操在他的帮助下，确实通过发动统一战争，成功地使中原的大部分地区得以化乱为治，从此告别了悲惨得难以想象的离乱生活。

说到底，荀彧的结局是他个人选择的结果。因为他完全可以像大部分人那样，对曹操的代汉行为装作视而不见，如此就不用遭遇大难了，甚至如果曹操或其子孙当了皇帝，他还会以辅佐大业的元勋身份，得到享用不尽的荣华富贵。

荀彧不贪求这些，最终，他还是为忠于汉室而献出了生命。荀彧的死讯传出后，不少人都为之痛惜，献帝更是悲痛万分，当时宫廷正在举行祭祀活动，献帝下令停止了宴饮奏乐。

曹操赐死荀彧，固然是出于实际政治斗争的需要，是在为他代汉清除障碍，但此举也过于狠毒无情，不免有过河拆桥之嫌。若分析曹操的心理，大致近似于他当初统一华北之后的状态，无非还是“顺我者昌，逆我者亡”，只是荀彧之死比孔融之死更为悲怆，也更值得人们同情。

再越巢湖

在准备南征孙权期间，曹操不忘继续使用拉拢和分化手段，他让专门负责撰写章表文檄的官员阮瑀捉刀代笔，给孙权写了一封信。

信中说，我曹操，曾经想把弟弟的女儿许配给你孙权的弟弟，又为我儿曹彰娶了你堂弟孙贲的女儿为妻。看看，我们两家的关系原来可以多么亲密，不想你却置这分交情于不顾，跟我干起仗来。不过我知道，这都是小人挑拨，刘备煽动的结果，并非你的本意，我们仍然有机会和好如初。

软硬兼施之后，曹操给了孙权两条出路：其一，把重臣张昭（即曹操暗指的小人）、刘备都杀掉，可以得到高官重爵；其二，如果觉得张昭跟随的时间久，舍不得杀掉他，也行，只要擒杀刘备，也可以得到谅解。

与此同时，阮瑀又奉命代笔给刘备、诸葛亮各写了一封信。前者所表达的意思和给孙权那封信差不多，只不过对象换成刘备而已；后者除信件外，还随信奉送鸡舌香五斤。所谓鸡舌香，也就是丁香，据说入药后可治口臭，显见曹操对诸葛亮促成孙刘联盟，一直耿耿于怀。

孙权、刘备均为一代枭雄，非马超、韩遂以及袁谭、袁尚这些人可比，曹操对他们所使用的手段，作用几乎全无。孙、刘从未对曹操抱有任何幻想，他们既不为曹操的威胁所动，暂时也不愿意解除彼此之间的联盟关系。

为了迎击曹操，早在曹操拟定南征的前一年，即公元 211 年，孙权便将东吴治所从京口西迁至秣陵（后改名建业），其兵力也都自秣陵出发，集结于淮南一线，随时准备迎敌。

及至曹操自西而归，孙权知道他必将东向用兵，便立即打造和加固防御工事。

曹吴的接壤地带绵延千里，双方的兵力数量以及当地能提供的经济条件又都有限，客观上使得曹军无法全面进攻，吴军也实施不了线式防御。对吴军有利的一面是，他们本来也不用防“线”，而只需守“点”，即守住交界处的几个有限地点或不大的区域，后者被古代兵学家称为“衢地”，也即道路交会的通衢要地。

这些衢地扼制着南北或东西向的水陆交通干线，乃曹军的必经之所，吴军只要部署得当，就可以成功地阻击曹军，并阻塞其军队调动和粮饷运输。

孙权、刘备和曹操一样，都有识人用人的能力、魄力以及度量，东吴也因此人才济济，战将如林。周瑜虽死，但大局方面鲁肃可以接替，直接征战方面则有吕蒙、甘宁等人。吕蒙对曹军南征即将经过的东行线进行了考察，发现濡须水连通巢湖与长江，乃扼制曹操的重要衢地，而且适于构筑强固的防御工事。孙权采纳他的建议，在濡须水的长江入口濡须口两岸建立土堡，称为濡须坞，之后果然发挥了奇效。

建安十七年（212）十月，曹操亲率号称四十万的大军，沿着东行线南征，“再越巢湖”。次年正月，张辽、臧霸所指挥的先锋部队进逼濡须口，此时，突然天降大雨，濡须水的河面上涨，吴军利用水上优势，乘船向曹军迫近。

显然，曹操这次在出发前虽然已做了很多功课，但对于南向用兵的天时地利依然估计不足，结果导致刚交战就陷入了被动。时隔数年，曹军将士对赤壁兵败仍普遍存有心理阴影，见此情景皆惶恐不安，就连已稳坐曹家武将第一宝座的张辽，也感到了害怕，想避开敌锋，暂时后退，等大军到达后再前进。

张辽再厉害，毕竟是在马上打出声名的战将。与之配合的臧霸是原泰山军头目，长期与湖海打交道，到底经验多一些。他劝张辽不要过度惊慌，更不用急着后撤，因为“曹公深明利弊，哪能不考虑我们的情况呢？”

在臧霸的鼓励和坚持下，张辽决定坚守不动。第二天，曹操果然率大部队赶到，曹军终于站住了脚。

濡须水为东北流向，吴军大营建于西面，称江西大营。曹操仗着军威正壮，下令立即猛攻江西大营。这一仗曹军打得不错，一鼓作气攻破了江西大营，俘获都督公孙阳。

战后，张辽如实向曹操报告了头一天的情况，曹操对臧霸的表现很是满意，当即予以嘉奖，任命他为扬武将军。

“草船借箭”

孙权坐镇建业，一直密切地关注着曹军动向。这时吴军在后方一共拥有十万军队，由于已将荆州防务交给刘备，孙权可以随时抽出其中的七万精兵用于御敌。

获知曹操大军扑向濡须口，孙权立即亲督这七万精兵赶到濡须前线。为了挽回江西大营被击破后，对士气造成的不利影响，他以甘宁为前都督，密令其对曹军前营实施夜袭。

甘宁率兵三千，他从中选出一百余人组成突袭队，又在誓师动员会上将孙权赏给他的美酒佳肴分赐全部突袭队员。二更时分，甘宁带领夜袭队衔枚出发，径至曹军营下，拔去鹿角后，冲进营寨，当即斩杀曹兵数十人。

未等曹军回过神来，甘宁即率部撤走。此役虽然只能称得上是微不足道的小胜仗，但意义不凡，吴军士气因而复振。孙权很高兴，特将绢五千匹赏予甘宁，说："曹孟德有张文远（张辽字文远），我有甘兴霸（甘宁字兴霸），足可以同他匹敌了。"

孙权一语定下基调，此后，曹吴两军你来我往，互有攻守，但曹军始终都未能占到便宜。

当初吕蒙建议在濡须口建立土堡，众将起初尚不以为然，认为在岸上要与曹军面对面厮杀，至于水战，大家都坐着船，土堡完全多余。吕蒙则坚持说战事有胜有败，只要打仗，就没有能够常胜的，万一被敌步骑兵紧逼，我们连水边都挨不着，难道还能上船吗？

孙权认为吕蒙说得对，最终修筑了濡须坞。实战中，由濡须坞为主体构成的坚固防御阵地，果然成了曹军往前推进的最大障碍，怎么攻都攻不破，令他们极为沮丧。

另一方面，濡须口的两岸地形复杂，多为山岭丘陵。曹军顺流水陆并进，人马虽众，但受地形限制，进攻队形无法展开，他们只能在一个相对狭窄的正面与吴军进行接触，缺乏充分的作战回旋余地。在这种情况下，曹军既无法施展计谋，兵员数量上的优势也难以得到发挥。相反，因正面的防御战线较短，孙权却得以集中兵力，对曹军进行有效阻击。

一个多月过去了，曹操仍未能控制战场的主动权，而且曹军能够处于攻势的一方，也只能是岸上的步骑，水上根本不敢如此放肆。濡须水道较为狭窄，北方的大型船队难以进入，曹操出于躲避暑热和疾疫的考虑，又选择了在冬天的枯水季节进兵，因此他在谯县为南征部队所造的船只都较小，属于轻舟一类。吴军则多为大型战船，史载，孙权专有的巨型舟船"楼船"就部署于濡须口，这样不说别的，仅仅在水战装备上，曹军就明显处于下风。

濡须战役期间，曹操的水军主力在大部分时间里都只能待在水口以北的河道之内，缩成一团，哪都不敢去，更不用说驶入长江，与吴军水师决一雌雄了。

大动作不行，小动作总可以吧，你孙权可以夜袭我，难道我就不能以其人之道，还治其人之身？曹操派出一部人马，在夜间乘船登陆于江心的中洲，企图截断濡须坞与后方的联系。不料却被孙权发现，该部随即遭到吴军的重兵围困，经过激战，他们被尽数消灭，其中三千人被俘，还有很多人落水溺死。

经此重创，曹操无论白天黑夜都不敢出门了，吴军几次上门挑战，曹军只是在营寨里坚守不出。

于是孙权亲自乘坐大船，前去观察曹军营寨，曹操以为吴军水师要发动大规模进攻，连忙下令弓弩手放箭，以阻击对方接近。利箭如同飞蝗一样落到孙权的大船上，渐渐地，竟然使船的一面微微出现倾斜，孙权便命令将船掉过头来，以另一面受箭，待箭均船稳后，才从容退还。

在古代战争中，箭是重要的军需品，孙权出来一趟，虽未能接近曹军营寨，却装了一大船的箭，也算是收获颇丰了。正是因为这个情节极其精彩，所以在后世演义中，它被移花接木，成了赤壁之战时诸葛亮的“草船借箭”。

发现曹军不敢轻出，过了不久，孙权又乘坐一只快捷的轻船，在众将保护下，来到曹军营寨附近，想吸引其船队出战。曹军明明看到了孙权及其诸将，将领们都主动立即迎击，曹操倒很冷静，不肯上当，说：“这只是孙权亲自前来察看我军情况而已。”

曹操命令军中严加防备，不得出战，但也不准乱发弓弩，以免再拿军需品资敌。孙权见引诱不了曹军，便从容退走，船行五六里，他又突发奇想，下令返回，对着曹军奏起军乐，着实鼓吹了一通。

孙权最后的举动，无异于是在向曹操示威，同时也更彰显了自己的胆略和才干。曹操比孙权整整大二十七岁，两人年龄相差如同父子。赤壁大战前，曹操尚视孙权为“小儿”，以为至多不过比刘表的儿子刘琮稍强一些而已，吓唬一下就能使之屈服。没想到有志不在年高，对方竟是可以和自己在同等量级上进行搏斗的枭雄，他不由得感慨万千：“生子当如孙仲谋，如刘景升儿子，豚犬耳！”

生儿子就应当像孙权（孙仲谋）这样，刘表（刘景升）的儿子，只不过如同猪狗罢了！

魏公

在曹军拒不出战的情况下，双方只能继续相持下去。至阴历二三月间，春雨转多，这种天气是最让北方军人发愁的，孙权于是给曹操写了一封信，信上只有八个字：“春水方生，公宜速去。”

春天来了，雨水越来越多，河水也涨了，你还是早点滚蛋吧！

信中又夹一纸条，上面也只有八个字：“足下不死，孤不得安。”

你这老头子只要一天不死，就搅得我一天不得安宁，所以为了世界和平，也为了我能够得到清静，你还是想想办法，早点去死吧！

曹操看了信和纸条后，不仅没有暴怒，还被逗乐了。他哈哈大笑，说从这孙权嘴里讲出来的，倒都是大实话。

这么多天来，曹操亲眼看到吴军的战船、装备、军伍都整肃严明，所部进退自如，知道短时间内难以取胜，随着雨季的到来，久驻之后战局难免生变，便下令撤军。由于曹操是主动的战略撤退，并非赤壁兵败那样的溃退，孙权料知他必定作了防御部署，因而也没有进行追击。

曹操上次西征韩遂、马超，从出兵到还邺，前后近七个月；这次南征孙权，从出兵到还邺，也是近七个月的时间，看似偶然，实质其中有着必然因素。

邺城是曹操的政治中心，有别都之称，他不可能也不敢长时间远离邺城。换句话说，曹操征战四方，能胜自然是最好，即便一时不能取胜，也决不可以在外搁耽太久。

在回邺前，曹操谋划并让献帝下诏，合并十四州，恢复为古代的九州，其实主要是省掉幽、并两州，将它们并入由曹操任冀州牧的冀州。

当初曹操在攻取邺城后，就已经打算恢复九州制，以便扩大其直辖区冀州的范围，是荀彧、孔融等人进行劝阻，他才不得不予以搁置。如今荀彧、孔融都已被杀，其他人就算仍有想法，公开场合也都没有了置喙的胆量和勇气。

曹操要的就是这些人统统闭嘴，建安十八年（213）五月，他回到邺城，献帝又按照他的意思，册封他为魏公，正式以冀州作为其封地，同时又加赐九锡，即赐予代表天子最高礼遇的九种礼器。

本来都是曹操期望和追求的东西，但为了应付舆论，曹操也还得再矫揉造作一下，对其中的九锡前前后后推让了三次。有了荀彧的前车之鉴，朝中无人不知曹操的心思，也都清楚不加以迎合的后果。于是，文有荀攸、程昱、贾诩等，武有夏侯惇、曹仁等，纷纷跑出来劝进。

既然是“众意难违”，曹操也就半推半就地应承下来，但他又假意只接受魏郡一个封地。大臣们一看，还得劝进啊，曹操这才不再推让下去了。

曹操被封后，仍以丞相兼任冀州牧，冀州范围的十郡则被作为其魏公名下的封邑，共同组成了魏国，随后，曹操在邺城建立了魏国的社稷、宗庙。

扩地、晋爵、加赐，让曹操在代汉进程中又迈上了一个新的台阶，至此，曹操的用心已完全昭示于天下，这是他再怎么装模作样也掩饰不了的。关于曹操有“不逊之志”的议论又风行起来，曹操一看，赶紧又创作了第二首《短歌行》，以诗言志，声称自己虽然被封为魏公，加九锡，地位显赫，但仍要谨守臣节，尊奉汉室，决不做危害汉室的事。

为了消除外界的恶评，同时也为了更好地控制献帝，把汉室的剩余价值全部都利用起来，曹操一手安排，让献帝聘娶了他的三个女儿，且全部封为贵人，地位仅次于皇后。

三个女儿，已经成年的长女曹宪、次女曹节先行入宫，尚未成年的小女曹华暂留魏国。俗话说一入深宫愁似海，又明摆着是硬绑在一起的政治婚姻，女儿们并非完全心甘情愿。在正式入宫之前，曹宪、曹节整天在家唉声叹气，曹操的正妻也是曹植的母亲卞夫人见了，心有不忍，便让曹植写赋劝慰。曹操知道了，也写了一个“内诫令”，意思是说，女儿们呀，你们一进宫就是贵人，携黄金印，佩蓝绶带，作为宫中的女人来说，谁也没有这样的条件，得知足惜福啊。

当年年底，曹操按照汉初封王的制度，在魏国设置了尚书、侍中、六卿，荀攸被任命为尚书令。在此之前，所谓汉朝廷，其实早就空空如也，将相大臣，除曹操外，已仅有一御史大夫郗虑，后者曾经公报私仇，对孔融进行陷害并导致其被杀，他当然也是曹操在献帝身边安下的一颗钉子。

魏国正式设立官属，使曹操名正言顺地拥有了一套自己的行政体系，汉廷从名义到实质皆被架空，从此“政自曹出”。

三越巢湖

过去曹操在官渡与袁绍对峙时，为了不让袁绍就地获得物资和人力补给，曾将黄河南岸的百姓内迁。濡须战役前，迫于孙权在江北沿岸的军事压力，曹操便不顾明智之士的劝阻，准备如法炮制，将滨江各郡县的百姓也都向北方迁徙。不料老百姓受到惊吓，反倒相率逃往江南，跑到孙权那边去了。

这样一来，造成淮南空虚，合肥以南只剩下一座皖城，除此之外几乎化为无人地带。建安十九年（214）五月，孙权集中兵力，向形势孤立的皖城发动进攻，拔除了曹操在江北沿岸的这一重要据点。

就在皖城失守的前几个月，作为新晋国丈，曹操刚刚被献帝授予只有诸侯王才能佩用的玉玺、绶带、帽子，他不但尚未称王就已经享受到了王的待遇，而且实际地位超过了所有的诸侯王。皖城失守的消息，给兴冲冲的曹操兜头浇来一盆冷水，激起了他的强烈反应，于是立即决定出兵反击。

曹操自“二越巢湖”起，南征都号称用兵四十万。这当然是一个虚夸的数目，实际兵力应在十万上下，但一次性动用十万兵力，耗费也很惊人。更何况，从赤壁大战到“二越巢湖”，每次对孙权用兵都不理想，此次又是匆匆上阵，准备并不充分，曹营的很多人都因此对南征缺乏信心，认为免不了还是空忙一场，得不偿失。

参军傅干是反对派中具有代表性的一个，他劝阻曹操说，东吴有长江之险，现在把十万大军屯于长江边，如果吴军据险固守，兵马再多也无用武之地，就算有奇谋，也发挥不了作用。可是曹操听不进他的劝告，仍要求按原计划南征。

时值秋雨绵绵，这个时候到本就潮湿的南方去，是最令北方军人担心和害怕的。三军多不愿行，指望着再有人能够站出来，对曹操进行劝谏。曹操知道将士们的心思，传话下去，说谁敢对南征再多说一句，我就处死他。

丞相府主簿贾逵感到实在不具备出兵的条件，遂冒死上书谏阻，曹操大怒，下令将他关进了大牢。不过曹操到底不是袁绍，等头脑慢慢冷静下来，他又下了一道令，称贾逵所言虽然不当，但本心是好的，没有恶意，所以予以谅解并官复原职。

建安十九年（214）七月，曹操正式出发南征。前几次出征，曹操都是安排曹丕留守邺城，这次换了曹植。曹植虽非长子，却深得曹操喜爱。临行前，他谆谆告诫曹植，说我二十三岁任顿丘县令，回想当年的作为，感到无憾，现在你也已经二十三岁了，一定要努力自勉才行。

曹操此番南征，依旧走东行线的旧路，称为“三越巢湖”。可是还没等进抵江滨与孙权接战，曹军就遭受了一个沉重打击，荀攸病逝于行军途中。

荀攸的特点是智谋深远，善于运筹帷幄，他和荀彧在曹幕中各负其责，一般情况下，荀彧坐镇后方，荀攸则随军参赞。荀攸死后，曹操痛哭流涕，专门下达一道手令，称他与荀攸共事二十余年，荀攸毫无可指摘之处，实在是一个贤人。

“荀令君（荀彧）之进善，不进不休；荀军师（荀攸）之去恶，不去不止。”这是曹操的评价，他认为荀彧进献好的计策，如果主公不采纳，他就决不罢休；荀攸在对主公错误的行为进行劝谏时，也是不达目的不肯止。但是实际上，荀攸不仅岁数比他的叔叔荀彧要大，在处事方面，也比荀彧要世故圆滑得多。

在曹操曾经的谋士中，许攸凭一个叛袁降曹之功，就天天放在嘴边喋喋不休；与之截然相反，荀攸不管献了多少妙计良策，为曹操立了多么重大的功绩，从来都守口如瓶。当时的人们甚至他的子弟，都没有人知晓内情。政治方面，他更是谨慎，尽量不违拗曹操的意愿，曹操推让九锡，荀攸在劝进的文臣中居于首位。

此次南征，荀攸也并未出面劝阻，尽管以他的谋略水平，不可能不知道南征的前景如何。事实是，曹操到达合肥后，就发现情况正如傅干、贾逵等人所料，孙权早已严阵以待，己方暂时无隙可乘。

建安十九年（214）十月，曹操从合肥退军。南征期间，曹军未曾与吴军有过重大接触，当然更谈不上取得实际成果，只能说多少还是对孙权进行了威慑，使其今后不敢轻启兵衅，从而减轻了边防部队在防守上的压力。

曹操以往出征，不管成败，在外的时间都在七个月左右，此次从出兵到回邺，前后不过三个月，实属反常之举。曹操仓促退兵，显然还有着战场以外的原因。

天底下竟有这样的事吗？

当年曹操在处理董承案时，夷灭董承等人三族，董承的女儿董贵人已经怀孕，献帝多次恳求免其一死，但都遭到了无情的拒绝。曹操这种异乎常人的冷血和残暴，给献帝以及皇后伏氏都造成了极大刺激。

伏后深恐自己将来落得和董贵人一样的下场，便给他的父亲、屯骑校尉伏完写了一封密信，信中描述了曹操如何欺蒙胁迫献帝，又如何残杀国丈董承及董贵人，并以激烈的言辞痛斥曹操罪孽深重。

伏后希望父亲能够暗中设法除掉曹操，然而伏完并没有董承那样的胆量，又见到董承一族惨死，哪里还敢犯险，结果一直到他病死，都没敢起事。

献帝虽是傀儡皇帝，也只是时势使然，他本人其实并不是一个无能昏庸之人。从种种迹象来看，献帝和他的近臣确曾多次谋划要除掉曹操，伏后给伏完写信一事，属于向外戚求助的性质，应该也在此列。

随着曹操的势力越来越强，献帝与伏后始终未能或不敢，将他们欲除去曹操的意图付诸实施。可是谁也不会想到，伏完死前居然没有将女儿给她的密信销毁掉，更想不到的是，事隔数十年后，信件居然又被人发现并揭发出来。

曹操驻兵合肥时，恰好得到后方的这一报告，不由大怒，立即中断南征，率大军返回邺城。有人说，曹操是担心伏后及其家族在后方发动政变，所以必须赶回去进行弹压，因为一旦政变得逞，南征大军的给养和退路都将被截断，有导致覆灭的危险。

其实伏完本来就没多大实力，董承尚且难以成事，更何况他？而且这么多年过去，伏完已经死了，伏后及其家族还有什么力量搞政变？曹操不惜小题大做，即便中途撤军，也要风风火火地赶回去处理。与其说他是视伏后为心腹之患，倒毋宁说是想借此案杀鸡给猴看，在对后方异议人士及隐形政敌进行震慑的同时，进一步控制献帝，以确保汉室再也不能够脱离其掌握。

曹操首先逼迫献帝废黜了伏后，接着命御史大夫郗虑持节进宫，收缴皇后的印绶，另命尚书令华歆带兵进宫，收捕伏后。伏后终究是个弱女子，得知消息，吓得让人紧闭宫门，她自己躲在了墙壁夹层中。华歆领兵捣毁宫门，拆除墙壁，从中搜出了伏后。因为毕竟是曾经的皇后，士兵们不敢动手，华歆便自己动手将伏后拉出来，并押往他处。

华歆是当时的一个名士，但他和郗虑一样，私德方面也有很大的争议。他的好友管宁看出他贪财慕势，就把原来两人同坐的席子割开，宣布与之绝交，这就是成语“割席分坐”的典故。当然了，如果华歆、郗虑是荀彧那样的正人君子，曹操或许就不会把他们安排到高位上来了，这两个人可不正是曹操“求贤令”中，所谓唯才是举的合适人选吗？

华歆的前任是荀彧，华歆的能力功勋与荀彧完全不能相提并论，他靠什么能据此位？当然是拼命讨好曹操，让干啥就干啥，竭力使主公满意了。还有一种说法是，荀彧其实知道伏后写密信这件事，但他一直隐瞒，没有告诉曹操，真相暴露后，曹操对此很恼火，大概是恨不得把已死的荀彧再拖出来处罚一遍才好。在这种情况下，如果华歆表现得心慈手软，恐怕也不会有好果子吃，是故，他在收捕伏后的整个过程中，已全无一点他这个身份应有的矜持和温良，活脱脱就是一个野蛮粗鲁的武夫。

伏后被押出宫殿时，献帝正与郗虑在外殿闲坐。伏后披头散发，赤着双脚，边走边哭，在路过献帝身边时，拉着丈夫的手，与之诀别道："不能再救我的命了吗？"

"我都不知道自己能活到什么时候啊！"献帝悲愤莫名，回过头对郗虑说："郗公，天底下竟有这样的事吗？"

郗虑默不作声。

就像救不了董贵人一样，献帝也救不了伏后。伏后旋即被押至暴室（专门幽禁宫人的官署），幽闭而死。她所生的两个皇子被毒杀，伏氏兄弟及宗族因牵连此事而被杀者达一百余人。

伏后被杀后，仅过了两个月，曹操就把他的次女曹节晋升为皇后。在此之前，他又下了一道"求贤令"，正式名称是"敕有司取士勿废偏短令"，此令所反复念叨的一套，依然还是"有德行的人，未必能有所作为；有作为的人，未必有德行"。

其实，曹操代汉这件事本身倒并非不可理解。毕竟，在曹操举兵兴讨董卓时，汉朝皇帝就已经没有可供他发号施令的国土了，皇帝也早已沦为权臣手中的傀儡，曹操的江山，完全可以说是靠他自己戎马一生，一手一脚打下来的。问题在于曹操做得太过、太绝，不仅失去了人臣之节，也丧失了做人之道，就连后来的羯族皇帝石勒都说过这样的话："大丈夫做事，应当光明磊落，不能像曹孟德、司马仲达父子那样，靠欺负人家孤儿寡妇取天下！"

在古代戏曲舞台上，曹操一直是一个涂着白粉的奸臣形象，这真的不能算是对他的歪曲和抹黑。一个臣子，都已经到肆意欺侮皇帝、诛杀皇后的程度了，难道还能算是忠臣？

曹操如此做法，客观上当然是为了加快其代汉的进程，但因为过于粗暴和急功近利，也为他的家族埋下了隐患。按照曹操新的"求贤"标准，在他的部下中，终于出现了石勒所提及的司马仲达，也就是司马懿父子。

司马懿谋兵不亚于曹操，其父子的才能和功勋达到甚至超过了荀彧，但政治道德方面却是一天一地。若干年后，正是他们针对曹操的子孙，重演了曹操的行径，而且更加暗黑，更加残暴。这绝不是偶然，司马懿是在曹操身边发达起来的，对于曹操的做法，耳濡目染，用之甚便，清代史学家用四个字就加以概括了，即“懿用操智”。

一份漂亮的成绩单

渭南大捷后，曹操将西北军事交由夏侯渊主持。在曹营的大将中，夏侯渊并不算是一个出类拔萃的将才，但在关西军主力已被击溃的前提下，他这次向曹操交出了一份漂亮的成绩单。

关西军残余力量，马超败退凉州，韩遂亦在凉州的陇西郡栖身，其余诸将如梁兴等，则仍滞留于关中。夏侯渊首先在关中展开清剿，通过消灭梁兴等部，使关中地区得以全部平定。

马超逃至凉州后，凭借在羌胡中的影响力，收聚羌胡兵，又重整了一支部队，再加上张鲁的援军，在凉州攻城掠地，连凉州刺史都被他杀了，颇有在凉州称雄之势。夏侯渊率部攻入凉州，在凉州参军杨阜等人的协助下，里应外合，终于打败马超。马超兵败后，形同丧家之犬，先依附张鲁，见张鲁难以作为，复被张鲁部属排挤，便又入蜀投奔了刘备。

韩遂比马超更惨，他也是以残兵败将与羌胡兵混搭，但组成的新军根本就不够夏侯渊打。韩遂穷困窘迫，第二年死于部将之手。

作为崛起于西北，已基本羌化胡化的野狼式兵团，凉州军自铁马狂飙般地闯入中原人的视野起，便以强悍的战斗力、空前的杀伤力、残酷的破坏力，令世人不寒而栗。无论是韩遂、马腾在凉州反叛，还是董卓入京，以及关东诸侯讨伐董卓的战役，很少有人敢撄其锋。但是如今，随着曹军，这个比凉州军团更凶猛、更善战的军队的出现，西北一带已再无凉州兵的踪迹。

除了彻底击灭凉州军团，夏侯渊还消灭了在陇西割据的宋建，又遣大将张郃等平定河西，招降了曾帮助马超、韩遂抵御曹军的河西诸羌。

曹操获悉，极为高兴。

“诸夏侯曹”不仅是谯沛集团的核心，曹操起家时的核心力量，更是曹操的宗族姻亲。在后来夺取天下的进程中，“诸夏侯曹”逐渐落伍，他们既缺乏汝颍集团那样的智谋，又没有异姓将领那么能打，最后也就只剩一个曹仁能与“五子良将”稍微比较一下。尽管如此，能被曹操捧在手心里的，依旧还是“诸夏侯曹”。因为曹操认为，只有“诸夏侯曹”才能始终对自己忠心耿耿，这一点，非其他人可比。尤其是随着代汉的不断深入，对曹操而言，将领们是否忠心，已逐渐变得比他们是否具备足够的能力更为重要了。

夏侯渊在西北的表现如此完美，今后赋予“诸夏侯曹”大任也就有依据了。曹操立即下达了给夏侯渊的褒奖令，说那个宋建虽在陇西割据了三十余年，结果被夏侯渊一举消灭，夏侯渊的威风不得了，正是“虎步关右，所向无前”。

就这么说，曹操还觉得没说到位。颜回是孔子最得意的弟子，孔子曾对另一个弟子子贡提到，别说子贡，就是他这个老师，恐怕也都不及颜回，“吾与汝不如也”。曹操把孔老夫子的这句话抄在了褒奖令上，意思是就算我曹操亲临西北，也不一定能打得这么好，由此便将夏侯渊也即“诸夏侯曹”的地位抬到了诸将之上。

曹操平定西北虽是其棋局中必走的一步，但却不是他的终极目标，在曹操的计划中，还要夺取汉中，窥伺益州。

本来当初在渭南取得大捷后，曹操就可以乘势将兵锋转向汉中，但是因为后方突然爆发农民起义，他不得不火速把主力部队从关中抽回河北，这样就推迟了对汉中的进军。接着是南征孙权，两越巢湖，包括处理伏后案，导致进攻汉中计划被一再推迟。刘备却乘此机会取代刘璋，成为了益州之主，这一消息如同当头一棒，让曹操心中很不是滋味。

汉中地处益州北部，乃入蜀要冲，孙、刘、曹三家，还有刘璋都对它打过主意，刘璋在位时就想让刘备替他拿下汉中。曹操估计刘备在益州站住阵脚后，将会很快进窥汉中，威胁关中，因此决定亲率大军，抢在刘备之前对汉中动手。

建安二十年（215）三月，曹操率十万大军进驻长安。次月，曹操到达陈仓，在与夏侯渊部会合后，向关中进发。

汉中的张鲁与陇西的宋建相仿，都已经割据了三十余年，但宋建地盘小、力量弱，汉中之民则超过十万户。张鲁也并非自守之徒，经过多年经营，汉中军具备一定实力，马超在企图夺取凉州时，张鲁就曾派兵支援，马超战败后，张鲁政权更是成为了秦蜀之间的最大割据势力。

当然，如果是在平原上对战，对于曹操而言，张鲁是完全不在话下的，击溃凉州军团都犹如摧枯拉朽，打个汉中军有何难哉？关键是汉中四周环山，基本与外界处于隔绝状态，外部军队很难进入，张鲁身处重地，也正是依赖周围的山险，才能够闭关自守这么长时间。

过去曹操为取得关中，曾以攻打汉中作为烟幕弹，当时卫凯因不明曹操的真意，曾着力强调前往汉中道路之难行，对用兵汉中提出警告。卫凯并没有夸大其辞，曹操兵发汉中，至少有四条路线可选，曹军所走的陈仓故道，即由陈仓自散关南下，乃是当年刘邦南下汉中时“明修栈道，暗度陈仓”的原路。在四条道路中，陈仓故道相对最为平坦，但却也让曹军将士吃尽了苦头。

多年以前，曹操北上太行，征伐高干，写了一首《苦寒行》，“北上太行山，艰哉何巍巍”，这次他又写了一首《秋胡行》：“晨上散关山，此道当何难！牛顿不起，车堕谷间。”

连运送辎重的黄牛都累得爬不起了，辎重车辆都坠入了山谷，行军之难，可想而知。需要指出的是，曹军不光是行军赶路，沿途氐人还堵塞道路，不让通过，攻破氐人的防御及氐寨，也得费很大力气。

相比于另外三条谷道，陈仓道已经好多了，那三条道路更加艰险难行。不过有一利必有一弊，其他三条谷道的谷口都没有险关，守军一般都是像氐人一样，依山势进行防御。陈仓道则不然，它的末端还有一处阳平关天险，后者正张着血盆大口，等待着曹军的到来。

夜袭

得知曹操来攻，张鲁自思汉中终究属孤立之地，不足以与强大的曹军抗衡，至于新近夺取益州的刘备，他知道那也是一头猛兽，若是向其求援，同样等于羊入虎口。

“宁为魏公奴，不为刘备上客。”张鲁打算举汉中全郡投降曹操，但他的弟弟张卫不肯，坚持还是应该抵抗一下再说。张鲁听后，便派张卫与曾到凉州增援过马超的大将杨昂，率兵数万，前去守卫阳平关。

建安二十年（215）七月，曹军抵达阳平关。曹操当然不是不知道要走陈仓道的话，就必须经过阳平关。但他事先找凉州的官员和汉中降兵了解过，这些人都向他提供了一个重要信息，即张鲁其实很容易被攻破，阳平城下的南北两山相距很远，难以防守。曹操觉得有理，两山间距大，其间必然有着很宽的平坦地带，曹军可以加以利用，而以曹军的攻坚能力来说，只要拥有这样的条件，阳平关就不难被攻破。

阳平关在防守上有破绽，这是曹操选择陈仓道的一个重要原因。可是当他身临其境，实地进行察看时，却发现根本不是这么一回事。南北两山之间不但相距很近，在曹军到达之前，张卫、杨昂还依托于山势，构筑了一道陡峭石墙，并以此建立了长达十余里的防御阵地，而在阵地的两边侧翼，则多是高山峻岭，丛林密布，没有道路。

情报不实，这意味着，原先预想的破绽也不存在了。事到如今，曹操也不可能再重新选择其他谷道和路径，他只好自怨自艾，后悔调查摸底还是不够仔细："别人的估量，结果真是很少有让人满意的。"

在阳平关前，曹军攻打山上的各个营垒，猛攻数日，士兵死伤了不少，但依然毫无进展，与此同时，曹军的后勤也出现了问题。

十万大军进汉中，所需粮饷不是一个小数字。曹军补给主要依赖于关中，但关中经济正在恢复当中，光靠关中是不够的，因此邻近的较富庶地区如河东等，也都提供了粮饷。粮饷可以多方筹集，这里不够那里调，最主要的还是转运非常困难。

河东太守杜畿治理有方，深得民众拥护，曹操在河东征五千人担任民夫，在服役过程中，大家都互相激励说："人生有一死，不可负我府君（指杜畿）。"最终无一人逃亡。

河东民夫的例子恰恰说明，往汉中运粮有多么艰难，正如曹操在《秋胡行》中所描写的，沿途连黄牛都吃不消，车辆也随时都有坠谷的危险，何况是人。

由于粮运不畅，曹军在阳平关前耽搁的时间越长，粮食越接济不上，这可把曹操给愁坏了。张鲁家族以"五斗米道"发家，曹操向来不信天命，当然更不信怪力乱神的这套东西。他认为汉中弥漫着妖术，气急和沮丧之下，愤然道："这么一个信奉妖术，习俗怪诞的地方，得不得到它，又能怎么样？既然我军已经粮食不足，那就不如赶快撤退吧。"

曹操当即下令撤军，命各部依次撤出阳平关。此后事情的发展颇具戏剧性，丞相府主簿刘晔统领后军，他不认为不能攻破阳平关，又考虑到粮道不继，如果撤兵，军队将会不战自乱，即使撤出来，也会遭受较大损失。

既然如此，为什么不继续拼它一拼？刘晔立即骑马跑去找曹操，在说了自己的想法后，他建议："不如回去发动进攻！"

刘晔的建议似乎没太大价值，这不就是觉得难以攻破阳平关，才要撤军的吗？你说能攻破，依据呢？

可是曹操的思维活力却一下子被激发了出来：我这里撤退，张军看得清清楚楚，他们必然会因此放松麻痹，确实正是返身攻击的好时机啊！

曹操一生胜多败少，是因为他从不死守军事教条，有了灵感之后便毫不犹豫，立马付诸实施。当然，这个时候回攻，抢抓的是敌军松懈大意这一点，如果还照老法子进攻，是无效的，必须实施特殊进攻。曹操想到的是：夜袭！

曹军的行动方案顺势改变，由主动撤退，变成了假装撤退，实际发动夜袭。为了达到奇袭的效果，曹操其间又做了一些特别安排，这使得后来关于此战的记述，出现了各种不同的说法。

谋士董昭在一篇文章中说，曹军当时其实还是撤退的。大将军夏侯惇、将军许褚奉命去攻击阵地传达撤退令，前军在接到命令后于夜间后撤，但他们半途却迷了路，居然闯入了张卫属下的一个军营。张军以为是曹军夜间偷袭，顿时大乱，立即败退逃散，曹军乘机攻占了营垒。

侍中辛毗和刘晔等人跟在军队后面，得知消息后告诉夏侯惇、许褚。两人开始还不相信，直到夏侯惇亲自上前察看，这才确信无疑，赶紧回来报告曹操。曹操即令大举进兵，于是曹军一举攻克了阳平关。

野麋鹿

董昭虽也经常随军征战，但这次汉中战役显然没有亲身参与，他应该只是听了前方将士的转述，便写下了文章，从而导致相关细节出现了虚实参半的情况。

首先，在曹军撤退的过程中，敌军主帅张卫必定会派密探进行监视和刺探，故而夜袭行动需要绝对保密。

从董昭的文章中可以看出，曹操最初没有向全军宣示回攻计划，因此连夏侯惇、许褚都被蒙在了鼓里，而且一部分曹军开始也是真撤了。曹操用于夜袭的，是一支特别编组的精兵，统兵将领是高祚、解僀，在曹军将领中，高、解皆名不见经传，但也正因如此，才可以最大程度地迷惑张卫，防止泄密。

其次，古代通信不发达，作战指挥主要依靠旗语和通信兵传令，但夜间看不清旗帜，传令也不方便，所以除非夜袭和宵遁等特殊情况，部队一般是不会在夜间行动的。曹操是主动撤退，撤得也很从容，自然更无夜间撤退的必要。

退一步讲，像曹军这样训练有素、经验丰富的精锐部队，就算他们在山中迷路，也绝不会像没头苍蝇一样继续四处乱钻，而是会立即就地选择一处有利地形扎营，并放出警戒，然后再派侦察兵寻找正确路线。也即是说，前军在黑夜中迷路后，居然误打误撞地整建制闯入敌营，这种可能性在现实中是基本不存在的。

董昭的文章，前面一段的撤退应该是真实的，后面则可能是把假撤退和真夜袭搅在了一起：闯入张卫军营的曹军就是夜袭部队，曹操接获夜袭成功的报告后，下令全体出击，导致张军溃败，这样情节就可以连贯起来了。

在各种说法中，有一种说法，看上去特别贴近当时的真实情况。据其所述，在假装撤军的同时，高祚、解僀率夜袭部队偷偷地向阳平关进发，但他们半路上却被野麋鹿群发现了。麋鹿群受到惊吓，向与曹军行进的相反方向奔跑，结果在跑到阳平关前时，又遇上了张军营垒，于是麋鹿便直接冲过营垒，从而造成了张军营垒的损坏和混乱。

按照防御要则，为了防止遭到曹军的偷袭和便于夜间观察，张军必然会在营垒四周燃起篝火及火把，这是曹军不太可能碰巧闯入其营垒的一个重要依据。麋鹿生性胆小、警觉，而且很怕火，张军的防御营垒绵延长达十余里，那么多篝火及火把，显然已足以对麋鹿造成刺激，所以它们才会不顾一切地朝营垒进行冲击。

另一篇史料对此加以了佐证和补充，说当天晚上，有数千只野麋鹿冲入张卫的军营，把张卫的军营都踏坏了，致使张军大惊而发生混乱。高祚、解儦见状，乘机虚张声势，鼓角齐鸣，张卫以为其防线已被曹军主力全线突破，匆忙之间，也无法辨别真实情况，只好放弃阵地，逃回汉中腹地（一说是投降）。

如此看来，野麋鹿群也在阳平关之战担任了一个重要角色。这固然是纯偶然的突发因素，但这个情况是夜袭所导致的，否则麋鹿不会无缘无故地主动冲击人的营垒。实际上，就算没有麋鹿突然冲坏张军营垒，在张军防御已出现松懈，特别是第一线部队明显放松戒备的情况下，夜袭的曹军也有把握取得成功，麋鹿只是起到了辅助进攻和催化剂的作用。

阳平关就这样被曹军攻克了。阳平关是汉中西面的门户和屏障，张鲁闻报，情知再作抵抗毫无益处，于是又想投降。功曹阎圃同意他的投降主张，但认为投降的时机不对：如果在曹军攻克阳平关之前就投降，省了对方的力气，含金量高。现在曹军费九牛二虎之力，好不容易攻克了阳平关，你这个时候才投降，人家一看，就知道是你山穷水尽没办法了，就算肯接受投降，恐怕也别指望得到什么好待遇了。

阎圃建议投奔巴中的巴人头领，先抵抗一阵子，说明自己尚有势力，然后再主动投降，以加重自己的分量。

张鲁也是个聪明人，马上接受了阎圃的意见。

在逃奔巴中之前，张鲁的部属不知真情，打算将仓库中贮存的宝货和粮食统统烧掉，以免落入曹操之手。烧掉宝货必然惹曹操不高兴，不等于自绝后路吗？张鲁连忙加以阻止，说这些仓库都属于朝廷所有，我只是代管而已，不能毁掉。他下令将仓库予以封存，之后才离开治所南郑，逃往巴中。

曹操兵不血刃地进入南郑，还顺利接受了张鲁的宝库，对张鲁的做法大加赞赏。得知张鲁本有归附之意，他随即派人到巴中去进行慰问说服，以期把张鲁连同巴人头领都争取过来。

这次曹军从陈仓出发，在险峻山地行军千里，经历了不少艰难险阻，好在最后终于得偿所愿，夺取了汉中。汉中实际上也是曹操一生中最后拓展的一块地盘，曹操显得十分高兴，大摆宴席慰劳三军。宴会上，将士们也无不兴高采烈，在这个属于武士的荣耀和幸福时刻，他们在战时的所有辛劳，仿佛都一一得到了补偿和回报。

第十一章 不是天子的『天子』

曹操出兵汉中，就其战略意图来看，并不是仅仅为了讨伐张鲁和取汉中一地，所针对的对象还有刘备。

夺取汉中后，曹军要进军蜀地就方便和简单多了。汉中本属益州一郡，是益州的北部屏障和门户，阳平关既是南郑的关隘，又是益州的关隘。曹军克阳平，取汉中，实际便扼住了益州的咽喉，然后即可避开诸多险阻，沿嘉陵江谷地南进入蜀。此时刘备取得益州还不到一年，人心尚未完全归附，因为与孙权争夺荆州，刘备已亲自率兵东下。这个时候曹操若进兵益州，应该说是最佳时机，但曹操本人却似乎对于获得汉中就已心满意足，他在汉中各郡设置太守、都尉以及重赏将士后，便准备勒马回师。

说好的进巴蜀，攻刘备呢？随军从征的丞相府主簿司马懿急忙向曹操进言，认为曹军士气正旺，刘备则立足未稳，应乘此时机火速向益州进兵，打对方一个措手不及。他甚至乐观地预计，可能曹军还没怎么打，益州方面就已经自行瓦解了。

曹操的反应很值得玩味，他的回答是：“人苦不知足，既平陇，复望蜀！”

时机

得陇望蜀，是光武帝刘秀的一句名言。刘秀的大将岑彭随刘秀进攻陇西，不久，刘秀因有事要回京前，临行前他给岑彭写信，说："人苦不知足，既平陇，复望蜀。"刘秀的原意是要岑彭一鼓作气，先平陇西，再乘胜进攻巴蜀。曹操这里借用了刘秀的话，但却将语气由肯定变成了感叹，意思也正好相反，即主张采取慎重态度，暂且按兵不动。

另一个主簿、在阳平关战役中给曹操以巨大启发的刘晔，其祖先便是刘秀。在速攻益州一事上，刘晔与司马懿见解一致，见曹操不打算乘势拿下益州，他也立即予以劝谏。

刘晔通过对来自蜀地情报的分析，指出在曹操拔取汉中后，蜀人望风破胆，魂不守舍，蜀地风声鹤唳，曹军也许只需要传布一道进兵檄文就可以予以平定了。

"蜀中民情震恐到这种程度，完全是不攻自倒的形势。"刘晔断定，曹军要么不进兵，进兵定能取胜，否则的话，等到蜀民之心安定，再据守险要，事情就不好办了，"如今不攻取益州，必定为今后留下祸患！"

曹操听后，却只是毫不在意地说了一句："士卒跋山涉水，太辛苦了，应该让他们好好休整一下。"

曹军自陈仓起兵开始，到进占南郑，已经过去了五个月。在这五个月里，曹军固然很辛苦，但自攻克阳平关后，一直到进入南郑，连仗都没用得着打，如果要继续发动蜀地的战役，是完全可以坚持下来的，没必要像曹操所说的那样进行长时间休整。况且，曹军在外征伐一般至少都要经历七个月，刚刚才过去五个月，剩下的两个月完全可以继续有所作为。

曹军远征最大的困难是粮草不继，在攻打阳平关时也确实出现了乏粮危机，但曹军已取汉中，且张鲁将南郑宝库完好无损地保留了下来，曹军要进兵益州，后勤补给至少在短期内也不会出现问题。

站在曹操的立场上，他可能还会担心后顾之忧等因素。后顾之忧有没有？有，但并不可怕。

在曹操“三越巢湖”，自淮南对孙权加以威慑后，孙权已将战略重点西移，转而想收回“借”给刘备的荆州，但刘备却百般推托不予。孙权火了，遂派吕蒙袭夺荆州之长沙、零陵、桂阳三郡，刘备见状也红了眼，令关羽在荆州列阵。孙刘同盟关系破裂，双方剑拔弩张，随时可能擦枪走火。曹操率主力远征汉中，选择的就是这一时机，虽然孙刘也随时可能和解，重新把矛头对着曹操，但最多也只能在边境进行挑衅，而且曹操对此也已经做了充分的预案。

汉中、关中、陇西，作为新附地区，尚需花一定时间进行消化，它们亦会成为后顾之忧的因素。但在上述地区，主力的敌对分子已经被消灭，未尽附的力量又没有形成气候，远不足以对曹军后方造成威胁。事实上，曹操本人也从来没有对此过分担心。

司马懿、刘晔皆为善知军谋的智士，他们关于得陇望蜀的建议，完全是度势而言，并非一时冲动，曹军入蜀的优势和条件也现成地摆在那里，为什么曹操就是死活不愿接受呢？

有人归因于赤壁大战给曹操留下的阴影。在赤壁大战前，曹操对刘备所采取的军事行动，向来都是雷厉风行，而且从无败绩；赤壁大战后，曹操则相对谨慎起来，过于求稳。当然对于孙权更是如此，若非像“三越巢湖”前那样被刺激得跳起来，他是一定要在觉得十拿九稳之后，才肯大举用兵的。

此外，曹操自穿越陈仓道、攻克阳平关后，对西南山地的险峻已经有了切身感受。汉中之地既如此险恶，巴蜀之地恐怕更甚，所谓“蜀道难，难于上青天”，蜀道之难必在陈仓道之上。倘若曹军重又陷身于茫茫山路之中，要吃，粮草输送不上来；要打，险关难以攻克；

要退，无法全身而出，到那时候该怎么办？不要说普通将士，曹操自己都对此准备不足。

出于种种顾虑，曹操没有接受司马懿、刘晔的主张，直到七天后，有人从巴蜀跑来向曹军投降。据投降的人说，在曹操一举攻克汉中后，蜀中一日数十惊，每天都处于极度恐慌之中，即便带头骚乱者被守将下令斩首，仍无法安定下来。曹操听后又有些动心了，他问刘晔："现在还能进攻吗？"

"现在蜀地已稍稍安定，不能再进攻了。"刘晔一直观察着蜀地的动静，他不无沮丧地告诉曹操。

有论者说，不过七天嘛，七天的时间，曹军能够从汉中越过天险，打到益州内地吗？等到曹军苦历时日，好不容易进至成都城下，蜀地说不定早已不是"稍稍安定"，而是"大大安定"了。

这其实是在静态地看问题。曹操尚未入蜀，只是击破汉中，就已经把蜀人吓成了那样，假设曹操在拿下汉中后，立即乘胜而进，直取巴蜀，蜀中恐怕就不是一日数十惊，而是该炸锅了，刘晔的"不攻自破"极可能成为现实。

曹操一度动心，说明他其实有心理斗争，一直在权衡利弊。不过到了这个时候，连刘晔都选择了放弃，他也就不再纠结于这件事了。

两个和尚抬水喝

曹军进占汉中后，消息很快就被报告给了尚在江陵的刘备。刘备又急又怕，因为他深知，失去汉中，就等于拆掉了益州的北大门，益州在北面已无屏障可言，随时有可能遭到曹操的攻击。

为了对付曹操，刘备立马改变态度，与孙权进行和谈。协商下来，双方以湘水为界，对荆州按东西进行平分，即从江夏向南，归孙权；从南郡向南，属刘备，史称"湘水划界"。

和平协议的达成，标志着孙刘又再次结合在一起，形成了联盟。之后刘备立即返回益州，而孙权也乘曹操在汉中尚未返回，重新将战略进攻的方向转向淮南。

建安二十年（215）八月，孙权率兵十万，包围了合肥。十万吴军，相当于曹操出征汉中的兵力，也超过了孙权历次在淮南的用兵数量，已足见其攻取合肥的决心。

这一幕，曹操在“三越巢湖”时就预见到了，而且早就有了出奇制胜的腹谋。

曹操对合肥是极其重视的，但是再重视，他也不可能在同一个城池放太多的兵。合肥固定守军为七千，任何时候，如果曹操不率主力出击，合肥守军在数量上都不可能超过前来侵袭的敌军。这么一来，将领的挑选就显得尤为重要了，曹操安排守卫合肥的主将，一直也是固定的三位，即“五子良将”排名前两位的张辽、乐进，再加上一个不啻于五将的李典。

“五子良将”只是后来世人给出的一个评价，其实当时在曹营内部，从资历能力，到地位和职务，三将实在相差无几，至于说战绩，每个人都战功赫赫，否则他们也不可能在战将如林的曹营脱颖而出。

因为性格有差异，各方面又都不相上下，三将向来不和，这在曹营也是公开的秘密，派他们三人共同守城，看起来似乎具有很大的不确定性和危险性。然而曹操自有高见，他平时派合肥护军薛悌对三人进行节制，协调三人的关系，到即将出发西征张鲁之前，又专门写了一封密令，交给薛悌保管。

就是这封密令，决定了曹吴双方在合肥战役中的命运。

密令被装在一个封套里，封套上写着四个字，“贼至乃发”，也就是等吴军来攻时再拆开看。曹操又口头嘱咐薛悌，一定要等孙权军队到来时，才能与张辽、乐进、李典共同拆看。

孙权果然来进攻合肥了，而且还带来了十万兵。七千对十万，兵力数量相差也太悬殊了，这仗可怎么打法？还是先看看曹公留下的密令再说吧。

薛悌便与三将一起将密令启封。密令上面这样写道：如果孙权军队到达，张、李二将军率一部分军队出战；乐将军带一部分军队坚守；薛护军不要参与作战。

大家不看则已，一看都纳闷了，守军本来就少，结果还要再分兵，又要出击，又要守城的，兵力不是更薄弱了吗？曹公的葫芦里究竟装的是什么药？

"你们看，曹公是不是这么一个意思，他远征在外，想要等他派救兵是根本来不及的。"

张辽不愧是"五子良将"之首，他最先领悟过来，"曹公指示我们，在敌人站稳脚跟之前，有守城的，有进攻的，打敌人一个措手不及，挫其锐气，以安众心，这样才能以攻为守，确保城池不失。"

意思是弄清楚了，张辽也明显有领着大伙一起干的豪情，可是乐进、李典听后都不吱声，现场陷入了尴尬的沉默。张辽见状，猜到乐、李可能把三人不和的情绪带了进来，所以不愿配合和听从他的指挥，顿时热血上涌，很生气地说道："成败的关键，在此一战，诸位如果有疑虑，我将单独领兵出战。"

在曹操的密令中，李典被曹操点名要随张辽出战，张辽的慷慨陈词，让他深受感动，遂立即表态："我愿随张将军出战！这是国家大事，我怎么能因个人私见而忘掉公义呢？"

犹如锦囊一般的密令，虽只寥寥数语，却充分显示出曹操识人用人的眼光，以及搭配使用、整合长短的功夫技巧。张辽自跟随曹操后，屡建奇功，尤其是在北征乌桓之役中，更是一战定乾坤。从那时候起，曹操就看出，张辽是个敢于力挽狂澜、奋勇一搏的人，但凡别人办不成、不敢办的事，皆可付之于张辽。曹操在密令中将张辽排在最前面出战，就是希望他在关键时刻能够置个人得失于度外，主动站出来，振臂一呼，起到组织和协调守军的核心作用，而张辽也果然没有让他失望。

如果把三个互不和睦的战将放在一起，让他们共同战，或者共同守，只会相互损耗和牵制，人越多，作用反而越小，不仅不能成事，反而坏事，这就叫“一个和尚挑水喝，两个和尚抬水喝，三个和尚没水喝”。如此，就必须把三将拆分开来，其中一个守城，另外两个携手出战，到城外去“抬水喝”。

在征讨高干之役中，乐进、李典曾经组合在一起，但在确定以张辽为首出战的前提下，乐、李中就要拿出一人，与张辽进行搭配。

乐进身材矮小，但胆大勇猛，性如烈火，每次出战都身先士卒，就算不在第一线冲杀，他也不能闲着，总是亲自敲鼓为士兵助威，仗不打完，手就不停。曹操为此给乐进封了个雅号，名为“折冲将军”，折冲者，是连敌人的战车都可以逼退的。

如果说乐进是个猛将、勇将，李典则是个智将、儒将。李典思维缜密，谨慎用心，在他做裨将军随夏侯惇出战时，曾提醒夏侯惇不要中了刘备的埋伏。夏侯惇不听劝告，结果真的被刘备伏击了，若不是李典及时援救，可能就脱不了身了。与此同时，尽管成年累月地在疆场厮杀，气质儒雅的李典却喜好学问，他平时对有学识、有修养的贤人士大夫非常尊敬，在军中也不爱和其他将领争功攀比，大家都称其为“长者”。

乐进、李典的个性如此不同，按照用将常规，似乎应该让乐进出战，李典守城。可是若让乐进出战的话，以乐进的牛脾气，很难保证他不与张辽争功斗气，二人一旦发生争吵，李典很难协调。李典打仗的本事不在乐进之下，又素有低调、不争功的品格，在大敌当前的情况下，更容易与张辽密切配合。

张辽、李典合作得好，就不怕不能把乐进融入进去。对于乐进，曹操最希望看到的应该是，他在看了密令之后，即便明知出战要受张辽指挥，也以大局为重，与李典争着出战。事实是，乐进并没有理解曹操的意图，动人场面并没如期出现，他选择了避开张辽，老老实实地遵令守城，但这也已经不错了，至少他可以独负其责，不与张辽、李典发生摩擦和冲突了。

敢挡者死

张辽、李典连夜挑选了八百名敢于冲锋陷阵的士兵，组成敢死队，又杀牛犒赏将士，准备同敌人殊死一战，

次日，天刚刚亮，张辽、李典就率敢死队向城外的敌军猛冲过去。张辽身披铁甲，手持长戟，一马当先，率先冲入敌阵，所过之处，敢挡者死，数十名吴兵以及两员吴将，不一会都倒在了他的戟下。

这种源自西北并凉军团的凶霸风格，别说南方的吴军，就是中原步骑中也很少见到。吴军人人震恐，避之唯恐不及，张辽一边大声呐喊，高呼自己的名字，一边纵马奔驰，如同锥子一般地往敌阵里面扎去，直至冲进吴军营垒，来到孙权的大旗之下。

孙权大概从来没设想过这一情景，顿时大惊失色，旁边诸将也都被吓得不知所措。情急之下，大家赶紧拥着孙权退至近处的一座大坟堆上，然后用长戟列阵，把孙权紧紧保护起来。

张辽无法冲过戟阵，便叱令孙权与之决斗。要说马上比勇斗狠，孙坚、孙策都是厉害角色，如果他们听到了，十有八九要跟张辽单独较量一下。孙权自赤壁大战起，虽经常亲自率部征战，但他在勇力和武艺方面，跟父兄其实并非一个级别，哪敢下来应战。

起初，孙权躲在戟阵里，一动都不敢动，后来发现跟张辽一起冲进来的士兵不多，这才收拢人马，将张辽团团围住。张辽毫不畏惧，左冲右突，勇猛冲杀，最后打开缺口，带领身边的数十个人冲出了包

围圈。

此时还有人没能突围，他们朝着张辽大喊：“将军要丢下我们不管了吗？”好个张辽，听到后竟然又策马返回，再次冲入包围圈，将余下的士兵也都救了出来。

张辽两进两出，反复杀敌，所向披靡，吴军官兵纷纷退缩溃逃，无人敢触其锋。张辽率部从早晨杀到中午，杀得吴军锐气大伤，斗志锐减，最后只能眼巴巴地看着张辽返回城中。

这是一场相当精彩激烈的对战，记录在史书中的字句虽然不多，读之却足以令人热血沸腾。后世演义中描绘此战更是神奇：“这一仗杀得江南人人害怕，闻张辽大名，小儿不敢夜啼。”

经历此战，合肥城中军心大安。孙权围攻合肥十多天，还是攻不下来，恰值军中疾疫流行，他知道已很难取胜，于是只好下令撤军。

吴军南撤要渡过淝水。张辽登上高处进行观察，看到吴军大部分已撤至逍遥津南岸，但孙权和一部分将士还留在北岸，当即便率步骑猛冲过去。

就像前一次张辽率敢死队出城突袭一样，孙权等人对此始料未及，重又慌作一团。甘宁、吕蒙、凌统等诸将急忙上前迎战，拼死抵御，凌统在率三百亲兵保护孙权冲出包围圈后，又返回与张辽交战。后来，凌统身边的亲兵全都战死了，他自己也受了伤，估计孙权已脱离险境，这才撤出战场，泅水而回。

与张辽厮杀，不死一大堆人是过不了关的。参与堵截张辽追兵的将领中，陈武、宋谦皆为孙策遗下的大将，徐盛则是以勇著称的名将。但是陈武当场就被杀死，宋谦、徐盛双双败走，徐盛不仅负伤，而且连手中的长矛都丢了。

孙权逃离的过程也极为惊险。实际上，张辽已经发现他了，但是因为与之接战的吴将不少，便没有紧追。事后他问一名降兵，说我在追击你们时，看到一个将军，紫色胡须，骑着快马，箭术很高，这个人是谁啊。

“孙会稽！”降兵答道。

孙会稽就是孙权，因他曾兼任会稽太守，故士兵们日常都如此称呼。张辽听了懊悔不已，说早知道他就是孙权，当时无论如何也要追上去把他给抓住。

惊险的地方还不止这一处。逍遥津渡口本有桥连通两岸，但当孙权骑马来到桥上时，却发现桥南有一丈多长的桥板已被拆掉了。

背后追兵杀声阵阵，近臣谷利一看不好，便让孙权放松缰绳，抓住马鞍，他在后面用鞭朝马猛抽，以助马势，马纵身一跃，像箭一样射了出去，终于带着孙权到达南岸。在南岸，大将贺齐已带着三千人马预先接应，孙权这才得以幸免。

以七千对十万，不但以少胜多，守住城池，击退吴军，而且还差一点抓住孙权，合肥战役堪称经典。曹操闻报，非常高兴，对参战将士予以嘉奖，并下令提升张辽为征东将军。次年，他再次征伐孙权，到合肥后，特地对张辽原来征战的地方进行了巡视，感叹之余，对张辽赞赏不已。

压倒一切的大事

曹操在汉中的说降措施终于收效。建安二十年（215）秋冬，巴人首领各率其部众，张鲁率全家及部属，先后归降曹操。

此前献帝已授予曹操分封列侯和任命太守、国相之权，这为曹操给将吏封官加爵提供了更大的便利。他将巴人首领、张鲁的五个儿子、张鲁重臣阎圃全部封为列侯，另拜张鲁为镇南将军，巴人首领为郡守。

在汉中已被其掌握的前提下，曹操对待降人还如此优厚，显然是需要从大处着眼，谋及长远。一者，曹操过去攻陷城池后动辄挥起屠刀，他想改变自己留给外界的这一坏印象，减少以后征伐西南时的阻力。二者，曹操不能老待在汉中，他已确定尽快回邺，并已以夏侯渊督兵汉中。曹操深知，若不以宽容的政策同时笼络降人，借以收拢民心，夏侯渊在汉中的处境将极其困难。

正是出于这样的考虑，那段时间，曹操给予降将的待遇都出奇地好，远远超过平时。曾经身份是关中诸将，在关中抗曹的十部联军中占有两席的程银、侯选，以及马超手下有名的猛将庞德，都归降了曹操。曹操不仅既往不咎，而且恢复了程银、侯选的官爵，任命庞德为立义将军，封关门亭侯。

公元216年春，曹操以夏侯渊为都护将军，督张郃、徐晃等留守汉中，自己领兵返回邺城。

是年夏天，献帝封曹操为魏王，以邺城为王都。曹操为掌握实权，在被封魏王后，仍以丞相兼冀州牧，丞相府、魏王府也成为曹操霸府的基本组成部分。

从受爵魏公，建立魏国，到正式晋爵魏王，一共是两年六个月。在这两年六个月的时间里，曹操跨越了普通臣子一生都跨越不过去的界限：如果说受爵魏公，还只是位在诸侯王之上的话，魏王不管是实际权力还是表面形式，都已成为不是天子的“天子”。

事实是最好的证明。曹操在夺取汉中后为什么不乘胜入蜀，原因很多，但最重要的一条原因，还是他把“以魏代汉”放在了第一位。在当时的曹操看来，乘着在汉中建立大功，声望飙升的机会，尽快引军还邺，从汉室攫取资源和权力，才是压倒一切的大事。

随着“以魏代汉”尘埃落定，终于可以专心对付孙刘这两个外部大敌了。公元216年冬，曹操决定举兵讨伐孙权。整训军队期间，已为魏王的曹操意气风发，亲自敲击战鼓，指挥部队进退，颇有志在必得之势。

次年，曹操仍按巢湖至濡须的老路线南征，此为“四越巢湖”。

孙权以吕蒙为都督，在濡须口加强防守，吕蒙给原本就很坚固的濡须坞配备了更尖端的武器，即安置强弩万张，用以阻击曹军。曹军攻陷不了濡须坞，就无法顺利入江，眼看正面一筹莫展，曹操又分兵攻击濡须东北历阳的横江流口，试图寻找其他突破口，但也被吴将徐盛击退。

论者认为，濡须地区江河纵横，更有利于吴军发挥其水战优势，而岸上则岭丘散布，地理条件易守难攻，一个濡须坞便足以令曹军寸步难行，这是曹操南征不能如愿的一个重要原因。与此同时，曹操在南方作战的水准也仍待提高。事实上，曹操四越巢湖，所动用的兵力规模比赤壁大战时更大，但由于他总是只对濡须一路实施单线攻击，反而使得孙权可以集中兵力在濡须口迎敌。四越巢湖期间，孙权也始终显得胸有成竹，应付裕如，没有像赤壁大战前那样陷入踌躇和焦虑之中。

曹吴两军经过月余时间的交锋，双方互有胜负，战局相持不下，呈胶着状态。不久，孙权突然主动派使者来曹营求和。

自与刘备重新缔结同盟后，孙权本打算在淮南有所斩获，不料却在合肥城下吃了个大亏。其实那一战就已清清楚楚地告诉他，自己凭借水军和地理优势，保住江东是有可能的，但要想进取中原，则很不现实——骑战根本就不是人家曹军的对手，张辽带着那么少的骑兵，照样能杀个两进两出，末了乘你撤退时还能再大捞一把。说白了，合肥，就是吴军北进的底线，那座城池拦在那里，靠吴军在陆地上的这点本事，是别想过去的。

抗曹难获厚利，倒是让刘备占了便宜，这是孙权在“借”出去的荆州难以全部收回，以及益州被刘备抢先一步夺取之后的由衷想法。既然如此，为什么不跟曹操讲和，说好你不打我，我不打你？只有谈妥了，才能去做更现实的事：赶走关羽，夺回荆州！

四越巢湖，无一有结果，也让曹操明白，他目前仍不具备彻底击败孙权、平定江东的条件。这时曹军开始出现疾疫，势难与吴军长久对峙下去，而且刘备在回到蜀中后，已对曹军占据的汉中构成威胁，所以曹操亦在考虑联吴击刘之计，既然孙权主动上门，自然没有不顺水推舟之理。

双方修好，曹操随即引军北还。曹操打仗，讲究兵不厌诈，在对付韩遂、马超时就用过这一招，他当然也怕别人以其人之道，还治其人之身。为了防止自己退兵后孙权毁盟北攻淮南，他在撤兵前，特地将淮南防线由合肥南移至巢湖东口的居巢，并留下夏侯惇、曹仁、张辽等二十六军，驻守于居巢，用以震慑孙权，使其不敢轻举妄动。

立嗣

曹操又回到了邺城。

曹操的惯例是，凡是在外边打了大胜仗，立了大功，就一定要从献帝和汉室那里要点什么过来，这次只是与孙权修好谈和，也就不太好伸手了。再者，他在成为魏王之后，地位已经接近天子，就曹操自己的规划而言，暂时亦无上升的必要。

曹操亟需解决的问题，已经从代汉变成了立嗣。立嗣，其实主要是在曹丕和曹植之间进行选择，曹操出外远征，留守邺城的重任，多数时候交给曹丕，有时也交给曹植，就是对哥俩进行考察，看谁最符合标准。

考察下来，都可以，两人谁也没有出纰漏，但这反而使得曹操更加难以取舍。曹丕、曹植为了能够取得嗣位，暗中也各结党羽，曹植这边主要包括丞相府主簿杨修等，他们屡次在曹操面前称赞曹植的才华，劝说曹操立其为嗣子。曹操一度被说得心动，但他又心怀狐疑，于是秘密写信向大臣们征求意见。

大臣们的意见自然不会一致，有的对曹植称赞得多一些，倾向于曹植，有的则坚持不应废长立幼，倾向于曹丕。曹操看完大臣们的回复之后，仍感到莫衷一是，为此他特地把身边人全都支开，单独询问贾诩，可是贾诩却装作没听见，久久不作回答。曹操不高兴了，问道："我在和卿说话，卿却不回答，为何？"

"我刚才正在思考一个问题，所以没顾得上立即回答。"

"思考什么问题？"

"思考袁本初、刘景升他们父子的事！"

曹操听罢，立即明白了贾诩的意思，于是哈哈大笑。

袁本初就是袁绍。曹操尚未在江湖上现出峥嵘的时候，袁绍的几个儿子就已成年，而且看似还很有出息，当时袁绍想拉拢曹操，甚至以此作为炫耀。官渡之战后，凭借袁绍留下的丰厚家底，袁绍的这些儿子们若能合力抗曹，曹操要平定河北是没那么容易的。可是就因为袁绍生前没有按规矩立长子袁谭为嗣，致使袁谭、袁尚为争嗣位而水火不容，最后便只能便宜曹操，让他来收拾残局了。

刘景升是刘表，他的情况与袁绍家大同小异。长子刘琦不得立，被曹操骂成猪狗的幼子刘琮上了位，结果刘家也因此重蹈袁家之覆辙。

贾诩不愧是大谋士，按其个人倾向来说，他应该是站在曹丕一边的，但是他既没有向曹操重复立长的道理，也没有评说曹丕、曹植之才，而只是指出了袁绍、刘表的教训：这两个人都曾是曹操的劲敌，然而就因为废长立幼，在他们死后，基业说垮就垮了。

曹丕与曹植，犹如袁谭与袁尚，刘琦与刘琮，他们之中究竟谁更优秀，其实并不重要，重要的是如果不立大的而立小的，将会带来难以预测也难以控制的风险。这个风险是连曹操本人都难以承受的，他也由此定下了立丕为嗣的决心。

虽然如此，作为当事人的曹丕仍旧担心，事情是否会中途出现变化。他向贾诩请教，贾诩告诉他，做事情要勤勤恳恳、孜孜不倦，同时也不能违背一个儿子应该遵循的礼仪道德。

贾诩自认不是曹操旧臣，是后来归降的，因害怕遭到曹操猜疑，平时的言行都极其谨慎小心。他不给曹操讲大道理，给曹丕讲的却全是大道理，这些大道理就算是让曹操知道了，也只会说他是教导有方。然而“锣鼓听声，听话听音”，贾诩其实把针对性的策略都放在了“大道理”里，曹丕也不笨，马上就领会到了。

曹植文章虽然写得好，但是行为放纵任性，言谈举止都很不注意。曹丕按照贾诩所授，平时治事有方，且很注意克制自己，以至一下子就拉开了与弟弟的差距，宫中的人与曹操身边的人看在眼里，都在曹操面前称赞曹丕，为他说话。

曹丕的亲信吴质等人，也经常沿着贾诩的套路给曹丕支招。某次曹操出征，曹丕、曹植在路边送行，曹植卖弄聪明，对曹操说了一些歌功颂德的话，在场的人都惊叹于其出口成章的才华，曹操自己听了心里也很舒服。曹丕见状很是失意，正在不知如何是好的时候，吴质贴着耳朵，给他出了个主意。

过了一会儿，等到曹操要上路了，曹丕突然一句话不说，扑通一声，倒头下拜，抬起头来时，已经满脸是泪。如此出色的演技，令曹操及其左右的人都大为动容，当场唏嘘不已。

原先曹操还觉得曹植有才，没立其为嗣未免有些可惜，至此之后，便认为曹植的诚心孝心不及曹丕，立曹丕为嗣乃理所应当了。建安二十二年（217）十月，即曹操被封为魏王一年半以后，他正式将曹丕立为魏国太子，实际也就把未来天子的桂冠戴到了曹丕头上。

起义

在立曹丕为魏国太子之前，曹操又两次提升了自己的准天子地位。一次，是献帝诏令他可设置只有天子才可以使用的旌旗，在其出人的地方，像天子一样实行戒严，禁止行人通行。另一次，是准许头戴本来只有天子才有资格戴的礼帽，仪仗队、銮驾完全比照天子规格，并可按天子礼仪，乘坐特制的金银车，套六马。

与此同时，曹操的第三道求贤令也新鲜出炉。它的正式名称为“举贤勿拘品行令”，依旧表面上说要求贤举贤，实际是给品行不端、名声不好甚至不仁不孝的人正名，用以压制传统的忠孝和思汉意识。

此时的许都，军政中心的地位早已不在，但人心也还没有像曹操所期望的那样，被迅速改变，曹操的所作所为让不少人为之愤慨和不平。建安二十三年（218）正月，一些汉朝大臣子弟、现任官员在许都发动了起义。这是一场为荣誉而战，但却无异于飞蛾扑火，最后注定只能失败的起义。丞相府长史王必负责领兵留守许都，他联合外部兵马，很快就将起义镇压了下去，但在起义爆发时，王必的营门被烧，王必本人也受重伤，几天后便死了。

闻知王必死讯，曹操极为震怒。他立即把事发时在许都的官员全部召集到邺城，也不审讯，只是按照王必营门被烧时参与救火与否，让救火的站左边，没有救火的站右边。众人以为参与救火的一定无罪，于是都站向了左边，没有想到曹操眼睛一瞪，宣布说：“不救火者并不是协助叛乱，救火者才是真正的叛贼。”下令把站在左边的人全都给杀了。

曹操并没有精神错乱，他的所有言行都掩藏着某种不可告人的目的和用意。

你们觉得我会这样，我偏那样，以许都官员作为牺牲品，让外界猜不透自己的心思，以便在“以魏代汉”的关键时期，增加曹操本人及其霸府的威慑力，从而使得异议者和政敌不敢乱说乱动，这是其一；其二，站在左边的官员里，可能有曹操想杀之以泄愤者，其实他们若是站到右边去，曹操一样要杀，只不过理由将调个个儿，他会说救火者心有社稷，不救火者心怀叵测；其三，就是曹操本来就恨不得把许都的汉官全杀光，以便最大限度地削弱拥汉势力。因为按照常理，当天应该没几个官员站右边，大部分人都会站到左边去……

经此浩劫，许都的朝廷几乎为之一空，只剩下身为傀儡皇帝的献帝和少数官员、侍从，政治上变得更加无足轻重。

许都起义者一个重要的心理依恃，是南方的刘备政权，他们甚至曾计划联合南边的关羽作为后援，而在同一时期，曹操也确实面临着来自刘备的军事压力。

刘备急急返回川蜀后，听说张鲁被曹操打败，逃往巴中，急忙派偏将军黄权前去迎接。当黄权到达巴中时，张鲁已经投曹，黄权便顺势将巴人首领击败，控制了三巴地区（巴郡、巴东、巴西）。曹操闻讯，派张郃领兵南下，想夺回三巴，但被张飞击败，张郃只得依旧退至南郑。

刘备与曹操作战，除了赤壁那次沾周瑜的光，偶尔赢了一次外，其余全都是败仗，所以他其实是很怕曹操的，甚至有望其旌旗而窜逃的事情发生。当然，怕曹操，不等于怕曹操的部将，得知曹操已经北还，只有夏侯渊、张郃等人留守汉中，他的胆量顿时就大了起来，开始发动对汉中的进攻。

为牵制曹军，配合其主力进取汉中，刘备另派张飞、马超、吴兰等将领兵入武都郡。曹操决定以曹洪领兵，让他率骑都尉曹休等人前去抵挡。

曹洪因其有勇无谋、贪财好色，曹操早就对他失去了信心，把他排在前面，只是挂个名而已。曹操真正要倚重的是曹休，他对曹休说：“你虽然只是参军，但其实是主帅。”

曹操这句话不是随便说说的，相当于口头命令。曹洪亦有自知之明，听到后，赶紧遵令将军事指挥托付给了曹休。

定军山

曹休是曹操的侄儿，才十几岁时父亲就去世了，曹休带着老母亲到吴地求生，后来听说曹操起兵，便改名换姓来到北方，投奔曹操。曹操当时就对身边的人说："这是我家的千里驹啊！"

曹操让曹休和曹丕同住，待他就像自己的亲儿子一样。曹休从此跟随曹操四处征伐，曹操的"虎豹骑"皆由他最信任，同时也被认为最有潜力的曹家大将统领，曹休即为"虎豹骑"的主将之一。

建安二十三年（218）三月，刘备派张飞驻扎在固山，扬言要截断曹军的退路。曹洪召众将进行商议，大家皆疑虑不决，只有曹休不以为意。

曹休懂得换位思考，如果把他自己换成张飞，真要截断曹军退路，不是应该悄悄地进行吗？你见过谁在这么做之前，会一个劲儿地大声嚷嚷，恨不得让全世界都知道？

张飞如此大肆宣扬，只能说明一点，那就是他想截，但是做不到，或者说还来不及集结。曹休主张，乘此机会，赶快痛击正面的蜀将吴兰，他断言，吴兰一败，张飞必退。

曹洪是"假主帅"，曹休才是"真主帅"，"假主帅"自然要听从于"真主帅"，曹洪立即依计进兵，将吴兰军杀得大败。听得吴兰兵败，张飞、马超果真只能快快而退。

这一期间，刘备亲临阳平关，指挥主力对汉中曹军发动攻击。根据曹操的部署，夏侯渊、徐晃屯阳平与刘备对峙，张郃屯巴、汉之间的广石，与阳平关守军成犄角之势。

最初，刘备低估了曹军的力量，为切断渊、郃之间的联系，派蜀将陈式前去破坏马鸣阁栈道。徐晃带兵出击，大败陈式，守住了这条咽喉要道。曹操得知此事很高兴，特授徐晃符节，以示优宠。

刘备一击未中，再以精兵万余，分为十部，利用夜色为掩护，对广石进行急袭。张郃率亲兵进行搏杀，刘备的这次大规模夜袭也以失败告终。

徐晃、张郃，一个当年是白波军的大将，在官渡大战中斩过文丑，另一个还在袁绍帐下为将时，综合实力就在颜良、文丑之上，这两个人都小瞧不得。刘备终于认识到，即便曹操不在汉中，也同样不能掉以轻心，为此他通过向后方的诸葛亮写信求援，不断向前线添加兵力。

眼看汉中战事越来越紧张，曹操坐不住了，当年秋天，他亲自领兵来到长安。

本来曹操是打算亲自到汉中与刘备对阵的，但在他从邺城出发前，北方的乌桓反叛，曹操不得不命儿子曹彰前去征讨。及至他到了长安后，南阳民众又在宛城守将侯音的带领下发动了起义，于是曹操又命驻于樊城的曹仁讨伐侯音。这两件事都让曹操牵肠挂肚，由于担心曹彰或者曹仁出意外，他只能暂时坐镇于长安，而没有马上前往汉中。

对于刘备而言，在曹操到达汉中之前，采取新的战略战术，迅速在汉中前线实现突破，乃是最佳选择。建安二十四年（219）正月，刘备自阳平南渡沔水，顺着山麓向前推进，在定军山下扎营。

定军山北临沔水，东望汉中，乃汉中除阳平关外的又一屏障，故而，夏侯渊、张郃亦率曹军主力在此布防。

夏侯渊在进军汉中前，曾横扫西北，屡屡获胜，差点让人忘记了，他其实是个刚猛有余、谋略不足的将领。曹操虽出于政治需要，一味在军中吹捧抬高夏侯渊，但其实并没有忘记夏侯渊的弱点和缺陷，经常告诫他，说将领不能光凭勇敢，还得有智谋，如果有勇无谋，不过是匹夫之勇。

问题是，一个将领的缺陷往往根深蒂固，不是敲打几句就能改正过来的。夏侯渊在战场上依然故我，军中称为“白地将军”，即没有谋略的将军之意。

夏侯渊派张郃保护东面的营围，自己率轻装部队保护南面的营围。经夏侯渊这么一分兵后，两边兵力都很薄弱，刘备向张郃挑战，张郃失利，夏侯渊分出自己带领的一半兵力支援张郃，结果把自己这一边的力量又弄得更弱了。

夏侯渊指挥的是轻装部队，兵力又少，便在距营寨十五里处的地方围起鹿角，指望借助于鹿角进行防御，不料鹿角却被刘备乘夜烧掉了。鹿角烧掉，当然需要查看和修补，这种情况下，夏侯渊完全可以把任务交给部下。但他恃勇轻敌，仅仅带着四百名士兵就前往鹿角区，而且也未制定任何防范掩护措施。

刘备的谋士法正随军征战，法正拥有出色的战场观察和判断能力，他在高处侦察，看到夏侯渊带着很少的士兵出现在鹿角区，便赶紧建议刘备全力突袭。

刘备命大将黄忠督师出击，黄忠一马当先，率部向曹军扑去，顿时，战鼓声震天动地，喊杀声响彻山谷，夏侯渊猝不及防，想要退回营寨，后路已被截断。两军交锋，夏侯渊当场战死，这段情节经过重新演绎，后来成了著名京剧《定军山》的主要参考素材。

对于夏侯渊之死，曹操表现出极大的悲痛与惋惜。夏侯渊是曹操的族弟，且少年时两人即为好友。那时候曹操行为不检点，在家乡犯了案，是夏侯渊为其代罪，后来曹操又设法把他营救了出来。及至夏侯渊成家，夫人还是曹操的妻妹，可见两人关系之密切。

曹操一方面承认，夏侯渊死得非常不值，身为督帅，亲自上阵打仗尚不应该，何况是修补鹿角；另一方面，他也进行了自责，因为以夏侯渊的能力，本不足以担任汉中战区的统帅，是他出于某一方面的考虑，才把夏侯渊放到了现在这样一个位置，结果反倒把他给害死了。

高悬免战牌

夏侯渊一死，曹军失去主帅，人心惶惶不安。督军杜袭与司马郭淮经过商讨，认为张郃归曹后屡建功勋，在军界名闻遐迩，让他暂时接替夏侯渊负主责，乃众望所归的一件事，于是公推张郃代为军主。

为了用张郃的威望稳定军心，杜袭给军中下达命令，说张将军（张郃）是国家名将，刘备非常害怕他，现在事情紧急，没有张将军就不能转危为安。

张郃临危受命，当即整顿兵马，巡视军阵，安设营垒，加强防务，众将也都肯接受他的节制，军心这才安定下来。

次日，刘备打算渡过汉水，对曹军进行攻击。曹军新败，兵力也不及对方，众将都认为应依靠汉水列阵，阻止刘备过河。

临水设阵，说明你怕刘备过河，这是心虚示弱的表现，只会增加刘备的气势。杜袭反对这么做，他主张远离水边列阵，以常用的半渡而击战术来打击刘备。

杜袭在军中下令时，极言刘备畏惧张郃，虽说是为了稳定军心，但其实他也没有完全说错。战场之上，大家都是拣软柿子捏，刘备不怕夏侯渊，但他还真的把张郃当一回事，尤其广石夜袭战受挫，更令他视张郃为曹军之魁。夏侯渊被杀后，刘备就曾经得了便宜又卖乖似的说：“要是能够拿下张郃就好了，这个夏侯渊是个不中用的，要他干什么？”

张郃按照杜袭的意见设阵，刘备是打仗的老手，远远一看阵势，就知道曹军已摆脱慌乱状态，在这种情况下，如果强行渡河，多半将遭到张郃的半渡而击，凶多吉少，因此反而不敢渡河了。

此后，曹军便一直保持这样的设阵方式，以示决不退却。坐镇长安的曹操获报，对于杜袭、郭淮、张郃的临时制变很满意，他立即派使者送给张郃符节，正式赋予其以汉中军区的最高权力。

曹操在长安迟迟不进，是因为后方的乌桓、南阳接连出事，让他放心不下。及至夏侯渊被杀，曹刘两军在汉中形成对峙，后方也终于传来了捷报，曹彰、曹仁相继告捷，乌桓叛乱、南阳起义皆被镇压。

解决了后顾之忧，曹操得以腾出手来，决定亲赴汉中。这是夏侯渊被杀后两个月的事，此时曹操在长安已停滞了达半年之久。

建安二十四年（219）三月，曹操亲统大军，从长安出发，出斜谷，经褒斜谷道，赶往南郑。

褒斜谷道的北段为斜谷，南段为褒谷，褒谷离南郑很近，故而曹操此次才选择了这条谷道。褒斜谷道是关中至汉中的三条谷道之一，全长近五百里，需翻越秦岭，相当崎岖难行。曹操在陈仓故道吃过苦头，但现在拿来与褒斜谷道一比，乃是小巫见大巫，他很感慨地说："南郑简直就是在天狱之中，斜谷道（褒斜谷道）不过是一个长五百里的石洞罢了。"

因为道路格外艰险，曹操担心被刘备截击，所以行军时便只能先以先遣部队抢占要害之处，然后再大军续进。

原来你本事再大，也怕山川之险啊！刘备心里有数了，本来他对与曹操作战还有些心理恐惧，但在识破和掌握曹操的软肋之后，胆子也大了起来。他很有把握地对将领们说："即使曹公前来，也不能有所作为，我一定能够占领汉川（即汉中）。"

刘备的策略是集结军队，凭险据守，不与曹操硬拼。曹操到达前线后，虽也取得过局部的小胜利，但因为刘备始终高悬免战牌，战事总体上无法取得进展。

刘备一方面不与曹操正面交锋，另一方面则利用曹军劳师远征、交通不便的特点，对其粮食供给线进行袭击。曹操与刘备在汉中相持了一个多月，军粮渐趋紧张，开小差的士兵也越来越多。不仅士兵，就连将领都出现了叛逃的情况。巴西人王平在巴人首领依附曹操时，被任命为曹军代理校尉，他原本心思就不在曹营，这时候就乘机脱离曹军，投归刘备。

根据经验，曹操判断汉中已很难保住，但是当初为了拿下汉中，曹军已经费了九牛二虎之力，而且此处又是取巴蜀、攻刘备的必经之地，难道就这样白白放弃？

欲进不能，欲还可惜，曹操甚是纠结。有一天，当值班将领前来询问当晚使用什么口令时，他未多加思索，就随口规定说：“鸡肋！”

“鸡肋”是什么意思，谁也不清楚，大家都只当一个无意义的口令来使用，但是有一个人听后却开始独自整理行装，这个人就是丞相府主簿杨修。

“鸡肋”

杨修聪慧过人，常常能够和曹操不谋而同。某次，曹操修造军事装备，最后还剩下几十斛竹片，但都只有数寸长，众人觉得派不上什么用处，打算烧掉。曹操则认为物尽其用，烧掉太可惜，不如用来做竹盾牌，但他当时没有把这个意思明确说出来。大家又不好问，就去找杨修，结果杨修的答复和曹操完全一样，说不必烧掉，可以做竹盾牌。

这次杨修也猜到了曹操的心思。当别人吃惊地问他为何要整理行装时，他便替曹操对“鸡肋”进行了解释：“鸡肋这东西，扔了可惜，吃又没啥吃头，魏王这是在以‘鸡肋’比喻汉中，所以我知道他是想撤军了。”

未几，曹操果然下定决心，率汉中诸军退回长安。

杨修只图一时口舌之快，却没想到却因此惹来杀身之祸，后来他被曹操处决，罪名为“泄漏机密，勾结诸侯”。所谓泄漏机密，指的就是“鸡肋”一类的事。

曹幕智囊云集，脑子灵活且喜欢自作聪明、多嘴多舌的并不止杨修一个，如果仅为此就要杀掉杨修，以曹操的器量和格局而言，尚不至于如此之小。曹操要杀杨修，而且必须杀掉杨修的真正原因，还是杨修参与了曹氏兄弟的争嗣，为曹操所难容。

在曹丕与曹植争嗣期间，曹丕曾把身在外地的亲信吴质装在废簏中用车拉回，以便与其谋划如何对付曹植。恰好曹植一方知道了，杨修是站在曹植一边的，于是杨修就立即报告了曹操，但曹操没来得及当场检查，事情就过去了。

因为杨修的指认，曹丕一方差点阴沟翻船，自是恨之入骨。几天后，曹丕听了吴质教他的办法，又用车装废簏入城。杨修不详细侦察，就理所当然地以为簏内装的仍然是吴质，便又向曹操报告。这次曹操倒是立刻派人检查了，结果发现里面全是丝绢。

在某些方面，杨修有些像以前的孔融，人虽聪明，富有学识，然而却书生意气，没什么大用。其做事的风格与他跟从的曹植倒差不多，就是太随便、不精细，以至于连吴质设下的圈套都会照钻不误。曹操在经历此事后，即开始怀疑杨修作为曹植的羽翼，有协助曹植陷害曹丕的企图，若不除掉的话，恐怕国家难安。

等到曹丕被立为魏国太子，曹操的这一感觉更加强烈。袁绍死后，袁谭、袁尚各有其党，并相互攻杀，曹操为了避免他死后发生同样的情况，确保曹丕能够顺利地承继大统，杀掉杨修也就势所必然了。这一点在罪名中也有提及，所谓“勾结诸侯”其实就是暗指杨修为曹植党羽。

曹操晚年，对立嗣和“以魏代汉”都投入了相当大的精力，概而言之，政治上的利益驱动占据上风。也因此，他在攻取汉中后，才没有得陇望蜀，及时用兵入蜀。正如司马懿、刘晔所言，机不可失，时不再来，一旦错失长驱直入蜀地的机会，军事态势便从根本上起了变化。

连曹操亲入汉中都对蜀军无可奈何，这一事实表明，曹军既不善于水战，也不善于山地作战。在水上既不敌吴军，在山上也打不退蜀军，更不用说进一步“望蜀”了。当然曹操也可以让张郃率部继续在汉中守下去，但后方补给线太长，山路崎岖又不便运输，不仅很容易陷入被动，而且代价实在太大。

无可奈何之下，曹操只能放弃汉中。与此同时，曹操也有他的算计，早在夺取汉中之初，他就采纳别人的建议，将数万户当地居民迁至长安及三辅地区，后来又有八万多居民陆续迁移洛阳、邺城。当汉中成为刘备地盘时，这里的老百姓已经不多了。

在那个兵荒马乱的年代，人的价值甚至要远高于土地，曹操在无力控制地盘的情况下，便留下地盘，带走了那里的居民。没了居民，剩下的土地荒无人烟，乏人耕种，倒真成了弃之可惜，但却又食之无味的“鸡肋”。后来诸葛亮北伐中原，汉中即因人口不足而导致粮食不足，迫使诸葛亮不得不在汉中设置军屯，这也在很大程度上影响了他的北伐事业，以致终其一生，都未能突破曹操所设的陈仓防线。

我是魏王的将军

还在刘备三顾茅庐，邀请诸葛亮出山时，诸葛亮就为他提供了进取天下、兴复汉室的一整套战略，这就是著名的“隆中对”。

诸葛亮认为，刘备应取得荆、益两州，巩固孙刘联盟，之后经营汉中、江陵两大战略基地，一俟条件成熟，就对洛阳实施两面夹攻。刘备的具体行动步骤，与“隆中对”是基本合拍的，他在曹操退出汉中后，即乘势继续向东进兵，又夺取了上庸等地。这样当需要北攻襄樊时，就不用担心曹军从西北方对其侧翼造成威胁了。

作为刘备、诸葛亮战略部署的重要组成部分，只有北攻襄樊，才有机会北向宛洛，谋击曹操。关羽负责打理江陵，北攻襄樊的战略任务自然要交给他，同时即便站在地方经营者的角度和立场，关羽对襄樊也非争不可：襄樊不仅是谋夺荆州全境所必须经历的步骤，还是江陵的门户，夺得襄樊，就能控制汉水，使江陵安全得到根本保障。

此前一年，南阳民众因苦于供给曹仁的徭役太重，曾拥宛城守将侯音发动起义。其实不仅是南阳，随着曹操军政中心北移，黄河以南包括襄樊在内的曹占区多不稳定，时任汝南太守的满宠承认，自许都以南，各地都有老百姓闹事。

关羽北攻的另外一个有利因素是，如曹操所料，孙权在与其修好后，并未完全履行约定，乘着曹操被牵制于汉中，他又对合肥发起攻势，只是与上次相比，规模较小而已。就这样，为了不让孙权找到空子，淮南及其周围各州的曹军也都被牵制在了当地。

当孙权攻打合肥时，各州将领私下都在讨论形势，扬州刺史温恢对兖州刺史裴潜说，其实我们这里尚不足虑，倒是曹仁在襄樊孤军突出。眼看雨季就要到来，他对面的关羽又骁勇多谋，曹仁对此准备不足，恐怕会有麻烦。话音刚落，公元 219 年秋，关羽即按照刘备、诸葛亮所制定的“出兵襄樊，北向宛、洛”计划，向襄樊发动了大规模进攻。

若是前后左右联系起来，就可以看出，这实际上是孙刘联盟所共同发起的一次战略性攻势，自西向东，刘备进兵汉中，关羽北攻襄樊，孙权攻击合肥。如果说赤壁大战是孙权为主，刘备为辅，襄樊战役则是以关羽（也即刘备）为主，孙权为辅。孙刘两军东西并举，规模相当之大，由曹仁指挥的襄樊战区即刻便由攻转守，且承受着沉重压力。

对曹操而言，襄樊乃是必保之地，只有保住襄樊，才能扼住汉水，从而南逼江陵，东望江夏，将关羽、孙权北进中原的道路封锁住。

这个时候不能不让人佩服曹操的远见和决心，正是因为他放弃了汉中，才能将主力部队从这一“泥淖”中拔出来，到了襄樊危急的关键时刻，也才能有足够的机动兵力可以调用。

从汉中撤出后，曹军大部集结于关中，得知襄樊战役爆发，曹操连忙调兵遣将，派于禁领兵从关中赴援襄樊。由于于禁及时赴援，曹仁的防守兵力得以加厚，又有了与关羽抗衡的底气。

在襄樊战区，襄阳和樊城隔汉水而望，同为南北交通要道上的重要据点。关羽在进攻时，首先渡过汉水，把矛头对准了樊城。樊城由曹仁直接防守，他派协助其守城的庞德出战，和于禁等人率七部人马，在樊城以北结营屯扎，以便和城中成掎角呼应之势。

时值秋雨连绵的季节，襄樊地区一连下了十多天大雨，汉水暴涨，溢出堤外，平地水深即达数丈。温恢是北方人，他事前谈到雨季对曹军不利，说明对南方作战的特点已经有所了解和掌握。曹仁则确如温恢指出的那样，对此准备不足，结果不仅樊城被洪水包围，驻守于城北的于禁、庞德等七军屯营也全部淹没。

于禁等诸将迫不得已，只好率将士登上高处避水。关羽到荆州后，就亲自训练和率领水军，陆战、水战都能打，乘洪水上涨之机，他乘坐着大战船，率水师猛攻曹军。于禁等人无路可退，只好投降。

与于禁不同，庞德则表现出了宁死不降的武士气概。他披着铠甲，挽着弓箭，站在避水的河堤上，与蜀军对射，箭无虚发，蜀军被他射死了好些人。部将董超、董衡想要投降，庞德大骂两人没骨气，挥起剑来，将他们都给砍死在了堤上。

庞德率余部从早上一直打到中午，午后，关羽攻势更急，庞德的箭也用完了，双方短兵相接，他就用短兵器搏斗，而且越战越勇，气势逼人。这时水势渐大，庞德余部除了战死者，大部分都投降了，庞德仍拒不肯降，他对身边的少数几个士兵说：“我听说良将不会为了怕死而逃命，烈士不会为了活命而失节，今日就是我的死期！”

在厮杀中，庞德带着三个士兵，从蜀军手里抢到一只小船，想乘坐小船逃回城中曹仁的军营，不料洪水把船掀翻了。庞德落水，失去武器，被关羽擒获。

关羽对于禁、庞德两位降将的态度明显不一样。对于禁，他往江陵一送，大牢里一关，就不管了；对庞德则极力劝降，承诺只要庞德归降，便可授之以将军的职务。原因是于禁本属曹家班的人，庞德则原为马超部将，是后来在汉中降曹的，而且其堂兄也在刘备处做官。

不料庞德毫不屈服，不仅立而不跪，而且大骂关羽和刘备。关羽见状，只得下令把庞德杀了。

襄樊战役前，曹军中就有人议论，说像庞德这样的人，肯定不会真心同关羽作战。庞德听后非常气愤，当即表态："今年不是我杀关羽，就是关羽杀我！"结果一语成谶，命丧樊城。

得知于禁降敌而庞德死节的消息，曹操叹息良久，并为庞德流下了眼泪，说："我信用于禁三十年，哪里能想到危难时刻，他的表现反不如庞德呢！"

庞德与吕布不同，可以看出，他一直在寻找能够为之效死力的主公，而这个人显然就是曹操。曹操自己能打，又知人善任，对部属极其慷慨。庞德死后，庞德的两个儿子都被他封为了列侯，无怪乎庞德在关羽面前会说出这样的话：魏王带兵百万，威震天下。我是魏王的将军，宁肯做鬼，也不愿再做别人的将军！

请将军再坚持一下

在樊城城下，关羽完成了被后人津津乐道的"水淹七军"，于禁等七军仅被俘者就有三万之众，如果加上战死和溃败者，应有四五万人。

关羽继续猛攻樊城。曹仁在派庞德出战时，就已经把相当一部分兵力都派了出去，城内兵马不过数千，面对关羽的优势兵力，根本无还手之力。

更糟的当然还是洪水的侵袭。樊城里里外外都被泡在水中，城墙因此已经崩坍损坏了好几处。众人都惊恐不安，有人对曹仁说，现在局面这么危险，不是我们的力量所能应付的，他劝曹仁乘关羽的包围圈还没有合拢之际，赶紧坐小船乘夜逃走。

守下去确实没有什么希望啊，曹仁动了心，与被曹操派来协助守城的满宠商量此事。满宠出身酷吏，心坚如铁，他给曹仁打气，认为这种山洪倾泻的情况肯定不会持续很久，又分析关羽围城之后，之所以不敢继续往许都以南挺进，乃是因为害怕曹仁截其后路，所以樊城决不能弃。

曹仁原先认为，他逃走就是他一个人的事，留得青山在，不怕没柴烧嘛。满宠则指出，那样的话，你曹仁是苟活了，但关羽没了后顾之忧，就可以狂飙突进，以后不但许都以南，怕是连黄河以南，都要丢掉了。

“请将军再坚持一下吧！”

满宠名为协助，某种程度上也起着监军的作用。曹仁听了他的话，只得硬着头皮继续守下去。

可是满宠关于洪水将退的结论，对缓解现实困境其实作用甚微。城外洪水依旧不断上涨，已触及城墙顶部，城墙尚未被淹没的部分只剩下几尺高，眼看着全城都要被淹没了。再瞧城外，关羽乘船围攻，已在外围设立了好几道包围圈，这下即便曹仁想溜都溜不掉了，而且城内的粮食也越来越少。

满宠有一点倒是说得不错，关羽自己暂时还不能脱离樊城战场，但他可以分出兵力，让他的部将到别处进攻啊，而且不用往前挺进，就先在旁边下手即可——与樊城一水之隔的襄阳也被围住了，襄阳守将吕常被困于城内，和曹仁一样动弹不得，荆州刺史胡修、南乡太守傅方见势不好，全都投降了关羽。

眼见襄樊战区已陷入危殆之中，曹操一面先将徐晃由关中调出，率兵屯据樊城北部的宛城，用以屏障许都，同时待机救援曹仁；一面紧急把其余机动部队也从关中陆续抽回，自己则从长安移往洛阳，以便就近指挥襄樊战事。

就在曹操坐镇洛阳的时候，弘农郡陆浑县平民孙狼等人突然揭竿而起，杀死该县主簿，向南归附关羽。关羽授予其官印，拨给部队，派他们重新潜回曹占区进行活动。孙狼部虽非正规部队，但在许都以南游击作战，与关羽遥相呼应，影响力也不小。

其实在孙狼之前，从许都起义到南阳起义，都已经出现了这一迹象，即起义者不管是将领还是民众，大多接受关羽印号，与关羽相呼应，显示关羽在黄河以南地区早已拥有相当高的声望和威信。水淹七军后，关羽在上述地区的民间形象更是不同凡响，号称“威震华夏”，以孙狼起义为代表，各地民众甚至是盗匪都纷纷举兵响应，呈一发不可收拾之势。

曹操这才发现，情况远比自己原来想象的还要严重得多。徐晃所据的宛城乃南阳郡中心，南阳起义刚被镇压不久，以前的宛城守将侯音即为那次起义的领导者，可见曹军在当地不得民心，极易再次发生变乱。

限于后勤供给条件，曹操一向都以少而精的原则来编组军队，他外出远征，一般情况下，每次最多都只能集结十万大军。襄樊战役爆发后，于禁从关中已经带走了至少三四万的主力部队，刘备尚在汉中虎视眈眈，所以陈仓防线及其关中也必须部署相当数量的精锐武装。这样一来，曹操真正能够从西北调来的兵力就很有限了。徐晃部多为新兵，很难直接和关羽交锋争胜，此外虽然还能再从关中零零碎碎地抽出一些机动兵力，但也形不成规模。

假如徐晃救不了樊城，亦守不住南阳，许都必受威胁。许都的守军不多，万一关羽攻入许都抢走献帝，曹操将失去他自挟天子以令诸侯以来的最大政治资源，“以魏代汉”以及统一天下的图谋亦将随之落空。

想到这里，曹操真是一身冷汗，他赶紧召集军政会议，提出许都离前线太近，是否应将献帝迁至邺城，以避关羽兵锋。最终，因大家都担心迁移将会极大地动摇人心，使得局面更加被动，此议方才作罢。

联吴

曹操面临着自赤壁兵败以来的最大危机，曹营的上上下下都被动员起来，纷纷献计献策，其中谋士司马懿、蒋济的观点引起了曹操的特别关注，这就是“联吴”。

在赤壁大战前，曹操并不把孙权、刘备放在眼里，对于“联吴”基本是不屑一顾的。赤壁一战，曹操被孙权打得鼻青脸肿，只得退还中原。从那时候起，他才清醒过来，开始明白孙刘联盟的价值，并尝试对孙、刘进行挑拨和分别拉拢，“联吴”就是其中的一个重要策略。

“联吴”的效果，最初并不理想。原因是多方面的，一者，当时孙刘都处于发展期，有抱团抗曹的现实需要；二者，刘备营中有诸葛亮，孙权营中有鲁肃，两人都是极具前瞻性眼光的大战略家，特别是鲁肃，正是他始终坚持，一力促成，才有了“湘水划界”。

当然还有最不可忽视的一点是，曹操对于“联吴”的认识仍不够深刻，他总认为自己的中原大军数倍于孙刘，赤壁兵败只是一时失利，只要缓过神来，总能把孙刘都统统收拾掉。这种心态导致他对于“联吴”一直都是采取权宜态度，比如给孙权写信相诱，以及“四越巢湖”未果后接受孙权求和，事先均缺乏认真细致的战略性思考和安排，于是注定都只能沦为失败。

一场两场战斗战役的失败，是可以补救的，一个战略性的失误，却会导致满盘皆输。襄樊战役距离赤壁大战已过去了十一年，在这十一年中，曹操以一敌二，孙、刘两家则是合二抗一，虽然偶有破裂，但马上就又能弥合。这样造成的结果是，孙、刘逐步扩张势力，一个进据江北，时时逼攻合肥，一个全取益州、汉中，而曹操却只能步步退却，直至被关羽水淹七军，襄樊危在旦夕。

曹操本有扑灭群雄之志，在其全盛时期威风八面，势不可挡，关东的袁绍、袁术、吕布、刘表，关西的马超、韩遂，哪一个不是强者中的强者，好汉中的好汉，最后都被曹操一扫而空。唯独对于江东的孙权、巴蜀的刘备，曹操一直难占上风，无怪乎有人评论他“公亦老矣”，说曹操还是年纪太大，故而已经雄风不再，打不动了。

其实真不是年纪的问题，是战略出错了，司马懿、蒋济点醒了曹操。

要论“联吴”的时机，此时却也再好不过。孙、刘之间的联盟关系本就属于利益的联盟，相当松散，也相当脆弱。在争夺荆州之前，因为刘备独取益州，未让孙权分到好处，孙权一怒之下，接回了嫁给刘备的妹妹；接着又为荆州归属，差点与刘备全面开战，是刘备慑于曹操进兵关中，以及依赖鲁肃的说服调解，双方才得以重归于好。

随着鲁肃去世，孙权的态度再次出现变化。

荆州在长江以南的部分，以江陵最为重要，自江陵顺流而下，对下游的江东地区据有天然的地理优势。正因如此，曹操在退往北方后，才会让曹仁留守江陵，周瑜也才会死盯着江陵不放。当初江东拿下江陵并不容易，周瑜一条命可以说就是断送在了江陵，但它后来却被“借”给了刘备，即便“湘水划界”，也没能要回来。

在刘备尚未取得益州时，他和关羽的力量都还有限，江陵尚未对江东构成威胁，及至刘备占领益州、关中，其实力已与孙权相当，江陵的重要性就凸显出来了。关羽虽然只是刘备的一个大将，却具有独当一面和独立发展的能力，他以江陵为基地，雄视各方，连江东也处在其威慑之下。

孙权曾派人向关羽提亲，欲让自己的儿子娶关羽的女儿，此举拉拢的意图很明显。但从另一方面来说，如果关羽在请示刘备后能够答应下来，则既可以缓解孙权的焦虑，又能使孙刘联盟得到巩固。结果却是，关羽不仅不许婚，还将孙权使者大骂了一顿。

或许是围绕着荆州，双方积累的怨恨已经太多太深，也或者关羽本身的性格缺点支配了他，让他一时头脑发热，忘了大局。总之，刘备、关羽在屡屡得手获胜后，心态上有多么忘乎所以，对于孙刘联盟又有多么忽略，于此已可见一斑。

孙权是与刘备同等级别的诸侯，关羽的做法无异于在打他的脸，孙权怎么可能不感到愤恨。与关羽关系的急剧恶化，也促使他不能不考虑尽快设法从关羽手中夺回江陵。

这些情况早已为曹营智囊所掌握，司马懿、蒋济分析认为，关羽此次水淹七军，必使孙权再次感到威胁，“关羽得志，权必不愿”，二人建议，乘此机会，应赶快与孙权议和，不仅要议和，而且还要劝说孙权，让他偷袭关羽的后方。

你是在救援，还是在磨洋工？

议和，是为了让孙权不再进逼合肥，以便把淮南方面的兵力抽出来救援樊城。但援军无法立即赶到樊城，在这段时间里，就需要孙权从背后捅关羽一刀。

议和是议和，捅刀是捅刀，这一刀下去，也就意味着孙权要与刘备彻底翻脸了，若不下点本钱，孙权岂肯为之？司马懿、蒋济的建议是:“事成之后，割江南之地给孙权。”

所谓江南之地，即长江以南的荆州区域，那里本来也不是曹占区，曹操一时也没能力拿下来，倒不如做个顺水人情，让孙权和刘备、关羽互斗。应该说，司马懿等人的算盘打得不可谓不精，曹操听后连连称是。据此，他做出了其一生中最后一个正确的战略决策：联合孙权，遣使江东。

即便联吴成功，使者往返和孙权实施行动，都还需要时间，已处在覆灭边缘的樊城显然是等不及的。曹操在派出使者后，即命徐晃动身前去救援曹仁。

在徐晃领兵进抵阳陵陂后，考虑到该部战斗力薄弱的实际情况，曹操又派战将徐商、吕建率兵到阳陵陂与之会合，并传令徐晃，让他务必要等到大部队全部集结后，再一起向关羽发起进攻。

有徐商、吕建相助，徐晃感到自身的兵力已经加强，虽然不能直接进攻关羽，但进攻关羽部署在附近的部队，总没有问题吧。徐晃对准偃城的关羽部队，率部杀了过去。

许是跟着曹操日久，徐晃也学会了他那套兵不厌诈的手法，在兵抵偃城之初，他便派兵绕至敌人侧后，并假装在小路上挖掘壕沟，构筑工事，做出要截断敌人后路的样子。对方并不知道徐晃部的真正实力，只是根据表面信息判断，他们数量很多，来势很猛，连交手都没敢交手，就烧掉军营逃走了。

徐晃得到偃城后，将曹军两边的营垒连接起来，向关羽大营缓缓推进。这时，满宠给曹仁打气的话总算是兑现了，大水一天天退下去，关羽水军的船只也渐渐派不上用处了，曹仁又鼓起勇气，以必守的决心率部抵抗，关羽虽亲自督战，也无法攻进城中。跟随徐晃作战的将领们一看，曹仁和樊城还有救，便催促徐晃赶快进兵，然而徐晃不为所动，走起路来简直像蜗牛爬。

你是在救援，还是在磨洋工？诸将对徐晃很是不满，甚至用严厉的语气责问他。其实，徐晃是严格按照曹操的指示以及实际情况在行事，关羽对樊城的包围圈很牢固，洪水也还没有完全退下去，在曹操增派的援兵尚未赶到的情况下，若只以现有兵力出击，不但不足以解围，还可能让自己也遭到挫败和损失。

徐晃和张辽、张郃有一个共同特点，即他们最早都不是曹操的部下，是中途从敌方营垒中投奔过来的，独统一军时还行，临时指挥其他诸将并要让他们心服口服，便是件殊为不易的事了。张辽在合肥，张郃在汉中，都经过一段特殊时期，才得以统御诸将，诸将不服徐晃，多少也与此有关。

战前，曹操为贯彻自己的军事意图，特派谋臣赵俨以议郎身份作为曹仁的参军，并随徐晃一起行动。在徐晃军中，赵俨相当于钦差大臣，实际权威比徐晃还高，见徐晃遭到责难，他理所当然地站出来，替徐晃向诸将做解释，同时也提出了自己的独立见解。

曹仁在城中处境艰难，亟需让他和守军知道援兵已到达外围，这样既可以激励他们继续坚守城池，也便于他们和援兵里应外合，协调行动。赵俨据此认为，现在最好的办法，不是马上对敌人发动进攻，而是一边进逼敌人的包围圈，给其施加压力，一边设法与曹仁取得联系。

赵俨估计，至多不超过十天，后续援军就能赶到，这期间曹仁应该能守住樊城，等援军到达，城内城外一起发动进攻，一定能够打败敌人。他还慨然表示，如果因为没有及时发动进攻而导致不利后果，他愿一个人承担所有责任。

有功大家一起分，有过赵俨独自担，诸将哪里会不乐意，都一个个地高兴起来。徐晃也接受赵俨的建议，率部向关羽的包围圈进逼，其先头部队所扎营的地方，距樊城最外一层包围圈竟然只有三丈远。

关羽急于集中力量攻下樊城，并没有立即回首攻击，乘此机会，徐晃军通过挖掘地道的方式，派人进入城下，用箭将书信传入城中，这样城内城外就建立了联系，自此可以频频互通信息了。

一拍即合

赵俨敢于承担缓救的责任，徐晃迫关羽之围如此之近，也能耐住性子不予突袭，显然是因为两人都掌握着当时曹营的最高军事机密：借孙权之手搞掉关羽！

当使者来到东吴，拜见孙权时，恰好孙权和他的手下也正在对关羽磨刀霍霍。

鲁肃的继任者吕蒙相当于另一个周瑜，一贯主张赶走刘备、关羽，完全夺回荆州，但为了麻痹关羽，他又常常故意示弱。在关羽进攻樊城时，鲁肃与孙权商量好，假装病重离任，由陆逊接替其职务。陆逊年纪轻，此前既没有什么资历也未积累足以傲人的战绩，他到任后，按照事先筹谋，像吕蒙一样对关羽保持低姿态，甚至于加倍地殷勤。

关羽上了吕蒙、陆逊的当，他原本在江陵与东吴交界处配备着一定数量的部队，结果在放松警惕、掉以轻心的情况下，又把这些部队多数调出，用于增援樊城。

就算是曹操不教唆，孙权也要动手，他还担心独自攻打荆州会遭到曹操牵制呢，曹操的请求正合其意，更不用说曹操还答应给予割地的额外好处。

双方一拍即合，孙权立即给曹操写了一封密信，表示不久他就会派兵西上，偷袭关羽的江陵、公安二城，到时樊城之围自解。但他同时也要求曹操不要走漏风声，理由是如果泄漏出去，关羽将有所防备。

使者完成使命后，急急赶回洛阳。听完他的汇报，再看了密信，曹操极为高兴，然而对于孙权要他保密一事，他却好像有些自己的想法，为此专门召集部属进行了商议。

大多数人都认为应该替孙权保密，只有随军征战的谋士董昭持有不同意见，他的主张是：表面上不妨仍答应为孙权保密，但暗中却要故意把孙权的偷袭行动原封不动地泄露出去。

权变甚至不惜使诈，是曹操军事学的一个重要特点。曹操的不少谋臣部将们亦受此影响。在他们看来，打仗本就没有什么信用不信用，在这个领域，赢才是硬道理，因此即便答应了别人或与之建立了暂时的联盟，但只要认为有必要，一样可以对对方进行欺诈，而不用负有任何道义上的责任和压力。

从孙权这件事来看，他让曹操替他保密，自然有个人的算盘。倘若真的依其所言，秘而不露，吃亏的是曹军，得志的是孙权，这决不是上策。此外，被围在城中的守军，虽知道援军到来，但却还不知道有没有把握获救，加上粮食已经不足，心情必然十分紧张恐惧，万一因情况过于危急而萌生其他想法，那就糟了。

反之，若泄露秘密，无非两种后果：其一，关羽知道后，立即亲自撤兵回救，如此樊城之围就能迅速解除，而关羽、孙权也会因此结下梁子，成为死敌。他们两相争斗，曹军坐收渔人之利，坐观其败，有何不好？其二，关羽明知孙权要偷袭其后，但自恃江陵、公安两座城池防守严密，樊城又有必破之势，仍不肯急速撤退回救。

根据关羽一向高傲自负、争强好胜的性格，董昭估计，最可能发生的是第二种情况，如此，则既可以鼓舞樊城守军，又不至影响孙权的偷袭计划。

曹操把保不保密单独拿出来进行讨论，其实就已经在进行相关暗示了，只不过这种事最好要部属帮他提而已。董昭老谋深算，甚知曹操的心意，所以才带头戳破了窗户纸。果然，曹操听后马上表示接受，说：“妙！”

曹操当即派人到徐晃处，命令徐晃把孙权信中偷袭荆州的内容抄录下来，用箭分别射至城内和关羽营中。事态发展如其所料，城中曹军看到后，顿时士气大振。而关羽的反应则和董昭的推断差不多，一方面眼看樊城陷落在即，他舍不得放弃；另一方面，对孙权的背盟也半信半疑，怕曹操从中捣鬼，为的是使他前功尽弃。

关羽没有立即退兵，但因为他清楚自己和孙权的关系确实处在恶化之中，对于孙权撕毁盟约，偷袭其后方，又觉得不无可能，所以试图攻拔樊城的决心也开始动摇了。

在故意将秘密暴露给关羽后，曹操便准备亲自从洛阳南下襄樊，援救樊城的曹仁和襄阳的吕常，属下也大多认为有这必要，说曹操如果不亲临一线，整个战役可能真的就要失败了。

侍中桓阶却觉得大可不必如此紧张，他问曹操："大王认为曹仁他们能否相机独当一面，处理好守城之事？"

曹操既把襄樊委于曹仁等人，就是相信他们有独立守城的能力，因此回答："我觉得他们可以做到。"

"大王或许是担心他们这个时候会放弃努力，弃城不守？"

"不！"曹仁已经坚持到现在，又知道孙权将袭击关羽，当然更不会放弃，曹操对此也是有信心的。

"那您为什么还要亲自带兵前往救援呢？"

"我不是担心曹仁他们，我是担心关羽的军队太多，徐晃等人难以对付。"曹操答道。

桓阶坦言，曹操就算是纯粹担心徐晃等人，也不应亲往。因为曹仁、吕常身在重围之中，处于万死之地，仍能够死心塌地地坚守城池，最大的希望还是获得强援。曹操亲自前往第一线，会让他们以为曹操手中的牌都已经打光了，反而会影响其死守抗争的决心和意志，倒不如在远处进行声援，以显示自身还有余力，援军会源源不断地到来。

曹操觉得桓阶言之有理，遂统兵进至摩陂就停了下来，然后便不断地调拨军队前去支援徐晃。

我还是第一次见到

在与孙权达成协约后，曹操即向襄樊邻近各州发出了征召令。兖州刺史裴潜、豫州刺史吕贡等人都接到了命令，起初裴潜等人因不明究竟，拖延着没有马上行动。扬州刺史温恢一直关注着襄樊战役，他私下对裴潜说，这一定是襄阳危急，要让你们赶去支援，之所以没有大张旗鼓急着让你们前去集结，是因为上面还不愿惊动远处的部队。

温恢预计在这一两天内，曹操一定还会有密信发来，催促各州尽快上路，甚至就连驻守合肥的张辽等人也将接到征召令。张辽等人是长年征战沙场的武将，相比于刺史们，更了解襄樊战场的危急局势，也更能体会到曹操的急迫心情，相信一定不会犹豫。温恢为此提醒裴潜：如果张辽等人后召先到，你可就要受责备了！

裴潜听了温恢的话，这才紧张起来，连辎重都不带，就让部下改换轻装迅速出发。少时，他果然接到了曹操催促进军的命令，而张辽等人不久也都分别受到征召，与温恢所预料的完全一样。

事实上，为了支援徐晃，曹操几乎动用了他所能动用的所有精锐，其中也包括撤走合肥、居巢的部队。当然，这样做本身也是要告诉孙权：我决不会南下袭击你，你没有后顾之忧，放心地去偷袭荆州吧，祝你好运！

在张辽等人到达襄樊之前，曹操已陆续为徐晃提供了十二营援兵。徐晃兵力既增，便乘关羽狐疑动摇之机，向其发起攻击。这时关羽在其包围圈外，专门屯扎围头、四冢两处军营，用于对付徐晃，徐晃扬言要进攻围头军营，实际却声东击西，偷偷地攻打四冢。

眼看四冢军营就要保不住了，关羽亲率五千步骑兵前来作战，徐晃军多为生力军，关羽军则久战已疲，结果关羽被击败，只得退入包围圈。徐晃乘胜追击，关羽在包围圈的壕沟中设置十重鹿角，但就连这个也没能难倒徐晃，被他一举突破。徐晃当天的气势和状态，真是只能用“神勇无敌”四个字来形容了。

关羽军大败，所部损失惨重，投降关羽的原荆州刺史胡修、南乡太守傅方也都死于此战，关羽见状，被迫撤樊城之围，樊城危机烟消云散。

曹操闻讯，立即下令嘉奖徐晃。他在嘉奖令中说，我用兵三十多年，也知道许多古代的善用兵者，但像徐晃这样长驱直入，连破敌军营寨，甚而冲进敌人包围圈并将其攻破的，我还是第一次见到。

春秋时，燕国大将乐毅攻打齐国，对齐国大将田单所固守的莒和即墨进行围攻，当时情形非常危急，但是曹操经过对比，认为樊城、襄阳在襄樊战役中的困境远比莒、即墨更甚，由此更可见徐晃能力之强以及战功之高。

过去，曹操在给荀彧论功中，曾经评价荀彧的计谋和功绩连他也有所不及，谋臣中，能够得到曹操如此高评价的，也就只有荀彧一人。至于武将，夏侯渊倒是被曹操这样夸赞过，但那其实是出于特定目的，而不是夏侯渊真的到达了这种程度。夏侯渊没能做到的，现在，徐晃基本上做到了，孙武和司马穰苴皆为春秋时代的顶尖兵家，曹操说徐晃的战功已经超过了他俩！

在大败关羽后，徐晃整顿军队返回摩陂，曹操亲自到七里之外迎接，并在摩陂大摆庆功宴。庆功宴上，曹操给徐晃敬酒，举起酒杯对他说："保全樊城、襄阳，这都是将军的功劳啊！"

接着，曹操又在摩陂巡视各营。像曹操这样的大人物，普通士兵平时是见不到的，得知他要来巡视，各营士兵都纷纷离开阵列，前来围观，阵列当然也就显得有些杂乱。这种场面，曹操已经见多了，也没觉得有什么不对，但当他走到徐晃营中时，却发现军营整齐，秩序井然，将士们全都留在阵列之中，没有一个人乱走乱动。

西汉时，汉文帝到各军犒劳慰问，一听说皇帝来了，从将军到士兵，注意力都在皇帝身上。只有名将周亚夫的细柳营不同，士兵们该干啥还干啥，连文帝到了营门，也得通报了才能进去。文帝当时认为，周亚夫才是"真将军"，后来周亚夫果然平定了七国之乱。现在的徐晃一样治军严谨，一样战无不胜、攻无不克，曹操颇为感慨地说："徐将军真可谓有周亚夫的遗风。"

不能抢他的戏

关羽虽撤樊城之围，但其水军船队仍占据着沔水，襄阳守军依然与曹军大部队隔离。这种情况下，曹操却并没有让徐晃继续对关羽展开进攻，原因就在于他要坐山观虎斗，为孙权袭击关羽留出足够的档期。

孙刘目前是在为争夺荆州而斗，但其实联合抗曹才符合他们根本和长远的利益，曹孙联盟则不同。对于曹操而言，孙刘两家始终都是他要吞并的对象，只不过以现时形势而论，关羽是他的主要敌人，孙权是他的次要敌人，为了给自己解困，他必须先争取次要敌人，用以对付主要敌人。但归根结底，还是要让他们互相磨损和伤害。

该孙权出场了，不能抢他的戏。

事实上，孙权以及一直躲在幕后的吕蒙，对于各自的戏份也确实都挺尽心尽力。乘关羽后方空虚，孙权亲自率军沿江西上，吕蒙更是一马当先，把战船伪装成商船，把士兵假扮成商人，关羽设在江边的岗哨本来就已不多，一路上被全部收拾了个干净。

等到南郡守军发现情况不妙，吕蒙已经兵临城下。当然如果他们肯抵抗一下，也是能坚持一段时间的。但守江陵的糜芳、守公安的傅士仁，都与关羽不和，一看大势已去，便都投降了，孙权几乎是兵不血刃就夺取了整个南郡。

关羽围攻襄、樊失利，又得到南郡失守的确凿情报，便立即全线撤兵，回救南郡。

曹操对此早有预料，让他感到格外吃惊的是孙权此次得手之快。要知道，当初周瑜和曹仁争夺江陵，双方整整打了一年多，周瑜为此而死，曹军也因损失太大而不得不自行退出，没想到孙权、吕蒙居然这么容易就取得了南郡。

指望关羽和孙权在互斗中难分难解，最终两败俱伤，自己则从中尽收渔翁之利的如意算盘，至此彻底落空了，曹操内心的不甘和失望恐怕是难免的。

在据南郡最近的樊城，人们的心情也像调味瓶被打翻了一样，酸甜苦辣，什么滋味都有。因为从某种程度上来说，孙权能轻易拿下南郡，其实就是以他们在襄樊战役中所付出的惨重损失作为代价的。参军赵俨不无苦涩地指出，孙权本来就是想利用关羽在襄樊与曹军交战之机，出其不意地袭击其后方，而与曹方建立联盟，也无非是要乘机牟利而已，现在是得偿所愿了。

曹仁召集众将商议，多数人都主张乘关羽陷入困境，赶紧集结部队，予以追击擒拿，这样既报了先前被关羽水淹围攻之仇，又可防止利益被孙吴独占。

唯有赵俨力排众议，反对追击关羽。

孙权利用关羽威震中原，曹操急于解除襄、樊之围的心理，与曹操达成了联盟协约，但他仍然会存有顾虑，即在关羽回救江陵时，曹操会不会乘机发兵进攻他。因有此顾虑，他才会在给曹操的信中，显得态度格外谦顺。现在如果曹军对关羽穷追不舍，势必会引起孙权的疑心，这样他就不会一心一意地对付关羽了。赵俨的意见是，既然关羽已舍去根本，孤军奔逃，曹军就没必要费力穷追，倒不如先留着他，让他去找孙权算账，再与孙权拼个你死我活。

赵俨作为空降谋臣，衔命而来，对曹操意图的理解，比其他人更深刻，他认为曹操肯定也会担心此事，怕前线部队不明大局，贸然追击关羽。

曹仁听从赵俨，下令解除警备，对关羽不予追击。不久，曹操给曹仁下达的急令传来，一如赵俨所言，果然是让曹仁不要追击关羽。

曹操站得高，看得远，他很清楚，关羽到了这个地步，注定不会是孙权的对手，如果能借孙权之手除掉关羽，孙、刘以后必将势不两立，下一步棋就好走了。

事情的发展正是如此。关羽南下，势穷力竭，在归途上即全军溃散，不仅救不了南郡，连自身安危都成了问题，只得西退麦城。麦城仅仅是一座孤立小城，在被吴军包围后，难以长守，关羽不得已率数十骑逃出麦城，结果在漳乡遇伏遭擒，随后就被斩杀了。

竟想把我放在炉火上烤

建安二十五年（220）正月，曹操率大军从摩陂退到洛阳。紧接着，孙权就派人将关羽的首级送来洛阳，献给了曹操。

二十年前，曹操曾经想尽一切办法，想将关羽挽留在自己的军营，但终究未能如愿。在关羽离去时，有人要去追赶，被曹操拦住了，尽管他知道以关羽的能力，日后终将成为一大患。果然，二十年后，此人翻天覆地，若不是曹操尚称老到，靠政治手段扳回局面，差点就要老马失蹄了。

他是敌人，却也是曹操最欣赏、最喜爱也最尊重的那一类顶级武将，曹操下令，按照诸侯之礼将关羽的首级予以安葬。

曹操很重感情，但站在他的位置，就算再动情，也不会忘记使用心计和权谋。孙权为什么要急急忙忙地献上关羽首级？孙权杀掉关羽，夺取荆州，虽然实现了他的目标，但也生怕刘备进行报复，从战略上考虑，他不能不继续把曹操拉上，和自己坐一块。

献首级一事，是孙权有意识地要让刘备认为，袭击关羽其实出自于曹操的主谋，他孙权只是附从甚至是被迫附从而已。

你想的倒是挺美，敢情这世上什么好事都得让你给占全了？曹操一眼就看穿了孙权的居心，他厚葬关羽，就是向刘备表明，你家关羽是被孙权弄死的，冤有头债有主，你如果有想不开的地方，不妨直接去找孙权商量，我看好你哦！

孙曹联手之前，曹操对孙权开出过一个条件，现在他也很爽快地兑现了自己的承诺，上表推举孙权为骠骑将军，假符节，兼领荆州牧，封南昌侯。这其实也是在间接地告诉刘备，孙权才是此次襄樊战役的最大赢家和最大获利者，他之所以突然撕毁和平协定，袭击和杀掉关羽，为的就是要从我这里拿到好处和利益。

孙权不仅能够继承父兄基业，还能将其发扬光大，说到底，靠的不是他比父兄更能打，而是更会玩心思。在曹操给他封官晋爵后，他马上顺势派人进贡，并上书向曹操称臣，劝曹操顺应天命称帝。

这是知道刘备一定会复仇，孙、刘战争必不可免，所以无论如何，都惦记着要把我给卷进去吧？读罢孙权的奏书，曹操乐了，他将奏书出示群臣，说："这小子，竟想把我放在炉火上烤！"

曹操虽是这样说，但他的话听在僚属们的耳朵里，则还有另外一番意味。"以魏代汉"进行到现在，无人不知道曹操的心思，如果曹操仅仅只是为了跟孙权斗心眼儿，那他就根本没必要把孙权的奏书拿出来展示。明白了吗？这是在试探大家的态度呢！

在连荀彧都被清除掉的情况下，朝中如今已全都是识时务的聪明人了。当下，文以陈群为首，武以夏侯惇为首，群臣纷纷向曹操上表劝进，强调汉朝气数已尽，只剩下了一个皇帝的名号，除此以外，实际已没有一寸土地、一个臣民。身为魏王的曹操如果要登上大位，恰在其时，没什么值得谦让的，也根本不用犹疑。

曹操要的就是这样一个态度，究竟该怎么办，其实心里早就有了谱。在群臣劝进后，他志得意满，同时又悠然自得地做了总结性陈述：对政治施加影响，也就是参与了政治，只要掌握了政治实权，又何必非要在乎皇帝这个虚名呢？

接着，曹操明确表示，即使天命所归，当皇帝的时机已经成熟，他也不会当皇帝，而要做周文王。其潜台词就是，他将像周文王给周武王创造条件那样，让自己的儿子去当皇帝。

曹操不仅把当皇帝的机会留给了儿子，也用余生为儿子创造了登基的外部条件。在此之前，孙刘一直持续进行扩张，至襄樊战役爆发，已至顶点，曹操巧妙地利用孙权消灭关羽，既解除了襄樊所面临的严重威胁，又在战略上使刘备失去了荆州基地。至此，刘备、诸葛亮自荆州、秦川两线出击、两面钳制的战略蓝图彻底流产。后来诸葛亮数谋北定中原，都只能北出秦川一线，其对中原的威胁被降到了最低点。

至于孙权，曹操把他上上下下、里里外外都看得极其透彻。这小子看似放弃了与刘备的同盟关系，与自己联手，更进而称表纳贡，似乎要多谦卑就有多谦卑，但所有这一切，都只是表面现象，其实他背地里一直都在捣鬼使坏。

曹操决不会上孙权的当，通过与孙权表面议和，他已经从既要对付刘备，又要对付孙权的两线作战模式中解放出来了。而且未来完全可以预见到的是，刘备在挨了当头重重一棒之后，决不会善罢甘休，孙刘必将一战。

曹操返回洛阳的这一年，已经六十五岁，襄樊战役作为其人生中的最后一场战役，也耗尽了他的精力，回到洛阳后，他就无心再回邺城了。

洛阳被摧残荒废了很多年，早已沦为一座残破之城。此前汉献帝以许县为汉都，曹操以邺城为魏都，洛阳的政治地位也根本不能与许、邺相比。不过在钟繇平定河东等地叛乱，以及曹操亲征汉中后，都向洛阳迁来了大批移民，于是洛阳又拥有了重振的希望。曹操上次从关中来到洛阳后，即下令修建宫殿，此即建始殿。后人结合文字进行分析，认为曹操从这个时候起，实际上已视洛阳为都城。

建殿必须要迁移和砍伐树木，在挖树时，一棵梨树的树根受伤，流出的树液呈红色，就跟鲜血一样。负责工程的人将这一情况上报，曹操亲自前去查视，发现情况属实。曹操从不迷信，但这次大概是因为精神和身体都比较衰弱的原因，他觉得非常不吉利，回去后就生了病，从此卧床不起。

建安二十五年（220）正月，魏王曹操病逝于洛阳。同年十月，留守邺城的曹丕代汉称帝，国号魏，定都洛阳。

附录 参考文献

张作耀 . 曹操传 [M]. 北京 : 人民出版社，2000.

张作耀 . 曹操评传 [M]. 南京 : 南京大学出版社，2001.

王仲荦 . 曹操 [M]. 上海 : 上海人民出版社，1956.

王仲荦 . 中国断代史系列：魏晋南北朝史 [M]. 上海 : 上海人民出版社，2003.

柳春藩 . 毛泽东评点的帝王大传：魏武帝曹操传 [M]. 长春 : 吉林人民出版社，1997.

方诗铭 . 三国人物散论 [M]. 上海 : 上海古籍出版社，2000.

方诗铭 . 曹操 · 袁绍 · 黄巾 [M]. 上海 : 上海社会科学院出版社，1995.

吕思勉 . 三国史话 [M]. 天津 : 天津人民出版社，2008.

吕思勉 . 白话本国史（上）[M]. 上海 : 上海古籍出版社，2005.

钱穆 . 国史大纲 [M]. 北京 : 商务印书馆，1996.

北京市历史学会 . 吴晗史学论著选集：第三卷 [M]. 北京 : 人民出版社，1984.

刘知渐 . 评郭沫若同志的《替曹操翻案》[J]. 重庆师范大学学报（哲学社会科学版），1983(01):32−39.

金文京 . 三国志的世界：后汉三国时代 [M]. 何晓毅，梁蕾 . 译 . 桂林 : 广西师范大学出版社，2013.

陈寿. 三国志 [M]. 裴松之，注. 陈乃乾，校. 北京：中华书局，1982.

陈寿. 二十四史简体横排本：三国志 [M]. 北京：中华书局，2000.

司马光. 资治通鉴 [M]. 北京：光明日报出版社，2015.

王鸣盛. 十七史商榷 [M]. 黄曙辉，注. 上海：上海书店出版社，2005.

雷海宗. 中国文化与中国的兵 [M]. 北京：商务印书馆，2001.

宋杰. 三国兵争要地与攻守战略研究 [M]. 北京：中华书局，2019.

李硕. 南北战争三百年 [M]. 上海：上海人民出版社，2018.

饶胜文. 布局天下：中国古代军事地理大势 [M]. 北京：解放军出版社，2002.

张世娟. 三国时期的军事战术 [J]. 大众文艺（理论），2008(07):91–92.

王韵. 论戟 [J]. 天府新论，2004(04):108–111.

李国辉. 三国时期刀在战争中的应用初探 [J]. 搏击（武术科学），2013(05):33–35.

刘小姣.《三国志》战争描写研究 [D]. 重庆：西南大学，2012.

三军大学. 中国历代战争史：第四册 [M]. 上海：军事译文出版社，1983.

曹操，曹植，曹丕. 三曹诗文选 [M]. 刘以林，编. 北京：中国社会出版社，1999.

刘义庆. 世说新语 [M]. 太原：山西古籍出版社，2004.

上官一线. 曹操起家智典 [M]. 北京：中国文联出版社，2006.

陈长琦. 曹操高陵早期被盗问题考略 [J]. 历史研究，2012(06):16–29.

陈长琦. 关于曹操墓的几点看法 [J]. 学术研究，2010(07):133–135.

王胜鹏. 曹操家族血源考论 [J]. 四川文理学院学报，2011(06):36–39.

李晨. 亳州：曹操故里看曹操 [J]. 地图，2014(04):84–89.

程立中，邢尉群. 曹操故里辨析 [J]. 安徽广播电视大学学报，2010(01):102–104.

宋战利．试论曹操的自卑感[J]．史学月刊，2001(05):41–46．

毕庶春．游侠及游侠文学三论[J]．辽东学院学报（社会科学版），2009(06):44–56．

朱绍侯．试论汝南许氏望族的形成——兼论许劭月旦评[J]．黄河科技大学学报（民办教育研究专号），2000(01):33–40．

李硕．青年曹操的洛阳[J]．文史知识，2018(05):96–103．

张华松．曹操与济南[J]．济南大学学报（社会科学版），2013(01):30–33．

宋战利．简论曹操的政治智慧[J]．河南大学学报（社会科学版），2004(05)．

沈乃澂．曹操杀吕伯奢及其全家的疑案[J]．今日科苑，2008(01):69–72．

王建明．曹魏两大政治集团论析[D]．山东：山东大学，2009．

夏若天．曹操第一谋士郭嘉[J]．环球人物，2006(08)．

简小波．关于曹操用人的几个问题[J]．广西民族大学学报（哲学社会科学版），2004(S1)．

唐长孺．曹操法家路线的形成及其局限性[J]．武汉大学学报（哲学社会科学版），1975(Z1):61–68．

朱子彦，边锐．论吕布[J]．历史教学问题，2007(03):20–23．

柳春新．曹操霸府述论[J]．史学月刊，2002(08):44–53．

陈明光．曹魏的封爵制度与食封支出[J]．西北师大学报（社会科学版），2005(02):59–65．

韩国磐．曹魏的屯田——中国田制史述略稿之一[J]．中国社会经济史研究，1982(1):24–38．

王鑫义．曹魏淮河流域屯田述论[J]．安徽大学学报，2000(05):105–110．

汪宏华．曹操为何薄酒待刘备、重金收关羽[J]．传奇故事：百家讲坛中旬，2010(10):90–91．

朱绍侯．官渡之战与赤壁之战双方胜败原因试探 [J]. 河南大学学报(社会科学版)，2015(05):6−15.

杨德炳．官渡之战新探 [J]. 襄樊学院学报，2011，32(06):12−22.

潘逸．三国时期经典战役研究之一：官渡之战 [J]. 湖北成人教育学院学报，2014(06):128−132.

李磊．从官渡之战看曹操用人 [J]. 人才资源开发，2010(12):53−54.

杨巨中．官渡之战中曹军兵力考 [J]. 军事历史，2000(06):49−51.

潘民中．关于官渡之战曹方兵力问题 [J]. 史学月刊，1985(04):105−107.

黎洪．曹、袁官渡之战，兵力是一比十吗？ [J]. 安徽史学，1985(03):69−70.

任重．曹操在官渡之战中的兵力考略 [J]. 石油大学学报(社会科学版)，1992(02):54−56.

宋裕．官渡之战并非"以弱胜强" [J]. 齐鲁学刊，1988(06):76−81.

李帮儒．"官渡之战"发生地考证 [J]. 兰台世界，2008(04):54−55.

梁养吾．论官渡之战 [J]. 史学月刊，1957(07):3−8.

赵林义．论张绣降曹对官渡之战的意义 [J]. 首都师范大学学报(社会科学版)，2007(S1):10−12.

尹韵公．论粮草给养在三国时代对战争胜负的重要影响 [J]. 军事历史，2003(05):39−43.

薛瑞泽．官渡之战中的后勤供应 [J]. 许昌学院学报，2007(03):32−35.

袁曹《官渡之战》注译 [J]. 山西师院，1975(01):80−93.

熊召政．从蹋顿到袁绍：官渡之战的完美结局——风云三国志·官渡之战之六 [J]. 海燕，2008(12):39−42.

薛瑞泽．曹操对邺城的经营 [J]. 黄河科技学院学报，2012(02):27−31.

薛海波．试论东汉末年的黑山军 [J]. 社会科学战线，2007(06):286−287.

巩长卿．论汉魏之际的河东郡[J]. 忻州师范学院学报，2009，25(06):85−88.

李大龙．简论曹操对乌桓的征讨及意义[J]. 史学集刊，2005(03):43−48.

王庆献．乌桓鲜卑势力消长[J]. 内蒙古大学学报（哲学社会科学版），1991(04):08−13.

姜桂海．尊重人才，争取民心是统一的关键——从征讨三郡乌桓看曹操统一北方的成因[J]. 承德民族师专学报，2006(03):57−59.

张铁牛，高晓星．中国古代海军史[M]. 北京：八一出版社，1993.

孙展．曹操的赤壁地理[J]. 时代教育（先锋国家历史），2008(14).

刘德禄．赤壁之战逻辑透视[J]. 高等函授学报（哲学社会科学版），2002，14(06):35−37.

周建忠《赤壁之战》人物散论[J]. 上饶师专学报（社会科学版），1981(04):68−74.

夏旻，吴如嵩．论赤壁之战敌对双方战争指导的优劣得失[J]. 军事历史研究，2005(01):109−119.

血吸虫改变历史曹操赤壁之战惨败于瘟疫[J]. 科学大观园(13):68−69.

张毅．曹操的“红与黑”[J]. 中国报道，2010(02):94−96.

宋志坚．曹操也会杀田丰[J]. 传奇故事：百家讲坛中旬，2009(10):25−25.

陈绍唐．唯才是举，不过是曹操的遮羞布[J]. 传奇故事：百家讲坛中旬,2010(07):26−30.

梁中效．曹操与诸葛亮取用汉中战略之比较[J]. 成都大学学报（社会科学版）,2003(02):48−52.